バリ島仮面舞踊劇の人類学

人とモノの織りなす芸能

吉田ゆか子

風響社

まえがき

本書はインドネシアのバリ島の、トペンと呼ばれる仮面舞踊劇についての民族誌である。この演目は、寺院祭、結婚式、葬式など様々な儀礼で上演される。トペンの演者は仮面をつけかえながら、様々な役柄になり、地元バリや、バリ人のルーツの地とされるジャワのかつてのヒンドゥ王国の歴史物語を語る。そこには歌も踊りもあり、笑いや、教訓話もある。上演はヒンドゥ教の儀礼の一部でもあり、演者はある種僧侶のような役割も担う。このトペンを、本書は、上演形式の動態、観客との関係性、仮面の働き、演者の数的質的変化、ジェンダーとの結びつきやその変化といったテーマから考察する。章ごとにテーマは多様であるが、そこに共通しているのは、様々な技能を要求するこの芸能を、名人芸として扱うことを差し控えるという点である。そしてむしろ、演者本人のみならずその家族、観客、伴奏者、僧侶、仮面職人、師匠といった多様な人々、そして仮面をはじめとするモノが織りなす芸能として描くことを目指している。そこには、神格や悪霊といった不可視の存在たちも関わってくる。

普段は冗談ばかり言っている友人が、トペンの上演となると神妙なおももちでマントラを唱え、仮面をかぶり、たくみに伴奏者をリードしながら踊ったり、堂々とした声で観客たちに向けて教訓話を語ったりするのをみて、圧倒されることが何度もあった。しかし、それにくわえて調査を進めるなかで筆者の目を引いたのは、トペン上演の状況依存的なあり方であり、その場その場の状況に反応しながら演技をやりくりする演者の姿であった。演者同士のちぐはぐなセリフのやり取りや、伴奏音楽とうまくかみ合わない舞踊の動きなど、どこか粗削りな演技がしばしばみられる点も印象的であった。トペンには大掛かりな舞台装置も、台本や指揮者や演出家も存在しない。通常リハーサルも行われない。その日集った少数の演者たちが、上演前に大まかな粗筋を打ち合わせた後は、いくつかの形式上のルールの範囲内で即興的に演技する。一見、演者がその知識や技能を駆使して「自由」に演技を繰りだしているかのようだ。しかし、本書で詳しく検討するように、演者は、共演者の演技だけでなく、観客の反応や、上演依頼者の要望、伴奏者が奏でる音やそこに込められた意図を受け止めながら、上演の場に集う神々の力や仮面にも身を委ねつつ台詞や踊りや歌を紡ぎだしている。しかもバリの儀礼空間は、様々な芸能や儀礼執行の行為が同時並行しており、混沌としている。上演場の人、モノ、音の流れに遮られたり反応したりして、演技を変更することもたびたびである。トペンの演技はこうした多様な存在のあいだに生じる。そこに見て取れるのは、主体とも客体ともいえない、働きかけられながら働きかける演者であり、不確実性へと開かれたトペンの姿である。

本書では、演者中心的な視点をずらし、演技に影響を与える多様な存在、なかでも観客と仮面に注目しながら、それらと演者の相互的な働きかけのなかでいかに上演が立ち上がるのかを考察してゆく。仮面舞踊劇として見応えのある上演だけでなく、演者の思い通りにいかなかった（かのようにみえる）演技や、観客の少ない閑散とした上演も珍しくないことにも注目している。筆者は調査中たくさんの演者にインタビューを行ったが、彼らが何を経験し、何をしようとしているのかと同じくらい、彼らが何に触発され、影響され、阻まれたり、惑わされたりしているのかにも関心をもって話を聞いた。なお本書では仮面というモノを、単に人間に使われる道具としてではなく、様々な出来事を引き起こす動的な存在と捉えている。実際、バリでは仮面は潜在的に神格の宿る器であり、特に演者は、これと身体的、情緒的、霊的に関わるなかで、感情や行為や演技を引き出される。

ところで、トペンという営みは一度の上演で完結するものではない。筆者は村に住み込み調査を続けるなかで、演者と人々の間の「演じる者」と「観る客」という関係を超えた、持続的かつ多様なつきあいを垣間見ることになった。トペン、なかでもトペン・ワリと呼ばれる形式の上演は、バリのヒンドゥ教徒たちの儀礼を成就させるために必要とされる。それは、人々が好むと好まないとに関わらず、繰り返し上演されなければならない。そのためトペンは、人々にとって非常に身近な芸能であり、また人々は時に積極的に演者を支援する。次章の冒頭からみてゆくように、観劇する者たちの態度は時にそっけない。しかし、筆者が居候先の村の馴染みの小食堂で一息ついていると、近所の顔見知りたちとよくトペン談議がはじまった。調査の一環でトペンの舞踊部分を学んだ筆者はこの村の儀礼で度々トペンの上演に参加していたため、その演技に対する、批評や助言が頻繁になされた。そして人々は、数十年前に亡くなった、地元のある名トペン演者がいかに素晴らしかったかといった思い出話をよく口にした。また彼らが、未熟な演者を酷評しつつも、その演者に上演を再び任せるといったこともあった。演者の演技に口を挟むこと、良い演技を記憶し語り継ぐこと、上演経験を積む機会を与えること、こういった一つ一つの行為もまた、トペンという芸能を育む営みの一部であろう。そして現代では、バリ芸能を保護育成しようとする州政府や教育機関、外国人観光客や海外の愛好家たちなど、村落社会を超えた様々なレベルの人や組織もトペンに関わってきており、それらの働きも本書では検討される。他方、仮面に関しても、工房での職人たちの制作や修復、演者宅での手入れや供物の献上、定期的に施される僧侶による儀礼と祈り、仮面の贈与など、また別の様々な日常的な営みがある。

本書では、上演後の日常にまで続くトペンをめぐる仮面、演者、そしてその他の人々の間のやりとりを追いながら、演技が練られ、演者が育てられ、仮面が魅力を増したり、演者と仮面の絆が深められたりしてゆく様子を描いてゆく。その中では、人々が仮面に世話を焼く側面だけでなく、仮面によってトペンという芸能が育まれている様子も明らかになるであろう。本書がバリ芸能への理解を深め、また芸能の人類学や、人とモノの関係を考える人類学的研究に広く貢献することができれば幸いである。

● 目次

装丁＝佐藤一典・オーバードライブ

●バリ島仮面舞踊劇の人類学——人とモノが織りなす芸能

序章　名人芸としてのトペン像への疑問と本書の課題

二〇〇三年九月、バリの友人に連れられ、削歯式を見学することになった。それは、村のとあるグリヤ（*geriya*／僧侶階級ブラフマナの世帯の屋敷）にて行われていた。入ってみると、既に参列客などで賑わっていたが、儀礼はまだ始まっていないとのことであった。雨が少々降っており、それを避けるようにして、儀礼を待つ人びとが軒下でお喋りに興じている。女性たちは敷地の奥のほうに、男性たちはやや入り口に近いあたりに、それぞれ陣取っている。男性の友人に付き添われてその家にやってきた筆者であったが、友人は、筆者をその女性集団のあたりで待つようにと言い残し、どこかへ去ってしまった。筆者は周りの数人の女性たちと挨拶を交わし、会話をしながら儀礼が始まるのを待った。

一時間以上待たされた頃、入り口のあたりからガムラン（*gamelan*）の音色が流れた。筆者は隣の女性に何が起きているのか尋ねた。その女性は見に行っても良いと教えてくれたが、彼女自身はついてこなかった。筆者は一人音のする方へ向かった。すると入り口から一番近い建物の軒下で、ガムランチームが演奏していた。地元のチームのようであった。筆者と顔見知りの青年ワヤンはけだるそうにクンダン（*kendang*／太鼓）を抱えていた。

そこには、ガムラン奏者のほかに、演者が一人いた。彼は仮面をつけて踊っていた。ガムランチームはこの仮面舞踊の伴奏をしていたのである。演者は、雨を避け、軒下のほんの三畳ほどのスペースで踊っていた。一曲踊っては、別の仮面へ、というように演者は次々と仮面を変え、その度に動作や声色を変えていった。興味深いことに、舞台裏というものはなく、一曲を演じ終わると、演者は軒下のやや奥のほうに置かれた椅子に戻り、そこで仮面を付け替えた。仮面を付け替える姿は全く隠されず、そして時に演者は仮面をはずし、次の仮面に付け替えるその間に歌を歌ったりした。どこまでがステージ上のパフォーマンスで、どこまでが準備段階なのかわかりかねた。

筆者はこの演者から繰り出されるいろいろな登場人物に見入っていた。隣にいた男性が、この演者が世界的に有名で、頻繁に海外公演を行っているのだ、と話しかけてきた。演者の名はイダ・バグース・アノム（Ida Bagus Anom J.）であるという。様々に役を演じ分ける彼の技は筆者にも巧みに見えたが、この男性が言うように世界的な演者であるとすれば、この上演の光景は奇妙なものでもあった。大体、観客と呼べそうな人たちが小さな子供を含めて四、五人しかいなかった。敷地の奥に陣取っている女性陣は、誰もこの上演場所までやってこなかったし、雨宿りをしていたためにたまたま居合わせることになった数人の男性が、演者というよりは、それに見入る外国人の筆者のほうに気をとられていた。観客と呼べそうな男性の一人も、演技を観るというより、むしろぐずっている幼い息子をあやすためにこの場にやってきていた。そして、伴奏のガムランチームのメンバーも、演奏が休止する部分では、熱心に語る演者とは関係なく、退屈そうにうつむいたり、友人との雑談にいそしんでいたりした。

一　フィールドからの疑問

帰国後、筆者はこの仮面舞踊劇がトペン・ワリ（*topeng wali*）という、バリの寺院の周年祭（*odalan*）や削歯式（*matatah/masangih/mapandes*）、結婚式、火葬（*ngaben/plebon*）など、宗教儀礼において重要な働きをする演目であることを知った。

一般的に、トペン・ワリはバリやジャワの王国時代を題材とした系譜物語ババッド（*babad*）の中から選択したストーリーを用い、そこに風刺やジョーク、儀礼の意味の解説、教義の解説、神話、教訓など、様々な話題を挿入しつつ、即興的に演じられる演目である。この仮面舞踊劇は、そこに集う人間を楽しませるほか、儀礼にやって来た神格や悪霊をもてなすある種の供物として上演される。またこの演目は、歴史の伝承や、教義や儀礼の解説などを行うメディアとしても機能する。最後には、シダカルヤ（*Sidakarya*）と呼ばれる役が登場する。彼の登場によってその周年祭や火葬などの儀礼が成就するとされる。

トペン・ワリは、トペン・パジェガン（*topeng pajegan*）やトペン・シダカルヤ（*topeng sidakarya*）とも呼ばれる。一般に、トペン・パジェガンという場合は、冒頭で紹介した上演のように、演者が一人で全ての役を担当するスタイルを指す。また、第一章で詳述するように、トペン・ワリのほかに、隣接するいくつかの仮面舞踊劇の形式があり、これらは総称してトペンと呼ばれる。[1] この「トペン（*topeng*）」とは、仮面を用いたパフォーマンスを指すほか、仮面自体を指す語でもある。本書では混乱を避けるため、仮面を用いるパフォーマンスの方を「トペン」と呼び、仮面については、「仮面」と記述することとする。この名からも明らかなように、仮面を使用する点が、まずこのトペンと呼ばれるジャンルの主要な特徴である。トペンのもう一つの特徴は、ジャワやバリの王国時代の物語ババッドを元にストーリーが展開する点である。[2] そのため、本書が着目しているトペンはトペン・ババッドと呼ばれることがある。

このトペンは、人類学やパフォーマンス学の立場から様々に研究されてきており、数あるバリの芸能の中でも、特に豊富な研究の蓄積がある演目である［Bandem & deBoer 1995 : 69 fn2］。しかし後に紹介するように、それらの研究のどれもが、多かれ少なかれパフォーマンスの豊かさや巧みさ、そして特に語られる内容の社会的重要性を称えており、筆者が二〇〇三年の雨の日に観た、人びとが目もくれないような上演状況とは隔たりがある［e.g.

Emigh 1996, Young 1980, Jenkins 1994]。筆者は、何度もバリに足を運ぶうちに、熱心な観客が存在しないまま終了する上演が、あの時のトペン・ワリに限った特殊な出来事ではなく、特に儀礼と関わりの深い演目の上演では一般的に見られる光景であることを知った。また、一人の演者が巧みに役を演じ分けるような上演がある一方で、拙い芸の演者が、時に観客や伴奏者の失笑をかいながら、なんとか劇を成立させている上演も何度も見かけた。この場合、相変わらず観客と呼べるような人びとは少ないが、演者のほうも先行研究の描くような巧みな語り部からは程遠いのである。

このような、どこかとらえどころのないトペン・ワリの観客と演者のあり方に対する違和感、そして先行研究の描く、優れた演者たちによる完成度が高く社会的に重要な機能を果たす話芸としてのトペン・ワリ像に対して抱く違和感の二つが本書の出発点である。

二　トペンの先行研究

一九八〇年前後から、西洋の研究者によって、トペンに関するまとまった論考が執筆されるようになった。それらの先行研究は二〇世紀末まで、劇中で用いられる語りに注目したものが主流であった(3) [Young1980, Jenkins1994, Emigh 1996]。なかでも、歴史物語や、神々の物語が語られるトペンにおいて、現代的な話題が（特にコメディの形で）豊富に盛り込まれる点が注目され、トペンの中で過去と現在、あるいは伝統と近代、そして神々の世界と観客の現実がどのように交差するのかについての分析が盛んに行われた。そしてこのようなトペンの語りが、特にグローバル化や西洋文化の流入、そしてインドネシア共和国への参入をはじめとした近代化のプロセスを経験するバリ社会において、どのような意味機能をもつのかを解明することが、先行研究における一つの大きな課題であった(4)。

エリザベス・ヤングはトペンを、社会構造を反映するものとして取り上げ、上演内容と当時(一九七〇年代後半)のバリの観客たちが置かれていた社会的文脈との関係を分析した[Young 1980 : 3-4]。ヤングはその中でも特に、トペンの教育的な側面、社会規範を強化する機能を指摘した。彼女によれば、トペンのコメディは、社会的制裁と、慣習に規定される規範の強化を担う[Young 1980 : 196]。たとえばバリ語やカウィ語(*Kawi*)を織り交ぜながら王国時代の物語を上演する優美なトペンの物語に、近代的で行政上の言語であるインドネシア語が挿入されたりする[Young 1980 : 233]。突如現れたこの不適切な物言いに、人びとは笑うのであるが、このシーンは、不適切で無礼で慣習を破るような行為に人びとの注目を喚起し、この種の振る舞いが社会的に不調和であるというメッセージを伝えるのだという[Young 1980 : 233-234]。また彼女は、トペンは、既存の社会組織や美的な価値観を破壊することなく、選択的な社会変化を促進するものだと論じ、家族計画や農業開発などの政策を推進する話題が取り入れられること、既存の上演形式を修正しながらツーリスト向けのトペン公演が生み出されたこと、そしてそれでも依然儀礼の場で地元の人びと相手に(経済利益を目的としない)トペン上演が盛んに行われ続けていることに言及した[Young 1980 : 291-332]。

パフォーマンス研究者で、演者や演出家でもあるロン・ジェンキンス(Ron Jenkins)も、ヤングと同様、トペンのコメディに注目した。彼は、世界の様々な地域のコメディを比較し、笑いには転覆的(subversive)で、解放的な力が存在すると主張した[Jenkins 1994]。その中でトペンをはじめとするバリのコメディは、この島にとっての生存戦略として位置づけられる[Jenkins 1994 : 17]。ジェンキンスは、世界的に有名な演者のイ・マデ・ジマット(I Made Jimat)、芸術大学で教鞭をとるイ・ニョマン・チャトラ(I Nyoman Catra)、芸術大学の元学長で世襲の演者でもあるイ・マデ・バンデム(I Made Bandem)、かつてトペンの道化役で一世風靡したイ・グスティ・ングラー・ウィンディア（I Gusti Ngurah Windia）など、二〇世紀末にかけてトペン文化を牽引した演者たちを主なインフォーマントとしながら、彼らの用いる社会風刺を込めたコメディを取り上げた。西洋文化の流入や観光開発に晒されるバリにおいて、外来の近代的な要素は、道化たちによって上演の中に取り込まれる。たとえば、儀礼の場に紛れ込んだ西洋人観光客という設定の道化が、ダンサーの髪飾りを指差してその値段を尋ねるというジョークがある。このようなジョークをつうじて、バリの宗教生活に無遠慮に侵入する外来の物質主義を風刺し笑い飛ばすことで、人びとはこれを退ける［Jenkins 1994 : 17-18］。バリのコメディは西洋化の有害な影響を破壊すると同時に、観客たちの精神的文化的な絆を強化するのである［Jenkins 1994 : 43］。またジェンキンスは、道化のコメディが政治活動においても威力を発揮している点に目を向ける。トペン演者は選挙応援など多様な政治キャンペーンに雇われ、民衆へ語りかけるが、彼らはそれらのイベントに歴史的伝統的なニュアンスを加え、選挙運動の空間に寺院の周年祭のような雰囲気をもたらす［Jenkins 1994 : 36-37］。政治家が、道化たちからコメディを学んだケースさえある［Jenkins 1994 : 44］。これらの例は、バリ社会においていかに道化や笑いが強い影響力を有しているのかを物語っている。

なおジェンキンスは、バリ人の芸能研究者で、トペン演者でもあるイ・ニョマン・チャトラと幾つか共著論文を発表している。そのうちの一つは、トペンをバリの生存戦略と位置づけた［Jenkins 1994］の観点を引継ぎ、二〇〇二年の爆弾テロ事件後のバリ社会を分析したものである［Jenkins & Catra 2004］。バリは、爆弾テロという悲劇とそれに起因する観光業の衰退による経済的な打撃という困難に直面したが、人びとはますます宗教儀礼の開催に注力することで、世界の秩序を回復させようとした［Jenkins & Catra 2004 : 71-72, 88］。その中でトペンを含む各種の演劇にて、道化でストーリーテラー役のプナサール（*Penasar*）が、重要な働きをした。プナサールは、歴史からの教訓を語ったり、人びとが暴力ではなく自身を清めることによって内的な安寧を回復するよう助言したり、バリ文化という武器をもってこの困難に立ち向かうのだと呼びかけたりした［Jenkins & Catra 2004 : 71-73］。ジェンキンスとチャトラは、バリ社会がみせた芸能によるテロへの非暴力の対応を高く評価し、世界の見習うべきモデルとして、またバリ社会の理解に重要な事例として取り上げている［Jenkins & Catra 2004 : 74］。ジェンキンスとチャトラの考察は、この出来事と精神を共有するとしてシェイクスピアのテンペストを取り上げ、バリのコスモロジーや哲学的概念から読み解くという、ユニークな作業へと続いてゆく［Jenkins & Catra 2004］。

ところで、これまで紹介した論者は複数の上演からそれぞれ特定のシーンを切り取って考察することを主眼においていた。それに対し、エミグ［Emigh 1979a, 1979b, 1996］は往年の人気演者イ・ニョマン・カクル（I Nyoman Kakul）のトペン・パジェガンについて、特定の一回の上演に考察対象を絞ったうえで、その前後の彼の振る舞いを含めて取り上げた。(5) エミグはその上演中において語られた内容を全て書き起こし、演技を描写した上で分析を加えた。エミグもまた、ヤング［Young 1980］とジェンキンス［Jenkins 1994］の論を参照しつつ、トペンの劇の中に現れる、伝統と近代、あるいは過去と現在といったテーマを包括的に取り上げた［Emigh 1996］。ここまで述べてきたように、トペンでは、歴史物語や神々の物語にくわえて、頻繁に観客の属する現代の話題が盛り込まれる。エミグは、このコンテクストの複雑な多重性を可能にするメカニズムの一つとして、複数言語の使用に注目した。彼は、プナサールが、歴史上の登場人物が語る言語であるカウィ語や、現代の観客たちの日常語であるバリ語などを操りながら、自由に異なる時間の文脈を行き来することに対して、詳細な考察を加えた［Emigh 1996 : 129-136］。プナサールとは、物語の中では王に仕える従者（*parekan*）であるが、この役は時に物語の外に出て、歴史物語を現代の観客に解説するストーリーテラーともなり、また様々なジョークを発する道化ともなる。また、最後に現れるシダカルヤは、人間と神々とを仲介する働きをするが、そこでは神へと語りかけるサンスクリット語と先ほどのカウィ語が用いられる［Emigh 1996 : 150］。このような多様な言語が使い分けされることによって、上演のモードが変化してゆく。エミグは、トペン上演が準備され、そのような多様な上演のモードを移行しながらストーリーが展開し、最後に上演が終了するまでの過程について順を追って分析した。そして彼は、トペンでは、日常生活の領域（domain）の話題が歴史ドラマの領域へと取り込まれ、それが物語として構成され、またパフォーマンスを通じて人びとの日常生活、さらにはその外にある神々を含んだ領域へと照射すると指摘した。エミグが示したように、トペンは確固たる境界を有する、日常生活から分離された営みではない。ジェンキンスは、そのパフォーマンスと日常生活の境界において起きる笑いの転覆的な力に注目し、ヤングはより規範強化的な側面に注目した。それに対しエミグは、「幅広いユーモアおよび農民や廷臣が悪霊や神的な存在と混在して登場するという傾向に表れている包含性（inclusiveness）の方が、それが転覆的か保守的かということよりもおそらく重要」であると総括する［Emigh 1996 : 186］。V・ターナーは、儀礼にみられるリミナルに類似したものとして、近代のテーマパークやカーニバルにみられる半構造的な状況をリミノイドと呼んだ［Turner 1985］。エミグはこの論を引きながら、トペンは、リミノイドとリミナルの境界に存在すると主張する［Emigh 1996 : 192］。リミナルが再び社会構造を強化する保守的な性質を持つ一方で、リミノイドは体制転覆の契機ともなる反構造的な性質を持つ。この二つの性質を複雑に併せ持つトペンは、転覆的にもまた保守的にもみえ得るというのがエミグの見解である［Emigh 1996 : 192］。名演者カクルのトペン・パジェガンは、過去を静的に描写するのではなく、その中で「現在と過去の距離を異なる観点から何度も測る」［Emigh 1996 : 197］ものである。そこに現れる過去と現在は、パフォーマンスを通じて「競わされ」「交渉」されるのである(6)［Emigh 1996 : 197-198］。

このように、エミグ、ヤング、ジェンキンスの論考は、トペンの語りのパフォーマンスを書き起こし、テクストとして詳細に分析しているが、少なくとも儀礼の一部として上演されるトペン・ワリという上演形式に関しては、この手法には問題がなくもない。冒頭で描写したように、トペン・ワリの観客たちは往々にして上演に対して無関心であり、またより多くの人びとが上演に居合わせるケースでも、彼らが上演を端から端までを鑑賞することは稀だからである。トペンで語られた内容が、ある程度首尾一貫した、全体性をもったストーリーとして人びとに聴かれるというのは、特殊な状況下においてのみである。この点については、後に再び取り上げる。

これらの研究は、主にトペン演者の語りを対象に分析したが、デボラ・ダン（Deborah Dunn）の博士論文では、やや異なるアプローチをとっている［Dunn 1983］。彼女の研究では、語りのパフォーマンスにくわえ、ヤングらがあまり扱わなかった、トペンの歴史的な背景、仮面の形状やその制作過程や儀礼、上演の儀礼上の意味や役割、舞踊、演者のライフヒストリーや芸の習得過程を取り上げ、その文化的儀礼的重要性を述べた。ダンは、イ・クトゥット・リンダ（I Ketut Rinda）というカクルと同時代のトペン演者であり文学者である人物、および当時若手演者であったカクルの息子イ・クトゥット・カントール（I Ketut Kantor）を主たるインフォーマントとした。なお先述のエミグはこのダンの論文の審査員の一人であった。この研究は、広いテーマを扱ったために全体的なまとまりに欠ける印象もあるが、当時のトペンにまつわる実践を多面的に記述している。そのため、一九八〇年代のトペン実践の民族誌的記録として、この研究を本書でも随所で参考にしてゆく。ただし、トペンの語りではない側面を取り上げたものの、ダンは、舞踊や仮面の形状をテクストのように読み込み、そこにシンボリックに現れるバリの世界観を抽出する［Dunn 1983 : 98-109, 138-160］。その点において、トペンの語りのパフォーマンスを読み込むことで、その中に現れるバリの社会的状況や、それに対する人びとの対処法について論じた前の三者の研究［Young 1980, Jenkins 1994, Emigh 1996］と実は方向性を共にしているのである。

マーガレット・コルディロン（Margaret Coldiron）の研究は、仮面と演者の関係を、特に「変身」という観点からトペンを取り上げた点に特徴がある［Coldiron 2004］。彼女は、バリのトペン、バリの別の仮面劇ジャンルであるチャロナラン（*calonarang*）、そして日本の能の三つを取り上げ、演者の変身のプロセスを分析した。この研究では、仮面の装着が演者の身体や意識にどのような影響を与えているかについて、上演のみならずトレーニング方法や関連する儀礼も含めて考察している。演者の変身には、模倣と身体操作を通じて運動感覚的に学ばれる訓練法、準備段階で行われる様々な儀礼的行為、衣装による身体の動きの制限、神聖な場という特別な上演状況、ストーリーに用いられる文化において重要な神話、そして伴奏音楽などが影響を与えている［Coldiron 2004：289］。またそれらの要素に加え、仮面のキャラクター、すなわち仮面の性格や個性に自らを適合させようとする演者と、演者の顔を覆うことで彼のアイデンティティと表現を覆い隠し、視界や呼吸を制限する仮面の働きが、演者の変身のプロセスを促進する。これらのことは、演者を彼自身（あるいは彼のペルソナ）から引き離して、外的な力に自らを従わせるように要求する［Coldiron 2004 : 290］。コルディロンの研究からは、仮面が役柄を表すのみならず、演者に対して多面的に働きかけていることが理解される。しかし、彼女の興味は、仮面を被って変身を遂げる演者の側にあるため、変身以外の文脈での仮面の働きにはあまり目が向けられない。また仮面は使い込まれ、修理や再加工を加えられるうちにその表情や性格を変化させるが、そういった仮面の動態への注目も欠落している。演者の変身のみならず、仮面と人びととの多様で変わりゆく関わり合いを明らかにすることが次の課題となる。

なおこれらの西洋人による研究のほかに、バリ人の研究者からのトペン研究も多数著されてきた。インドネシア国立芸術大学（Institut Seni Indonesia、以降ＩＳＩと表記）のデンパサール校の影絵科および舞踊科の教員の中には、少なからずトペン演者がいる。彼らは、教務以外の時間には演者として各種の儀礼やイベントで活躍している。その彼らは、研究成果を、大学や行政機関に報告書として提出したり、ＩＳＩの各種紀要に投稿したり、またＩＳＩやその他の国内外の大学において論文として発表したりしている。そして少数ではあるがバリの大学関係者がインドネシア語で執筆したトペン関連の書籍がある。それらは、トペンの形式や必要な手順を明文化したり、その中での演者のあるべき姿を説いたり、儀礼やバリのコスモロジーにおけるトペンの意味や哲学を考察したりするものであることが多い。中には情報源が定かでないものや、一般的な言説を追っただけのものも少なからず含まれているが、盛んにバリ人によってトペンに関する文章が生産されるというこの現象自体が興味深いものである。本書はこれらの論文や書籍を、トペンという営みがバリ社会の中でどのように位置づけられているのかを把握するために参考にする。ここではこれらの研究の中でも本書にとって重要な三つを挙げておく。

一つは、一九七六年という早い時期に出されたバンデムとレンベンによる『上演芸術としてのトペンの発展』と題された報告書である［Bandem & Rembeng 1976］。これは、一九七五年にトペンに関するセミナーが開かれ、複数の報告書が作成されたうちの一冊である。この著作は、「記録として、そして次の時代の研究の材料として著された」［Bandem & Rembeng 1976 : i］ものであり、特定の視点から考察するというより、トペンの実践に関する幅広い記述となっている。この報告書は、その後数々の論文や書籍に繰り返し引用される。また、トペンを歴史的体系的に解説し、手順や宗教上の意味機能についても記載しているため、この研究成果は、ある種のマニュアルとして読まれることもある。そのため、トペン研究のみならずトペン演者たちの実践にも影響を与えたと考えられる。

もう一つは、トペンを含む複数のバリの演劇ジャンルに登場するストーリーテラー、プナサールの役割について論じたイ・ニョマン・チャトラの博士論文である［Catra 2005］。チャトラは、米国のウェズリアン（Wesleyan）大学に留学した際に、この論文を執筆したが、論文審査には先ほどのジェンキンスも関わっている。プナサールの働きを、バリの幾つかの哲学的宗教的概念との関係性において考察し、くわえてジェンキンスの手法と同様に、現在の社会的政治的な状況との関わりにおいて分析している。

一方プナサールではなく、トペンに現れる多種多様な村人の道化ボンドレス（*bondres*）に注目したのがイ・クトゥット・コディの修士論文『トペン・ボンドレス――バリ社会の変化の中で』［Kodi 2006］である。コディは、自らも人気演者であるが、ボンドレスの働きを、バリの哲学的宗教的な概念と結び付けて分析し、さらに現在のバリにおけるコメディの社会的機能について多面的に検証している。くわえて、彼はコンテストの審査員などの立場で演者の育成に関わった経験から、トペンの芸における近年的な変化にも言及しており、本書も経年的な動向を把握する上で参照する。

これらの三つの著作からは、バリ人研究者たちが、トペンの重要性について、その歴史や宗教哲学に基礎を見出そうとするのと同時に、その発展の過程や、この芸が変動するバリ社会においてどのような意味や機能を担うのかという点に注目し考察している姿がみえてくる。これら三つの論も、現代の動態と歴史的な過去をつなぐ存在としてトペンを捉えたという点において、ヤングやジェンキンスやエミグの研究と共通する研究視角を有している。

三　本書の目的——名人芸からネクサスへ

1　本書の目的

本書の目的は、このトペンを、巧みな話術を駆使する演者による名人芸とは捉えず、むしろ上演中や舞台裏でこの営みに関わる様々なエージェント（agent）のやり取りによって立ち上がる場として捉えなおすことで、新しいトペン像を描くことである。エージェントとは、さしあたり、他の人やモノの動きを媒介しながら働く行為体と定義しておく。本書では、上演を語りの内容に還元することなく、身体的な関わりや仮面や伴奏音楽など、非言語的要素にも着目する。このことは、語り手である演者中心的なトペン分析から脱却し、仮面やそれを作った職人、伴奏者、僧侶といった、演者と観客以外のエージェントたちにも目を向けることも可能にする。その上では、演者の受動者や受容者としての側面に着目することが課題となる。ジェル（A. Gell）は、エージェントに働きかけられる側の存在を「ペーシェント（patient）」と呼んだ［Gell 1998］。本書は、このジェルの言葉を借りて、エージェントとペーシェントの関係性が様々に交錯しながらトペンという営みが形作られてゆく過程を明らかにする。ジェルはこのような、エージェントとペーシェントの関係およびその関係の網の目をネクサス（nexus／連結、結合、連関）と呼んでおり、本書でもこの語を採用する。ただし、後述するように、本書の扱うネクサスは、ジェルの注目した「アート・ネクサス（art nexus）」を含みこみながら、その内外で働く様々なエージェント－ペーシェント関係をも対象とするものである。

本書は、トペンにおけるエージェントたちを追いながら、舞台後にも続く演者と観客たちのやり取り、演者間の交流、仮面制作、仮面と演者の日常生活へと論を展開し、それらの営みがトペン上演をどのように形作っているのかを考察する。このような分析視点は、名演者による名演技だけでなく、実際には数多に存在する無名演者や、拙い演技、観たり観なかったりする観客の曖昧な態度に目を向けることをも可能にする。より具体的には、本書は三つの研究課題を設定する。

（1）トペンと観客の関係の問い直し。観る者と観られる者の図式には還元できない、トペンとそれを取り囲む人びととの相互的で、多義的で可変的な関係性を考察する。

（2）トペンにおけるモノ、特に仮面の働きへの着目。仮面をはじめとするモノから人への働きかけ、またそれらのモノを介した人と人のやり取りを分析し、それらがいかにトペンという営みを形作っているのかを考察する。仮面やその他のモノがトペンの芸の表現、習得、伝承に関与することで、どのような作用を生じているのかを明らかにする。

(3) 演者が生まれ活動を展開してゆくプロセスに関わる多様なエージェントの働きを明らかにする。演者を動機付け、芸の習得を助け、上演機会を供給する人やモノの働きを明らかにする。またその中で玉石混交の多様な演者たちが登場している近年的現象についても考察する。

以下にこれらの研究課題について詳述する。先行研究の傾向について整理すれば、既に述べたようにヤング、ジェンキンス、エミグ、そして部分的にはダンにおいても、語られるテクストの構造やそれが観客に与える効果を分析し、トペンが社会において担う役割の重要性について論じるものが中心を占めてきた。そして西洋やバリの研究者たちの目をひいたのは、歴史と過去(あるいは伝統と近代)の世界が、トペンの中に同時に投影されているという点であり、その両者を調停したり、競わせたりしながら、歴史や神話の世界の秩序をもってこの世にバランスや安寧をもたらすというトペンの媒介的な機能であった。

このような先行研究を念頭におきながら、冒頭に紹介したエピソードを再び取り上げたい。現実の上演では、必ずしも人びとがそれを熱心に観劇しているわけでもなかった。むしろ人びとの態度には、関心と無関心が入り混じり、演者の言葉を端から端まで聞くようなケースは稀である。このことを考慮するとき、トペン上演を、語られる内容(テクスト)に偏重しながら分析を行う手法が問題を含んでいることが理解される。

語り中心的な分析は、自然な帰結として、それを発する演者、そしてその語りを受容したり批評したりする存在としての観客との関係を照射することになる。またその点とも関連して、先行研究では、名演者による完成度の高い上演を選んで取り上げる傾向もみられた。ただし、演者が決して独りよがりに演技するのではなく、観客の反応や仮面や霊的な存在に導かれながら演技する面があることは先行研究でも早くから指摘されてきた。ジェンキンスはその点に着目した論者の一人であり、初期の研究で、演者の卓越性は、彼が仮面からの刺激や観客の関心事に対して敏感に反応することができる受容性にかかっていると述べている［Jenkins 1978：45］。しかし、基本的には、極めて社会的宗教的に重要な役割を果たす語りが、卓越した演者から紡ぎ出されるという図式が先行研究の主流を占めている。先述したように、このジェンキンスも一九九〇年代の論考では、社会的に大きな影響力をもった数人の演者の語りを中心に取り上げた［Jenkins 1994］。

既に紹介したように、エミグは、カクルというトペンの第一人者の演技に絞った分析を行っている。彼個人に焦点をあてて記述することは、エミグにとっては意図的な選択である。彼はバリをはじめ非西洋世界の複数の地域の仮面文化を扱った著書の序文で以下のように述べている。

以下の章では、意図的に焦点を絞り、いくつかの仮面舞踊の形式に集中し、また数人の演者の例を挙げている。文化はパフォーマンスを創造しない。複雑で、競争的な（contested）文化的環境の中に住む個人が創造するのである［Emigh 1996：xix］。

そしてエミグは、カクルのある一度の上演について、事前の準備から上演後まで詳細に記録するのみならず、彼の日々の言葉や、暮らしぶり、仮面との関わりなどをも描いている(7)［e.g. Emigh 1996：105-156］。一人の演者の演技に絞って取り上げるというエミグの選択の背後には、欧米の「上演芸術」を個人の作品として扱う一方で、非西洋の演劇あるいは「民族芸能」は、文化の産物として対象化し、演者の個人的な創造性やプロフィールへは関心を払わないという、（バリ芸能に限らず、芸能一般についての）これまでの研究の傾向への批判が込められているようだ［cf Emigh 1996：204-205 n. 12］。エミグは以下のようにも述べている。

ここで扱ったパフォーマンスは、それぞれの伝統におけるシアター的、パフォーマンス的な可能性を示す模範例であり、各伝統の中でそれほど典型的な例ではない。カクルやハジャリ・バンド(8)(Hajari Bhand)は、オリビエが典型的なシェイクスピア派の演者でなく、ジョン・コルトレンが典型的ジャズ奏者でないのと同じくらい、典型的な演者ではない。彼らはその芸術の名人(master)として演じることによって、それらの伝統を、急速な社会変化に対応し、変形さえしており、それによって特定の伝統の可能性を例証している[Emigh 1996 : xxii]。

実際にエミグは、カクルの極めて豊かな芸の内容を分析しながら、トペンの可能性を生き生きと描き出すことに成功している。くわえて、エミグやダンの扱った、カクル、リンダ、カントールは、二〇世紀後半のトペン文化を牽引した人物たちである。彼らは他界した現在までも多くのトペン演者たちに多大なる影響を与えており、彼らの上演に関する記録と分析は貴重なものとなっている。

しかしこのような分析視点は、以下の二点で問題がある。まず、エミグも認めているように、カクルはトペンの典型的な演者とはいいがたいのである。カクルのような広域にその名を馳せる演者は、(少なくとも現在の)トペンの演者全体の中でみれば、むしろ稀なケースである。トペン・ワリには、カクルのような知名度の高い演者がいる一方で、無名の演者が多数存在する。この演者の層の幅広さそのものが、トペン・ワリの重要な特徴の一つであると筆者は考える。また演者の多様性は、近年ますますその度合いを増しているという側面もある。現在バリには、知名度の低い、限られたエリアで他の演者と技能の不足を互いに補いながらトペンに参加するような演者たちが大量に存在する。これらの人びとの活動や、彼らの時には拙く完成度が必ずしも高くない上演は、これまでの研究から抜け落ちてきた(9)。このことは、先ほど指摘したように、トペン上演の豊かさに着目する半面、往々にしてそれほど熱心に観劇しない観客たちの態度を見過ごしてきたという先行研究の傾向とも無関係ではないであろう。

またエミグのこのような研究視点のもう一つの限界として、演者が発揮する創造性を強調するあまり、演者がその周囲の人やモノとの関わりの中で、動きや感情を引き出されつつ行為するという側面への着目が疎かになりがちであるという点が挙げられる。ただし、ここで個人がパフォーマンスを創造すると主張したエミグに対して、パフォーマンスを創造するのは文化（あるいは社会）だ、と反論したいのではない。たとえば、ヤングは、エミグらとは対照的に、演者の個人名にほとんど言及せず、数々の上演の記録から語られた内容の一部分を抽出し、上演内容のテーマごとに体系づけ考察した。これもまたヤングの意図的な選択である。

> バリは、芸術活動が広く分布していて、また比較的均一的な人口を有していることから、調査地として魅力的だった。そのような条件は、芸術のパーソナルで個人的なコンテクストより社会的コンテクストについて研究するのに適している。西洋の多くの芸術とは異なり、バリにおいては、個々の芸術家のプライベートな見解は強調されない［Young 1980 : 76］。

バリ芸能において個人が強調されないという指摘は初期のジェンキンスの著作でもなされた［Jenkins 1978 : 45］。しかし筆者は、匿名的に演者の芸を扱うヤングや初期のジェンキンスの手法が、個人に焦点をあてるエミグやダンの手法より優れていると主張したいわけではない。トペンの文脈に限れば、特に名手であればあるほど、その演者の当たり役や十八番の話題が存在する。また新しいジョークや、誰も作ったことのないような仮面を装着して、他の演者とは異なる新たな芸を生み出したいという欲求は多かれ少なかれ全ての演者にみられる。即興性の高い演目であるトペンには、脚本家や演出家が存在せず、その中で演者はストーリーの選択や、発話内容に大きな決定権を有している。しかし、その即興性ゆえに、上演の場で行われる伴奏者や観客とのやり取りは上演の重要な魅力の一つであり、上手な演者ほど、上演先の観客の状況や、伴奏者のコンディションを加味しながら、物語を展開してゆく。さらにトペンには仮面という要素が加わる。仮面はトペンにおいて単に役柄を表象する道具ではない。先行研究も指摘したように、人びとは仮面に命を吹き込み、またその仮面のもつキャラクターを見極め、それに導かれるように演技を展開する。カクルの名人芸に着目したエミグも、演者は仮面のもつキャラクターを基点として自由に語りを構成するのであり、演者の身体を通じてその潜在的な命を流れ出させることができたとき、仮面と演者の「生きた混合物」が生まれるのだと論じる［Emigh 1996 : 251, 275］。しかし仮面の命を引き出そうとする演者の姿を指摘するだけでは不充分であろう。この仮面の背後には、たとえばそれを制作した職人という存在もある。職人たちは、仮面が演者に被られ、特定の音楽の中で踊り演じるときに最も魅力を放つよう、仮面を仕立てるのであり、彼らも（仮面というモノを通して）上演の場で力を発揮する、トペンの参加者である。

本書は、トペン上演を、そこに集う人びと（演者や観客や伴奏者）と多様なモノ（仮面や衣装や供物や伴奏楽器や音など）が作用しあう中で立ち現れる、相互的で媒介的な作用の網の目のようなもの（nexus）として捉える。カクルという個人を、トペンのパフォーマンスを創造する主たる存在、つまり主体（彼はその語を用いてはいないが）とみなしたエミグの視点とは対照的に、本書は、全体を統制する中心を想定しない。そして、個人や組織、モノや神格までもが互いに影響を及ぼし、侵食さえし合いながら、トペンを形作ってゆくプロセスを明らかにし、新たなトペン像を描くことが本書の狙いである。「代理」という含意のあるエージェントという言葉を用いるのはこのためである。

演者がその時々の状況に影響されつつ、また他の人びとやモノに導かれながら行為するのは、上演中だけではない。たとえば、仮面は、上演後には持ち帰られて、日常の中で演者やその他の人びとに働きかける。また名演者でさえ、先人の演技や、地元の目利きたちの批評、観客や演者仲間の反応など、幅広い人びととの関わり合いを通じて芸を深めてゆく。このような上演後にまで続く、人と人そして人とモノのやり取りを追いかけることによって、上演を支えている舞台裏の営みに接近したい。以上のことから、先述した本書の三つの課題がみえてくる。

本書の一つ目の課題は、トペンを取り巻く人びとがみせる、時に上演に無関心であるかのような奇妙な態度に着目しながら、演者と観客の関係性を問い直すことである。我々が「観客」と呼んできた者たちと演者との相互作用を詳細に検討することが必要となる。実は、彼らの多くは観るために集まる客ではなく、トペン上演は鑑賞するためだけに上演されているのでもない。冒頭のエピソードに登場した演者イダ・バグース・アノム・Jは、あの日人びとが筆者に語ったように、海外での上演経験ももつトペンの名手であり、現在も彼の元に仮面作りやトペンの舞踊を習いにくる外国人が後を絶たない。彼のような有名演者の演技にも、人びとが熱心に目を向けているようには見えないことの大きな理由は、上演がそれを取り巻く人びとにとって、「観る対象」であると共に、あるいはそれ以上に、神々に向けて「捧げる」ものであり、また儀礼の一部として「執行すべき」ものである、というトペン・ワリの性格にある。人びとを楽しませる仮面劇でありながら、儀礼でもあるというトペン・ワリの両義性は、先行研究の中でも繰り返し注目されてきた。しかしこれらの研究は、トペン・ワリの儀礼的機能の内容を解説したり、あるいは儀礼的な機能と芸能としての側面がいかに有機的に融合しているのかを強調したりするものであった。だが本書では、芸能としては極めて不完全な形で終わるような上演にも目を向ける。この上演が、それを眺めたり眺めなかったりする人びととどのような関係にあるのか。上演者とそれを鑑賞する観客、という図式では捉えきれない、トペン上演とそれを取り巻く人びととの関わり合いを分析する。

本書の二つめの課題は、仮面をはじめとする、モノの働きに着目することである。コルディロンは、仮面が上演中演者に多面的に働きかけ、その意識の状態までもを変えてしまう存在であることを示した［Coldiron 2004］。仮面の働きを演者の変身の文脈に限って考察したコルディロンの論を広く拡張して、仮面の多様な働きに目を向ける。仮面は演者と一体化するだけでなく、演技の新しいアイデアの源泉となったり、観客に対して多様な感情を喚起する。また、仮面は、舞台後も人びとと関わり続ける。本書は、これまで見落とされがちであった、仮面職人や仮面の過去の所有者、仮面に儀礼を施すその他の人びとといった、舞台裏で仮面と関わる人びとの働きをも分析対象に取り込む。また本書では、仮面を意味やペルソナに還元せず、むしろその物質的な性質（本書ではこれを「物性」と呼ぶ）が、仮面の働きといかに交差しているのかを分析する。仮面の物性に着目する本書は、人と仮面の身体的な関わり合いや、舞台化粧とは異なる仮面独特の性質についての分析を通じて、仮面の物性が人間へと豊かに働きかける様をも明らかにする。

本書の三つ目の課題は、演者を育てる多様なエージェントの働きを考察することである。既に述べたように、演者は一人技を磨き、トペン演者になるのではない。彼らが演者となるように動機付ける周囲の人びとや、技の習得を後押しする演者仲間や師匠、そして時には拙い演技をも許容しながら、彼らに上演機会を提供する観客や上演依頼主たちの存在もある。このような、多様なエージェントたちの働きかけの中で育まれる存在として、演者を捉えなおす。演者の芸の習得に関わるエージェントたちの働きを明らかにし、またその歴史的変化も明らかにする。また特に近年いわば玉石混交のトペン演者が大量に活動する実態にも目を向ける。トペンに多くの人びとが参入するその動機、そしてこの現象を可能にしている、周囲のエージェントたちの働きを明らかにする。

2　モノ研究とその背景

後述するように、A・ジェルは芸術人類学では、芸術作品が何を表すのか、ではなく何をしているのかを考察すべきだと主張した［Gell 1998］。本書ではこのジェルの論を援用しながら、これまで人間中心的に描かれてきたトペンを、仮面をはじめとするモノと人びととの相互行為の網の目（ネクサス）の中に捉えなおす。なお本書は、ものが（意味づけられたり、使われたりする客体としてではなく）動的なエージェントとして働く側面に着目していることを強調するため、「モノ」とカタカナ表記している。モノの物質的、物理的側面を特に強調する際には「物」と漢字表記することとする。ただし、日本語の先行研究の引用部分は例外とし、そこでは原文の表記に従った。

本書のとる、非演者中心的で非人間中心的な視点からトペンを捉えなおすという分析視座は、モノの働きや人とモノの関わりを照射する人類学的研究[10]（以下、モノ研究と表記）に着想を得ている。[11]世界を人間中心的に捉えるのではなく、モノあるいは非・人間のエージェント[12]（あるいはアクタント）の働きに注目し、人間とそれらのモノが相互的、媒介的に働くプロセスを記述・分析することは、二〇世紀の終わり頃から人類学で重要な課題となってきた。以下に人類学の中での、モノをめぐる研究の展開の歴史を大まかに振り返る。また、本書にとって特に重要な、A・ジェルによる脱中心的なエージェンシー論を紹介し、本書が構想するネクサスが、いかなる事柄を指しているのかを説明する。

一九世紀は、植民地のモノを収集し展示するということが盛んに行われ、特に進化論の見地からモノの特徴を比較したり分布を明らかにしたりする物質文化研究が行われてきた。そこではモノは、その特徴により当該文化の進歩度を測る指標として扱われる［Buchli 2007 : 3］。しかし二〇世紀に文化の概念がより抽象化され、また人類学の関心が社会関係や象徴体系といったものへと移るにつれ、具体的なモノを対象とする物質文化研究は、人類学の主流から外れてゆく。[13]調査地で研究者が出会うモノは、社会関係や構造、世界観を反映する、価値や意味を埋め込まれた存在として扱われた。人類学者の関心は、これらモノ自体よりも、その背後にあるより抽象的な文化や社会の体系へと向けられた。たとえば、一九六〇年代から一九七〇年代の人類学で大きな影響力をもった構造主義において、個別のモノは、認知体系におけるその位置づけに依って重要性をもつ［Layton 2006 : 29］。レヴィ＝ストロースは『仮面の道』で、仮面と仮面の間の差異が言語における単語間の関係のように意味を創出しているのだと論じ、仮面間の類似や対立を神話のように読み解く。彼は「言語における単語と同様、それぞれの仮面がそれ自体として全ての意味を含んでいるわけでもない」［レヴィ＝ストロース 一九七七：七九］として、仮面間の特徴の類似性と対立、そして各仮面の起源神話を、異なる集団間で比較する。そのことで彼は、「一つの集団から他の集団へと（仮面の）造形的な形が保有されるときには、意味上の機能は逆転する。反対に、意味上の機能が保有されるときには、造形的な形の方が逆転する」［レヴィ＝ストロース 一九七七：二二八 括弧内は筆者］という公式にたどり着く。この研究は、仮面の造形の細部まで描き出している。しかし彼の関心は、仮面自体にではなく、仮面間を意味づけている構造とその変換パターンに向けられているのである。

物質文化研究が下火になった要因は、人類学の関心が高度に抽象的な次元へ移っていたことにくわえ、グローバル化に伴い物が国境を越えて益々頻繁に移動するようになり、地域特有の物質文化が失われていったことにもある［内堀 一九九七：四］。八〇年代になると、物を分類し体系づける従来の物質文化研究から脱却し、人のより動的な側面、そしてモノの意味や役割の可変性に着目した研究がなされるようになる［e.g. Appadurai ed. 1986, Miller 1987］。アパドュライは、モノが様々な文脈を移動する中で、様々な意味を付与され、価値を帯びる動的な過程「モノの社会生活」に着目する。彼は、贈与や売買をシステムや形式からではなく、そこで扱われるモノから照射する［Appadurai 1986 : 81］。アパドュライの編著書の関心は、モノの移動が経済的価値を生み出すプロセスにあり、モノそのものに向けられているわけではないが、「モノの意味は、その形に、その使用に、その軌道に刻み込まれている」ために、自分たちは、「モノ自体を追う必要がある」として、「方法論的フェティシズム」を提唱している点が興味深い［Appadurai 1986 : 5］。日本では、従来の物質研究と区別して、モノを主題化するこれらの新しい研究を「もの研究（あるいはモノ研究）」［e.g. 内堀 一九九七：一二、床呂・河合 二〇一一：六］と呼ぶことがあり、本書でもそれに倣うこととする。

一九九〇年代以降のより新しいモノ研究は、モノが人間によって意味や価値を付与されるという側面だけではなく、むしろモノが人間の感情や行為や価値を引き出すという、モノの側からの人間への働きかけや、モノと人が織りなす相互作用によって、出来事が生成されてゆくプロセスを強調する傾向にある［e.g. Miller ed. 2005, Tilly et al. eds. 2006, Kanappett & Malafouris eds. 2008, 田中編 二〇一〇、床呂&河合編 二〇一一］。

3 ジェルの芸術人類学と本書のネクサス

これらのモノ研究に大きな影響力を与えた研究に、ラトゥールのアクター・ネットワーク論と、ジェルの芸術人類学がある。どちらも、モノあるいは非・人間の行為遂行能力＝エージェンシー（agency）に着目し、モノを他のモノや人に働きかけるエージェントと位置づけた［ラトゥール 二〇〇七、Gell 1998］。

ラトゥールは、主体―客体という区別自体を放棄し、人と非・人間が互いに畳み込まれているようなハイブリッドな集合体として世界を考える［ラトゥール 二〇〇七：二四九］。主体と客体があるのではなく、どちらかが他方を支配や疎外しているのでもなく、「あるのは出来事だ」とラトゥールは言う［ラトゥール 二〇〇七：三六八］。銃が殺人を起こすのでも、人が（銃を使って）殺人を起こすのでもなく、人と銃が一つになることで、新たなアクターとなり、出来事が引き起こされるのである［ラトゥール 二〇〇七：二二六―二三二］。行為の責任は様々なアクター（アクタント）に共有されているのであり、完全に自立的な人間が、完全に中立的な非・人間を利用して行為するのでも、逆に人間が非・人間に操られているのでもない［ラトゥール 二〇〇七：二三二］。

ラトゥールは主に科学や技術の分野から人間と非・人間の集合体を描き出したが、他方のジェルが考察対象としたのは、人間の感情や記憶が重要な位置を占める芸術の世界であった。ジェルは、芸術作品を、人間に様々な感情や行為を喚起する動的な存在エージェントと位置づける。彼は作品の表す「意味」を読み込もうとする既存の芸術研究の視点を批判し、作品が何を表すのではなく、どのように働きかけているのかを考察する「行為中心的（action-centered）」な芸術人類学を提唱した［Gell 1998 : 6］。本書はこのジェルの論を応用しながら、演者や仮面職人といったトペンに関わる人びとのみならず、仮面や衣装といったモノのエージェンシーを考える。

ジェルは、（物理的連鎖ではなく）心の働きや意図や意思によって周囲に出来事を引き起こす人やモノをエージェントと呼んだ［Gell 1998 : 16］。エージェンシー（agency）とは、このエージェントが発揮する、出来事を引き起こす能力や動きのことである。ジェルは、人とモノ、そしてモノを介した人と人の間で行き交うエージェンシーに注目するが、中でも、モノがインデックスとなって、そこに働いているエージェンシーを推論（abduct）させるような場面を、「アートのような状況（art like situation）」と呼び、芸術人類学が対象とする領域とした[14]［Gell 1998 : 13］。先述のように、エージェントの働きの向かう先、エージェンシーの受け手はペーシェントと呼ばれる。では、それ自身「意図」をもたないはずの芸術作品のようなモノがいかにしてエージェンシーを発揮し、出来事を引き起こすのか。それは、意図を持った人間が、周囲のモノに媒介させてエージェンシーを行使するからである［Gell 1998 : 20］。モノ（芸術作品）は、人びと（あるいは神々）の意図や行為の表れや痕跡（＝インデックス）となり、それに見たり触れたりして関わる人びとから行為や感情を引き出す。

ジェルはパースによる記号の三分類、すなわちイコン（icon／類像記号）、インデックス（index／指標記号）、シンボル（symbol／象徴記号）を参照しながら、芸術作品がインデックスとして機能する位相に着目する。筆者にはパースの三分類を厳密に解説する用意がないが、さしあたって基本的なアイデアをおさえておくことで充分であろう。まず、イコンは、「記号とその対象（写真とその本人、見本と実物）がある面で類似し、その類似性に基づいて対象を表意する」〔米盛 一九八九：一一四〕。また、シンボルは、それが指し示す事柄との間に因果関係も類似性も有さず、「もっぱら第三の解釈思想によって」関係付けられる〔米盛 一九八九：一一六〕。言語はその代表的な例である。インデックスは、「その対象と直接物理的に繋がっていて、その対象から実際に影響を受けることによって、その対象を表意する」〔米盛 一九八九：一一五〕。火の存在を指し示す煙、好意を指し示す笑顔はインデックスのよく知られた例である。観察者がある事物から、その背後に働いた因果的な関係を推論することで、初めてその事物は対象を指し示すインデックスとなる〔米盛 一九八九：一一五〕。しかし、作り笑いであることもあり、この推論は誤りであることもある。このような仮説的な推論はアブダクション（abduction）と呼ばれる。それは演繹法でも帰納法でもなく、自然の法則でも慣習に規定されているものでもない〔Gell 1998 : 13-14〕。

ジェルは、芸術作品がシンボルのようにも働くことを否定はしないが、芸術をシンボルや言語であるかのようには分析しないことを強調する〔Gell 1998 : 6, 14〕。作品に書き込まれたコード化された意味を、鑑賞者が慣習やコードのルールを参照しつつ解読するのではない。アブダクションの概念を用いることで、分析者はむしろ、鑑賞者が対象となる事物と対面する中でその都度導いている仮説に目を向ける〔Gell 1988 : 14-15〕。笑顔が好意的な人物の一部であるように、インデックスとは、全体に対する部分として設定されている〔Gell 1998 : 104〕。たとえば多くの場合車は所有者の人格や身体の部分のようなものとして考えられる〔Gell 1998 : 18〕。そのため、人は身だしなみに気を使うだけでなく、車も慎重に選ぶ。車が所有者の一部のようなものであるからこそ、人びとはその車に傷をつけて彼に精神的ダメージを負わせることもできる(15)〔Gell 1998 : 18〕。そして、人びとは、車が突然故障した際には、「裏切られた」という感情を抱きもする〔Gell 1998 : 18〕。このように、車は「自主的な」エージェンシーを（車を自分の一部だと感じている所有者に対して）行使することもある〔Gell 1998 : 18〕。

芸術的エージェンシーには様々な形が考えられるが、基本的なものとして魅了（captivation）がある〔Gell 1998 :

69]。クラ交易に使われるトロブリアンドの船首ボードの彫刻は、交易相手を魅了することで、相手の士気を挫き、クラの交渉を有利に運ばせる。その彫刻は、交易相手がその制作プロセスを想像しきれないほどの、圧倒的な魅力を放つとき、船首ボードの主の有する芸術的魔術的力の表れ＝インデックスとなるのである［Gell 1998 : 69-72］。こうしてトロブリア人は、船首ボードに媒介させて、エージェンシーを行使する。魅了された交易相手は、船首ボードの、そしてそれに乗ってきたトロブリアンド諸島民のペーシェントである。このような、インデックスに媒介されるエージェントとペーシェントの結び付きのことを、ジェルは、アート・ネクサスと呼んでいる。

トペンという営みを支える多様なエージェントの働きを明らかにしようとする本書において、ジェルの論は以下の点で示唆的である。

一つは、ジェルが、エージェンシーを関係的に捉えている点である［Gell 1998 : 22、久保 二〇一一：四四］。あるモノや人がエージェントかどうかは、そのモノや人自体に内在する属性によって決まるのではない。そのモノや人に働きかけられる受動者＝ペーシェントが存在することで、それはエージェントとなるのである。エージェンシーは、エージェントの中にではなく、エージェントとペーシェントの間に存在する。このようにエージェンシーをとらえると、モノのように通常エージェントとは見做されない存在や、悪霊や神々といった輪郭の曖昧な存在も、ネクサスにおけるエージェントとしてたち現れてくる［久保 二〇一一：四四］。それらがどのように行為するのかを考察するには、それらに人びとがどのように働きかけられているのかを問えばよいのである。このような視点は、トペンの例では、仮面を初めとする命なきモノ、および神格や悪霊・地霊といった不可視の存在の働きが、人びとの実践をどのように形作ってゆくのかを考察する上で有用である。

二つ目は、アブダクションの働きに着目している点である。バリのヒンドゥ教世界では、世界は、スカラ（*sekala*／可視で知覚可能な世界）とニスカラ（*niskala*／不可視で不可触な世界）の二つによって構成されている。人間の身体や物質が属しているこの世はスカラであり、神格や地霊・悪霊などの住む世界はニスカラである。この二つは分かちがたく結びついており、ニスカラでの出来事は、この世、すなわちスカラに様々な形で影響を与えるとされる。このような世界にあって、モノや人は潜在的にニスカラからのメッセージの媒体である。自然環境の変化、モノや人の動き、様々な出来事、自分の身体や心の動きに対してさえ、人びとはその背後に存在するニスカラの住人の働きを感じ取りうる。人びとの周りにはいわば潜在的なインデックスが溢れている。可視的な事物が、人びとにどのようにニスカラの世界の出来事を感じ取らせているのか（ジェルの言葉でいえばどのようなアブダクションを動機付けているのか）を問うことは、バリにおける可視的なモノの働きを考察する上で重要となる。

そのことにも関連して、三つ目は、作品の媒介的な働きに着目しているという点である。ジェルが指摘したのは、作品が所有者や作り手やそのパトロン、そして描かれた対象（プロトタイプ）などのエージェンシーの痕跡や部分（インデックス）となることで、相手に働きかけるという、作品の媒介的な働きである。仮面を作品（インデックス）として位置づけることで、その背後に働いた多様な人・モノのエージェンシーもが考察対象となる。さらには、演者の演技や身体もまたインデックスとなるであろう。上演の場に登場するのは、演者や仮面といった人・モノである。しかし、その作品に魅了された人びとは、それら目の前の人・モノだけでなく、上演を可能にしている様々な関係（たとえば魅力的な仮面を作り出した職人の仕事、彼らに神々しい魅力を授けている神格の働き）をアブダクトし、感情や行為を引き出される。仮面や演者といった上演に登場する人・モノをインデックスと位置づけることで、それらの人・モノに媒介されて働くより広いエージェント／ペーシェントの連なりへと目を向けることができる。

本書では、このジェルの論を拡張しながら、トペンにおける人とモノ、人と人の関係をみてゆく。ジェルの関心の中心は、インデックス（芸術作品）がエージェンシーを媒介する「アートのような状況」にあったため、定義上、彼の示す「アート・ネクサス」の中央には必ずインデックスが位置する［Gell 1998 : 13, 35-36］。それに対して、本書における「ネクサス」とは、ジェルのアート・ネクサスのみならず、その周縁に形成されている、多様なエージェントー―ペーシェント関係をも含みこむものである。たとえば第六章でみてゆくように、女性トペン演者たちの活動範囲や継続性は、夫の協力や理解が得られるかどうかにも左右される。夫は妻のトペンの活動を活性化させたり、抑制したりするエージェントであり、夫は例えば家事を分担したり、練習場へと送り迎えするなどの形でエージェンシーを妻（＝演者）に対して発揮する。ジェルの論においては、こうした夫の貢献は、インデックス（＝妻の演技）に刻まれ、夫や妻や第三者にアブダクトされて初めて、アート・ネクサスの一部を形成することになる。しかし、妻にとっては、彼女はインデックス（演技）が生じる前から、既に夫に対してペーシェントの関係に入っている。本書は、このようなインデックスの手前で働いていた、（インデックスに媒介されるというよりは、直接的に人と人の間に生じている）エージェントー―ペーシェント関係をもネクサスと呼び、考察の対象とする。この女性演者の例からも推察できるように、エージェントの発揮するエージェンシーは、非常に明瞭な形で現れるものから、第三者にはわずかにしか感知されないようなものまでがあるであろう。また、繰り返す演技の中で次第に強固なものとなってゆくようなエージェントー―ペーシェントの関係もあれば、即興性の高いトペンの演技の中で、ふいに現れるようなエージェントー―ペーシェント関係も考えられるであろう。本書では、多様な強度や形で影響を及ぼし合うエージェントとペーシェントの関係性がどのようにトペンという営みを形作っているのかを考えたい。

4 本書の構成

これまでの議論を要約するならば、本書の全体的なテーマは、名人芸としてトペンを眼差すことを差し控え、ネクサスとして捉えなおすということである。また本書は、既存の固定化された価値体系において一方的に演技を方向付けられるような存在として演者を描くこともしない。演者や仮面や上演に集うその他の人とモノ、そしてそれらを介してエージェンシーを行使するような人やモノや不可視の存在、これらのエージェントたちがつながったり途切れたりしながら、演技が織りなされる姿を描き出す。このような設定は、大掛かりな舞台装置や台本もなく、即興性が極めて高く、上演形式（場面構成や登場人物や上演人数）の自由度が高く、演者の育成のための確固たる制度や機関も存在しないといったトペンの特性を考慮したとき、極めて有効であると考える。先述した三つの課題について、以下の六章から考察したい。

第一章と第二章では、演者と観客の関係について論じる。儀礼上の機能を色濃くもつ上演と、より余興に近い演目では、「観客」の働きも、彼らと演者との関係性も違うという点に着目する。第一章では、トペンと呼ばれる仮面舞踊劇ジャンルの中に存在する様々な形式の成立過程を分析し、儀礼の演目が余興として用いられたり、逆に余興の演目が儀礼の一部として上演されるようになったりする中で、その上演内容がどのように変化したのかを考察する。なお、トペンの上演形式とは、厳密に規定され固定化したものではない。演者たちは、その時々の人びとのニーズや、集った演者たちの嗜好によって即興的に上演を作りあげる。第一章では、演者やその共演者、上演依頼主、そして観客たちの意図が交錯する中で、上演形式が変化したり、新たに形成されたりしてきたトペンの動的な側面についても考察する。第二章では、トペンジャンルの中でも、本書が特に着目するトペン・ワリと呼ばれる、儀礼的機能と余興としての機能の両方を担う形式を取り上げ、それを取り囲む「観客」との関わりについて詳細な考察を展開する。先行研究によれば、上演を楽しみのために眺める観客が存在するか否かによって、芸能と儀礼とが分けられる。とすれば、儀礼であり芸能であるトペン・ワリの上演に居合わせる人びとは、観客であり観客でない何者かということになる。シーンによって微妙に異なる観客たちの振る舞いや、上演後にも続く演者と観客とのやり取りにも着目しながら、上演者＝語り手、観客＝聴く者という図式では捉えられない、上演と観客の間に結ばれる多義的なエージェント―ペーシェント関係を明らかにする。

第三章、四章では、仮面を分析の中心にすえる。本書では、トペンを、モノと人間たちとの相互的なやり取りの中で織りなされるネクサスとして描きなおす。人間を主体、物を客体に位置づけることに異議を唱える、近年のモノ研究の成果や、それに影響を与えたジェルの芸術人類学の視点を参照しながら、仮面というモノが演者や観客やその他の人びととの関わりの中で、どのような働きをしているのかを考える。また本書では、仮面の物性が、トペンにおける仮面の働きにどのように作用しているのかを考察する。身体から繰り出される技であるトペンに、仮面という「物」が介在することで、表現や芸の伝承にいかなる効果があるのか。このように問うことで、舞台化粧を用いる他の演劇ジャンルにはない、仮面劇に特有の性質も明らかとなる。第三章では上演中を、第四章では上演前後、つまり仮面制作や上演場から演者宅に持ち帰られた後に続く日常を中心に取り上げる。

第五章、六章では、演者の誕生の過程に注目した考察を行う。先行研究では、演者の師弟関係や舞踊トレーニングに着目した考察がみられる［Dunn 1983］。しかし、人びとが演者を目指し、芸を習得する上で頼るのは、師匠だけではない。第五章では、具体的な事例から、人がトペン演者となることを動機付けられ、芸を習得し、演者として活動し、周囲に演者として認められてゆくプロセスを明らかにする。また、どのようなエージェントがそのプロセスに関わったのかを考察する。先行研究では有名演者や巧みな演者に注目する傾向があったことは既に述べたが、本書では、無名の演者や芸歴の浅い演者にも着目する。なお、先行研究の調査が行われた八〇年代と現在とでは、演者の質と量共に変化がみられる。現在はますます多くの人びとがトペン上演に参加し、その中で無名のまま限られた範囲で活動する演者たちが大きく増加した。その現象の社会的な要因の幾つかを明らかにし、演者を取り囲むネクサスがダイナミックに変動していることを指摘する。第六章では二〇世紀終わりに出現した女性トペン演者たちに注目する。トペンはいくつかの点でバリの男性ジェンダーと深く結び付いており、近年まで男性の活動領域として存在していた。そのため、そこに挑戦する女性たちの姿は社会的な関心を呼んだ。先行研究では、女性のトペン上演を、バリ社会における女性の地位やイメージを交渉する、高度に意識的な取り組みと位置づけてきた。本書では、女性のトペンを、女性の地位向上や権利を求める活動に還元するのではなく、彼女たちがトペンに挑戦するに至った多様な過程を明らかにする。彼女たちの活動に関わったエージェントたちの働きも着目しながら、トペン上演が彼女たちにとってどのような経験となっているのかを考察する。

四　調査地

二〇一〇年現在の統計でインドネシア共和国の人口は二億四千万ほどであるのに対し、バリ州の人口は、約三八九万人である[16]。面積は約五六〇〇平方キロメートルであり、これは愛知県（約五七〇〇平方キロメートル）と同程度の広さにあたる。国全体の八九％がイスラム教徒であるインドネシアにあって、バリでは人口の八七％がヒンドゥ教徒である点が際立った特徴である[17]。このバリ州は八つの県と州都デンパサール（Kotamadya Denpasar）から構成されている。

本書は、特別に言及している箇所を除いて、バリ州の中でも、中南部にあるギャニャール県（Kabupaten Gianyar）の状況を中心に扱っている。バリの芸能実践には大きな地域差があるが、ギャニャールは規模の大きな宗教儀礼を行うことで知られており、バリの中でもトペン・ワリの上演が盛んな県の一つである。

トペン演者は、様々な寺院からの依頼を受けて上演を行うため、その活動は必ずしも特定の地域に限定されない。一方で、演者の活動が全く地域性を帯びていないとも言いがたい。なぜなら第二章でも述べるように、集落（*banjar*）や慣習村（*desa adat* あるいは *desa pakraman*）や寺院が主体となって行う儀礼では地元の成員を優先的に起用す

図 0-1　インドネシア共和国地図

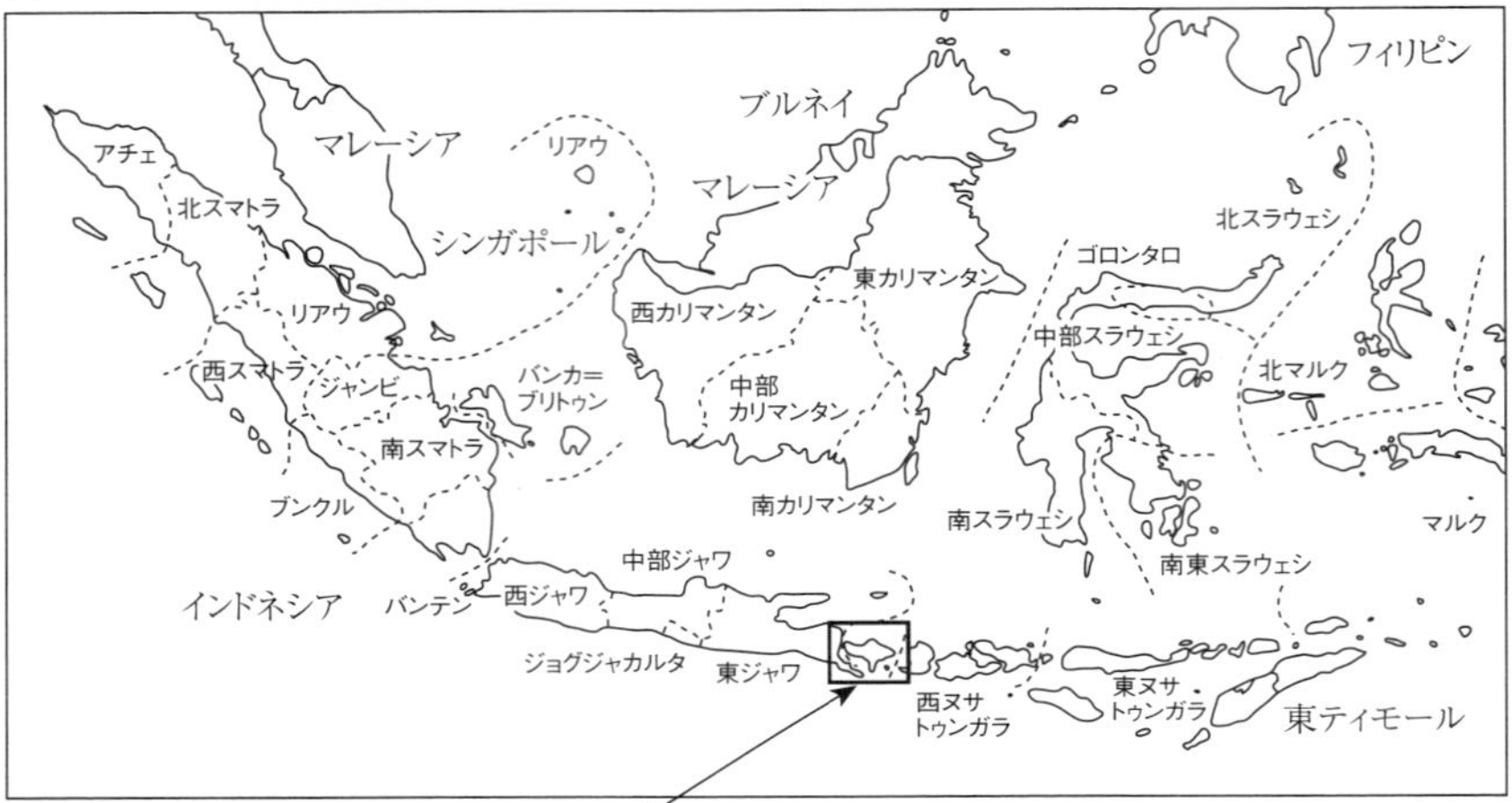

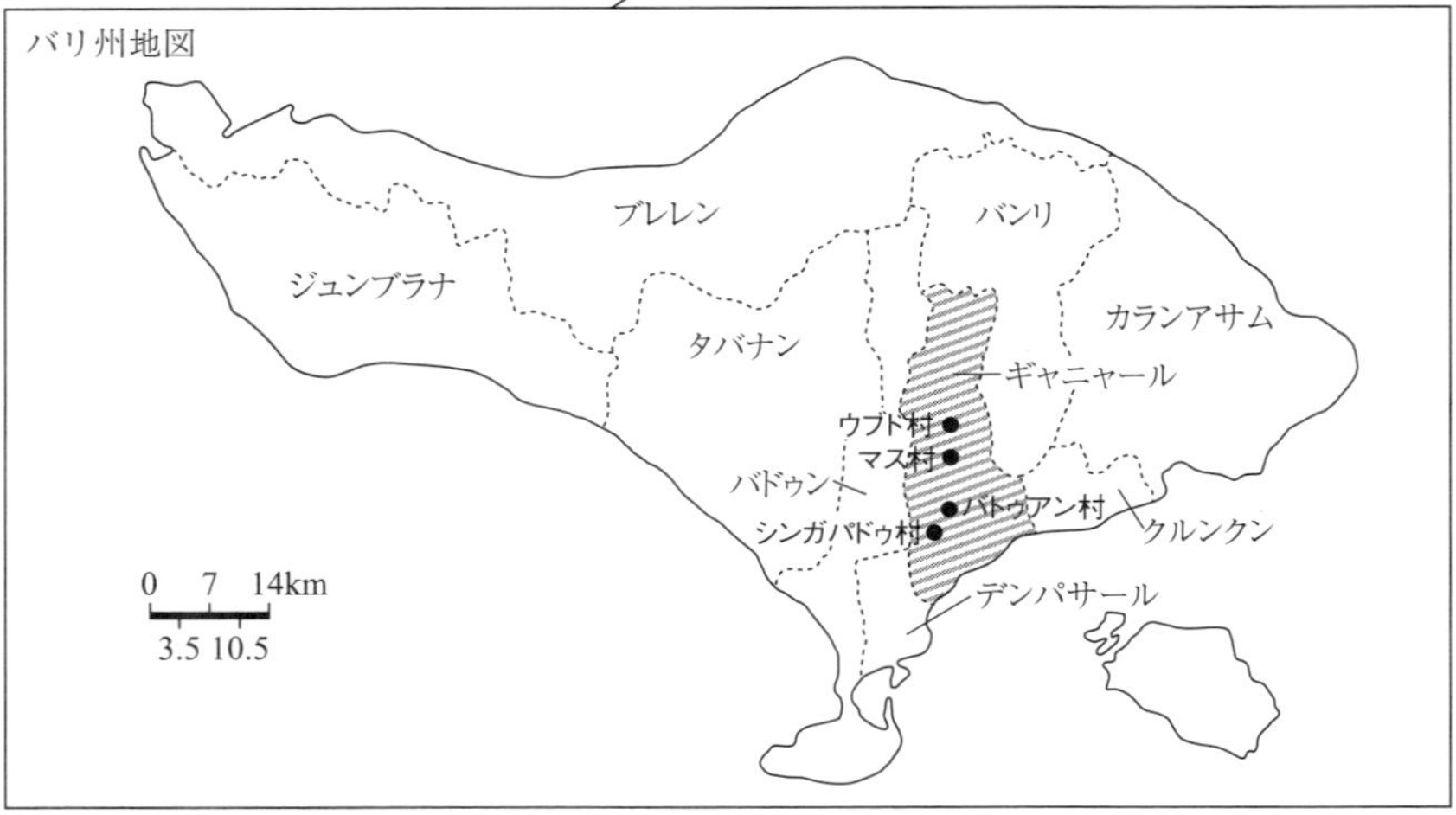

る傾向にあるからである。したがって、演者はそれぞれの地元においてトペンを上演する頻度が高く、演者と観客となる地域共同体の成員たちとの間には、継続的な関係が生じていることが多い。これらのことを考慮して、まず演者と地域社会の関係性について、ギャニャール県マス慣習村（Mas）を取り上げ調査を行った。マス村のある集落に滞在し、僧侶階級ブラフマナ（*brahmana*）の村民の家（*geriya*）に下宿しながら、滞在中の主要な儀礼におけるトペン上演を可能な限り網羅的に観察し、またこの村のトペン演者一人ひとりにインタビューを行った。くわえて、ギャニャール県やその近隣にて、できるだけ広い地域のトペン実践に目を向けた。特に、かつてからトペンの盛んなバトゥアン慣習村（Batuan）とシンガパドゥ慣習村（Singapadu）には観察やインタビューのために頻繁に訪れた。さらに比較対象として、近年になってやっと地元演者による活動が現れたプンゴセカン慣習村（Pengosekan）にもしばしば足を運んだ。なおバリでは、行政単位としての村は「行政村（*desa dinas*）」と呼ばれ、宗教実践上の単位である「慣習村」と区別される。この両者が全く同じ境界を持つケースもあるが、そうではないケースもある。たとえば、マス慣習村とプンゴセカン慣習村は、どちらもマス行政村の中に含まれている。以降、村と表記する際には基本的に慣習村を指すこととする。現地でバンジャール（*banjar*）と呼ばれている村の下部単位を、本書では「集落」と表記する。通常、複数の集落が一つの慣習村を構成している。集落は、各種の儀礼の実行母体となる共同体であり、人びとの日常生活とも関わりが深い。集落自体でも独自に寺院を所有しているほか、村が開催する周年祭や火葬などの儀礼でも、各集落が持ちまわりで実行部隊を担当することが多かった。

バトゥアン村は、独特のスタイルの絵画が有名であるが、トペンのルーツとも言われる、古典歌舞劇ガンブー（*gambuh*）の盛んな土地でもある。このガンブーの担い手の中にはトペン演者でもある者が少なくない。昔からトペン演者の多いことで知られ、エミグ、ダン、そしてジェンキンスの研究もこの村出身のインフォーマントに多くを負っている。シンガパドゥ村は、これもガンブーから派生したとされる、歌舞劇アルジャ（*arja*）が盛んであり、このアルジャの演者もトペン演者を兼ねていることが少なくない。複数の仮面工房を有することも特徴的である。プンゴセカン村は、文化観光の中心地ウブド村に隣接し、ガムラン演奏と舞踊を中心に、芸能活動全般が盛んな地域である。この村も絵画の独特のスタイルで知られており、画家が多い。

マス村には木彫り職人が多いことが何より特徴的であり、日中人びとの家を訪ねると、男たちがノミをうつ木槌の音や、女たちが紙やすりをかける音が聞こえてくる。この村もまた観光地ウブドに近く、プンゴセカン村の南隣に位置する。ウブド村の絵画、マス村の木彫り、チュルク村（Celuk）の銀細工は土産物として有名であり、この三点を結ぶ道路には、観光客を乗せたバスが行きかっている。この三つの村では、観光業の発達によって、住民の間に顕著な経済格差が生まれていると指摘される［Howe 2001 : 103］。マス村で木彫り産業に携わる者たちの中には、アートギャラリーや輸出によって経済的に成功をおさめた者もいれば、売れ筋ではあるが小額の値段で買い叩かれる、土産物市場にありふれた小さな木彫りを作る者もいる。木の加工に慣れ親しんでいることから、マス村では、他地域に比べ、トペン演者が仮面を自作するケースが多いことが特徴であった。またプンゴセカン村でも同様であるが、夕方になるとウブドの観光客用のショーに出演するためにバイクで出かけてゆく人びとの姿が見られる。ガムラン演奏が活発で[18]、トペン演者や影絵師、踊り手も多い。バトゥアン村、シンガパドゥ村、プンゴセカン村も、芸能に関しての目利きが多い地域として知られるが、マス村も同様である。マス村には全島的に知られるタマン・プレ寺院（pura Taman Pule）が位置しており、その周年祭では、寺院の神聖な仮面を用いた、ワヤン・ウォン（*wayang wong*）という、トペンとはまた別の仮面舞踊劇が奉納される。この仮面劇は、大人数の男性によって演じられるため、マス村には男性演者が比較的多く存在するのも特徴的であった。ワヤン・ウォンの担い手のうちの何人かは、トペン演者ともなっていた。

五　調査の概要

二〇〇六年~二〇〇七年の一三ヶ月に及ぶ調査が、本書の基礎となっているが、二〇〇〇年に初めて修士課程でマス村に二ヶ月近く滞在して以来、数回にわたって短期で訪れていたために、何人かのマスの村人とは、既に知り合っていた。また二〇〇七年以降も年に二度ほどずつバリ島へと足を運び、二〇一四年まで追加でデータを収集した。主に先述のマス村の集落に滞在しながら、可能な限り集落の活動にも参加した。また集落の青年部（*pemuda-pemudi*）のメンバーの一員として迎え入れられ、その活動や会合にも部分的に参加した。トペンをはじめ、地元の芸能の伴奏を担うのは、成人男性たちによって構成される集落のガムランチーム（*sekah gong banjar*）である。[19]このチームの活動に参加したり同行したりしながら、集落全体における、一連の行事や儀礼のリズムと、その中においてトペンやその他の芸能がどのように配置されるのかを理解するようつとめた。

またマス村に限らず、先述した各地において、トペンや関連する演目を観察し、可能な場合はビデオや写真におさめた。そして事後に演者の自宅を訪れ、上演内容および、演者自身の活動や芸の習得プロセスについてインタビューを行うことが多かった。人びとが日常に用いるのはバリ語であるが、インタビューの大部分はバリ語ではなく、インドネシア語で行った。トペン演者が対象となる限りは、インドネシア語の会話にほとんど問題がないという感触を得た。彼らは語りの名手たちであり、ユーモアを交えながら長時間のインタビューに答えてくれた。年配者などインドネシア語での会話に困難が想定される場合のインタビューでは、バリ人の知人に同行してもらい、部分的にバリ語の通訳をしてもらった。トペンに関連の深い儀礼実践の内容を確認するため、僧侶たちへのインタビューも行った。芸術大学ISIデンパサール校の図書館では、インドネシア国内で行われたトペンや関連する分野の調査研究のデータを集めた。またこの大学の教員たちには、インタビューを行ったほか、調査実施上の助言を受けたり、個人所有の資料を提供していただいたりした。

調査の初期は、トペンに関する理解を深めるため、バトゥアン村のトペンの名手イ・マデ・ジマットの元へ通い、筆者自身トペンの幾つかの舞踊を習得した。(20) 気温の上がらない朝の早い時間帯に練習場へ到着すると、日本やヨーロッパ出身の舞踊家たちが既に練習を始めていることも多かった。彼らに混じって練習し、トペンの舞踊を構成する動きや、その組み合わせ方、音楽との兼ね合いを学んだ。

筆者がトペンの舞踊を習っているということが人びとに知れると、トペンの上演に参加するように、と勧められることが多くなった。特にトペン演者たちからは、自分たちの上演に同行し、一曲でも二曲でも踊りのパートを担当するように、強く誘われた。演者たちは、しばしば上演の本番の場こそが最も重要な学びの場であると語る。即興性の高いトペンは、衣装を着て、仮面を被り、観客たちの前で、ガムランの伴奏者たちと共に演技する経験を積んで初めて習得されるものである。バリ社会への感謝の気持ちを表すためにも、機会があれば必ず上演に参加するように、とアドバイスしてくれた友人もいた。こうして、筆者は、期せずして初心者の踊り手として頻繁にトペンの上演に参加することになった。トペンを学び上演を繰り返すうちに、他のトペン演者たちや観客たちから、トペンの演技やそれに付随する様々な営み（衣装と仮面の調達や、それらの手入れ、上演の心構えや、上演依頼者たちとのやり取りなど）について、多くの助言を受けることができ、そのことは、筆者のトペン実践に対する理解を助けた。本書ではこれらの助言として語られた事柄も分析対象としている。

また、シンガパドゥ村のイ・ワヤン・タングー（I Wayan Tangguh）の工房にて、仮面制作を体験しながら、素材や道具、そしてそれらの扱いや、制作プロセスについて記録した。くわえて、シンガパドゥ村とマス村のその他の仮面工房にも足を運び、職人たちに仮面制作や仮面の手入れ、仮面にまつわる儀礼に関してのインタビューを行った。

註

（1）少女たちによって踊られるケテウェル村（Ketewel）のパヨガン・アグン寺院（*pura Payogan Agung*）の天女の舞（*topeng legong/ratu dari*）や、ブラバトゥ（Blahbatu）村のプナタラン・トペン寺院（*pura Penataran Topeng*）に祀られているガジャマダ（Gajamada）の仮面のパフォーマンスも、トペンジャンルの一部として扱われることがある。しかし、どちらも特定の仮面を使用し、また物語性をもたないなど、他のトペンの形式とは性格を異にするするため、本書の分析の対象外とした。

（2）一九三〇年代の記述によれば、影絵（*wayang kulit*）でさえも、ババッドのストーリーを用いる上演はトペンと呼ばれていた［コバルビアス 一九九八〈一九三六〉：二四五］。

（3）ジェンキンスはこれに先行して、一九七八年、一九七九年にもトペンに関する論考を発表している。一九七八年の論考は、トペンというジャンルについて、幅広く記述したものであり、仮面の使用、演者の属性とトレーニングの過程などにも言及しつつも、いかにバリ社会が近代的な問題をトペンの語りを通して対処しているのか、について考察した。他方、一九七九年の著作は、自身がバリでトペンを習得し演者として活動した経験を通して得られた、トペン上演と村人との関係性についての知見を半ばエッセイ風にまとめたものである。どちらも、Jenkins［1994］の論考の下敷きになったものと考えられる。一九九六に出版されたこの書籍のうち、バリに関する記述の元となっているのは、一九七〇年代末から八〇年代末に書かれた以下の二本の論文と一本の上演スクリプト［Emigh 1979a, 1979b, 1989］であり、Young［1980］やDunn［1983］と同時期の研究と言ってよい。

（4）M・ピカールによれば、一九七〇年代以降のバリ芸能研究では、「バリ社会における演劇の機能」と、「それらの内的な働き」の解明に関心が集まっていた［Picard 1996b : 135］。中でも、道化で従者のプナサールが、言語を翻訳しながら、過去と現在など異なる世界の声を演劇の中で反響させるという点に関心が集まっていった［Picard 1996b : 135-138］。この傾向の大きな一部はトペン研究によって担われていたといえる。

（5）Young［1980］にも、一つのパフォーマンスの語りの全体のバリ語と英語で記録した箇所が含まれている。しかし、その全体のシーンの移行についての踏み込んだ分析は行われておらず、むしろ複数の上演に共通してみられる、特徴的な話題を抽出し分析することに力点が置かれているという点で、エミグの分析視点とは大きく異なる。一回のパフォーマンスを全て記述し考察を加えたその他の研究に、チャトラの修士論文がある。これは次章で紹介するプレンボンという種類のトペン上演を扱ったものである［Catra 1996］。またイ・クトゥット・コディらによるトペンのパフォーマンスの全訳がある［Kodi et al. 2005］。そのほか、日本語でトペン・パジェガンの一度の上演を総体的に描写したものに、中川［一九九四］がある。

（6）このほかヒルドレッド・ギアツによる研究がある。彼女の注目する一九四七年の事例は、オランダに反抗した若者たちに対し、制裁の一部としてトペン上演が行われたもので、上演が共同体内の調和ではなく、むしろ対立へと人びとを駆り立て、また暴力へと展開していったという点で、エミグ、ヤング、ジェンキンスらの描いてきたトペン像と大きく異なる［Geertz 1991, cf Emigh 1996 : 204 n.11］。ただし、ギアツ自身はこの事例を、日本軍の撤退とインドネシア独立の政治的空白期に起きた、特殊な事例と考えている［Geertz 1991 : 166］。またギアツは、トペン上演が、現実のアナロジーとして政治的なメッセージを伝えるもの以上の力を有し、宇宙の力に働きかけ、それをコントロールし、悪人を懲罰する、社会的行為であると強調する［Geertz 1991 : 190-191］。この研究も、トペン上演を、劇中に完結するものでなく、宇宙や社会に具体的に作用する行為ととらえた点、その上で鍵となるのがプナサールであると指摘する点では、エミグ、ヤング、ジェンキンスの論と共通している。

（7）そしてこの傾向は、エミグが審査員の一人でもあった、ダンの博士論文にもみられる。

（8）エミグの著書では、バリにくわえて、その他の非西洋地域の芸能が幾つか取り上げられている。バリのトペンについてはカクルを、インドの道化（*bahurupiya*）についてはハジャリ・バンドという人物の芸能実践を取り上げている［Emigh 1996］。

（9）先行研究の著者の多くが、演者や演出家や演技指導者などの形で演劇に関わる実践者でもあったという点は、特筆に価する。少なくとも、エミグ、ジェンキンス、コルディロンは、演劇にディレクターや演者や演技指導者として携わっている。また本章に挙げたバリ人の研究者たちも、みなトペン演者としても活動している。完成度の高い模範的な演者や上演が、分析対象となってきたことの背景には、このような執筆者たちの属性も大きく関係したと考えられる。

（10）ただし、演者が本書にとって重要でないと論じているのではない。実際、本書を通じて、演者は重要な考察対象であり続ける。しかし本書では、彼／彼女が何をしているのかだけでなく、あるいはそれ以上に、彼と他のエージェントがどのように関わり、その結果いかに上演が紡ぎ出されるのか、という点を重視する。その意味で、演者が何に対してどのようなペーシェントであるのかは、本書において重要な考察点である。演者のエージェンシーを優先的に考察するのではないことから、本書ではこれを非演者中心的な分析と呼んでいる。同様に、人間は常に本書の考察対象の大きな部分を占める。しかし、本書では、彼らが互いにどのように働きかけ合うのかという点のみならず、人びとがどのようにして非人間（モノや不可視の存在）と関わり合い実践を紡ぎだしているのかにも着目するため、これを非人間中心的な分析と呼んでいる。

（11）今回は人類学の側からモノ研究の系譜を考察したが、実際にはモノ研究は人類学と考古学を中心に活性化しており、人類学者と考古学者を共に筆者に含む論集が多数著されている［e.g. Tilly et al. eds. 2006, Kanappett & Malafouris eds. 2008］。

（12）エージェントやアクターの語が、通常は非・人間には用いられないため、アクター・ネットワーク理論では、アクタントと呼んでいる［ラトゥール 二〇〇七：二三一、三九五］。

(13) ただし、全く具体的なモノが研究対象から外れたというわけではなく、たとえば贈与論の分野などでモノをめぐる人々の実践への関心は一貫して続いていた。

(14) このように芸術の枠を大きく広げたため、ジェルの議論はいわゆる「芸術作品」を超えて、車や傀儡人形など様々なモノまでを含みこみ展開される[Gell 1998]。

(15) このとき、所有者は車のペーシェントである。このように、エージェントとペーシェントの関係が固定的ではなく、しばしば相互に入れ替わるようなものとして想定されている点も、ジェルの論の特徴である。

(16) インドネシア中央統計局発表(Badan Pusat Statistik Republik Indonesia online)。

(17) インドネシア宗教省発表(Kementerian Agama Republik Indonesia online)。

(18) 調査中に開催された二〇〇七年バリ芸術祭[Pesta Kesenian Bali]におけるガムラン・ゴン・クビャールのコンテストでマス村のタルカン集落(banjar Tarukan)がギャニャール県代表を務めた。なお同コンクールの子供の部ではバトゥアン村のプカンデラン集落(banjar Pekandelan)が同県の代表となった。

(19) 具体的には、集落が実施を担当する周年祭などの儀礼における、人びとをもてなすコーヒー、紅茶、茶菓子などの用意と給仕、青年部の創立記念日におけるイベント開催の手伝い、青年部のメンバーの結婚式の後日に行われるパーティー(*resepsi*)への参加などである。筆者は参加の機会を逃したが、そのほか、活動費を稼ぐための特設屋台やケータリングサービスなどのイベント開催、地域の清掃、青年ガムランチームの練習時のお茶だし当番、サカ暦(*saka*)の正月ニュピ(*nyepi*)の前日に担いで練り歩きをする、オゴオゴ(*ogoh-ogoh*)と呼ばれる張りぼての制作など、実に様々な活動が存在した。

(20) 調査のなかで芸能を学んだ経験については拙稿[吉田ゆ二〇一五]にて紹介している。

第一章　トペンの上演形式——儀礼と余興の間の連続と非連続

はじめに

本章ではまず、トペンと呼ばれる仮面劇ジャンルの中の各形式について、その成立過程と特徴を述べる。一人の演者が全ての仮面を担当し、次々と付け替えながら演じるトペン・パジェガンは、現在上演されているトペンの中で、最も古い形式とされる［Young 1980 : 145, Sumandhi et al. 1992/1993 : 5, Ardika 2009 : 5, Tatu 2007 : 184］。この演目は、最後に、儀礼を成就させるシダカルヤと呼ばれる役どころが登場するものであり、各種の儀礼が一定以上の規模で開催される際に、その欠かせない一部として上演される。このトペン・パジェガンは、トペン・シダカルヤと呼ばれたり、トペン・ワリと呼ばれたりもする。ワリ（*wali*）とは「儀礼」を意味するバリ語である。

儀礼と深く結び付くトペン・パジェガンから、トペン・パンチャ（*topeng panca*）、プレンボン（*prembon*）やトペン・ボンドレス（*topeng bondres*）といった娯楽の色彩の強い形式が生まれたことはよく知られている［e.g. Bandem 1982 : 141-142, Kardji 2001 : 2, Dunn 1983 : 3］。これらの形式は儀礼に必須のものではないが、宗教儀礼の合間に余興として用いられるほか、世俗的なイベントにも利用される。そして、これらの余興の演目は、再び儀礼上の機能を付加されて、また儀礼の重要な一部として用いられるようにもなっている。このようにトペンは、儀礼上の機能を担う形式と、主に余興的機能を担う形式とが、相互に影響し関係し合いながら発展するという特徴を有している。本章の一つ目の目的は、この発展の過程を具体的に描き、また形式間の差を検討することで、バリにおける儀礼と余興の間の連続と非連続について考察することである(1)。

本章の二つ目の目的は、トペン上演の構成の即興性と柔軟性に着目し、それを支えているトペンの諸特徴を明らかにすることである。調査からは、もともと予定されていた上演形式が、当日になって変更になったり、急遽新たな要素が付け加えられたりすることもあることが明らかになった。本章の後半では、トペンにおける「形式」が固定的な規則としてではなく、それを元に次々と新たな形式が生まれてくるような参照枠として存在していることを指摘する。

第一節では、トペン・パジェガンの形式や機能を明らかにする。続く第二節では、そのトペン・パジェガンから、より娯楽色の強い形式が生まれた経緯を、先行研究から整理し、それぞれの形式の特徴について述べる。第三節では、トペン上演の文脈を整理した上で、そのような文脈と関係付けながら余興として上演される形式の特徴を考察する。第四節では、儀礼上の機能を果たすトペンの形式の近年的な変化に言及し、その変化が余興として用いられ、会話劇としての側面を充実させてきた形式に影響を受けていることを検討する。第五節では、演者が、上演当日の諸条件、および上演依頼主や共演者などのエージェントとの関わりの中で柔軟に上演を構成していることに着目する。そして、トペンにおける形式は、固定的でも規制的でもなく、むしろ事後的で発生的な側面を有していると指摘する。第六節では、これらの分析をもとに、儀礼の一部を成す形式と余興の形式の間の連続性と非連続性について考察する。

なお、トペンに限らず、バリの芸能の歴史について語る上で、史料不足が問題となる［Dunn 1983 : 5, Hobart 2007 :

108]。トペンの歴史について最も多くを語っている、元芸術大学の学長イ・マデ・バンデムでさえも、バリ芸能のジャンルの起源についての話には架空の側面があり、情報提供をした年配演者たちの主張が時に矛盾すると記している[Bandem & deBoer 1995〈1981〉: 85 fn2]。さらにM・ホバートはオランダ植民地となる以前(一九〇六年以前)のバリの芸能実践について、ほとんど我々が何も知りえないと警告している(2)[Hobart 2007 : 108]。本書では二〇世紀のトペンの動態に目を向け、それより前の歴史についての先行研究の記述は参考として参照するにとどめた。

一 トペン・パジェガン

パジェガン(*pajegan*)の語源として一般的な説は、「一人で買い占める」、「全てを引き受ける」という意味の「*pajeg*」からきているとするものである[Bandem & Rembeng 1976 : 11]。この語が示すように、トペン・パジェガンは、一人の演者が、次々と仮面を付け替えながら上演する。また、「守衛する」、「見守る」という意味の「*jaga*」が語源であるという説もある[Catra 2006 : 2]。トペン・パジェガンは、神々へ向けて上演されるが、同時に地霊・悪霊(*buta kala*)を楽しませることによって、これらが寺院の奥へ入り、儀礼を妨害することを防ぐ。トペン・パジェガンが、最高僧プダンダ(3)(*pedanda*)の儀礼執行と同時に、プダンダの坐する敷地よりも周縁的な敷地で上演されることが理想的であるのは、このためである。

トペンというジャンルは、一般的に、バリやジャワの王国時代を題材とした系譜物語ババッド(*babad*)の中から選択したストーリーを基調にし、風刺やジョーク、儀礼の意味の解説、神話、教訓など、様々な話題を挿入しつつ、即興的に演じられる。このババッドとは、客観的史実というよりは、半ば神格化した先祖たちについての物語である。

表 1-1　トペン・パジェガンの登場人物とシーン(1)

登場人物名	役柄と特徴	シーン名
トペン・クラス	強い大臣。	プンレンバール
トペン・バンチュック	狂った大臣。	
トペン・トゥア	老人、年老いた大臣ともいわれる。	
プナサール	従者で、ストーリーテラー・兄。	プナサール → プタンキラン
ウィジル	従者で、ストーリーテラー・弟。	
ダレム	王。	
ボンドレス	村人。様々なタイプが存在。道化。	ボンドレス
シダカルヤ	物語とは無関係に登場。儀礼的機能を司る。	シダカルヤ

(1) シーン名は、Kodi (2006: 80) を参考にした。

写真 1-3　コディによるボンドレス。後ろに写っているのは演奏を担当したガムランチーム。2007 年 1 月 31 日撮影。

写真 1-1　トペン・パジェガンの上演風景。ある個人宅にて。演者のコディは、この日 8 つの役柄を演じ分けた。これはトペン・クラス。2007 年 1 月 31 日撮影。

写真 1-4　コディによるシダカルヤ。2007 年 1 月 31 日撮影。

写真 1-2　コディによるプナサール。2007 年 1 月 31 日撮影。

トペン・パジェガンは典型的には以下のようなシーンによって構成される。各登場人物の写真は、本書末尾の資料1も参照されたい。

冒頭はプンレンバール（*panglembar*）と呼ばれる舞踊シーンであり、まず「強いトペン」を意味するトペン・クラス（*topeng keras*）と呼ばれる役どころが登場する。この人物は、王の下でその右腕となって統治を支えるパティ（*patih*／大臣）である。本書ではパティを以下「大臣」と訳すが、戦いでは先頭に立つ役職でもあり、その意味で「将軍」という訳語も考えられる。トペン・クラスが力強い舞を披露した後、次に現れるのは、トペン・バンチュック（*topeng bancuk*）である。彼もまた大臣であるが、その素行はコミカルであり、「頭のおかしい」役どころとさえ形容される。筆者がトペンの名手ジマットに習った舞踊内容は、トペン・クラスの振り付けを面白おかしく崩したパロディーであった。バイクに乗ったり、ギャンブルをしたり、料理をしたりといったパントマイム風の振り付けが盛り込まれることもある。ただし、この役柄は省略されることの方が多い。

続くトペン・トゥア（*topeng tua*）は、老人である。彼の役どころについては、単に老いた者と説明されることもあれば、トペン・クラスやトペン・バンチュックと同様に大臣であると説明されることもあった。この役は演者によって演技に大きな差があり、非常に威厳のある人物として演じられる場合もあれば、観客にちょっかいを出し、間抜けな動作で笑いを誘うコミカルな人物である場合もある。いずれにせよ、老いた風情が十分に表現されることが重要である。その姿は冒頭のエネルギッシュなトペン・クラスと好対照をなす。そのため、ソロのパフォーマンスであるトペン・パジェガンでは、まずこの二つの全く違う役どころを演じ分ける演者の力量に注目が集まる。なお、ここまでのシーンは、ストーリーと関係なく踊られる。

続いて登場するのは、プナサールである。彼は王や大臣の従者である。王の仮面と先述のプンレンバールに用いられる仮面は、顔面全体を覆うタイプのものであり、それらを装着した演者は、声を発することはない。対照的に、プナサールや後に登場するボンドレスの仮面は顔の上半分のみを覆うため、演者が口を自由に動かすことができる。従者であるプナサールは、王や大臣の言葉を代わりに語る。特に王としての発話は古の宮廷のイメージと結びついているカウィ語でなされるため、一般の観客たちには理解不能である。プナサールはさらにそれらを観客たちの日用語であるバリ語へと翻訳し、解説する。このように、彼は物語を進行するだけではなく、王や大臣たちの世界と、現代の観客の世界とを仲介する役割を担う。彼と同様の働きをするのが弟のウィジル（*Wijil*）であるが、トペン・パジェガンの場合には省略されることが多い(4)。

プナサールから、時代や場所などの場面設定が明らかにされる。彼は、自分は大いなる王に仕えていると語りだし、王が置かれている状況などを説明する。そして彼は王に謁見することとなる。このシーンはプタンキラン（*patangkilan*／参拝・謁見）と呼ばれる。王の舞は、繊細で優雅な動きが特徴的であるが、舞踊と伴奏曲の難易度が高く、省略されることもある。ストーリーによって異なるが、大体は王や王に使える大臣が、何らかの儀礼を開催する運びとなり、プナサールとウィジルがその準備をせよとの命を受ける。この「劇中の儀礼」は、実際の上演が行われている場の「現実の儀礼」と同種類のものとなるようにストーリーが選択される。たとえば、火葬儀礼での上演であれば、トペンのストーリーは、王や大臣や僧侶が劇中で火葬を開催するものになる。

その後、様々な道化ボンドレスが登場する。彼らは大抵村人という設定である。ボンドレスの仮面は、歯が飛び出した顔、鼻の高い西洋人の顔、口が曲がった顔など、様々な人間の個性を誇張的に表現している。それらの仮面を被った演者が、コミカルな足取りで現れては、地方訛りや鼻づまり、吃音などの口調で語り始める。ボンドレスは通常この劇中の儀礼を手伝いに来た者（*pengayah*）として登場する。ボンドレスの数は上演によって大きく上下する。最高僧プダンダ役のボンドレスも存在する。このプダンダのボンドレスは、威厳ある身分に似合わぬ滑稽な物言いで笑いをとることもあれば、教義や歴史をプナサールらに教え諭すこともある。

シダカルヤは、毎回必ず最後に登場する。彼の由来には諸説あるが、よく知られているのが、一六世紀のワトゥレンゴン王（Dalem Waturenggong）の時代にジャワからバリへとやって来た、ブラフマナ階級の僧侶ブラフマナ・クリン（Brahmana Kling）であるという説である[5]［Dunn 1983 : 74-75, Coldiron 2004 : 70-71］。コルディロンがロトゥンドゥー村（Lodtunduh）の演者イダ・バグース・アリット（Ida Bagus Alit）に語られたという内容は、筆者が演者たちから聞き知ったものとほぼ一致している［Coldiron 2004 : 70-71］。それを要約すると以下のようになる。

ブラフマナ・クリンは、ジャワから、バリへとやってきて、彼の親戚である、王ワトゥレンゴンを訪ねる。当時のバリの王国は多くの問題を抱えており、ブラフマナ・クリンがバリへ渡った目的は、そこに調和を取り戻すことであった。当時ワトゥレンゴン王はブサキ寺院にて大きな儀礼を開催している最中であった。ブラフマナ・クリンは、ブサキにたどり着くが、ブラフマナに相応しくない、非常にみすぼらしい身なりであった。そのため、人びとは彼を信用せず追い返してしまう。怒ったブラフマナ・クリンは、バリ南部へと立ち去り、儀礼に呪いをかける。すると、儀礼は滅茶苦茶になり、動物は死に、植物は枯れ、多くの死者がでた。これに驚いた王は大臣に彼を探させた。とうとうブラフマナ・クリンに会うことが出来た王は、彼に謝罪し、呪いを解いてもらうように頼む。するとブラフマナ・クリンの超自然的な力により呪いが解かれ、ブサキ寺院で王が開催していた儀礼は成功に終わった。

こうしてブラフマナ・クリンはシダカルヤ王（Dalem Sidakarya）と呼ばれるようになった。シダカルヤはバリ語で「成功」（*sidakarya*）、サンスクリット語で「目的を達成した」（siddhakarya）を意味する［Warna 1993 : 646, 鈴木学術財団編 一九九六：一四七〇］。トペン上演では、彼が（トペンの行われている場の）現実の儀礼の証人となるべく現れる。

1　トペンの上演形式

シダカルヤ役は、マントラ[6]（*mantra*／真言）を唱え、四方に聖米（*bija*）や古銭ケペン（*kepeng*）を撒くなどする。これによって、現実の儀礼が完結し、成功に導かれるとされる。なお、シダカルヤのシーンはトペン上演のストーリーと直接関わらない場合が多い。

これら一連のトペン・パジェガンのシーンは、（劇中ではなく現実の）最高僧プダンダが儀礼を執行している間中上演され、プダンダが執行を終えるのと同時に上演を切り上げる必要がある。演者は儀礼の進捗状況を見計らい、いくつかの場面を省略して上演時間を短縮したり、逆に数多くのボンドレスを登場させ上演を長びかせたりもする。

歴史的資料の不足については先述したが、トペン・パジェガンがいつ頃からどのようにして生まれたのかは、現在まで明らかになっていない。よく知られているものとしては、一六世紀後半にジャワから持ち帰られた戦利品の仮面を用いて、一七世紀後期に上演されたことが始まりである、という説がある［Bandem & deBoer 1995〈1981〉: 47］。ブラバトゥのババッド（*babad Blabbatu*）によれば、この仮面はバリの王ワトゥレンゴンが遠征団を送り東ジャワのブランバンガン王国（Blambangan）と戦った際の戦利品である［Bandem & deBoer 1995〈1981〉: 47］。この戦で死した大臣ジェランティック（*patih* Jelantik）の子孫によって、その仮面を用いた舞踊劇が創作され、以降王宮の寺院の周年祭にて上演されることが慣例化したという[7]［Bandem & deBoer 1995〈1981〉: 47］。しかし、M・ホバートは、これも特定の家系の視点から、しかも二〇〇～三〇〇年後に書された話であり、客観的な史実であるよりは権力や権威のために作られた物語であると結論付けている[8]［Hobart 2007 : 113］。またダンは、トペン・パジェガンのパフォーマンスや仮面の形状に、宮廷の舞踊劇や仮面との類似点がみられるほか、村落部の仮面文化の要素も含まれていることを指摘した［Dunn 1983 : 26-48］。これらのことからダンは、トペン・パジェガンは、宮廷の舞踊劇と仮面が村落部へと広まる中で生まれたと分析している［Dunn 1983 : 36-48］。しかし、その具体的な経路や、年代については特定されていない(9)。

ところで、全ての役を一人で行うトペン・パジェガンは、非常に多様な技術を演者に要求する。演者は、舞踊の技術、歌唱力、話術などに長けている上、歴史物語ババッドや教義の知識、カウィ語やマントラなどにも通じていなければならない。くわえて、トペン・パジェガンには、王のような洗練された役から、力強い大臣、滑稽なボンドレスまで、あらゆるタイプの人物を演じ分ける表現力も必要とされる。このような技術を兼ね備えた演者は希少であり、一九八〇年代の研究では、満足に演じることができる者は一ダースに満たないと記述されている [Bandem & deBoer 1995〈1981〉: 56]。ダンは、一九八〇年前後の調査に基づき、以下のように述べている。

トペン・パジェガンはその先人であるガンブー(10)のように、生涯を通じた古文書の学習、ボーカル、舞踊テクニック、儀礼上の重要性に関する知識を要求し、それらの全てが、消滅しつつある古い世代の領域となりつつある。これは、簡単には回復できない問題である。充分に訓練され、活動に専念している演者がいる土地では、この形式自体は消滅し、トペン・パンチャに取って代わられている。（中略）義務の分担により、知識の分担が引き起こされ、文化的、余興的、そして儀礼的目的の融合に関する理解が失われる。[Dunn 1983: 6]

トペン・パンチャとは後述するように複数の演者によって、余興として演じられる形式である。確かに、複数人で上演する娯楽的色彩の強い形式が現在まで人気を集めている。その意味では、ダンが指摘したように、知識や技を一人が総合的に習得していた時代に比べ、それらが複数の演者へと分散されたといえる。しかし一方、トペンの形式の多様化は、新しい表現の創出につながり、また様々な演者がトペンに参加する機会を得てもいる。本書では、トペン・パジェガンが消えてゆく過程ではなく、多様な形式の生成の過程として、トペンジャンル全体の動態をとらえたい。次節では、三つの新しい余興の形式が誕生した経緯およびそれぞれの特徴を述べる。

二　余興としての発展

1　トペン・パンチャ

パンチャとは、サンスクリット語およびバリ語で「五」を意味する。この形式は、一九世紀の終わり頃、バドゥンの王宮にてトペン・パジェガンの名手を五名集め、王やその家族のために余興を上演したのが始まりであるとされる［Bandem & deBoer 1995〈1981〉: 83］。一九〇六年にバドゥン王国がオランダの手に落ちたあと、このチームは王宮を離れ、集落へと活動の場を移したが、彼らは他の演者たちを刺激し、多くの模倣者を生んだという［Bandem & deBoer 1995〈1981〉: 83-84］。

ここでは、先行研究を参照しつつ、トペン・パンチャのシーン構成をトペン・パジェガンと比較する［Kodi 2006 : 80］。ただし、以下の図が示すのはあくまでも基本形であり、新たなシーンが加わったり、逆に一部が省略されたりすることもある。

〈表1―2〉から明らかなように、トペン・パンチャの構成は、トペン・パジェガンに類似しているが、戦いのシーン、パシアット（*pasiat*）が最後に挿入される点が特徴的である。演者数の多さを活かし、敵対する集団同士に扮する演者たちが戦いを演じる。また、トペン・パンチャは通常余興として上演され、儀礼上の機能を司るシダカルヤは登場しない。

写真1-5　トペン・パンチャの上演風景。バトゥアン村にて。2011年4月23日撮影。

表 1-2　トペン・パジェガンとトペン・パンチャ

【トペン・パジェガン】	【トペン・パンチャ】
プンレンバール（導入の舞踊）	プンレンバール
↓	↓
プナサール	プナサール
↓	↓
プタンキラン（謁見）	プタンキラン
↓	↓
ボンドレス（道化）	ボンドレス
↓	↓
シダカルヤ	パシアット（戦い）

現在トペン・パンチャの名は広く知られているが、五名による上演はあまり頻繁ではない。五名よりもさらに役を追加し、物語を膨らませ、大規模の上演を行うことがある。逆に五名集まらなくとも、三、四名で上演することもある。現在は五人に限らず様々な人数の編成で、余興のトペンが上演されており、比較的新しい研究では、これらもトペン・パンチャと呼ばれている［Catra 1996 : 9, Kodi 2006 : 63, Rubin & Sedana 2007 : 103］。

2　プレンボン

現在トペン・パンチャよりも遥かに頻繁に上演されているのが、プレンボンである(11)。プレンボンとは、トペン・パンチャに、歌舞劇アルジャをはじめとしたトペン以外の様々なジャンルの登場人物を加えて構成したものである(12)［Catra 1996 : 9］。この上演形式の始まりは一九四〇年代のようである。M・ピカールによれば、プレンボン誕生の背景には、日本の占領下のバリでの演者の不足がある［Picard 1996a : 139］。他ジャンルの登場人物を取り込むプレンボンは、複数のジャンルから、演者を寄せ集めて上演を成立させることを可能にした。このプレンボンの特性は現在でも、たとえば村に異なるジャンルの芸能を習得した者がいる場合、彼らが一斉に上演に参加できるという利点となっている［Bandem & deBoer 1995〈1981〉: 85］。筆者がトペン調査でバリに通った二〇〇六年〜二〇一四年当時、プレンボンは、寺院の周年祭などにおける

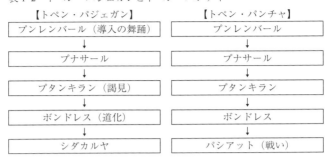

写真1-6　プレンボンの上演風景。マス村にて。2007年9月2日撮影。

夜の余興として非常に人気があった。筆者が観察した最小の構成は、演者が三名であったが、一〇名以上の演者による大規模な上演が行われることも多い。主催者の予算や、上演時間、舞台空間の大きさ、上演に集う演者の顔ぶれを考慮し、上演規模やシーン構成は調整される。

プレンボンもまた歴史物語ババッドに基づいたストーリーを展開するが、そこに挿入される多彩なコメディが主要な見せ場である。コメディのシーンは、頻繁にババッドの文脈を大きく逸脱する。そのため、熱心に鑑賞している観客にテーマとなっているババッドは何かと質問しても、答えられないことさえある。アルジャの王女や女官など、女性の役柄が登場し、恋物語が挿入されることがある点も特徴である[13]［Young 1980 : 148］。

プレンボンは、マスメディアを通して消費される娯楽としても広まった。プレンボンで一九七〇年代に一世を風靡した劇団に、トペン・トゥゲッ（Topeng Tugek）がある[14]。そこで中心的な役割を果たしたのが、イ・グスティ・ングラー・ウィンディアであり、多彩なボンドレスを演じわける彼の巧みな技が見せ場であった。このトペン・トゥゲッの人気は、ラジオやカセット・テープの普及にも支えられた。彼らの上演内容を収録したテープは現在でも流通している。このことからは、彼らのパフォーマンスが会話劇として非常に高い娯楽性を有していたことがうかがえる[15]。

3　トペン・ボンドレス

一九八〇年代には、ボンドレスの部分だけを抜き出したり、トペン・パジェガンやトペン・パンチャの基本構造を保ちつつボンドレスの部分を極端に拡大した、トペン・ボンドレスと呼ばれる形式が出現した［Kodi 2006 : 68, 72-75］。コディによれば、一九八〇年代初頭に芸術高等学校ＳＭＫＩ（Sekolah Menengah Karawitan Indonesia）にて、来賓をもてなすために行われた、当時の教員デワ・ンガカン・サヤン（Dewa Ngakan Sayang 以下デワ・サヤンと表記）によるものが初めての上演であった［Kodi 2006 : 73］。なお、デワ・サヤンによれば、これはもともと海外公演のために、短時間で上演できる出し物として準備されたもので、その出発前に、ＳＭＫＩにて来賓向けの余興として試しに上演したのだという（Dewa Ngakan Sayang interview 二〇〇九年七月一三日）。他方このＳＭＫＩの事例よりも前の一九七八年に、テレビ局の創立祭で既にトペン・ボンドレスが上演されていたという説もある［Bali Post 二〇〇三年四月一九日 online］。このように、ほぼ同時期に異なる演者が、トペン・ボンドレスやそれに近い形式での上演を試みていたようである。

写真 1-7　テレビ局でのドゥウィ・ムカール劇団のトペン・ボンドレス上演。デンパサールの国営テレビ局 TVRI（Televisi Republik Indonesia）にて。2009 年 8 月 26 日撮影。

　筆者の調査中は、バリ北部ブレレン県（Buleleng）に活動拠点を置くドゥウィ・ムカール劇団（Dwi Mekar）がトペン・ボンドレスで全島的な人気を博しており、いたるところで、彼らの上演を収録したビデオＣＤが販売されていた[16]。

　トペン・ボンドレスは、ボンドレスを中心に構成されていることに加え、それと関連する幾つかの特徴を有している。まず、王や王妃などのカウィ語を操る役どころが登場せず、劇中の会話はもっぱら観客たちの日常語であるバリ語で行われる。上演に現れるババッドの世界と現代世界という文脈の二重性は薄れ、通訳者としてのプナサールとウィジルの役割は失われる。彼らはボンドレスと同じように道化として振る舞ったり、あるいは物語の進行役に徹したりする。ババッド自体が用いられないこともある。また、歌、舞踊、ドラマの全てにおいて、コメディが中心となり、いかに早く、多くの観客たちの笑いを引き起こすかが、演者の関心事となる。通常プレンボンでは三時間以上、トペン・パジェガンでも三〇分以上の上演となるが、トペン・ボンドレスは、上演時間をかなり短くすることも可能である。コディによれば、滑稽でかつ公演の状況に柔軟に適応できるボンドレスは、バリの「ポップ・カルチャー（*budaya pop*）」である［Kodi 2006：75-76］。この形式は、時間と場所を選ばない、瞬間的で手軽な娯楽であり、儀礼のみならず、世俗的なイベントでも頻繁に用いられる。このように、トペン・パンチャ、プレンボン、トペン・ボンドレスは、基本的に儀礼上の機能を果たすためではなく、娯楽を目的に利用される点で共通している。

三　上演の文脈とトペンの形式

1　三つの上演の文脈

トペンが上演される場面は、以下の三つに分けることができる。

①儀礼内の上演
②儀礼の余興としての上演
③世俗的なイベントの余興としての上演

トペンはある一定規模以上の宗教儀礼において、その不可欠な一部として用いられる。これが①であり、本書では、以降「儀礼内の上演」と呼ぶ。これまで紹介したトペンの形式の中では、ソロの形式トペン・パジェガンがこのような場で上演される。トペン上演が必要となる宗教儀礼は様々である。[17] まず最も機会が多いのは、寺院の周年祭である。これは、ウク暦（*uku*）にしたがい二一〇日に一度巡ってくるものであり、最も重要なプンチャック（*puncak*／頂点）の日のほか、それに先立って行われる、場を祓い清める儀礼ムチャル（*macaru*）、聖水を取りに行く儀礼（*mekis*）、プンチャックの後に続く祈りと供物を捧げる数日間（*ngayarin*）に上演されたりもする。[18] ただし、全てのこれらのプロセスに必ずトペンが用いられるわけではない。基本的に儀礼の規模が大きければ大きいほど、トペンの上演が必要となるプロセスは多くなる。なおバリでは、各家に祖霊を祀る屋敷寺（*sanggah/merajen*）がある。また市場、会社、水路組合（*subak*）、学校、病院、など多種多様な場や組織が寺院を有する。そのため、一口に寺院の周年祭といっても、トペンの開催場所は様々である。次に多いのは、火葬やそれに続く二次葬（*nyekah/ngasti*）の場面であり、埋葬場[19]（*setra/sema*）において上演される。また、通過儀礼の削歯式、結婚式（*masakapan*）、僧侶が最高僧プダンダに昇格する儀礼（*madiksa*）などでも用いられる。これら個人に関する儀礼については、上演場は儀礼を受ける人物の自宅となる。くわえてサカ暦（*saka*）の正月ニュピの前日に行われる祓いの儀礼ムチャルがある。①での上演の場合、シダカルヤの登場が必須となる。そしてトペンはプダンダの儀礼執行と同時並行で上演される。

次に、トペンは宗教儀礼の余興としても上演される。これは②の場合であるが、プダンダによる儀礼執行の最中ではなく、儀礼の空き時間、典型的には夜に催される。なお本書では便宜上①に「儀礼内」という表現を用いたが、厳密にはこの②の儀礼の余興としての上演も、宗教儀礼の一部を構成しているという意味で、「儀礼外」の上演とは呼びがたい。しかし、宗教儀礼に必要な部分として上演される①の場面とは異なり、この②では、上演は必須ではない。ある程度の予算がある儀礼では、人びとを楽しませ、賑やかな雰囲気をもたらすため、余興が用意される。トペンの中では、トペン・パンチャ、プレンボン、トペン・ボンドレスがこのような場で上演される。通常このような余興の上演には、シダカルヤは登場しない。シダカルヤは儀礼の特定のプロセスに限って用いることが許されている。

さらに、宗教儀礼から離れた場面でもトペンが用いられる。これが③であり、たとえば、芸術祭、役所や企業の創立記念日などの行事、選挙関連のイベント、観光客を相手とした公演などがある。[20] 第二章二節で詳述するように行政上、芸能を聖なるものと世俗のものに分類する努力がなされてきたが、その目的は主にこの③の場面、中でも観光の文脈で用いられる芸能を制限することであった。その聖俗の線引きは曖昧さを含むものであったが、神聖な演目とされた芸能は、この③で上演することが州令で禁止された。第二節3で紹介した芸術高校SMKIが来賓を迎えるためにトペン・ボンドレスを創作したケースも、この③の上演の一例である。

ところで、バリの全ての芸能は、神格たちへの供物であるという一面を有しており、人間の観客のための余興の上演②③もまた、そこに集う神々を楽しませる。また、演者は大抵何らかの神格を仮面に招待して上演を行う。このように、バリでは、完全に世俗的なトペンの上演は存在しないことに留意する必要がある。また逆に、儀礼でその成功に不可欠な演目として、神々に向けて上演されるトペンは、人びとをも楽しませる。つまり、人びとが鑑賞して楽しむ余地の全くないトペン上演も存在しないのである。

では、この①に相当する場で上演される、儀礼と深く結びつくトペン・パジェガンと、②や③で用いられる余興としてのトペンの上演内容の差はいかなるものであろうか。次にトペン・パンチャ、プレンボン、ボンドレスの三つの新しい余興の形式に共通する特徴である、演者の複数化とコメディの重視という二点を検討する。

2　演者の複数化

二〇世紀初頭に生まれたトペン・パンチャ、そして一九四〇年代に生まれたプレンボンは、複数の演者によって上演される。また一九八〇年代に生まれたとされるトペン・ボンドレスも、一名での上演が皆無ではないものの、一般的には複数人で上演される。全ての役をたった一人の演者が演じ分けるトペン・パジェガンとは対照的に、複数の演者が共演するこれらの新しい形式は、たとえば語りは苦手であるが舞踊には秀でている者や、逆に語りやジョークのみが得意な者をも取り込み、それぞれの特技を生かして上演を作り上げることを可能にした。また、第六章で詳述するように、トペンは一般的に男性の活動領域とされてきたが、プレンボンでは、アルジャなどで活躍する女性演者たちが参加するようになった。

二名以上の演者が同時に舞台に立つことで、ドラマとしての構成もトペン・パジェガンより複雑なものになる。人数を増やすことによって、上演の時間と空間を自由に拡大できる点も重要である。特にプレンボンは、②で上演される場合、通常夜の一〇時ごろから始まり、夜中の二時、三時まで続くことも珍しくない。大人数の演者が集えば、ある程度広い舞台の上でも見栄えのするパフォーマンスを創ることが可能である。これらの形式は、多くの観客を集め、儀礼やイベントの場にバリの人びとが好むラメ（*rame*）な状況を長時間生じることを可能にする。ラメとは、賑やかで華やいだ状態のことである。儀礼がラメであることは、主催者の人徳や組織力や経済力の証（インデックス）となる。そのため、トペンを通じて自らの社会的威信を高めようとする個人や集団は、人脈を駆使し、多額の金銭を費やし、自らの主催する儀礼やイベントにおいて、人気演者を多数召集し登場させる。また多くの人びとを惹きつけラメな雰囲気を演出できるこれら新しいトペンの形式は、集客目的で世俗的なイベントにも用いられる存在となった。

写真 1-8　アルジャを上演する女性演者たち。バリ芸術祭にて。2007 年 7 月 5 日撮影。

これらの新しい形式は、ラジオやカセットでの消費が盛んだったことにみてとれるように、会話芸として成熟し、言葉のパフォーマンスの比重を拡大した。トペン（トペン・パジェガン、あるいはそれを複数人で担う形式）と、歌舞劇アルジャと、プレンボンの表現の差異はなにか、という筆者の質問に対して、トペンとアルジャの第一人者であり、インドネシア国立芸術大学ＩＳＩデンパサール校で教鞭をとるチャトラは以下のように述べた。

基本的なアイデアは一緒。しかし、プレンボンの方がダイレクトに観客に対してメッセージを語れる。トペンでは、王などは喋れない。アルジャは、愛しているという一言を伝えるために延々と歌を歌って聞かせる。その点、プレンボンは表に出てからすぐ喋れる。（I Nyoman Catra interview 二〇〇五年九月一日）

観客に直接語りかける傾向は、全ての役どころが日用語のバリ語で語るトペン・ボンドレスでは、さらに顕著である。会話や観客への語りかけといった言葉のパフォーマンスを重視したトペンの発展の方向性は、次に示すように、ジョークを多用するコメディシーンの拡大という現象とも重なっている。

3　コメディシーンの拡大

余興としての表現の幅が広がる中で、特にコメディのシーンが拡大したという点は、新しいトペンの形式のもう一つの特徴である。それと関連して、ババッドや神話、そして教義の解説のシーンの割合は相対的に低下した。特にトペン・ボンドレスはその他のトペンよりも更にコメディの色彩が強く、時にはババッドを全く用いず上演される。

序章で既に述べたように、バリの演劇において、コメディやジョークは、人びとを楽しませるだけの手段ではない。先行研究では、バリの演劇における笑いが、重要な社会的機能を持つことが指摘されてきた。たとえば、エリザベス・ヤングは、特にジョークの教育的な側面が、社会コントロールとして機能すると論じた［Young 1980 : 196-238］。トペンにおける逸脱的な行為は観客の笑いを誘うが、「笑われる」ことで、逸脱した者は社会的な制裁を受けるからである。敬語の誤用は典型的なジョークの一つであるが、王や貴族に向かって口汚い言葉で話しかける村人役のボンドレスは、笑われることによって、辱しめられる。この種のジョークは、相手とのカースト上の位置関係に相応しい言葉遣いをすべきという社会的な規範を観客たちに教育する機会となるのである。［Young 1980 : 221-225］

　こういった逸脱は他方で、規範から逃れる解放感や楽しみをもたらしもする。人びとは、慣習によって日々の行動を制限されているが、トペンの道化は、観客たちが普段望んでも許されないような、自由な行為をしてみせる。観客に代わって自由に振る舞う道化たちはつかの間のカタルシスや解放感をもたらすのである［Young 1980 : 197-198, Dunn 1983 : 106］。増野は、歌舞劇アルジャの言葉のパフォーマンスにおける笑いのもたらす、非日常性に注目しながら、アルジャの笑いは「崩壊した秩序の隙間から噴出する生命力であり、パフォーマンスの非日常性を強調する」と分析する［増野 二〇〇一：二五二］。これは、トペンの事例にも適応可能な指摘である。[21] 筆者は二〇〇五年八月二九日ある王宮の火葬の前日に余興として行われた、王族たちを主たる観客としたプレンボンを観察した。この時は、トップクラスの演者が集められていたが、平民階級スードラ（*sudra*）の演者扮する狂った王女リクー（*Liku*）が、男性を誘惑する舞踊ジョゲッ（*joged*）を始め、観客席にいた、上演の依頼主である王族の膝に座り、赤面して逃れようとするその男性をからかった。数ヶ月にも及ぶ火葬の準備の疲労がピークに達していたであろう観客たちは、声を上げて喜び、夜の王宮は大きな笑いに包まれた。

　また笑いを、西洋の影響によるバリ社会の急激な変化に対する、対抗手段であると捉えたのは、ジェンキンスであった。ジェンキンスは、バリのコメディは破壊と結合を生じるものであり、バリの道化は、「潜在的に有害である西洋的な影響力を、あざけりをもって打倒し、同時に精神的、文化的絆をもたらし、観客の共同体を生じる」［Jenkins 1994 : 43］という。ジェンキンスが指摘するように、ツーリストに扮したボンドレスもよく見られる。二〇〇六年三月一四日に筆者が観察したトペン・パジェガンでは、当時爆弾テロで観光客が激減し、経済的な危機に陥った者も少なくなかったその時期に、アメリカ国旗柄のバンダナを被ったツーリスト役のボンドレスが、英語訛りのインドネシア語で「今のバリは安全だ。昔は安全ではなかったけど。なにが安全かって？　今は観光客がいないから」と当時の情勢を皮肉り、笑いに変えた。これは、代表的な観光地の一つ、ウブド村のある個人宅で、同じくウブド出身のイ・グスティ・ラナン（I Gusti Lanang）によって上演されたものである。当時の観光産業に携わる人びとの共有する悩みに言及し、それを笑いとばすことで、観客の共同体に慰めと連帯感を与えるものでもあった。

これらの研究が指摘する、笑いに関する幾つかの社会的機能は、どれが正しいという質のものではないであろう。たとえば、先述の敬語の誤用も、その行為が笑いによって制裁を加えられることもあれば、身分制度のある封建的な社会を描いた上で、その規律を撹乱し、生き生きとしたニュアンスを加えることもあるであろう。ジョークや逸脱をめぐるこれらの多様な分析は、バリのトペンやその他の演劇にみられるジョークが、内容や用いられ方によって様々に機能することを示している。

トペンの笑いの機能の多様性は、これらの新しい上演形式の世俗的なイベントでの利用を、特定の方向に導いているようだ。プレンボンやトペン・ボンドレスは、展示会などで人集めのための純粋な娯楽としても上演されるが、企業等の創立記念式典のような「世俗的な儀礼」［Moore & Myerhoff 1977］ともいえる場面や、行政機関の実施するキャンペーンや、選挙活動など、啓蒙的な活動で用いられるケースが顕著である。観客の好むコメディを基調とし、非日常的な解放感を生じつつ、組織の規範や団結を強化し、また観客へ向けてメッセージを発することに長けたトペンは、世俗的な余興として用いられる場合も、ある種の啓蒙的、教育的効果を期待される場合が少なくない。

四　儀礼内のトペンの変化

1　トペン・パジェガンの演者の複数化

第三節2で分類した、①の儀礼内のトペンは、（地域的な差もあると考えられるものの）比較的近年まで、その多くがソロのトペン・パジェガンであったようだ[22]。その理由について、一九三〇年代生まれの演者イ・マデ・シジャ（I Made Sija）は、かつては上演できる演者が少なかったこと、ソロパフォーマンスであれば謝礼金が少なくて済むこと、演者の送迎が一人ですむこと、そして上演時間と上演空間が限られていることなどを挙げた（interview 二〇〇七年二月三日）。またバンデムらは、王から人びとへ政治組織の情報を伝えることにトペンを使用していたかつての時代には、ソロパフォーマンスであるほうが、演者一人を教育すればよいため、統治者にとって好都合であったと分析している［Bandem & Rembeng 1976 : 8］。このように、①の儀礼内でのトペンが一人の演者によって担われる理由は、実利的なものであったようだ。

二〇一四年現在、儀礼内で上演されるトペンの主流は、トペン・パジェガンの役柄を二、三人で分担する形式である。先述のように「パジェガン」の語が一人で総取りすることも含意していることから、人びとはこの複数人の形式をトペン・パジェガンではなく、トペン・シダカルヤやトペン・ワリと呼ぶことが多い。本書では以下に「複数人でのトペン・ワリ」と表記することとする[23]。

写真 1–9　複数人によるトペン・ワリの上演の一幕

バリのヒンドゥ教の総本山、ブサキ寺院（pura Besakih）の一九七九年の大祭に際して、トペン・パンチャにシダカルヤをくわえて上演した事例が、①の儀礼内のトペンを複数人の演者で担う初の試みであったと指摘する先行研究もある［Slattum & Schraub 2003 : 34］。芸術大学ＩＳＩの前身ＳＴＳＩ（Sekolah Tinggi Seni Indonesia）の元学長で、この上演に参加したイ・ワヤン・ディビア（I Wayan Dibia）も同様の見解を有している。ディビアによれば、大学の教員五名がこの上演に参加したが、皆がこの重要な祭の儀礼の最中に、寺院の中で上演するという名誉を望んだため、最後にシダカルヤを登場させ、（余興としてのトペン・パンチャではなく、トペン・ワリとして）上演した（I Wayan Dibia interview 二〇〇八年三月一五日）。多くの人びとの目に触れる大祭にて、バリの芸能教育を牽引する者たちによって行われた上演が、その後の島内のトペン実践に大きな影響を与えたことは想像に難くない。ただしこれに先行する、同様の試みが他にも存在したようだ。バンデムは、一九六〇年代に、インドネシア国営ラジオ放送局（ＲＲＩ）で開催された儀礼で、職員二名が共にトペン・ワリを上演していたことを記憶している[24]（I Made Bandem interview 二〇〇九年七月一一日）。何時ごろからトペン・ワリを複数人の演者で上演することが一般的となったのか、その時期を特定することは困難である。あるいは局地的には、トペン・パジェガンと共に複数人のトペン・ワリもまた長く存在していたのかもしれない。地域によって大きな差があると考えられるが、筆者が重点的に調査したマス村では特に遅く、複数の僧侶が、一九九〇年代から顕著となった傾向であると回答した[25]。

現在、トペン・ワリを一人で上演するか、複数人で分担するかは、演者や儀礼主催者（すなわち上演依頼主）の好みの問題として捉えられている。たとえば、ソロパフォーマンスを好む者は、様々な役どころを一人で演じることで、自分の能力を試せると語ったりする（I Wayan Sukadana interview 二〇〇六年一一月二一日）。このほか、一人で上演したほうが謝礼を節約でき、上演の依頼者側に負担をかけずに済むといった経済上の利点を挙げる演者もいた[26]（I Wayan Dana interview 二〇〇六年一一月八日）。一方で、複数で上演することを好む演者は、会話の相手がいるほうが、上演がより生き生きとする（*hidup*）と語ったり（I Wayan Sukra interview 二〇〇六年一一月五日、I Ketut Artha interview 二〇一〇年九月二〇日）、「ラメである」（A. A. Putu Agung interview 二〇〇六年一二月一九日）と語ったりする。複数人での上演は、共演者とトペンに関する知識を交換でき、勉強になると語った演者もいた（I Wayan Sunatra interview 二〇〇六年一〇月二六日）。また、分担することで一人ひとりの体力的な負担を軽減できるという点もメリットである。ババッドの苦手な演者、シダカルヤのマントラを知らない演者なども上演に参加しており、そもそもこれらの人びとは一人でトペンを上演することができない。また、第五章で詳しく述べるように、近年演者数の増加がみられる。そのため、より多くの者が上演に参加できるようにと、演者間で誘い合って共演することもある。

複数人で上演する理由として、会話が成立することや、ラメであることが挙げられている点は重要である。これらは、前節で分析したトペン・パンチャ、プレンボン、トペン・ボンドレスの特徴でもある。余興の場面で生じた会話劇としてのトペンの新たな側面は、儀礼内のトペンの上演に活かされているといえる。そして、儀礼内のトペンの変化は、演者の複数化にとどまらず、次節に紹介するように、プレンボンやトペン・ボンドレスの要素を取り込むものでもあった。

2　プレンボン・シダカルヤとボンドレス・シダカルヤの登場

先述のように、プレンボンとトペン・ボンドレスは基本的にシダカルヤを伴わない、②③で用いられる余興の演目である。しかし、稀にこれらの演目にシダカルヤを加え、①の儀礼内の上演に用いることがある。この形式を、本書ではそれぞれプレンボン・シダカルヤ、ボンドレス・シダカルヤと呼ぶこととする。[27]

〈プレンボン・シダカルヤ〉

現在最も頻繁にプレンボン・シダカルヤを上演する演者の一人である、イ・マデ・ジマットは、一九六〇年代には既にデンパサールでイ・ニョマン・プグロ（I Nyoman Pugra）らが類似の形態で上演していたことを覚えており、ジマット自身はそれを模倣したのだと語る（I Made Jimat interview 二〇〇七年八月三一日）。また一九七〇年代にプレンボンで大変な人気を博した先述のトペン・トゥゲッ劇団も、当時から依頼主のリクエストがあれば、シダカルヤを加えたプレンボンを上演していたという（I Gusti Ngurah Windia interview 二〇〇七年六月二四日）。しかしこの形式が知られるようになったのは近年のことのようであり、特にギャニャールの多くのトペンやアルジャの演者たちは、これを最近の流行であると捉えている（e.g. I Nyoman Sukrta interview 二〇〇七年八月二八日、I Ketut Kodi interview 二〇〇七年八月三一日）。

プレンボン・シダカルヤは、典型的には一〜三名のトペン演者に、少数のアルジャの演者を迎え入れて上演される。儀礼内での上演は、時間が限られているため少人数編成が適しているからであろう。筆者が観察した事例では、アルジャからの登場人物として、王子役（*Mantri*）、女官（*Desak Rai*）、王女（*Liku*）役が加わっていた。

ここで二〇〇八年三月二十八日に地方人事院（Badan kepegawaian Daerah）の敷地内にある寺院の周年祭で行われたプレンボン・シダカルヤの事例をとりあげよう。この日の上演は、トペン・ワリの形式をベースにしながら、そこにアルジャの女官役デサック・ライという登場人物を加える形で行われていた。デサッ・ライを演じたのは、ジェロ・ムルニアシというアルジャで一世を風靡した女性演者である。この日はこのジェロ・ムルニアシに加え、ベテランのトペン演者二名と、若い無名のトペン演者一名が参加した。この若手演者は、地方人事院の関係者で、当日になって急遽参加を申し出たのであるが、残りの演者はこれを快く受け入れ、彼にプンレンバールを担当させた。

　トペン・クラス、プナサール、ウィジルの順にシーンが進み、その次にデサック・ライが登場した。ストーリーはサケナン寺院（pura Sakenan）というあるバリの重要な寺院の創立物語であったが、デサック・ライはその寺院で行われる儀礼に参加するためにやってきた村人という設定であった。彼女は、冗談で観客を楽しませた上、その後にやってきた様々なボンドレスの話相手をし、面白おかしい発話を彼らから引き出していた。

写真1–10　プレンボン・シダカルヤの一幕。シダカルヤ（左）を迎え入れるデサック・ライ（Desak Rai/アルジャの女官）（右）。2008年3月21日撮影。

　この事例で、デサック・ライは、ボンドレスらを迎え入れる劇の進行役であり、プナサール（そしてウィジル）とほぼ同様の役割を割り当てられていた。彼女はそれにくわえて、見事な歌唱力を存分に披露している点が特徴的であった。女性演者のもつ華やかな容姿や歌声は、儀礼のプロセスの中に新たな見所を加えた。プレンボン・シダカルヤで、①の儀礼内のトペンに女性が参加する機会が生まれたことは、儀礼での性別役割分担の側面からも重要である。この点は第六章で再び詳しく取り上げる。

　ところで、このプレンボン・シダカルヤは、通常のプレンボンと比較して、儀礼に関わる礼節や心得、そしてババッドの世界への言及の比率が高いものとなっていた。時間が限られていることもあり、ドタバタ劇、必ずしも上品といえない踊り、性的なジョークなどのコメディの要素を豊富に含む通常の余興のプレンボンと比較して、プレンボン・シダカルヤの上演は真面目な、あるいは啓蒙的な色彩を帯びる場合が多いという傾向がある。

プレンボン・シダカルヤほど一般的でないが、トペン・ボンドレスの最後にシダカルヤを加え、①の儀礼内の上演として用いるケースがある。本書では、これをボンドレス・シダカルヤと呼ぶことにする。

第二節3で紹介した、トペン・ボンドレスの先駆者デワ・サヤンによれば、彼が海外公演用に編み出したトペン・ボンドレスが評判を呼ぶと、帰国後も上演依頼が続いた。その中で、依頼主から、最後にシダカルヤを加え、儀礼上の機能をもたせて上演して欲しいとの希望が寄せられるケースがでてきた。(Dewa Ngakan Sayang interview 二〇〇九年七月一三日)

〈ボンドレス・シダカルヤ〉

現在、ボンドレス・シダカルヤを頻繁に上演しているのが、トペン・ボンドレスで人気を博す先述の劇団ドゥウィ・ムカールである。筆者は、二〇〇七年二月九日に、島北部ブレレン県シンガラジャのある個人宅で行われた上演を観察した。前半はドゥルパの扮するプナサールによる一五分ほどの語りが見せ場となった。マイクスタンドの前に立った彼は、観客に向けて、敬語から粗野な表現まで様々なレベルのバリ語を駆使し、また少しのインドネシア語を交えながら、リズムよく巧みな話術で語りかける。話題は、トペン上演の宗教上の意味など、教義に関わる事柄の解説が多いが、バリの豊かさについても何度か言及した。たとえば、バリで行われる死者のための様々な儀礼の煩雑さを茶化しながらも、「しかし、この大変さのおかげで我々は高い精神性と文化を有しているのだ」とする。観客たちは、笑い声や時には拍手で答えた。また、第一節でも紹介した、シダカルヤのモデルとなった、ブラフマナ・クリンのババッドが簡単に解説された。

後半は、その他のボンドレスたちも加わってのドタバタ劇で観客を沸かせた。スーシー(Susi)という名の幼稚で小太りで甘えた仕草の女とそれに突っ込みを入れるウィジルの会話が展開され、自作他作の歌が披露される。次に、厳つい長身の体格とは不釣合いなのんびり屋で、間の抜けた喋り方の男が登場する。そのほか、ドゥルパの扮するリーダー格の歯並びの悪い男、じっとしていられず突飛な身振りで皆を驚かすドレッド頭の青年などが登場した。彼らが地元ブレレン地方の有名な伝説、美女ラヨン・サリ（Layon Sari）と美男ジャヤプラナ（Jayaprana）、そして二人の間を引き裂いてラヨン・サリを妻としたい王の恋物語の劇（劇中劇）を上演するという設定であった。美男美女という設定とは程遠い垢抜けない間抜けな台詞回しでジャヤプラナとラヨン・サリが別れを惜しんだり、ジャヤプラナの死の知らせを受け、自らの命を絶つはずのラヨン・サリが、死ぬことを嫌がってなかなか剣で自らを突かなかったりというコメディが展開した。

五名の男性演者によって行われたこの上演は、二つのプンレンバールが用いられ、ババッドが語られ、王を謁見するプタンキランのシーンが挿入されるなど、トペン・パジェガンの特徴を残していたが、大部分はボンドレスたちのコメディシーンにあてられていた。くわえて、ドゥルパがプナサール役として登場したもののすぐに舞台を去り、歯の不揃いなボンドレスの仮面を被り再び登場し、その後はこのボンドレスが中心となり物語が語られたのも、トペン・パジェガンをはじめとする一般的な①の儀礼内での上演ではみられない光景である。なお、ウィジルは従来ならストーリーテラーとしての役割を果たす役どころであるが、このボンドレス・シダカルヤの上演では、中盤以降ほとんど舞台の進行役を担わず、他のボンドレスと共に道化に徹していた。上演の場所が道路に面していたため、道行く人びとが立ち止まり観劇の輪に加わった。次々人が集まり、最終的には一〇〇人以上の人だかりができた。夜中にも関わらず、拍手や人びとの笑い声で、会場は非常に賑やかな雰囲気に包まれた。上演は八五分間という、①の儀礼内のトペンの上演としては長いものであった。先述のように、ギャニャール県での①の上演の場合は、最高僧プダンダの儀礼執行が修了する頃合を見計らってシダカルヤを登場させ、トペン上演を切り上げる必要があるが、この地域では、このような慣習がないようである。プダンダの儀礼プロセスが終了した後に上演が始まり、プダンダもこれを人びとと共に観劇した。

この劇団を率いるドゥルパは、筆者とのインタビューで、地元シンガラジャの人びとの、シリアスな表現を好まず、端的なコメディを好む傾向に言及した（interview 二〇〇七年二月九日）。ボンドレス・シダカルヤは、このようなニーズを満たし、儀礼上の機能も満たす形式である。ドゥルパによれば、儀礼でシダカルヤを上演する慣習が希薄であったブレレン地域に、シダカルヤの上演を広めるために、現在の形式に行き着いたのだという[28]。ドゥルパは、デンパサールの芸術アカデミーＡＳＴＩの卒業生であり、在学中は、既出のデワ・サヤンを初めとする人気トペン演者たちがデンパサール地域でトペン・パンチャやトペン・ボンドレスを上演するのを何度も観劇し、時にはそれに彼自身も参加した。八三年の卒業後、国立高校の教師となったドゥルパはブレレンへと渡り、そこで地元の者たちとボンドレスを上演しはじめた。八七年に地元の演者とチームを結成し、その頃からシダカルヤとボンドレスを組み合わせたものを上演するようになった（interview 二〇〇九年九月八日）。上演の中では、この事例のように、ジョークに交えながらシダカルヤの意味機能を説くということがくり返しなされたという。

五　デサ・カラ・パトラ――形式の事後性

トペンと呼ばれるジャンルの中に存在する幾つかの（登場人物や上演人数や場面構成に関する）上演スタイルをこれまで「形式」と呼んできた。しかし、実はこの形式とは、芸能実践の現場において厳密で固定的な規則として存在しているのではない。むしろ演者が与えられた状況のなかで、集った共演者たちと上演を織りなしていった結果、その上演が事後的に何らかの形式として呼ばれるようになるという側面がある。本節ではトペンの形式の柔軟で曖昧で事後的で発生的な性質について考察する。

たとえば、トペン・パンチャとは、典型的には五名で上演される。しかし、実際には、三、四人のこともあれば、一〇名以上での上演も存在する。二〇〇六年一〇月二九日に、ブラバトゥ（Bulahbatu）村で行われたある寺院の大祭では、トペン・パンチャが余興として予定されていたが、実際には一〇名近くのトペン演者が登場し、驚かされた。複数の演者が友人の演者を誘ったところ、思った以上に沢山の者たちが参加を希望し、参加人数が膨れ上がったのだという。

トペンでは、集った演者の顔ぶれによって、場面構成や上演人数が最終的に決まる。上演に先立ち、儀礼やイベントの主催者側が一人あるいは複数の演者に上演を依頼し、通常はその際にどのような形式のトペン上演とするのかを打ち合わせる。しかし特に儀礼と関わる①と②の場合、その依頼された演者がさらに別の演者を誘って会場に現れることが珍しくない。その理由は様々である。上演機会を与えてやるために後輩を連れてきたり、相性のよい共演相手を誘ってやってきたりすることがある。また、自ら参加を申し出る演者もいる。そのため、当日集合した時点で初めて最終的な全出演者が判明する。第四節2の地方人事院でのプレンボン・シダカルヤの事例でも、当日になって一人プンレンバールを踊りたいという若い演者が加わっていた。

上演の場に集った演者たちは、各々の得意な芸を考慮しつつ、どのストーリーを、どのような登場人物を用いて上演するか大枠を決定する。舞台監督や演出家もいないため、この打ち合わせは、年長者や文学に長けた者が自然とリーダーシップをとりつつ進行する。そして、一度上演がスタートした後も、その場の状況を判断しながら、いくつかのシーンを省略したりもする。こうして紡ぎ出されたパフォーマンスは、事後的にプレンボン・シダカルヤやトペン・ワリといった特定の形式名で呼ばれることになるのである。

このような状況に合わせた柔軟な対応はバリの「デサ・カラ・パトラ（*desa kala patra*）」重視の倫理に裏打ちさ

れている。デサとは場所、カラとは時間、パトラとは状況を意味する。慣習や教義の原則を固持するのではなく、その土地や時の個別の状況に合わせて行為するように諭す際に用いられる言葉である。日常生活の中で、儀礼実践の中で、そして芸能活動の中でもこの慣用句はしばしば引用される。事前に準備していたババッドのストーリーではなく、当日に共演者が提案した別のババッドを採用すること、新たに加わった演者のために、登場人物を増やしてやること、自分の舞踊パートを他の演者に譲ってやることもこのデサ・カラ・パトラの尊重であり、芸能者に求められる適応能力でもある。

また、このデサ・カラ・パトラは観客や上演依頼者の側にも重視される。トペン上演を依頼する側も、その会場の広さ、予算規模や、来客たちの好みに合わせて、上演の編成に希望を出す。その中でたとえば、予算が少ないために儀礼内のトペンと余興のトペンの両方を雇うことができないが、なんとか余興のトペン上演に儀礼的機能ももたせられないか、といった相談が人びとから演者に寄せられることもある。このように、依頼者たちもトペン上演の形が決定されるプロセスに関与するエージェントである。第四節2の後半でも述べたように、トペン・ボンドレスの先駆者デワ・サヤンは、上演依頼者側の要望によって、そこにシダカルヤを加え、ボンドレス・シダカルヤの形でも上演するようになっていった。デワ・サヤンは、「哲学的な面からいえば、(シダカルヤとは)行われた儀礼が成功に終わったというシンボル。(中略)……その儀礼が終わったことを感じるために、人びとがシダカルヤも入れて欲しいと要望することがある。演じ手として、私はこれを断らない」と語る。彼によればバリの芸術は、「事前に規制することはできない」のであり、ボンドレス・シダカルヤも、プレンボン・シダカルヤも、トペン・パンチャにシダカルヤを加えた上演もこのような柔軟なバリ芸術の発展の例なのである(Dewa Ngakan Sayang interview 二〇〇九年七月一三日)。こうして、デサ・カラ・パトラを尊重する演者たちと依頼主たちそれぞれが希望や能力を調整する過程を通して、上演の形が決まってゆく。

なお、このような即興的な上演の組み立てが可能なのは、トペンの各シーンがかなり独立しており、その一部を取り外したり付け足したりしても他のシーンにそれほど影響がないからである。その上、上演に関する数々の「決まりごと」が存在し、それが演者間で共有されているために、初対面の演者たちも、それを参照しながらその場で演技を構成することができる。増野はこのような決まりごとを表現規範枠と呼び、歌舞劇アルジャの声のパフォーマンスにおける表現規範枠の内容とその作動原理を考察した〔増野 二〇〇二〕。アルジャとトペンは異なる芸能ジャンルであり、増野の抽出した表現規範枠をそのままトペンに当てはめることはできないが、ストック・キャラクター（stock character／類型的登場人物）が用いられることや、登場人物の順番がある程度決まっていることなど、共通点もある。ストック・キャラクターとは、どの物語にも登場する典型的な役どころである。トペンに登場する、王、大臣、プナサール、ウィジル、村人といった登場人物は、どの時代の物語においても共通して登場し、またそれぞれが典型的な性格を与えられている。たとえば王役は、物語の設定によって異なる名があてられるが、その性格や様相は固定されている。そのため、王役は、個別の王の性格というよりは、「洗練されて高貴な」といった王のステレオタイプを表現するものとなる。プナサールとウィジルも同様であり、どのババッドの物語を演じても、二人は王に仕える兄弟であり、王に忠誠心を示し、雄弁で賢く、コミカルに振る舞う。こういった各役柄の特徴や役柄間の関係性が決まっており、それが演者間で了解されているために、上演直前にババッドを選んでも、新たな演者が加わっても、それぞれに割り当てられたストック・キャラクターを演じて上演を紡ぎ出すことができる。

デサ・カラ・パトラの尊重の倫理と、トペンに内在する即興性は、トペン上演を予測不可能で、状況依存的なものにしている。上演を組み立てるにあたり、トペン・パジェガンやプレンボンといった既存の「形式」は参照される。しかし、増野の用語を借りれば、それは「出発点としての規範枠」〔増野 二〇〇一：二八〕であり、「外枠としての表現規範枠」〔増野 二〇〇一：二八〕ではない。依頼者および結果的に集った演者といったエージェントたちの間の相互交渉によってその都度の上演の登場人物や場面構成が決まり、上演が組み立てられ、形式は事後的に決定する。重要なのは、そうやって現れた形式が時に既存の上演形式の範疇を超えているということである。こうしたことが繰り返されるうちに複数人のトペン・ワリ、プレンボン・シダカルヤ、ボンドレス・シダカルヤも新たな形式として常態化したのであろう。

六　トペンの上演形式にみる儀礼と余興の連続と非連続

複数人のトペン・ワリが一般的になり、またプレンボン・シダカルヤ、ボンドレス・シダカルヤが登場したという現象は、主に主催者や演者の側にある二つの意図によって生じた現象である。まず一つ目は、様々な演者を儀礼内のトペン上演に参加させることである。これらの新しい形式によって、より多くの、異なる得意分野をもった人びとがトペンに参加する機会を得ることができる。複数人での上演は、演者個々人の負担を軽減する。トペン・パジェガンを一人で担当するほどの技術がない者たちも、芸を互いに補いつつ上演するようになる。儀礼の主催者側にとっても、これによってトペン演者の確保が容易となるというメリットがある。トペンは儀礼の成就に必要な演目であることから、この点は、儀礼主催者側にも歓迎されたであろう。

もう一つの意図は、トペンの儀礼上の機能を損なわずに娯楽の側面を拡大することである。人びとの好むコメディや華やかさで仮面劇としても高い質を維持しながら、シダカルヤを付加することにより儀礼機能も確保した。

第四節で紹介したこれらの新しい形式の登場の経緯からは、①の儀礼内のトペンと、②③の儀礼や世俗的なイベントで余興として上演されるトペンとが、互いに深く結び付き発展してきたことが読み取れる。前者は後者の源泉となるが、後者によって生まれた表現形式は、再び前者にも取り込まれてきたのである[29]。この背景には、まず前節で詳述した、トペン形式の事後性や柔軟性がある。各シーンが独立し、また演者に表現規範枠が共有されているトペンでは、比較的容易に場面や登場人物を追加したり省略したりすることができる。またバリ芸能全体の傾向として、既存のジャンルの要素を使用し、それらを統合して新たな創造を行う傾向も指摘されている［Picard 1996a : 139, Catra 1996 : 9］。プレンボンはそのような複数のジャンルを組み合わせた創作の典型であるが、そのプレンボンにさらにシダカルヤを付け足す行為も、バリ芸能の文脈ではそれほど奇異ではないのである。

こうして既存の形式にとらわれずに多様な上演形式を生じてきたトペンは、儀礼から世俗のイベントまで、幅広く利用されてきた。通常、各形式間で演者は重複しており、トペン・パジェガンを演じる者が、別の場面ではプレンボンやトペン・ボンドレスに参加するのも一般的である。その結果、演技内容の多くの部分は共通したものとなる。たとえば、トペン・ワリで観客の反応が良かったジョークを、プレンボンで再び使用する、ということはよくみられる。このように、儀礼内での上演①と、余興としての上演②③は、演者及び演技の内容の点においてかなり連続している。

しかし、第四節で述べたように、人びとは、①の上演と、②③の上演を区別している。その二つの区別の中心となるのは、シダカルヤの存在である。シダカルヤの上演には幾つかの手続きが必要であり、仮面の扱いも、他の仮面とは明らかに異なる。そして、シダカルヤを演じる演者は、プヴィンタナンと呼ばれる浄化儀礼を経た、浄（*suci*）の状態にある者でなければならない。また、トペンの上演には供物が用意されるが、シダカルヤのシーンを含む形式の上演には、特別な供物が加えられる。

シダカルヤの有無がすなわち儀礼的機能の有無であるという認識は、かつては現在ほど明確でなく、シダカルヤの由来や意味も、あまり一般には知られていなかったようである。シュピースらはシダカルヤが幸せを運ぶ

写真 1-11　1回のトペン・ワリ上演に用いられた供物。鶏肉、米、椰子の実、鶏卵、椰子の葉を編んだ様々な形の供物、花、果実、豆などが含まれる。供物の内容や量は地域によっても異なる。（ただし、右中央の四角い籠とその後ろの縦縞のビニール袋の中身は供物ではなく、演者に贈られる土産用の果物と菓子である。）マス村にて 2007年6月7日撮影。

人物であり、「未婚の王」ダレム・トゥルナ（*dalem troena*）という別名や「掴む人」という意味のプンゲジョカン[30]（*pengejokan*）という別名を有しており、この役柄こそがトペン・パジェガンを儀礼や祝い事に結び付ける要素であることなど、詳しくシダカルヤについて記している［Spies & deZoete 2002〈1936〉: 184］。しかし、同じく一九三〇年代にバリに滞在したミゲル・コバルビアスは、「私は何度もこの変わった登場人物の意味について尋ねてみたが、満足な答えは得られなかった」［コバルビアス 一九九八〈一九三六〉: 二七二］と記している。また、一九七〇年代に調査を行ったヤングは、トペンには一人で演じるトペン・パジェガン、そして余興として上演され、シダカルヤを含まないトペン・パンチャとプレンボンの三つがあるとしているが、さらにトペン・パンチャは寺院内で上演されれば、トペン・パジェガンの代わりとなるとも記している［Young 1980: 11, 47, 106］。彼女は、重要なのは上演者の人数ではなく、寺の内部で上演されるという点であると述べる［Young 1980: 106］。シダカルヤの有無ではなく、上演の場所に言及している点が興味深い。一方で、かつては儀礼内のトペンは必ず一人で上演するパジェガンでなければならないと考える者たちがいた、と振り返る演者もいる（I Wayan Dibia interview 二〇〇八年三月一五日、Ida Bagus Anom Suryawan interview 二〇〇八年九月二日）。一部の人びとには、トペン・パジェガンのシダカルヤの部分よりも、むしろソロパフォーマンスであることが、儀礼内のトペンに必要な要件であると考えられていたのである。

しかし現在は、シダカルヤの部分こそが儀礼上必要な要素であるという認識が一般化している。第二章二節で詳述する、芸能を聖なるものと世俗のものに分類した一九七一年のセミナーにおいても、ある出席者からトペンではシダカルヤが特に儀礼上の機能を司るということが報告された［Projek Pemeliharan dan Pengembangan Kebudajaan Daerah Bali 1971］。そして、トペンやシダカルヤの機能と意味は、その後も政府関連の組織が主催するセミナーや会議において度々議論された(31)。シダカルヤの有無が、すなわちトペンの儀礼上の機能の有無であるという指針は、これらのセミナーや、芸術大学や芸術高校での教育、その卒業生や教員の地域社会における上演活動も影響して徐々に浸透したものと考えられる(32)。シダカルヤを最後に登場させさえすれば、それより前の部分に関してはある程度自由に構成することが許されるというトペンの特徴は、プレンボン・シダカルヤやボンドレス・シダカルヤといった新たな形式を生む下地となったと考えられる。

このことは逆に、シダカルヤさえ含まなければ、トペン・パジェガンであっても儀礼以外の文脈で上演できる、という解釈を生じてもいる。人気トペン演者であり芸術大学の教員である先述のコディは、日本人の芸能愛好者から、（世俗の）イベントにてトペン・パジェガンを上演するよう依頼された。これは第三節1で分類した③の世俗的な場での余興としての上演にあたるが、その際コディは、シダカルヤを入れないという条件付きで了承し、トペン・パジェガンを上演した（I Ketut Kodi interview 二〇〇七年八月三一日）。

では、シダカルヤの有無以外に、儀礼内のトペンと余興としてのトペンを隔てる要素はなかったのであろうか。第三節では、トペン・パジェガンから派生した余興の形式の特徴として、人数が複数化とコメディの拡大の二点を挙げた。最後にこの二点についてそれぞれ考察する。

まず、①の儀礼内のトペンでは、演者人数が、余興としての上演よりも少ないという傾向を指摘できる。儀礼を成功させることを主目的とする儀礼内の上演は、特に舞台を設けていない狭い場所で上演することも多く、またプダンダの儀礼の進行と同時にトペンが始まり、同時に終了することが好まれるため、上演時間も限られる場合が多い。そのため大抵は三人前後の少人数編成で行われる。

一方、コメディの側面を検討すると、まず時間の制約から、コメディが短縮される場合がある。第四節2のブレレン県の事例のように、地域によっては、最高僧プダンダの儀礼進行と関係なく儀礼内のトペンの上演を行っており、その場合はトペンの上演が長時間続いても問題にならない。しかし、少なくともギャニャール県の多くの地域では、プダンダの儀礼執行終了と同時にトペンも終わる。第四節2のプレンボン・シダカルヤの事例でも、プダンダの儀礼執行の終了に合わせて上演を切り上げたため、道化ボンドレスは二つしか登場できなかった。くわえて、儀礼内で上演する場合、演者は、ジョークがあまり下品なものとならぬよう、また何らかの教育的意義がある内容になるよう、配慮する傾向がある。プレンボン・シダカルヤの事例で儀礼を手伝いに来た女デサック・ライを演じたジェロ・ムルニアシはインタビューで以下のように語った。

もしも宗教儀礼のためなら、内容も違ってくる。ジョークも何か教育的なもの（*yang mendidik*）を選ぶ。ポルノ[33]は良くない。結婚式であれば、さらに違う。結婚の目的は何か、妻としてどのように振る舞うべきなのか。私たちは夫と妻の喧嘩を演じたりする。私が妻で、相手が夫を演じて……（Jero Murniasih interview 二〇〇八年三月一七日）。

また、ギャニャール県出身の別の演者は、相方の演者がジョークを過多に盛り込むので、トペン・ワリの上演には連れていかないと語る（匿名 p.c. 二〇〇七年七月二九日）。このような演者の態度の背景には、上演場所も影響している。儀礼の場には神格たちが集まってくる。特に①の儀礼内の上演が寺院で行われる場合、御神体や神座や最高僧の位置する敷地のすぐ外側の敷地ジャバ・テンガ（*jaba tengah*）で上演されることが一般的である。そこで過度に粗野な言葉を発することは、演者のみならず、一般の参列者の間の会話においても慎むべきとされる行為である。観客の求める娯楽を提供しながら、かつ下品になりすぎず、教育的な意義もあるような上演に仕上げるというのは、高度な技術であり、演者の手腕が問われる場面である。このように、トペンのコメディは、その形式を変えながらも、儀礼の場のある種の厳格さと、自由な逸脱による躍動感や解放感という二つの極の間で揺れている。

おわりに

トペン・パジェガンという、儀礼と深く結び付く演目から、いくつかの新しいトペンの形式が派生し、主に夜の余興として用いられてきた。それらは、時間的・空間的制約から解放され、人間の観客たちの好みを反映した娯楽として発展した。また儀礼の場のやや厳格な雰囲気からも放たれ、教義や歴史のメディアという役割を一部保留しつつ、観客たちの好む役どころを多く取り入れたり、コメディシーンを多く取り込んだりした。特にトペン・ボンドレスは儀礼の場のみならず、世俗的なイベントにも用いられ、プレンボンと共に、ラジオや、テレビ、カセット・テープといった媒体を通じて消費されるものとなった。

こうして娯楽的側面を拡大し発達した形式は、後にシダカルヤを加えて、トペン・パジェガンに代わる形式として、儀礼上の機能を担うようにもなった。大勢の演者が上演するトペン・パンチャの賑やかさ、会話劇としての洗練された言葉のやりとり、プレンボンの女性演者たちの歌声、トペン・ボンドレスのめくるめくユーモアは、儀礼の空間に新たな息吹を吹き込み、また幅広い層の演者が儀礼内のトペン上演に参加することを可能にした。

本章ではトペンの特徴として、形式の事後性を指摘した。このジャンルの特徴は各シーンで楽しませ、それらのシーンの集合として上演が構成される点にある。各シーンはそれほど緊密に結び付けられてはいないが、高貴な王の物語から、身近なコメディまでが同居するその多様性によって、上演は観客たちを揺さぶるダイナミックな様相を帯びる。その時々に集まった演者の能力や、人びとのニーズによって、上演はいわば即興的に柔軟に構成される。ほとんどの場合、主催者が上演形式や規模や配役を統制するのでもなければ、演者の一人がそれらを決定するのでもない。両者はある程度の見通しをもって上演に臨むが、上演の全貌が明らかになるのは、大抵上演当日である。デサ・カラ・パトラを尊重する演者と上演依頼者の交渉や調整によって、多様な上演形式が生まれてきたのである。なお、即興性および上演に関わるエージェント間の相互的なやりとりは、上演形式のみならず、トペンの演技や芸の伝承においても観察される特徴であり、本章以降も繰り返し現れるテーマである。

儀礼内の上演から、世俗的な上演の場まで、流動的に存在の領域を広げるトペンの姿からは、バリ社会における儀礼内での上演と、余興としての上演が深く結び付いて存在していることが理解された。ただし、儀礼内に再び取り込まれた、複数人のトペン・ワリ、プレンボン・シダカルヤ、ボンドレス・シダカルヤは、あらためて儀礼の機能を司るシダカルヤを付与されたのみならず、その上演時間や空間が（再び）制限されることとなった。そのため、上演規模は限られ、またコメディシーンの時間が限られることもある。くわえて演者の側には、これらの新しい形式の特徴であるコメディシーンを、過度に下品ではない、儀礼の場に相応しい、社会規範を強化するものとする意識がある程度みられる。これは、儀礼の場に自由な逸脱による解放感あふれる空間を生じつつも、教育的な、あるいは規範強化の役割を期待される儀礼内のトペンの特徴であり、より自由な逸脱をみせる余興としてのトペン上演との差異が現れる局面である。

註

(1) ここでは、儀礼と芸能の連続性と非連続性を主題化した橋本[一九九五]に着想を得ている。

(2) M・ホバートの論は、植民地化と一九二〇、一九三〇年代の観光産業の活性期よりも前には、西洋的な意味での「舞踊」はバリにはそもそも存在しなかった、というラディカルな主張へと続いてゆく[Hobart 2007 : 109]。

(3) プダンダは僧侶階級ブラフマナの出身者が修行を経てなる僧侶である。一定規模以上の儀礼は、プダンダによって執行される必要がある。

(4) プナサールは、プナサール・クリハン(*Penasar kelihan*/年上のプナサール)、あるいはプンタ(*Punta*)と呼ばれることもあり、一方のウィジルはプナサール・チェニカン(*Penasar cenikan*/年下のプナサール)、またはカルタラ(*Kartala*)の名で呼ばれることもある。

(5) シダカルヤの起源やモデルについての多様な説はDunn[1983]のpp.71-80を参照。

(6) ただし、全ての演者がマントラを用いるわけではなく、心の中で祈る者やバリ語のフレーズを用いる者もいる。これについては、第五章でも再び考察する。

(7) Moerdowo[1988]には、トペンの歴史について、このバンデムらの説と重なりつつも、部分的に異なる説も紹介されている[一〇六]。

(8) この仮面一式は、現在ブラバトゥ村のプナタラン・トペン寺院に祀られている。筆者は、この仮面を用いたトペンの奉納を複数回観察した。全ての仮面がプナタラン・トペン寺院の僧侶一人によって装着される。四方に向きを変えながら、ガムランの伴奏音楽の中でわずかに僧侶が身を揺らす。この上演は、語りもなく、現在の一般的なトペン・パジェガンとは大きく異なるものであった。

(9) またダンは、ブラバトゥ村出身の演者で文学者リンダによる情報をもとに、かつてトペン・パジェガンは貴族の通過儀礼のみに上演されていたが、それが一般の村人の様々な儀礼の場面へと広がったのではないかと論じている[Dunn 1983 : 66]。しかしこれも、一人のインフォーマントの見解に頼っており、年代も曖昧で具体的な詳細も不明である。

(10) ガンブーは、トペンの元となったといわれる歌舞劇である。

(11) プレンボンをトペン・プレンボンと呼ぶ場合もある。また「プレンボン」は、特に二〇世紀終わりごろから、ストーリーを用いない舞踊のみを集めたものや、ストーリーと関係なくシーンを雑多に取り入れるスタイルを指す語ともなってきた[Bandem & deBoer 1995〈1981〉: 132-133, Picard 1996a : 139]。本書でプレンボンと表記する場合には、このより新しい形式は含まないこととする。

（12）プレンボンに登場することの多いトペン以外の役どころは、アルジャのマントリ・マニス（*Mantri manis*／優美な王、王子）、マントリ・ブドゥ（*Mantri buduh*／粗野な王、王子）そしてガルー（*Galuh*／優美な王女、姫）とチョンドン（*Condong*／優美な女官）であり、ジャウック（*jauk*／精霊）やバリス（*baris*／戦士）が入ることもある［Kardji 2001 : 3］。トペン演者の数にも決まりはなく、一名のこともあれば、五名以上のこともある。ジャウックとバリスの写真は第六章を参照。

（13）プレンボンは、サンスクリット語の"*Prema* =Love interest"が語源であるとする説もある［Young 1980 : 11］。

（14）トペン・トゥゲッは、チャランサリ（Carangsari）と呼ばれる地域出身のチームであることから、トペン・チャランサリの名でも知られている。

（15）プレンボンの浸透には、テレビも貢献した［Bandem & deBoer 1995〈1981〉: 85］。国営ラジオ（Radio Republik Indonesia）のデンパサール支局の開局が一九五〇年［永渕 二〇〇七 : 一五〇］、国営テレビ（Televisi Republik Indonesia）のデンパサール支局の開局が一九七八年である［Dibia & Ballinger 2004 : 104］。

（16）ブレレン県に拠点を持つ彼らが、州都デンパサール方面まで上演に呼ばれるようになったのは、一九九一年のことであり、全島的に知られ頻繁に上演依頼を受けるようになったのは、二〇〇〇年近くのことである（I Nyoman Drupa interview 二〇〇七年二月九日）。

（17）ここでの記述では、儀礼のプロセスの日本語名と内容について、筆者の調査地と近いウブドにおける宗教実践を考察している吉田竹也［二〇〇五］を一部参照した。

（18）サカ暦にしたがい約三五四日ごとに周年祭を行う寺院もある。

（19）火葬前の遺体を一次的に埋葬しておく広場である。

（20）ただし余興のトペンは、冒頭の舞踊シーン、プンレンバールの部分を除けば、話芸を楽しむという側面が強く、バリ語を解さない観光客には理解し難い。そのため、プンレンバール部分のみを取り出して、舞踊ショーに登場させることはあっても、その他の部分が観光客向けに公演されることは、比較的稀である。③の世俗的なイベントにおけるトペン劇は、主にバリ人の観客に向けて上演される。

（21）アルジャとトペンの演者を兼任する者は少なくなく、アルジャで使用するジョークをそのままトペンで用いることもある。

（22）「多くが」としたが、たとえば一九三〇年代には、あるトペン・パジェガンを例外的に二名の演者が手伝ったとの記述がある［Spies & deZoete 2002〈1936〉: 306］。この三名による分担の詳細は不明であり、複数の演者が同時に舞台に立ち会話を展開する形であったのか、それとも一人ずつ別々に舞台に登場したのかは明らかでない。

（23）混乱を避けるため、本書では、第二節1で示したような、余興のために、シダカルヤを用いないで行われる形式をトペン・

パンチャと呼ぶ。しかし実際には、トペン・パンチャにシダカルヤを加えたトペン・パンチャ・シダカルヤを含め、五人で上演されるトペンを（シダカルヤの有無に関わらず）全てトペン・パンチャと呼ぶ者もいる。

(24) イ・マデ・ジマットも、一九六〇年代の終わりごろに、シンガパドゥのアナック・アグン・ブラン（Anak Agung Belang）が他の村の演者と二人でトペン・ワリを上演していたと記憶している（I Made Jimat p.c. 二〇〇九年七月一四日）。

(25) バトゥアン村も比較的遅くまで、トペン・パジェガンが主流だったようである。息子イ・マデ・ブカルによれば、父カクル（一九〇五—一九八二）も儀礼内のトペンでは通常は一人で演じていた。しかし、時にはギャニャールの王宮から指定され、複数の有名演者と共にトペン・ワリを上演してもいた（I Made Bukel interview 二〇〇九年八月二七日）。同村のジマットも、九五年くらいまでは、地元の儀礼内の上演ではトペン・パジェガンを演じていたと語る（I Made Jimat p.c. 二〇一〇年九月一五日）。

(26) 上演の謝礼の値段は、通常依頼主に一任されているが、この演者によれば、複数人で上演を行うと、依頼主側が気を使って謝礼を増やす場合が多い。

(27) プレンボンがシダカルヤを加えて上演されることに言及している数少ない研究に、Kardji［2001］、Ardika［2009］がある。

(28) この地域はもともとギャニャールやデンパサールのように沢山の登場人物を用いるトペンの形式が存在せず、儀礼の場では老人の舞とプナサールとシダカルヤのみといった簡易な形式での上演が一般的であり、またシダカルヤを演じる者たちも非常に限られていた（I Nyoman Drupa interview 二〇〇七年二月九日、二〇〇九年九月八日）。

(29) なおトペンに近接するほかの演劇ジャンルでも、このような柔軟性はみられ、世俗的な余興として発達した芸能が、後に儀礼上の機能を担うようになる例がある。アルジャについてはDibia［1992 : 62］、ガンブーについてはFormaggia［2000 : 51］を参照。

(30) シダカルヤは舞台上で子供を捕まえ、古銭ケペンや供物の一部を与えることがあることから、この「掴む人」プンゲジョカンという名で呼ばれる。

(31) 本書で引用しているBandem & Rembang［1976］とCatra［2006］はそれらの活動の一部でもある。

(32) マス村のイダ・バグース・アノム・Jは、かつてはトペン・ワリといえばトペン・パジェガンのことだと思っていたが、芸術大学の教員らと共同で作品を作った際に初めて、トペン・ワリ（①儀礼内のトペン）では、シダカルヤのシーンがあることが大事であり、複数人の上演でもよいのだと知ったと語っている（Ida Bagus Anom J. interview 二〇一〇年九月一〇日）。

(33) 性的なジョークのこと。

第二章　トペン・ワリと「観客」——鑑賞の断片性と反復性

はじめに

本章では、前章で紹介したトペンの多様な形式の中でも、トペン・ワリに着目する。トペン・ワリとは、トペン・パジェガン、あるいはそれを複数人で分担する形式であり、最後にシダカルヤが登場するものである。(1)本書の冒頭で紹介したように、トペン・ワリの上演状況は一見不可思議なものである。往々にして、この演目を眺める観客たちは少ない。有名な演者が熱心に芸を披露する傍らで、人びとがそれには背を向け雑談にいそしんでいたり、上演には目をくれず、その脇を素通りしていたりする。極端な場合には、観客と呼べるような人がほとんど見当たらず、演者と伴奏のガムランのチームだけが、長々と上演を続けていることさえある。ガムランとは鍵盤打楽器を中心としたアンサンブルのことであり、トペン・ワリは二〇〜四〇名ほどの奏者によって伴奏される。(2)演者の声に耳を傾ける観客が少ないため、自然と伴奏者たちが主たる観客となってしまうことも珍しくない。

一方、既に序章で述べたように、トペン・ワリは人類学やパフォーマンス研究の立場から注目されてきたが、その記述のどれもが、多かれ少なかれトペンの語りのパフォーマンスの豊かさや巧みさ、そしてその社会的重要性を称えており、その議論は、筆者が目にした、人びとが見向きもしないような実際の上演状況とは隔たりがある［e.g. Emigh 1996, Young 1980, Jenkins 1994］。

バリにおいて、熱心な観客が不在なまま芸能が上演されるのは、トペン・ワリに限った特殊な出来事ではなく、特に儀礼と深く関わる演目では一般的にみられる光景である。やや議論を先取りしてしまえば、この一見不可解な上演のあり方は、それらの演目が、人間の観客を相手とした見世物であるばかりでなく、儀礼の一部としての機能を担うという点に起因している。たとえばトペン・ワリでは、シダカルヤをしかるべきタイミングで登場させることを最優先する。そのため、時間内に終了させようと演者が一部の内容を省略し、ストーリーが完結しないままになるなど、観る者にとっては物足りない上演となることも多い。

先行研究では、多くの芸能が儀礼に起源をもつことが指摘されてきた［Turner 1985, Schechner 2005〈1974〉、福島一九九三等］。福島によれば、儀礼とは、将来への不確実さを取り除き、この世に秩序をもたらすとされている「装置」であり、多くの場合先祖より伝わる意味不明な一連の形式的な行為である［福島 一九九三：七七、七九、八五］。生業が天候など自然界の不確実な要素に左右される場合、人びとは生存に対して切迫した感覚を抱くが、儀礼は、この危機感に基づき、世の不確実性を軽減するために執行される［福島 一九九三：七八—七九］。一方、工業化によって生業は安定し、また外部者の流入などにより、第三者の視点からこの儀礼を野次馬的に眺める視点が生じうる［福島 一九九三：八二—八九］。こうして儀礼が生存への危機感から完全に分かたれ、観客の反応を目的として行われるとき、それは既に儀礼ではなく「新たな『芸能』のシステム」になるという［福島 一九九三：八二—八八］。

類似の議論はパフォーマンス研究のＲ・シェクナーにもみられる。演劇と儀礼を共に「パフォーマンス」と呼ぶシェクナーは、「効果」と「エンターテイメント」という軸を想定し、それぞれに「儀礼」と「シアター」を位置づけた［Shechner 2005〈1974〉: 130］。シアターとは、ここでは演劇やダンスなどの上演を指している。なんらかの効果を狙ったパフォーマンスは儀礼であり、人びとはそれを信じ、そこに参加する。他方、楽しみのために、エンターテイメントとして上演されるのがシアターであり、観客たちはそれを理解・賞賛（appreciate）し、鑑賞する。シェクナーは、シアターの誕生には、観る者とパフォーマンスの分離があるという［Shechner 2005〈1974〉: 137］。何を儀礼とし、何をシアター[3]（あるいは芸能）とするのかについて、シェクナーと福島では、相違点もある。シェクナーは、たとえば観客に何らかの効果を狙う実験演劇の類も儀礼に含める［Shechner 2005〈1974〉: 112-169］。他方の福島は、儀礼の定義を拡張し、逼迫した生存への感覚に基づかないものを取り込むことを問題視する［福島 一九九三：七六―七七］。しかし、シェクナーも福島も、儀礼とシアター（福島の言葉では芸能）の差異として、観客の有無、および観客との関係性の違いを挙げている点では共通している［福島 一九九三：八四―九〇、Shechner 2005〈1974〉: 137］。

この論をトペン・ワリにひきつけて考えると、この演目は、シアターでありながらかつ儀礼でもあるといえる。仮面舞踊劇であるトペン・ワリは、巧みな話術で人びとを笑わせたり、ジョークを織り交ぜながら教訓を伝えたり、見事な舞踊で魅了したりする。それと同時にトペン・ワリは、ある一定規模以上で開催される儀礼には必須であるとされ、儀礼の成功に寄与する。特に、最後の登場人物シダカルヤの不在や、そのシーンの不備は、儀礼を未完のままとし、社会や演者へ災難をもたらすとされる。その点において、トペン・ワリは秩序の維持への危機感を背景にして行われる儀礼の一部でもある[4]。福島やシェクナーが述べたように、上演を楽しみのために眺める観客が存在するか否かによって、シアターと儀礼とが分けられるとすれば、トペン・ワリの上演に居合わせる人びとは、観客であり観客でない何者かということになる。

本章では、まずこの両義的な演目の「観客」とはいかなる存在なのかを考察する。どのような人びとがどのような目的のもとに上演会場に集っているのか、そして観客同士の間柄や彼らと演者との関係とはいかなるものか。

これらの点について、トペン・ワリが上演される文脈や、上演の機能、演者の選出基準に着目しながら考察する。

その上で、本章では、この演目の儀礼の要素とシアターとしての要素が、それぞれ「観客」の振る舞いや、演者と「観客」のネクサスにいかに作用しているのかを考察する。トペン・ワリが、神々へも向けて上演される以上、そのネクサスは、不可視の存在をも含みこんだものとなるであろう。儀礼とシアターの連続性に注目する先行研究は、その両方の性質を有する、中間的な行為も多数存在することを強調してきた［e.g. 福島 一九九三：八三、Schechner 2005〈1974〉：156、橋本 一九九五］。本章は、シアター性と儀礼性とがこの演目の中でいかに共存し相互に作用しあうのかを、いわゆる劇場における上演芸術とは大きく異なるトペン・ワリの上演風景、およびその中における「観客」たちの振る舞いに着目しながら考察する。その上で、この演目の両義性が、演者と観客とその他のエージェントたちの関わりをどのように方向付けているのかを考察する。

以降、第一節ではトペン・ワリの上演が準備され、人やモノが集い、上演が織りなされ、やがて上演が終了するまでのプロセスをみてゆく。そして、その中で人やモノや音の流れがどのように演者と観客たちを取り巻いているのかを考える。続く第二節では、トペン・ワリの機能について、行政上の位置づけも参照しながら記述する。第三節では「観客」の属性や、演者の人選基準を取り上げ、演者と「観客」の社会的な関係性を考察する。また第四節と第五節では、トペンの「観客」の振る舞いの特徴を明らかにし、その背景と効果について述べる。なお、トペン・ワリでは、最後の仮面シダカルヤの登場とそれ以前で、上演内容や意味合いが大きく異なる。そのため、第四節では、主にシダカルヤよりも前のシーンを、第五節ではシダカルヤのシーンをとり上げる。そして第六節では、トペン・ワリの両義性に着目しながら、トペン・ワリの「観客」と演者の間のネクサスについて、幾つかの特徴を指摘する。

一　トペン・ワリの上演プロセスと環境

第一章で述べたように、上演会場となるのは、儀礼が行われる現場である。具体的には、一般的な寺院のみならず、通過儀礼や屋敷寺の周年祭が催される個人宅、火葬儀礼の行われる埋葬場[5]、清めの儀礼が行われる浜辺なども上演会場となる。以下に主に寺院の周年祭における上演を取り上げながらトペン・ワリの上演を取り囲む状況、そしてその中における演者と観客との関わりについて記述してゆく。

周年祭を組織する中心人物は、檀家集団の世話人たちおよびその寺院付きの僧侶（*manku*）である。彼らと演者の関わりは、上演の何日も前から始まっている。儀礼が近づくと、寺院の代表者数名は、慣習衣装で正装し、連れだって演者の元を訪れる。形式的な挨拶や雑談を交わした後、彼らは演者に日時を伝え、トペン上演の依頼を行う。上演に関して特別な注文がある場合は、この時に伝える。彼らの寺院の歴史や、（親族で祀る寺院の場合は）彼らの親族の系譜に関わるババッドをもとに上演して欲しいという要望がなされることもある。ババッドに造詣の深い演者はこのような要望に広く応えることができ、尊敬を集める。しかし、そうでない演者も、依頼者自身に親族の歴史を尋ねたり、別の演者の知恵を借りたりしながら上演を準備する。ただし、筆者が観察した限り、ババッドについて要望が寄せられることは少なく、上演内容は演者に一任されるケースのほう

写真 2–1　上演依頼の様子。右奥の演者の自宅に、慣習衣装をつけた3名の男性が連れ立ってやって来た。儀礼の予定表を手にトペン上演を依頼している。2009年8月25日撮影。

写真 2-2　トペン・ワリ上演前の光景。左右両側の手前が演者。衣装に着替え、菓子と飲み物を振舞われながら、プダンダの到着を待つ。2011 年 10 月 26 日撮影。

が多い。演者の側が、儀礼会場の広さや、当日の儀礼の状況について質問することもある。演者が上演を承諾すると、主催者たちは帰ってゆく。彼らは、儀礼の数日前に儀礼食の串刺し肉（*sate*）を持って再び演者宅を訪れ、上演が迫っていることを確認する。

儀礼当日、演者は水浴びをして身を清め、慣習衣装で正装し、自身の屋敷寺の中にあるタクスーの社（*pelinggih taksu*）で上演の無事とタクスーを祈る。タクスーとは、人を魅了する霊的な力のことである。そして演者は、仮面など上演道具一式が入った籠（*katung*）や衣装や剣（*keris*）を用意する。儀礼の主催者側は、演者に敬意を示し、寺院から数人の荷物持ち役と車の迎えをよこすのが一般的である。ただし演者が主催者集団のメンバーの一員である場合は省略される。上演へは、演者の着替えや仮面装着を手伝うアシスタントが一名同行する場合が多い。

会場に演者が到着してから上演が始まるまでの時間、演者は上演先の人びととふれ合うことになる。まずは主催者側の世話人が歓迎の意を伝え、寺院の中へと通される。演者とアシスタントはコーヒーや菓子、タバコ、噛みタバコなどを振る舞われ、もてなされる。噛みタバコで真っ赤に染められた唾液を吐き出しつつ、演者たちが軽い打ち合わせをする姿もよく見られる。上演の前後のどちらかには食事も振る舞われる。通常これらの飲食や着替えは壁のない建物の一画で行われ、一般の来場者もこれを眺めたり演者と世間話をしたりすることができる。たとえば、写真2―2は、マス村のある寺院の大祭の光景である。上演を待つあいだ、演者二人と、儀礼主催者側の「芸能係（*seksi kesenian*）」たちが談笑している。そこに、たまたま参拝していて居合わせた演者の親戚の男性も加わった。なお芸能係とは、儀礼の実行委員の中でも特に芸能関係を取り仕切る者たちであり、現役あるいは引退後の芸能家であることが多い[6]。そのため、この芸能係にトペン演者が含まれていることもある。

儀礼執行の中心を担う最高僧プダンダが到着するまでは、上演は始まらない。プダンダがその直前に担当していた別の儀礼が延びたり、車が渋滞に巻き込まれたりして、その到着はしばしば大幅に遅れる。二時間、三時間待たされることは珍しくないが、そのような場合にも人びとは特に気にする様子もみせず雑談を続ける。トペン上演が果たして実際には何時から始まるのか、トペンの担い手も、「観客」も、儀礼をコーディネートしている主催者側さえも正確には知らないのである。上演を延々と待つその間にも、演者たちは様子見にやってくる人びとと雑談しながら、人間関係を深める。この間に演者たちは、そこに集う人びとの興味関心について情報収集することができる。これらの情報は、トペン上演中のプナサールやボンドレスの語りの中に盛り込まれる。また、この準備時間中に、演者は仮面と頭飾りグルンガンの入った籠に儀礼の主催者側が用意した供物を捧げ、神格を仮面や上演の場に招待する。基本的に上演は演者の憑依を伴わないが、演者はこれらの神格の力を借りながら演技を行う。この仮面の取り扱いについては、次章で詳述する。

演技は、寺院の一角で行われ、大道具や舞台セットは用いられない。作り付けの舞台や客席が特別に用意されているわけでもない。舞台裏を仕切るカーテン（*langse*）が張られることはあるが、用いない場合も多い[7]。仮面の籠を並べる小さな机や、座って演技するための椅子が一脚運びこまれることはある。上演が始まるのを察した周囲の人びとが見物にやってきたり、演技のための場所を空けてやったりし、次第に上演空間らしきものが形成される。

ガムランチームが始めのフレーズを奏で、上演が開始する。この上演空間は非常に賑やかなものである。トペン・ワリは、プダンダの儀礼執行と同時に上演されるが、並行して人形劇ワヤン・ルマも行われる[8]。この上演も、

写真 2-3　ある大祭でのトペン・ワリ上演の光景。強い大臣トペン・クラスのシーン　客席も舞台装置も無い中で上演される。後ろでは人形劇ワヤン・ルマが上演されている。2009 年 7 月 11 日撮影。

写真 2-4　朗誦グループプサンティアン。マイクを用いて、本を見ながら歌い語る。2006 年 11 月 7 日撮影。

写真 2-5　儀礼を執行するプダンダ（奥）とそのアシスタント（手前）。マス村のある周年祭にて。2006 年 10 月 30 日撮影。

トペンと類似の機能を果たすとされる。朗誦のグループ、プサンティアン（*pesantian*）が、大音量のマイクを用いて歌を披露しているケースも多い。クルクル（*kulkul*）と呼ばれるスリットドラム状の木筒を叩く単調な音も聞こえている。そしてしばらくすると、寺院の奥の方から、プダンダの鳴らす甲高い鐘（*genta*）の音が聞こえてくる。トペンの上演中には、これらの音が儀礼の場を埋めつくしているのである。[9]

人びとは、調達可能な予算や労働力の範囲で、できるだけラメな状態を実現しようとする。第一章三節2で述べたように、ラメとは、賑やかでこみあっていて華やかな状態を指す。多くの人びとが集い、色とりどりの供物が積まれ、沢山の音が同時に響き、香がたかれ、花が香り、視覚的、聴覚的、嗅覚的にも、隙間なく賑わう場を生じ、そこに神々が迎えられるのである。トペン・ワリは、そのラメな雰囲気の一部を担いながら、開かれた空間でその他の複数の同時進行する出来事の音や人やモノの流れが行きかうなか上演される。その上演空間は、閉じられ、舞台と客席が明確に区切られたいわゆる劇場とは、根本的に質を異にする。なお、家族単位で催す儀礼は、ここで描いたものよりも小規模であり、人形劇ワヤン・ルマが省略されたり、参拝客が身内の少数の者に限られたり、クルクルが用いられなかったりするが、カセット・テープでガムラン音楽を鳴らすなどして、ラメな雰囲気を演出する。

くわえて、基本的にトペン・ワリは屋外で上演され、必ずしも屋根のついた場所が用意されていない。雨や風や照りつける太陽光線なども、トペン上演を取り巻く環境を構成している。雨が降れば、屋根のある一画を上演場所に変更したり、足元にたらしたカンチュッ（*kancut*）と呼ばれる白い布を汚さないように気をつけながら、水溜りの上で演技したりすることもある。上演が夜になれば、薄暗い電気の光を頼りに上演することもある。

上演の順番は、第一章で紹介したトペン・パジェガンと同様である。ただし先述のように、現在は、ソロのトペン・パジェガンより、二、三人で共演するトペン・ワリのほうが一般的である。プナサールにくわえて弟ウィジルが登場し、二人は会話しながら物語を紡いでゆく。なお演技の詳細は、第一章および第三章も参照されたい。

トペン・クラスに始まりシダカルヤで締めくくられるまでの上演時間は、大抵三〇分から一時間である。上演に許された時間を考慮して、一部の登場人物を省略せざるを得ないことはしばしばである。特にトペン・バンチュック、王ダレムの舞踊部分がその省略の対象になることが多い一方、シダカルヤだけは必ず上演される。逆に非常に大規模な儀礼となると、プダンダの儀礼執行プロセスが長引き、上演を終われないケースもある。儀礼の解説や、時事など、次々と話題を変えながらプナサールとウィジルが会話を引き伸ばしたり、多様なボンドレスを登場させたりして、上演を続ける。

プダンダの儀礼執行とは、花や香を用い、マントラを唱えたり印（*mudra*）を結んだりしながら、聖水を作り、供物を神々に捧げるというものである。先行研究によれば、その具体的な手順は、寺院の周年祭に限らず墓場や屋敷寺などでの儀礼でも基本的には同じであり、以下のような手続きから構成される[10]［吉田竹二〇〇五：一六三］。

> ①（プダンダが）自身を浄化し②道具を浄化し③神々を降臨させ容器の中の水に呼びこみ、大量の聖水を作成する。そして④リス（*lis*）とよばれる箒状のものをはじめとする、浄化のための儀礼道具を清める。⑤トゥカン＝バンタン（供物の専門家）らが、供物や、死者儀礼では遺体や遺骨など[11]、浄化を必要とするものや場所を順次まわり、このリスなどの道具をつかって③の聖水や他の聖水をふり（*siat, nyairat*）きよめる。⑥供物のエッセンス（*sari*）を風をあおいで（*ayab, natab*）、神々や死霊にとどけ、ささげる。⑦プダンダの儀礼執行とともに、一堂そろって祈る⑧プダンダが招聘した神々に帰還してもらい、儀礼を閉じる。⑨助手役のマンク（寺院付きの僧侶）やトゥカン＝バンタンらが、プダンダからもらいうけた聖水と聖米（*bija*）を祈ったあとの人々に配る。［吉田竹二〇〇五：一六四―一六五　括弧内の日本語は筆者］。

⑤の段階で、プダンダの作成した聖水をもった人びとが列をなして奥の敷地から出てきて、寺院の各所や供物を清めてまわる。するとそれを見た演者たちは敷地の奥にいるプタンダの儀礼執行が終わりに近づいていることを知る。演者たちは、儀礼会場の広さや儀礼規模などから残り時間を推し測り、頃合を見計らって、物語を収束させ、シダカルヤを登場させる。シダカルヤの登場に前後して人びとも集団での祈祷の準備を始める。つい先程まで演者が演技していた空間は、既に地面に坐り、香に火をつけ、祈りの体勢に入った人びとで埋め尽くされる。トペンだけでなく、人形劇ワヤン・ルマもプサンティアンの朗誦も終了している。⑦の段階では、静けさの中、最高僧プダンダの鐘の音と、祈りの内容を指示する係のマイクを通した声が聞こえている。[12]演技の終了後、演者

は先ほど招待した神格を元の場所へ戻すための小さな儀礼を行い、仮面を入れた籠を閉じ、もとの正装に着替える。

上演には、謝礼が渡されるのであるが、その支払いは極力「上演とその対価としての現金（謝礼）」という等価交換ではないものとなるように配慮される[13]。上演者の着替えが終わる頃には、儀礼の世話役が、皿の上に紙幣とチャナン（*canang*）と呼ばれる小さな供物をのせ、蓋をしたものを手にやってくる。上演に対する謝意を伝え、これを謝礼として渡す。この謝礼は、供物の一部に添えられるコインや紙幣を意味する「スサリ（*sesari*）」という語で呼ばれる。演者はかしこまってこれを受け取るが、大抵はチャナンと紙幣の一部あるいはチャナンのみを受け取り残りは辞退し、寄付として寺側へ返す。主催者側は恐縮した素振りを見せるが、演者は受け取るようにと言う。このチャナンを手に演者は仮面の入った籠に向かって座り、手で風を送り、仮面へと捧げる[14]。このスサリのほか、演者たちはトペンに用いられた供物のおさがりと、感謝の印として添えられる果物や菓子の入った包み（*pemanis*）を与えられる。供物には、焼いた鶏肉や、卵、果物、米、ココナツの実などが含まれている。上演の後、食事を振る舞われることも珍しくない。演者は、この食事の間や、帰りの車の中でも、世話役たちと再びしばしの社交を楽しむ。

写真 2–6　トペン・ワリ上演の終了。シダカルヤが最後の祈りを捧げているところ。観客たちは既に集団祈祷に入っている。2006 年 11 月 13 日撮影。

写真 2–7　演者に渡される謝礼（スサリ）。数枚の紙幣の上に椰子の葉と花びらから構成される供物が置かれ、蓋が添えてある。2011 年 10 月 26 日撮影。

写真2–8　周年祭の夜の余興で披露された舞踊。2006年11月7日撮影。隣村の舞踊団が上演し、子供たちを初めとする沢山の観客が熱心に鑑賞した。

筆者が調査したマス村の場合、周年祭の会場ではこの後女性たちの群舞ルジャン・レンテン（*rejang renteng*）が行われる。[15] この演目を眺める「観客」は、トペン・ワリ以上に少ない。御神体の方向を向いて踊る人びとで、寺院の奥の敷地が一杯になることもしばしばであり、人間の観客の居場所が物理的に存在しないことさえある。

夜には、様々な舞踊[16]（*tari lepas*）、プレンボン、トペン・パンチャ、バリ語のコメディ劇（*drama gong*）、影絵（*wayang kulit*）、歌舞劇アルジャなどが余興として上演される。トペン・ワリとは対照的に、これらの余興のためには、鑑賞の場が整えられる。ワンティラン（*wantilan*）と呼ばれる集会場にて上演されることが一般的で、広い空間でスポットライトや演者用のマイクが用いられたりし、客席が用意されることもしばしばである。

このように、儀礼には様々な芸能が用いられる。次に、行政上それらを体系的に位置づけた分類を参照し、トペン・ワリの機能について考察する。

二　儀礼におけるトペン・ワリの機能

バリ州の教育文化省内の組織が主催した一九七一年の「舞踊における聖なる芸術と俗なる芸術のセミナー（Seminar Seni Sacral dan Provan Bidang Tari）」では、主に舞踊に関する芸能が次の三つに分類された［Projek Pemeliharan dan Pengembangan Kebudajaan Daerah Bali 1971］。

一、神聖な舞踊（sacred, religious dance）の「ワリ（*wali*）」
二、儀礼の舞踊（ceremonial dance）の「ブバリ（*bebali*）」
三、世俗の舞踊（secular dance）の「バリ・バリハン（*balih-balihan*）」

この分類で、トペン・ワリは、当初ブバリと位置づけられ、後にワリに修正されたものの、以降再びブバリとされた[17]［梅田 二〇〇三：八一、八七、八九］。このセミナーを受け、一九七三年に州政府は、ワリの演目の儀礼の文脈以外での上演を禁止した［梅田 二〇〇三：八二―八三］。ブバリに関しては対応が曖昧であり、州令では明記されないものの、添付資料には儀礼以外での上演の禁止が記されていた［梅田 二〇〇三：八六］。なお、本書の第一章では、トペン上演の場面を①儀礼内での上演、②儀礼の余興としての上演、③世俗のイベントでの上演の三つがあると述べた。一九七三年の州令では、③の場面における、ワリ（そして曖昧なかたちではブバリも）の使用が禁止され、バリ・バリハンの上演こそが相応しいと位置づけられたことになる。

上記の分類は、バリ社会に古くから存在したものではなく、観光産業の「汚染」から神聖な芸能を守る上で、芸能を分別する必要性に迫られ、一九七一年のこのセミナー以降徐々に整備されていったものである。ワリとは、バリ語で「儀礼」の意味であり、バリ・バリハンの基語「*balih*」は「見る／観る」を意味する。これらの名称が示唆するように、この分類は、芸能を宗教儀礼のものと世俗的な鑑賞物に分類しようとするものである。興味深いのは、本来西洋的な聖俗の概念が存在しなかったバリでは、その線引きが困難であったため、ブバリという中間的で曖昧なカテゴリーを必要としたという点である［Picard 1996a : 158、梅田 二〇〇三：八五］。ブバリは、「供物」を表す語であり、「儀礼」を意味するワリとの区別は特に混乱を招いた［Picard 1996a : 156, Warna 1993 : 55］。この線

図 2-1 マス村のデサ寺院の敷地と芸能の配置の概略

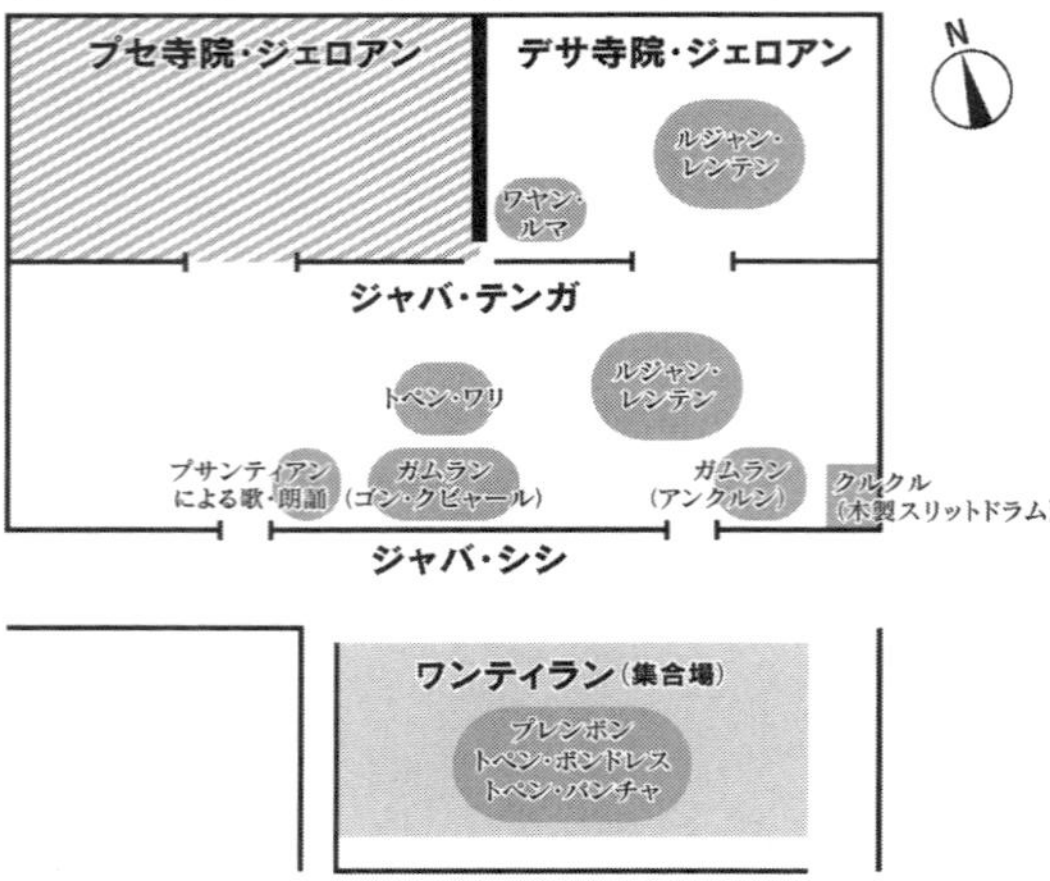

引きが問題を含んでいたことは、後に特にブバリのカテゴリーをめぐって、様々な修正が施されたことからも窺い知れる。[18] この変遷の詳細は、先行研究を参照されたいが、本書にとって重要なのは、トペン・ワリが、主に両義的で曖昧なブバリへと分類される傾向にあったという点である。なお、この分類は、学術分野においても用いられるようになる。芸術大学ISIデンパサール校の教員たちの比較的新しい論考では、トペン・ワリとプレンボン・シダカルヤをブバリかワリに、シダカルヤを用いない形式、すなわちトペン・パンチャ、プレンボン、[19] トペン・ボンドレスを、バリ・バリハンに分類する傾向にある [Bandem & deBoer 1995〈1981〉: 70, 83-84, Catra 1996 : 13, Ardika 2009 : 6-8, Kodi 2006 : 3-5, 160]。

なお、上記の分類は、上演スペースとほぼ対応している。バリの典型的な寺院の敷地は、最も神聖とされる一番奥のジェロアン（*jeroan*）、中間のジャバ・テンガ（*jaba tengah*）、一番外側のジャバ（*jaba*）の三つから構成される。理念的には、ワリの演目は一番神聖なジェロアンにて、ブバリはジャバ・テンガにて、バリ・バリハンは（寺院で用いられる際には）人びとが休息する場でもある周縁的なジャバにて上演される。[20]

図2―1は、マス村のデサ寺院の配置を大まかに記したものである。マス村ではデサ寺院とプサ寺院が隣接し、ジャバ・テンガとジャバ・シシの敷地をこの二寺院で共有しているが、ここでも、ジェロアン、ジャバ・テンガ、ジャバ（この寺ではジャバ・シシ「外側のジャバ」と呼ばれる）の三つの敷地から構成されている。[21] 図の上側が北にあた

る。これは、バリ・ヒンドゥの重要な山であるアグン山（gunung Agung）に向かう方向で、カジャ（kaja）と呼ばれる神聖な方角とされる。ジェロアンはカジャの方角に位置している。デサ寺院に関する儀礼では、トペン・ワリはこのように、ジャバ・テンガで上演され、夜の余興でプレンボンやトペン・ボンドレス、トペン・パンチャが上演される場合には、外庭ジャバ・シシにある集会場ワンティランで上演される。

トペン・ワリの儀礼上の機能には、様々な説がある。まずこの演目は、神々へと向けられた供物である［Dunn 1983：68, Young 1980：11］。トペン・ワリの美しい舞踊、壮大な物語、ガムランの音色や歌声は、神々をもてなす。またこの演目は、儀礼の場にやってきた地霊・悪霊をも楽しませる。上演によって地霊・悪霊の気をそらし、それらが寺院の奥へと侵入して、プダンダの儀礼執行を妨害することを防ぐともいわれる。トペン・ワリの上演時間がプダンダの儀礼と同時並行であること、そして図２―１で紹介したように、上演場所がプダンダが儀礼を執り行うジェロアンよりも一つ外の敷地ジャバ・テンガであることも、この機能のためとされる。

バリ語でブタ・カラ（*buta kala*）と呼ばれる地霊・悪霊は、神々と対比して語られ、神の善に対する悪として位置づけられる。神々が天の方向に存在するのとは対照的に、ブタ・カラは足元、地面に存在しており、その中間に人間が位置する。このブタ・カラは、先行研究で、「戦いや疫病や災害、口論、怒り、混乱、強欲、悲しみ、そしてその他の障害は、彼らの存在のサインである」［Wiener 1995：52］と述べられているように、神々と同じく、あるいはそれ以上にバリの日常生活の様々な場面において存在感をもっている。バリの儀礼は実質的に、神々に向けて行われるものよりも、これら地霊・悪霊を相手にしたものの方が頻繁であり、供物の数も多いという分析もある［吉田竹 二〇〇五：一四五］。ブタ・カラは、潜在的に災いの要因であり、同時に大きなエネルギーを有している。ソーミョー（*somyo*）とは、ブタ・カラのマイナスのエネルギーをプラスに転換するプロセスのことであるが、シダカルヤの上演はソーミョーの一種であるともいわれる。

祖霊たちもまた、この上演の潜在的な観客であるといえる。ダンは、この演目は儀礼の場にやってくる祖霊を象徴的に表すものでもあると記している［Dunn 1983 : 68］。しかし、上演は象徴するにとどまらず、それらの祖霊との具体的なやりとりの場となっていることに注目したい[22]。ダンも指摘するように、トペンは半ば神格化した先祖たちの物語や、そこから得られる教訓、先祖たちと現代の人びととを結び付ける系譜を語り、祖霊の訪問を表すと同時に、彼らの栄光の過去を称える［Dunn 1983 : 68-71］。これは、人間のみならず神々へも向けられた行為である。第一節で述べたように、儀礼の主催者は、その寺院や親族集団に縁のあるババッドの上演をして欲しいと依頼することがある。このような依頼の意図は二つあると考えられる。一つは、当日集う檀家や来賓といった人々に聞かせるためである。彼らは、寺院や主催者集団の歴史をトペンで上演することで、自分たちの系譜を再確認したり、外部者に対して自分たちの正統性や歴史的権威を主張したりすることができる。自らの親族集団の歴史的重要性を描いたババッドを新しく創作し、これをトペンで上演させることで歴史的正統性や影響力を誇示しようとする実践さえ報告されている［Bandem & deBoer 1995〈1981〉: 56］。それに対して二つ目の意図は、祖霊たちに向けられている。儀礼主催者たちは、実際に集う祖霊たちの目の前で、彼らの栄光の物語を演じてみせ、手厚くこれらをもてなすのである。個人宅の儀礼で、その家族のルーツがトペンで演じられているものの、それに注意を払う人間の観客はほとんどいないといったケースもある。このような場合も上演は失敗に終わっているのではない。祖霊たちの集う祭りの場で上演されている限り、それら不可視の観客たちがこれを楽しむ可能性はあるからである。演者は誤ったババッドを語ることを恐れてもいる。それは、人間の観客からの信頼を失ってしまうという恐れだけでなく、先祖たちの怒りをかってしまうことの恐れでもある[23]。

人びとは、最後に登場するシダカルヤが儀礼の機能上最も重要であると語る。シダカルヤの登場によって、儀礼は成功に導かれるのである。即興性が高く、様々な役が追加されたり、省略されたりするトペン・ワリにおいて、第一章でも述べたように、この場面だけは省略されることなく必ず上演される。バリの全ての儀礼には、神格の証人（*dewa saksi*）、人間の証人（*manusa saksi*）、そして地霊・悪霊の証人（*buta saksi*）の三種類の証人（*tri saksi*）が必要とされる。シダカルヤはこの「神格の証人」の一人となり、周年祭などの儀礼を承認し完成させる[24]。

儀礼行事の全体からみれば、その最も重要な部分は、僧侶プダンダによって寺院の奥で執行されており、トペン・ワリは、周年祭や結婚式や火葬といった儀礼の中核部分そのものではない。本節で述べたように、トペン・ワリはむしろプダンダの儀礼執行をサポートし、またその儀礼の成就に寄与する。トペン・ワリは「儀礼に伴するもの（*pangiring upacara*）」とも呼ばれる。この演目がワリよりも、ブバリに分類される傾向にあるのも、このような位置づけによるものと考えられる。ちなみに、トペン・ワリと同時に上演されることが多い人形劇ワヤン・ルマは、その儀礼上の機能もトペン・ワリと類似しているとされる。しかし、トペン演者やワヤン・ルマの担い手たちによれば、ワヤン・ルマのほうがトペン・ワリよりも、神々に向けて上演されるという意味合いが強い（Ida Bagus Suryawan interview 二〇〇九年七月一五日、I Ketut Wijaya interview 二〇一一年一一月一日）。マス村でのワヤン・ルマの上演は、しばしば、先程の図2―1のように、最も重要な敷地ジェロアンで行われる。ワヤン・ルマもまた行政上の分類において、ブバリとされたりワリとされたりとその定義が揺れているが、この演目を眺める観客は、トペン・ワリよりもさらに少ない。

三　「観客」と演者の社会的属性

儀礼の一部として上演されるトペン・ワリと、儀礼の余興として（第一章で②と分類したような場面で）上演されるような演目（トペンジャンルの中では、トペン・パンチャやプレンボン、トペン・ボンドレス）では、演者の選出方法、そして演者と観客の関係性に差異がみられる。両者の対比を念頭におきながら、以下にトペン・ワリの「観客」そして演者の社会的属性をみてゆく。

トペン・ワリの「観客」は、それを観るためにやって来る者たちではない。彼らは、儀礼の場に、何らかの目的があって集う。人びとは儀礼を主催したり、それに参加したりし、その中で、そのうちの何人かがトペン・ワリの上演に出くわし、それを眺めることになる。儀礼を開催する集団の単位は、集落、慣習村、ダディア（*dadia*）と呼ばれる親族集団、住居の敷地を共有する近しい親族集団、特定の寺院の檀家集団、職場集団[25]などである。以下に寺院の周年祭を例にとり、儀礼の参加者の属性を考察する。

周年祭の参加者たちには、一方で儀礼を主催する集団の中核的な存在がおり、またもう一方には、供物を捧げ祈るためだけに一時期やってくる一般の参拝者がいる。主催者集団のメンバーで、儀礼執行の委員を務めるような人びとであれば、数週間前、場合によっては数ヶ月前からこの儀礼のために計画を練り、トペン演者や影絵師といった専門家たちに上演を依頼したり、最高僧プダンダに当日の儀礼執行を依頼したり、供物の制作を組織したりといった準備作業を行う。またこれら委員たちは、トペンが上演される当日も、朝から世話人として様々な用務において汗を流している。彼らは一日〜数日間続く儀礼のめまぐるしい日々の中で、トペン上演を迎える。

他方、参拝者たちは、家族や親戚や友人たちと連れ立って数人でやってきて、供物を捧げて祈禱に加わる。彼らは比較的自由に振る舞うことができ、祈禱の後は、社交を楽しんだり、芸能を眺めたりする。ある程度規模の大きな周年祭になると、屋台や夜店がたっていたり、寺院の周縁的な場所で賭博が開催されていたりすることもある。飲み食いをしたり、買い物をしたり、賭博に加わったりすることも、参拝に付随する楽しみである。この参拝の時間帯が、プダンダが執行する儀礼の最も重要な時間帯と重なっている場合に、彼らはトペン上演にも遭遇することになる。そしてこの儀礼の実行委員と参拝者という二つの極の間には、様々な段階で儀礼に関わる者たちがいる。中核的な実行委員ではない者たちも、トペンの伴奏を含む諸々の楽器演奏を担ったり、ルジャンの群舞に参加したり、儀礼歌キドゥンを唱和したり、駐車場の整理や清掃やお茶出しなど実務を請け負うなどして、様々なかたちで儀礼に参与する。宗教的奉仕活動をンガヤーと呼ぶが、トペン上演に加えて、これらの儀礼に関わる様々な奉仕の行為もまた、ンガヤーである。そして当日は参拝だけしか行わないという者たちでも、それ以前の供物作りや会場作りで労働力を提供している場合がある。

以上のように、トペン・ワリを取り囲む「観客」の多くは、儀礼を主催する集団の成員や、それと関わりを持つ人びとである。そのため、儀礼に集う人びとは、あるローカルな地理的空間の中に生活する者たちで構成されている場合が多い。ただし、遠方から親族たちを集めて行われる儀礼や、公共性の高い寺院の祭りでは、状況は異なる。後者では、招待された客人や、地元外からやってくる一般の参拝者が加わり、彼らもトペン・ワリの「観客」となりうる。次にトペン・ワリの演者がどのように選出されるのか、その傾向をみてゆく。

第一に、特に村や集落単位で開催する儀礼の場合、地元の演者を優先的に選ぶ傾向がある。本番の舞台は、演者にとっても楽しみの場であり、社会貢献や神への奉仕の機会である。この機会を、地元の者に優先的に提供するため、トペン上演をまず彼らに打診するのである。さらに、地元の演者に依頼することで、演者の送迎にかかる主催者側の労力を軽減でき、支出も抑えられる。トペン演者たちは、地元や自らの所属する集団の主催する儀礼での上演を奉仕の行為ンガヤーとみなし、謝礼金をほとんど受け取らない。第一節で記述したように、上演後には、儀礼主催者側から謝礼が渡されるものの、地元の演者たちはそのほとんどを寄付として辞退するのである。ややや珍しいケースでは、村や集落の単位で踊り手や演じ手たちを組織しており、彼らがトペンを上演すると、その見返りにその他の地元の成員の義務（物資の提供や奉仕労働）を（一部）免除するルプット（*luput*）という規則を適用する地域がある。(26) こういったことからも地元でのトペン上演が成員に期待されるその他の様々な奉仕活動と同等なものとみなされていることが理解できる。なお、演者と「観客」が同じ生活圏に属するケースが多いため、上演内容に対する称賛や助言や不満が「観客」から演者に、上演後の日常生活の中でフィードバックされるなど、両者の継続的な関係が生じている。

第二点目として、地域によっては、上位のカースト（*kasta*）の者を優先する傾向が指摘できる。筆者が滞在したマス村は、特に儀礼が「頂点（*puncak*）」に達する重要な場面では、最高位である僧侶階級ブラフマナの演者を好む傾向が顕著であった。ただし、バリにおけるカーストの階級秩序は、植民地時代にオランダが、統治体制の基盤とすべく制度化し利用したことによって、強化されたものである［永渕 一九九七：二二二―二二六］。そして一九二〇年代以降は、カーストに基づくヒエラルキーに異論を挟む立場も現れている［永渕 一九九七：二二七―二三〇］。マス村のあるスードラ（平民階級）の演者は、この村で上演依頼がブラフマナに集中する傾向にあるのは、カーストのせいではなく、彼らが年長者であるからだと主張した。この村のブラフマナの演者自身もこれについて多くを語りたがらない。全体的な傾向としては、個人宅よりは寺院の儀礼で、また平民階級スードラの家よりは高位カーストの家で、演者のカーストがより重視される。なお、別の村のブラフマナの演者は、バリ社会で儀礼や宗教の分野を担うのは僧侶階級ブラフマナであるため、彼らがトペン・ワリの担い手により相応しいと筆者に語った。このようにブラフマナの演者を好む傾向は、この演目が儀礼や宗教と深く関わるという点に起因している。ただしこの件は、地域差が大きく、カーストが全く考慮されないところもある。

以上のように、トペン・ワリの演者の選出では、演者の所属する共同体（村や集落や檀家集団）や、カーストなどの社会的属性が重視され、演技力や舞踊力といった技量はそれほど問われない。対照的に、外庭ジャバにて夜の余興として上演される演目では、カーストが考慮されることはない。村の子供たちが舞踊を披露するのを大人たちが楽しむといった地元の者たちによる催しが計画されることも多いが、遠方から有名演者を、ある程度の金

写真 2–9　ある集落の寺院の大祭のためにかけられた儀礼の予定表。トペン上演があることも記されている。

写真 2–10　同じく大祭のためにかけられた看板。夜の余興のプログラムであり、日にちと上演演目および出演者や出演グループの名前が記されている。

額を払って呼び寄せることもある。これらの余興的演目は、そこに集う人びとや神々を楽しませ、祭りの場に賑やかでラメな状況を作ることを目的とする。またそのことは、儀礼の主催者の威信にも繋がる。その上、これらの演目は、儀礼の中心的なプロセスとは異なる時間に催され、観客は義務的にではなく、個人の興味に基づいて集まる。彼らは興味をひかれなければ、演目の途中で次々と帰宅してしまうため、余興の演目では、演者の力量が特に重視されるのである。トペン・ワリや、それと同時に上演され、類似の機能を持つ先述の人形劇ワヤン・ルマに関しては、(儀礼のスケジュール表にそれらを実施する旨が記されていることはあっても) 演者が誰であるかといった情報は、儀礼の世話人が把握するのみで、ほとんどの場合広報されない。一方、余興の演目に関しては、スケジュールと出演者名などが書かれた看板がかけられることがある。

次節では、このようにして選ばれたトペン・ワリの演者たちが演技するあいだ、「観客」はいかに振る舞うのかについて記述する。

四　「観客」の振る舞い――前半〜ボンドレスまで

1　「観客」の関心と無関心

序章で示したように、トペン・ワリを熱心に観劇する者は少ない。これまでの議論から明らかなように、チケットを購入して観に来るようないわゆる観客とは異なり、トペンに居合わせる人びとの中にはトペンに特に興味がない者も多数含まれる。しかし一方で、人びとは全くトペン・ワリを観ていないわけでもない。筆者は、観客が「あの仮面はすばらしかった」と感嘆をもらしたり、「あの台詞はまさに我々のことを言い当てている」とコメントしたりするのを耳にした。

ミードとベイトソンは、バリの観客にみられる、物語に没頭するよりは、むしろ演者の技巧的な面を楽しむという傾向を指摘する［ミード二〇〇一：二九、ベイトソン二〇〇一：一三五］。この指摘は、トペン・ワリの「観客」たちの姿勢の特徴をある程度言い表している。

> 観客は芝居の筋には興味はないし、けっして演じられる登場人物になりきったりはしない。みずからも体芸に長けた者である観客にとって、興味があるのは演技のそのものであり、役者は自分の身体を延長したもの、身体の筋肉の感覚を複製したものだと考えて、演じる演者に同化する。［ベイトソン二〇〇一〉：一三五］

身体表現に関する関心に偏っているようにも見えるこの指摘に付け加えるならば、トペンを観る者たちは、演者の語りの技巧的側面にも興味がある。彼らは、演者がどのような声色を使い役を演じ分けるのか、どのようなアイディアで人びとを笑わせるのか、どのような歴史物語ババッドを持ち込んでそれを興味深く人に聴かせることができるのか、などといった技量に関心を寄せる。特に珍しい演者がやって来ると、人びとは、舞踊に目をやったり、歌声や語りに一時的に耳をかたむけたりしながら、この者の持ち味は声の良さだがその他はまだまだ、といったような値踏みをしたりもする。「観客」たちは演者へ直接批判や助言を伝える場合もある。自分が何度も注意を与えたのに相変わらず演者が舞踊を修正しないといって不満を漏らす者さえいた。このように人びとは、トペン・ワリに無関心な態度を見せる一方、それを観て評価する態度も同時に持っている。特にガムラン奏者や、踊り手、演者、影絵師など芸能に関わりのある者たちは、このような批評において雄弁である。なかでも伴奏を担うガムラン演奏チームのメンバーたちは、地元演者と何度も上演を繰り返す。音楽に造詣が深い彼らは、トペン演者に対する活発な批評者であることが多い。

なお、話の筋に興味がない、という先程のベイトソンの論はやや極端である。トペンはバリやジャワの歴史物語ババッドを題材にするため、人びとの先祖や出自、地元の村や集落や寺の政治的権威に直接関わるストーリーとなる場合もある。[27] 先述のように、観客のルーツを示すババッドを語るようにと要望されることもある。これらのババッドは様々な政治的意図から脚色や解釈や創作を加えられた物語であり、多様な異説が存在している。そのため、トペンで語られたババッドの内容について、観客から反論や不満、提案などが演者に寄せられるケースもある。しかし、全体的に見れば、ベイトソンとミードが指摘したように、観客たちの関心は、ババッドの内容よりもむしろ演者の技量的側面に向けられている。

そもそもバリでは、トペン・ワリに限らず芸能の上演全般において、観客が部分的に無関心な態度をとる光景が見られる。たとえば、プレンボンは、先述のように儀礼の夜の余興として非常に人気がある。この上演は三時間以上続き、人びとは途中で飲食したり、周囲の者と雑談したり、楽屋を覗いたり、夜店を探索したり、居眠りをしたりと、場所を移動しつつ自由にくつろぎながら観劇する。本章のはじめの方で紹介したパフォーマンス研究者のシェクナーは、世界の多くの土地の観客に見られる特性として「選択的無関心（selective inattention）」を指摘する［Schechner 2005〈1977〉: 223］。シェクナーによれば、観客は鑑賞中、意図的に関心と無関心を使い分ける。たとえば、目利きの観客は自分の観たい箇所や演者をあらかじめ知っており、鑑賞する部分を選択することがある［Schechner 2005〈1977〉: 223-224］。プレンボンでも、人気の道化役者が語り始めると、それまで近くの屋台や夜店を覗いていた人びとが集まってきて、たちまち観客の群れが膨れ上がるという光景がよく見られる。逆に、コメディのシーンがひと段落ついたとたん、眠そうに目を擦った子供たちを抱えた両親などが帰宅をはじめ、客席が閑散とすることもよくある。またシェクナーによれば、無関心な態度は、長い上演中に観客が自身の緊張を解き、過度に集中していては目に留まらないような、上演の全体的な流れなどに目を向ける行為でもあるという［Schechner 2005〈1977〉: 229］。プレンボン上演中の観客も、ふとした瞬間に、周りを見渡して他にどのような人たちが来ているかを確認したり、観客同士で目配せをしていたりもする。

エミグは、トペン・ワリの観客の振る舞いのなかにも、このシェクナーの指摘した「選択的無関心」が存在すると指摘する［Emigh 1996: 184］。この指摘によく適合する事例もある。たとえば、筆者がデンパサールのある個人宅で、ニェカの一環として上演されたトペンに同行した際には、初め比較的閑散としていたものの、ボンドレスのシーンになると途端に、ある男性が「これを待っていたんだ」と話しかけながら、筆者の隣の空席にやって来て鑑賞に加わった（二〇〇七年七月三〇日）。しかし、トペン・ワリの場合、プレンボンやその他のシアター的色彩の強い演目とは異なり、「観客」の無関心さがより顕著となる特有の事情が存在する。それはトペン・ワリが儀礼上の機能を担うという点に由来する。

たとえば、人びとにトペン・ワリを観ない理由を尋ねると、「どうせ毎回同じ話である」、「既に知っている」

という発言が聞かれる。一定以上の規模の儀礼の度に必須とされるトペン・ワリは、他の演目と比較して、上演の頻度の高さが際立っている。第五章で詳述するが、この傾向は近年特に顕著となっているようである。地域差もあるが、七〇年代には、大規模な儀礼は稀であり、トペン・ワリの上演頻度は今よりずっと低かった。近年トペン・ワリの上演機会の飛躍的な増加が、ある種のマンネリを引き起こし、「観客」をより無関心にさせていると考えられる。(28)調査地では、数の限られた演者が頻繁に上演し、ストーリーや挿入される話題も重複していることが人びとの関心を呼ばない要因の一つとなっていた。また、先述のように、トペン・ワリの演者の選択基準は、通常、演技の新しさや巧みさとは別のところにあり、人びとの関心を集める演者が選出されるとは限らないのである。

さらにトペン・ワリは、人びとを楽しませる仮面舞踊劇としては極めて不完全なかたちで上演されることが多い。たとえば、トペン・ワリの上演中には、プダンダの儀礼執行に伴い、一〇名前後の人びとが列を成して敷地内を清めて回る作業ムリスが行われる。(29)これらの人びとが上演の空間を横切り、演技中の演者がほとんど見えなくなることが度々ある。写真2—11は、二〇〇七年一月三一日のバトゥブラン村（Batubulan）の個人宅でのニェカの儀礼の際に上演されたものである。ムリスの最中の女性たちが、プナサールの背後にある供物に香や聖水などをかけており、プナサールは身動きが取れなくなっている。なお、この時の演者コディは、慣れた様子でこのハプニングをジョークに転換し、人びとの笑いを誘った。

会場に鳴り響く様々な音も、スムーズな上演や観劇をさまたげる。プタンダの儀礼進行に関連して、執行部隊の人びとに指示を出すためにマイクが用いられることが多い。さらにはトペンと同時に行われているプサンティアンたちの朗誦にもマイクが使用される。これらのマイク音に演者の生声がかき消され、台詞がほとんど聞こえなくなることもある。くわえて、プダンダの儀礼執行が演者の予想に反して早く終了したために、ストーリーが

写真 2–11　上演中ムリスをする女性たちの列に囲まれてしまったプナサール（右端の女性の頭越しに見える）2007 年 1 月 31 日撮影。

途中であっても演者がシダカルヤを登場させ、早々と上演を切り上げるという光景も珍しくない。そのため人びとが楽しみにしているコメディシーンが省略の対象になることもある。先述した、男性が「これを待っていたんだ」と、ボンドレスのシーンを観にやってきた例でも、この男性の期待とは裏腹に、結局ボンドレスは一つ登場したのみであり、上演は短く切り上げられた（二〇〇七年七月三〇日）。儀礼の場では、プダンダを中心に執り行われている数々の儀礼行為が滞りなく終了すること、またその終了の前のしかるべきタイミングでシダカルヤが登場することが最優先される。そのため、プダンダの儀礼執行に必要なマイク音や人の移動が演技を妨げても、物語が途中で急に収束に向かっても、人びとが楽しみにしているコメディが大幅に省略されても一向に構わないのである。さらに、トペン・ワリは神格や地霊・悪霊に向けても上演される。それらの不可視な観客たちを楽しませるという意味では、少々人間の「観客」に鑑賞しづらいものとなっても、大きな問題ではないのかもしれない。

なお、トペン・ワリを観ない別の理由として、「観るのが恥ずかしい」という発言が聞かれることもある。第三節でみてきたように、人間の「観客」は大抵、儀礼の進行上の実務や、供物の献上、祈禱などの役割や用事を有しており、その立場でトペンに見入るのは社会的な体裁が悪いともいえる。儀礼の実行委員たちよりは、参拝のためだけに訪れる者たちの方が、ゆっくりとトペンに目を向けることができる。しかし、儀礼は社交の場でもあり、参拝者らもまた、挨拶や雑談に忙しい。結果、人びとはそれらの役割や用事をこなしつつ、断片的にトペン・ワリを鑑賞する。儀礼の場での義務や用事から比較的自由である子供や老人、数少ない招待客、たまたま居合わせた観光客などがトペン・ワリを鑑賞することになる傾向があるのもこのためである。以上のように、トペン・ワリの「観客」の関心と無関心は、彼らの自由な「選択」だけではなく、上演状況や、観客の置かれた立場にも影響される。

ただし、ムリスの最中の女性たちに囲まれたプナサールが、ハプニングを笑いに変えた先程のコディの例のように、これらの障害が、逆に上演へと取り込まれ、新たな演技を生じる場合もある。マス村のある非常に敷地の狭い寺院では、トペン上演のすぐ隣で、供物を壊し、大声、ほら貝、鈴、でんでん太鼓などで大音をたて、地霊・悪霊を追い返すプロセスが始まった。けたたましい騒音にトペン上演が立ち行かなくなったその際には、プナサールと老人のボンドレスも、共に大声を上げてこのプロセスに参加するというパフォーマンスを見せた（二〇〇六年一〇月三〇日）。また、複数の演目が同時に上演される狭い上演空間を逆手にとってジョークに変えた例もある。トペンの第一人者、イ・マデ・ジマットが彼の隣人宅でトペン・ワリを上演した際には、すぐ隣で人形劇ワヤン・ルマも上演されていた。ジマットは上演中、女のボンドレスに扮し、すぐ隣のワヤン・ルマの人形（とその背後にいる影絵師）にちょっかいを出し、人びとの笑いを誘った（二〇〇六年九月四日）。また、ジマットが別の機会にデンパサールの大きな寺院の周年祭でプレンボン・シダカルヤを上演した際には、ジマット扮するボンドレスとニ・ワヤン・ラトリ（Ni Wayan Latri）扮する王子マントリのコメディにあまりに人びとが引き込まれていたため、最高僧プダンダの儀礼執行が終わっても祈祷を始めず、プダンダも一緒

写真2–12　集団祈禱に備える人びととトペン。横目で鑑賞する者もいる一方で、上演に気をとめない者も多い。演者も、これらの人びとではなく、奥の敷地ジェロアンの方向に向けて演技している。2006年10月10日撮影。

になってこれを鑑賞したということもあった（二〇〇六年一二月二〇日）。即興性の高いトペンではこのように、演者が、上演を妨げるような、音、人、物を、むしろ上演に取り込んだりもする。極端な例では、ジマットとラトリの事例のように、儀礼空間をひととき劇場のように作り変えてしまう力を潜在的には有している。しかしそれが実現することは稀であり、またその上では演者の力量や、観客の側の状況や、会場の諸々の条件を必要とする。

多くの場合、不完全なかたちで眺められるトペン・ワリの上演内容は、「観客」にどのように働きかけるのだろうか。トペン・ワリの鑑賞の二つの特徴を指摘し、その点を以下に考察する。

2 断片性と反復性

トペン・ワリの上演内容と「観客」の間の関係性は、「断片性」と「反復性」の二つによって特徴付けられる。序章で紹介したように、先行研究は、トペン・ワリやその他のバリの演劇の際立った構造的特徴が、歴史世界と現代世界が同時に描かれるという、コンテクストの二重性にあると指摘する［e.g. Wallis 1979, Emigh 1996］。歴史世界と現代世界の二つを、一つの劇の中に取り込む上で重要な働きをするのが、プナサールやその弟のウィジルである。彼らは、ストーリーテラーとしての役割を担い、観客に場面設定を語り、王国物語の世界へと観客を誘う。また、王役や大臣役の発するカウィ語を、観客に理解可能な現代バリ語へ訳す。この役は、王朝物語ババッドの世界と現在の観客の世界の両方に同時に存在し、またその間を仲介する。さらにプナサールらは、道化としての役割も担い、時事的な話題や、演者自身や観客についての話題などを、教訓話やジョークとして語りにふんだんに盛り込む。彼らの語りには、歴史物語ババッドの内容と、身近な現代の住人としての発言の両方が含まれているのである。先行研究では、プナサールらの働きに代表される二つのコンテクストの対照性、そしてその二つの世界の間を自由に往復するダイナミックな演出によって、トペン・ワリは歴史的出来事を現代の中に消化し、また現代を歴史の流れの中に位置づけると分析されてきた［Jenkins 1994 : 20, Emigh 1996 : 147］。エミグによれば、トペン・ワリは、現在に属する登場人物と、過去に属する登場人物が織りなすドラマによって、現在の生命力と過去の偉大さを祝福するものである［Emigh 1996 : 147］。

しかし、既に述べたように、人びとが上演の端から端までを眺めるケースはむしろ稀であり、大抵、人びとは何かの用事や仕事をこなしつつトペン・ワリを部分的に鑑賞する。本書では、これを鑑賞の「断片性」と呼ぶこととする。プナサールが、現在と過去の間を行ったり来たりするように、「観客」もトペン・ワリの描く世界とその外とを往復するのである。

一方、トペン・ワリは儀礼に必要な演目であることから、何度も繰り返し上演される。この演目を用いる周年祭、削歯式、葬儀などの儀礼は、共同体内で定期不定期に反復して開催されるものである。そのため同じような演者が、同じような「観客」を相手に、演技を繰り返すこととなる。この鑑賞の反復性と、先述の断片性は、この演目を「観る」という行為に対しどのように作用しているだろうか。

まず、人びとは、一度一度のトペン・ワリのパフォーマンスの断片を鑑賞しながらも、それを繰り返すことで、その断片と断片の間を自らでつなぎ合わせることができる。その際には、別の機会で耳にした、別の演者の語りの断片が動員されることもあるであろうし、またトペン以外のメディアから得た知識も用いられるだろう。先ほどのシェクナーは、選択的に無関心である観客たちは、自らと演者や演技との間に距離を置き、舞台上の事柄に対して自らを開放し、無意識のレベルにある事項を、意識上での経験と融合させるともいう〔Shechner 2005〈1977〉: 222-234〕。既に述べたように、トペン・ワリの場合、「観客」の無関心な態度は必ずしも彼らの自由な選択によるものではない。しかし、シェクナーが指摘した、観客は単に上演内容を受容するのではなく、その内容を、自らの内的な作業によって、舞台上には現れない様々な事柄とつなぎ合わせる能動的な存在でもあるという点は、トペン・ワリにおいても重要である。トペン・ワリに用いられる系譜物語ババッドや、そこに挿入される神話や教訓話には、既に人びとに何度となく語られたものが少なくない。くわえて人びとはそれらの物語を、両親から聞かされたり、本や新聞で目にしたり、影絵など他の芸能を通じて耳にしたりもする。これらの人びとの記憶や知識は、トペン・ワリの上演によって、部分的に更新されるのである。台本が存在せず、即興をベースにして、許された上演時間の長さなどを考慮しながら語るトペン・ワリは、同じ演者の語りでさえも、同じ内容になることはない[30]。また、数少ない「観客」の反応も重要であり、演者はその場の「観客」の関心を引くよう、上演内容を柔軟に変化させもする。さらに、先述したように、ババッドには多くの異説があり、互いに矛盾する様々なバリエーションが存在している。演者の言い間違えや言い直しもある。こうして多様なニュアンスを帯びた歴史物語や神話や教訓の断片が、変化しながら何度も人びとの中に蓄積されていくのである。特に地元にゆかりのある物語や、親族集団のルーツに関わる物語は、（上演依頼者や演者によって）好んで選択され、人びとにとっては馴染みの深いストーリーとなる。反復されるトペン・ワリの上演から人びとが受け取るのは、一貫し固定化したテキストとしての歴史とは大きく性質を異にする、継続的に更新され、自由な再構成と解釈を可能にし、曖昧さを含有するような、物語の断片の集積である。

また、鑑賞が断片的であるがゆえに、舞踊や身振り、演奏や歌声や仮面の表情など、語り以外の要素の重要性が高まる。ストーリーを追う程には熱心に見ていない者たちも、視界の端に、威厳ある王の姿をとらえたり、馴染みのガムランのフレーズや、プナサールの張りのある声を耳にしたりする。そのことで彼らは、今回もまた、儀礼の場に、彼らの住む現在と過去の世界の接点が現れたことを感じ取る。人びとにとってトペン・ワリは、一つの完結した物語を伝えるものであるよりは、舞踊、音楽、歌、仮面といった多様な側面から先祖たちの栄光の時代を想起させ、彼らの出現を感じさせるものであることのほうが多いであろう。そして、鑑賞の反復性により、トペン・ワリという過去と現在をつなぐ接点は未来に約束されている。人びとは、一回の上演に何が語られたのかを総体的には把握していないが、いずれかのババッドや神話が儀礼で語られていたということ、そして今後も語られるということを知っている。トペン・ワリを、「どうせ毎回同じ話である」「既に知っている」と語った先述の「観客」の無関心な態度は、この過去と現在との接点が常に保証されているという確信や安心感に支えられてもいる。

五　「観客」の振る舞い――シダカルヤ

1　シダカルヤと子供

劇の後半は、道化ボンドレスが登場し、日々の観客たちの関心ごとなどをネタにジョークを飛ばし、コメディの色彩を帯びることが多い。しかし、最後の仮面シダカルヤの登場を機に、場の雰囲気は一転し、笑いは消え、パフォーマンスはさらに儀礼の色彩を強くする。地域や演者によってシダカルヤの振る舞いは異なるが、動物的とも思える仕草で短く舞った後、四つの方角に中国由来の古銭ケペンと聖米を撒き、供物を捧げるという点ではほぼ一致している。また、これらのシダカルヤの動作の間にはマントラが唱えられることが多い。ほとんどの人びとにとって理解不能な言語からなるマントラは、人間の「観客」ではなく、神々へと向けられている。一部の地域（特にデンパサール）では、この場面でシダカルヤが聖水を作ることもある。

子供たちは恐れと好奇心の入り混じった表情でこのシダカルヤを取り巻き、地面に落ちたケペンを競い合うようにして拾い上げる。この後、シダカルヤが「観客」の中から一人の子供を呼び、ケペンや聖米や供物の一部を与えることもある。子供は、慌てて物陰に隠れるか、ためらいがちにシダカルヤの前へと歩み出る。

写真 2–13　シダカルヤからケペンや聖米を受け取る子供たち。2007 年 4 月 28 日撮影。

一方、大人たちに目を向けると、トペン・ワリで最も重要だと彼らが語るこのシダカルヤの所作を眺める者は、以前のシーンにも増して少ない。先述のようにトペン・ワリは寺院の中間の敷地ジャバ・テンガで上演されるが、シダカルヤのシーンの直後に一斉に始まる祈禱は、最高僧プダンダがいる奥の敷地ジェロアンを中心に行われる。ジェロアンに入りきれなかった者たちがジャバ・テンガにて祈りに参加することも一般的であるが、いずれにしろこの祈祷は、特定の方向を向いて行われるため、大勢の人びとがシダカルヤの演技に背を向けて祈りの開始を待つ光景は珍しくない。大人たちはシダカルヤの前を足早に通り過ぎ、祈りをあげる場所を確保し、地面に座り、香に火をつけ、僧侶の撒く聖水を浴びて自身を清め、心を落ちつけ祈禱に備える。また演者によっては、シダカルヤがケペンや聖米を撒くプロセスを、ジェロアンまで出向いて行う。この場合、元の場所で一連の劇を観ていた「観客」たちが、ガムランチームと共に取り残されることとなる。なお、シダカルヤに扮した演者が共に人びとと座り込み、共に祈禱に参加する地域もある。このような事例はギャニャール南部のクラマス（Keramas）と呼ばれる地域で観察した。

2　参加する「観客」

シダカルヤの場面で重要な役割を果たす子供たちは、「観客」であると同時に「参加者」でもある。ケペンや聖米自体は、地霊・悪霊や神格への供え物と説明されることも多いが、ある演者によれば、トペン・ワリの「証人」となった子供たちへのお礼でもあるという[(31)]（Ida Bagus Anom J. interview 二〇〇八年八月二六日）。確かに儀礼の場でトペン・ワリを熱心に見つめる者たちの中には子供が多い。バリの儀礼では、証人として立ち会うという行為が重要であることは既に述べたが、子供がこのトペン・ワリの証人となったというのである。そして、ケペンなどの受け渡しという、シダカルヤと子供の身体を通したやりとりによって、シダカルヤからの贈り物が、人間の「観客」へと届けられる。なお、バリでは子供は大人よりも神に近い存在であるとされる。そのため、逆に、この子供への受け渡しを、神格たちへ捧げる行為だとする説もある（Bandem & Rembeng 1976 : 13, I Wayan Sukra interview 二〇〇六年一一月五日）。また、次世代や未来を象徴する子供にケペンを贈ることで、未来の繁栄を願うと説明する演者もいる。いずれの場合も、これらの幼い「観客」たちは、シダカルヤとの身体的な関わりを通じて、神々や祖霊の世界と人間の「観客」の世界、あるいは現在と未来をつなぐ回路となっているのである。

写真 2–14　人びとに混じり祈りを捧げるシダカルヤ。演者は、クラマス村の出身。バリ南部の浜辺にて。2006 年 11 月 5 日撮影。

一方、大人の場合、シダカルヤの所作を観る者たちは少ない。先述したように、トペン・ワリを取り囲む人びとの多くは、「観客」であるほかに、社交や、儀礼の実務要員としての仕事、そして祈りや供物を捧げる参拝者としての役割を重層的に担っている。彼らはそれらの役割の間を儀礼の進行によって移行する。シダカルヤのシーンが始まる頃には、人びとの参拝者としての役割が前面に現れ、「観客」としての働きは希薄となる。ただし、これら大人の全てが、シダカルヤのシーンに無関係であるというわけでもない。このシダカルヤの上演に必要とされる多量の供物、およびケペンや聖米は、主催者側の手によって準備されているからである。その意味では、これらを準備した大人たちもまた、シダカルヤの上演の一端を担う、トペンの参加者である。観客たちに混じって祈りを捧げる先ほど紹介したクラマスのシダカルヤ事例は、そのような共に儀礼を成功させ安寧を得るために協力する観客とシダカルヤの関係をよく表している。

六　トペンの両義性と「観客」

本章は、トペン・ワリを取り囲む「観客」の無関心さに対する疑問から出発し、この演目と「観客」の関係性を、人びとを楽しませるシアターでありつつ、同時に、（人間の）観客を前提としない儀礼でもあるという両義性から考察した。

序章の冒頭で、先行研究が描く完成度の高いドラマとしてのトペン・ワリの姿と現実に目にする上演状況とのギャップを指摘したが、実は、トペン・ワリの上演が、多くの「観客」の関心を集める優れたシアターになるかどうかは、その演者の力量にくわえ、舞台空間の広さや位置、プダンダの儀礼執行との時間の兼ね合い、義務的な仕事を担わない招待客の有無、マイクの使用の有無、上演頻度などの条件に大きく左右される。これらの条件の多くがトペン・ワリの上演に適したものとなる稀なケースにおいてのみ、先行研究が描くような、演者が優れた演技を披露して「観客」が魅了されたり、演者の巧みな話術で会場が笑い声に包まれたりという光景が繰り広げられうる。好条件下での上演のみを好んで分析対象とするこれら著者たちの傾向が、先述のギャップを生み出す要因の一つになったようである。[32] しかし、まばらな観客しか見当たらない、一見取るに足りないような上演を注意深くみてゆくと、そのような上演においても、演者、会場に集まる上演を観たり観なかったりする人びとと、物語に登場する祖霊たち、儀礼の場に集まってくる祖霊たち、そして舞台空間に侵入する人びとやモノの間で、多様なエージェンシーがはたらいているということが理解される。

人間の観客のほとんどいない空間で、神々が招聘されるジェロアンの敷地の方を向いて、ババッドを誤らないように注意しながら熱心に語る演者は、不可視の観客たちに働きかけ、かつ働きかけられているのだということができる。ジェルの言葉でいえば、演者は神格たちのペーシェントである。ここでは、語りかけるという演者の行為によって、聴くという神格たちの受動的なエージェンシーが生じているという点にも注意したい。上演には、カウィ語やマントラといった一般の人間の「観客」には理解されないフレーズも多用される。これらの言葉を駆使しながら語り続ける演者の姿は、それらの言葉を聞き届けているであろう、不可視の観客たちの存在を浮き上がらせる。[33]

そして、この演者と不可視の観客たちのやりとりは、両者の間に完結しているわけではない。トペン演者の背後には、上演を通じて、神々や地霊・悪霊を楽しませることを意図する、儀礼の主催者集団がいる。上演を熱心に眺めるかどうかに関わらず、彼らはこの上演の開催主である。彼らは、儀礼に集う人びとや不可視の存在たちを楽しませようとする。時に特定のババッドを指定し上演内容に干渉し、トペンを通じて自らの威信を高めようとしたり、祖霊たちを称えたりする。

また、主催者集団の実行委員たちに限らず、儀礼に集う人びとは、トペン演者やプダンダと協働しながら、神々や地霊・悪霊に働きかけ、この儀礼を成功させ、その先にある安寧や繁栄を享受しようとするエージェントである。彼らは、既にみてきたように、主催者集団の成員、あるいはそれらと近しい間柄にある人びとである。トペンの芸を習得した者は演者として、楽器演奏の能力がある者は伴奏チームのメンバーとして、ある者は供物の作成者として、ある者は演者を送り迎えするドライバーとして、トペン・ワリの上演や、儀礼全体の成功を支える。それらの行為は全て等しく神への奉仕活動ンガヤーである。[34] さらに祈りや供物を捧げるという行為も、（ンガヤーとは概念上区別されるものの）儀礼への参加の形態である。また、彼らは、証人として儀礼の場に立ち会う。[35] このように、トペン・ワリの「観客」と演者とは、「観る者」と「観られる者」の関係にある以上に、共に儀礼の成功に寄与する者同士なのである。人びとは、演者と共働して、あるいは演者を媒介にして、神々や地霊・悪霊へとエージェンシーを行使しようとする。

一方、トペン・ワリが、人や神々を楽しませるシアターである以上、演者は観る者を楽しませるための様々な試行錯誤や工夫を行っている。筆者の知り合った演者のほとんどは、人間の「観客」が興味をひかれている話題を引き伸ばしたり、過去によい反応を得たジョークを繰り返し使ったり、仮面やババッドや歌のレパートリーを増やしたりと、様々な工夫や努力を重ねていた。演者が（人間の）観客の反応を当てにして演技するとき、彼らは移り気な観客たちのペーシェントである。そして、トペン・ワリで興味深いのは、観客を楽しませるような上演を演者が自由に追及できるわけではないという点である。演者は、上演内容を一任されている場合でさえ、自由に演技を展開するのではない。声をさえぎられたり、舞台空間を奪われたりしながら演技する演者は、ムリスをする女性たちや大音量のマイクを用いるプサンティアンや儀礼執行者たちのペーシェントである。そしてそれらに集中を削がれて上演を充分に楽しめない観客たちもまた、これらの妨害に遭うペーシェントである。

ただし、これらの侵入する人や音によって、上演が新たな展開をみせることもあった。第四節1の終わりの方で紹介したように、コディはムリスをして周る女性たちの列で上演空間が占領されるというハプニングをむしろ笑いの種にしていたし、ジマットは、人形劇ワヤン・ルマが、すぐ傍で同時に上演されていることを逆手にとって、ワヤン・ルマとトペンの一時的な共演を行った。特に熟練した演者は、舞台空間に進入するエージェントと協働しながら、観客たちを魅了することもある。

そして、トペンを取り囲む人びとは、儀礼の場で課せられた役割をこなしながらも、その合間には上演を眺め、断片的にこれを楽しむ。シアターとしてのトペンと人間の観客たちのエージェント―ペーシェント関係は、このようにはかなく移ろいやすいものである。そして重要なことに、人びとは時に演者を批判し、助言を与え、称賛する。一見無関心に見える彼らであるが、演者の演技に積極的に介入するという側面をもっている。そして、既にみてきたように、それらの助言者は演者によって上演に自らのアドバイスが反映されることを望んでもいる。このような人びとの助言や批評の働きについては第五章でも引き続き考察する。

このように演者と「観客」の人びとは、共に上演内容を形作り、また相互に働きかけ合うエージェントである。トペン・ワリは反復されるが、シダカルヤの唱えるマントラや一部の儀礼上の所作を除けば、それは福島が儀礼の所作について、あるいはモーリス・ブロックが儀礼中の歌やダンスについて指摘したような、反論や解釈を受け付けない固定された繰り返しではない［Bloch 1989、福島 一九九三：七七―七八、八六―八七］。トペン・ワリは反復されながら、演者や「観客」の好みを反映して、更新され、未来へと続いている。

おわりに

これまでの議論を横断的に眺めると、トペン・ワリにとって、「観客」や鑑賞という行為の意味合いは、その他の娯楽的な演目の場合と比較して以下の三点で大きく異なっていた。①トペン・ワリでは、人間の「観客」にとって質の高いシアターであることは、二次的な考慮点となる。基本的には、神々や地霊・悪霊に捧げるこの演目を、人びとも楽しむことができる。しかし、時間的、空間的、経済的な制約などにより、儀礼上の必要な要件を満たしつつ、優れた娯楽を提供するという機能の両立が困難である場合、儀礼上の機能を優先することとなる。②「観客」とトペン・ワリの関係性は一回の上演の中で完結しない。周年祭や結婚式など各種の儀礼の度に上演は反復される。トペン・ワリのこの反復性は、鑑賞の断片性を補うのみならず、語りの多様性や多重性を生み、自由な解釈や再構成を可能にし、またトペン・ワリの生み出す過去と現代の接点が永続的なものであることを保証している。なお、「観客」と演者の関係性自体が継続的であることが多い。③トペン・ワリの上演の効果は、直接的に鑑賞した人以外にももたらされる。トペン・ワリの上演が導く儀礼の成功は、その主催者や参列者全体が享受するものである。

これらの三点より、儀礼と関わる芸能を研究する上では、一度の上演内容や、直接的に上演を鑑賞した者たちのみならず、上演を支える共同体全体や、繰り返す上演の総体としての芸能と人びととの関わりにも目を向ける必要があることが理解される。本書の第四章では繰り返す上演とその間に織りなされる演者やその周囲の人びとと仮面の関係について、第五章では演者を養成する地域共同体の取り組みについて、それぞれ考察する。

なお次章では、仮面に焦点化した考察を行う。「観客」が、様々な仕方で、上演に参加していたように、仮面もまた、上演のなかで様々な働きをしている。また、本章でみてきたように断片的に鑑賞されるトペン・ワリにおいては、物語としてのドラマよりも、瞬間的に把握することのできる、仮面や舞踊といった視覚的な側面、そして音楽や音色といった聴覚的な側面が重要性を帯びてくる。次章では、音と動きの中で展開する、仮面、演者、奏者、観客のダイナミックな関わり合いについて述べてゆく。

註

（1）トペン・シダカルヤとも呼ばれる。なお、前章でみたように、近年ではプレンボンやトペン・ボンドレスといった余興の演目にシダカルヤを加えたものも、儀礼上の機能を担いつつ上演されており、広義には、これらもトペン・ワリに含まれる。しかし、それら新しい形式は、しばしばエンターテイメント性が目立ち、従来のトペン・ワリとは、観客との関係性が微妙に異なることがある。このため、本書では、トペン・ワリという語を用いる際、プレンボン・シダカルヤとボンドレス・シダカルヤという新しい形式は含まないこととする。

（2）伴奏を担うのは男性奏者であることが多い。

（3）シアター（theater/ the theater）という語には、①劇場、芝居小屋、②劇、演劇、③（劇場の）観客、などの意味がある［竹林滋編 二〇〇二：二五四六］。しかし、本書はシェクナーに倣い「シアター」の語に①と③の意味は持たせず、②の演劇などの上演されるパフォーマンスそのものに限定して用いている。

（4）福島によれば、ポトラッチなど、権力や富の顕示のために巨大化した儀礼には、演者と観客といった関係が生まれているとまでは言えないにしろ、その萌芽がある［福島 一九九三：九〇］。儀礼を成立させるだけでなく、そのやり方や規模が関心の対象となり、そこには相手（観客）の反応を念頭においた行為がみられる。福島はバリの葬送儀礼もそのような儀礼の典型であると指摘する。確かにバリの各種の儀礼には、しばしば家系や地域共同体の名誉や威信をかけた肥大化という現象が見受けられ、その意味で儀礼自体にシアター化（福島の言葉で言えば芸能化）という側面が見て取れる［福島 一九九三：九〇、九八 f.n.9］。一方で、トペンの場合、その不適際や欠落によって災いが引き起こされるといった恐れの気持ちが人びとの間で依然強く、儀礼としての性質を失ったとはいえない。たとえば次のような事例があった。ある演者は、一日にトペン上演の依頼を別々の場所から二件受けていた。しかし一件目の儀礼が長引いた。約束の時間よりも大幅に遅れ二件目の儀礼会場に到着した際には、既に儀礼は終了しており、人びとが解散した後だった。しかし、彼の到着後、当地のガムラン演奏者たちは再び集まり、トペン・ワリの上演だけを追加で行ったという（匿名 interview 二〇〇六年一一月一八日）。

（5）第一章の註でも述べたように、火葬まで遺体を一時的に埋めておく仮の埋葬場である。

（6）大規模な儀礼では、様々な係を設け、責任担当者を任命し、労働を組織する。たとえば、供物係（*seksi upakara*）、僧侶の接待係（*seksi sulinggih dan pemangku*）、飲食物係（*seksi konsumpsi*）、芸能係などがある。なお筆者は、儀礼の中でのトペンの調査にあたっては、この芸能係に問い合わせたり、協力を得たりすることがあった。

（7）先行研究によると、カーテンの使用は、従来トペン・ワリではなくトペン・パンチャにみられたものであるが、現在では、トペン・ワリにも利用が広がっている［Bandem & deBoer 1995〈1981〉: 69 f.n. 6］。

（8）儀礼の規模がそれほど大きくない場合は、トペン・ワリかワヤン・ルマのいずれか一方の上演で充分とされる。この点については、第五章で詳述する。逆に、特に規模の大きな儀礼では、ほかにも様々な芸能が上演される。神々を歓迎する群舞ルジャンと、戦士の舞バリス・グデ（*baris gede*）がトペン・ワリの直前、あるいはトペン・ワリを一時中断してその間に入れるかたちで踊られることが多い。

（9）「パンチャ・ギタ（*panca gita*）」とは、直訳すると「五つの音」という意味であるが、神々を迎える周年祭では、五種の音が鳴り響いている必要がある。具体的には、僧侶のマントラ、僧侶の鳴らす鐘、クルクル、人びとが唱和する儀礼歌キドゥン

(*kidung*)、ガムランの音である。

(10) ただし、本書と吉田竹［二〇〇五］では、バリ語のカタカナ表記法が違うため、本書に合わせて、若干表記を変更した。

(11) ここでの記述は、葬送儀礼をも想定しながらなされているために、遺体などの扱いについても言及されている。寺院の周年祭ではこのような遺体や遺骨は登場しない。

(12) なお、観客が上演に拍手を送るという行為は、少なくとも一九三〇年代のバリでは見られなかった［コバルビアス 一九九八〈一九三六〉：二四九］。しかし近年では、余興の演目の上演に拍手が送られる光景を時折目にする。他方、トペン・ワリの上演に際して拍手がなされることは、皆無ではないが稀である。

(13) 演者の側から上演料の金額を提示したり、また渡された現金の全てを受け取ったりすることは、一般的には欲深い、恥ずべき行為と考えられている。

(14) なお、マス村のある集落の大祭で芸能係を務めた男性によると、二人の演者によるトペン・ワリの場合、上演一回につき、多くて三〇〇〇〇ルピアが謝礼として渡された。しかし地元の村や隣のプンゴセカン村の出身の演者たちは一ルピアも受け取らず、またそれ以外の演者も大抵はここから五〇〇〇〇ルピア程度を受け取るのみであった（I Ketut Wijaya interview 二〇〇六年一二月一日）。当時のレートは、一円＝七三ルピア前後。なお、屋敷寺などで行われる私的な儀礼の場合、ここで受け取る金額は、上演依頼者と演者との間柄によって大きく変化すると考えられる。

(15) ルジャン・レンテンはマス村に特有の演目のようであり、檀家集団（*krama pemaksan*）の既婚女性たちの役割となっている。筆者が滞在した集落の管轄下にある寺院が大祭を催した際には、このルジャンに参加しない者には罰金を課すという決まりさえあった。ただし実際にその罰金を徴収することは無かった。個々人の踊り手としての技能が問題にされることはなく、全員が踊りを捧げることが重要とされる。他地域から婚入してきた女性たちも見よう見真似で踊りに参加し、単純なアグム（*agem*／舞踊の型）の組み合わせを繰り返すこの舞踊を自然と身につけてゆく。

(16) 物語性を持たない比較的新しい舞踊のジャンル。

(17) この分類に合わせ、トペン・ワリではなく、トペン・ブバリという名称を用いる学術研究も存在する［Sueka 2006］。しかし一般にはトペン・ワリの名のほうが知られており、本書でもこの名を用いている。

(18) この点については、梅田［二〇〇三］、および Picard［1996a：152-163］を参照。

(19) 行政上のプレンボンの位置づけは曖昧であったようだ。この演目は、一九九一年の時点で、観光用上演が禁止とされる「神聖な舞踊（*tari sakral*）」には挙げられていなかったものの、一九九七年には、ブバリに分類され、ホテルやレストランでの利用が禁止された［梅田 二〇〇三：八八、九一 fn］。しかしこの一九九七年の条例では、村落での上演や規定に合った舞台で上演するという制限付きで観光用の利用が認められてもいる。この点を指摘した梅田は、この分類の裏には「芸能に神秘性や宗教性を付与させる」意図があったと分析している［梅田 二〇〇三：八九］。調査中は、世俗のイベントでのプレンボンの上演もしばしば観察された。

(20) 厳密には、分類から上演場所が決まるのではない。分類が生まれる前から、それぞれの芸能は、慣習的に特定の場所で上演されていた。むしろ逆に、このカテゴリーを設定する過程において、上演場所を基準にして芸能を三つのカテゴリーに割り振ろうとした経緯もある［梅田 二〇〇三：八四、八七］。なお、分類と上演場所の対応には例外もしばしば存在する。たとえば、マス村のルジャン・レンテンはワリであるが、周年祭の開始前の清めの儀礼では、ジャバ・テンガやジャバ（ジャバ・シシ）で踊られ、神々をジェロアンに迎えた以降は、ジェロアンで踊られる。このように、芸能の上演場所は個々の上演の意味合いによって選択され、必ずしもワリ、ブバリ、バリ・バリハンの三分類とは一致しない。

(21) 厳密に長さや面積を計測した上で作製したものではない。あくまで大まかに芸能の上演場所と寺院の敷地の位置関係を把握するためのイメージ図として参照されたい。また、プサ寺院のジェロアン内部は図示を省略した。なお、バトゥアン村のデサ寺院内部の様子は、H・ギアツの著作に詳しい［Geertz 2004］。

(22) ジェルは、神像や偶像など、これまでイコン的、あるいはシンボル的記号として扱われてきたものを、インデックスとして捉える。偶像は、何かに似ているからでも、何かを象徴しているから強力なのではない。「偶像崇拝の本質は、人と神格が現実の身体的相互作用を可能にすることである」として、ジェルは偶像をめぐる供物の献上などのやりとりをシンボリックな行為として分析することに対し警告を鳴らす［Gell 1998 : 135］。

(23) 原則的に、シダカルヤを演じる者は、プウィンタナンと呼ばれる浄化儀礼を受けていることが必要であるという認識は多くの演者に共有されている。さらに、既に神格となった過去の人びとの物語を語る以上、シダカルヤ役を担当しなくとも、トペン演者は浄化儀礼を受ける必要があると語る演者もいる（e.g. I Ketut Wijaya interview 二〇〇九年九月一〇日）

(24) このシーンでは、シダカルヤの来訪が象徴的に表現されているのではなく、シダカルヤは仮面と演者の身体を通して、実際に儀礼の場に姿を現している。ジェルの言葉を借りれば、このシダカルヤの仮面と演者もまたシンボルではなく、インデックスである。彼は証人となりこの儀礼を成就させ、人びとに対して（儀礼の成就という）具体的で実質的な効果をもたらすのである。この点は次章で詳述する。

(25) 第一章で述べたように、役所や会社の敷地にも、それぞれ寺院がある。その職場で働く者たちは、この寺院に関連する儀礼にも参加する。

(26) このような事例は、ギャニャール県のパヤガン郡のプンアジ（Pengaji）という地域でみられた。ここでは、集落のガムラングループ（*sekah gong*）に付属するかたちで、地元の踊り手や演じ手たちが「集落の踊り手（*pragina banjar*）」という名のグループを結成しており、地元の芸能関係のコーディネートや、儀礼に必要な芸能（トペンを含む）の上演を担っている。コディによれば、七〇年代のシンガパドゥ村にも類似の組織があった。当時地元のトペン上演は「村の踊り手（*pragina desa*）」と呼ばれるグループによって担われており、上演活動の対価としてルプットも適用されていた（I Ketut Kodi interview 二〇〇九年九月一一日）。なお、バリ語では、踊り手と演じ手は区別されずにプラギナ（*pragina*）の語で呼ばれるが、本書では踊り手と訳出した。

（27）神話であるマハバラタやラマヤナを演じるワヤン・ルマとトペンが大きく異なる点でもある。

（28）人びとの関心の低さには、他のメディアの発達も関係していると考えられる。複数のインフォーマントによれば、テレビが普及する以前は、トペン・ワリは宗教の教えや時事的な話題を伝える数少ない情報源の一つであり、人びとは今よりも熱心に耳を傾けたという（I Wayan Sukra interview 二〇〇六年一一月五日、I Ketut Rupa interview 二〇〇九年八月二五日）。

（29）これは、第一節で紹介した、八つのプダンダの儀礼プロセスのうちの⑤にあたる。

（30）先行研究に、同じ演者が同じババッドを用いて、二回別々の機会に上演を行った事例の記述がみられる［Tatu 2007：204-219, 240-258］。一度は一人、もう一度は二人の演者によって演じられ、会話の長さや、コメディの量、言語選択の点において違いがみられた［Tatu 2007：204-205］。

（31）この演者によれば、聖米は、ニスカラの地霊・悪霊たちに捧げるものであるという。このほか、ケペンは人びとの繁栄や、王からの施しの象徴であったという説もある［Dunn 1983：79］。

（32）他の要因として、時代の差や、調査地の差も考えられるが、いずれにしても彼らは完成度の高い上演を良い状態で記録することに手をつくしたようである。たとえば撮影用に、特別に上演してもらったり、儀礼の場にスポットライトを持ち込んだりした［Dunn 1983：14, Young 1980：63-64］。

（33）ただし、これらの言葉が人間の観客と関係なく発せられているわけではない。カウィ語で王役や大臣役が語ることで、観客の人びとに古の時代を想起させる。また文学や芸能に長けた一部の人びとはこれらのフレーズを理解できる。しかし、カウィ語の台詞は、神々という聞き手にも向けられている。（トペン・ワリよりも）神々に向けて演じるという意味合いの強い人形劇ワヤン・ルマでは、カウィ語で語られるばかりで、人間の観客のためにこれがバリ語に翻訳されない上演もある。神々は、カウィ語を完璧に理解できるために、翻訳は必要ないというのがこの理由とされる［Lansing 1995：68］。

（34）ここでは、マス村で一般的であった、演者自身も主催者側の集団のメンバーであるか、それと近い関係にあるケースを想定している。先述のように演者は謝礼金のほとんどを受け取らずに、主催者側に返す。他方、演者が主催者側と地縁も血縁を持たず、個人的な付き合いもない場合、ンガヤーとしての意識は希薄で、謝礼金を全額受け取ることにも抵抗がない。

(35)　さらに参加を広い意味にとらえれば、着飾って儀礼の場にやってくること自体、賑やかで華やかな状況、ラメを創出するという意味で儀礼の成功に寄与する行為である。

第三章　仮の面と仮の胴──上演中の人・モノ・神格

はじめに

第三章および、第四章では、仮面を中心に据えて考察する。トペンを演者の名人芸として捉えることを差し控え、仮面もまた重要な芸能の担い手であると位置づけることによって、新たなトペンの側面を描くことが大きな目的である。

本書では、仮面、そしてそれを取り巻く人やモノが織りなす出来事に注目するが、一九八〇年代以降、モノ研究、すなわちモノやモノと人の関わりを考察する研究が人類学やその隣接分野で盛んに行われている。その背景の一つに、人を唯一の主体とし、それを取り巻く「モノ」や自然を客体と位置づけ、人に従属させる、人間中心的な世界観への疑問が挙げられよう［ラトゥール 二〇〇七：二三三―二七五、Tilley et al. 2006 : 4、田中 二〇〇九：七、床呂・河合 二〇一一：三―四］。

モノは人によって意味づけられたり利用されたりするだけの客体ではない。それは人に、そして人と人の間に多様に働きかけ、様々な感情や行為を喚起する。この人とモノとの相互的な関係への注目は、明確な輪郭と自由な意思を持つ独立した近代的自己像を問い直す作業と重なっている。たとえば、A・ジェルは、モノを通して、環境へと分散され拡張してゆくようなものとして人格の概念を提起した［Gell 1998］。人は武器と一緒になって初めて兵士になる。よって地中へと埋められた地雷は兵士のエージェンシーの構成要素であり、分配された人格の一部であり、また彼の意図を媒介して行為する［Gell 1998 : 20-21］。ジェルが想定したのは、人がこれらのモノを配置することによって空間と時間を越えてエージェンシーを発揮するという側面だけではない。爪や髪といった抜け殻（exuviae）やイメージ（肖像）も身体の境界を越えて環境へと散らばる人格の例であるが、それらを傷つけることで相手にダメージを負わせようとする呪術（volt sorcery）があるように、拡散した自らの部分によって我々が傷つけられるという逆のベクトルも存在するのである(1)［Gell 1998 : 103-104］。

一方、西洋の演劇の世界では、また別の角度から、自己の境界を再定義したり、自己と他者の対立を乗り越えたりすることが重要な課題であった。演者は、自分とは違う何かになり、物語の世界で行為する。世界各地の儀礼に演劇との連続性を見出し、それらを共にパフォーマンスと呼ぶシェクナーは以下のように述べる。

パフォーマンスは演技者同士間の、演技者と台本の間の、演技者と台本と環境の間の、そして演技者と台本と環境と観客の間の「私ではないが……私でなくもないもの(2)」のフィールドに、「立ち上がる」。［シェクナー一九九八：六五］

言い換えれば、演技者は、他の演者との相互行為のみならず、役柄や、上演を取り巻く状況や、観客との関わりの中で、自己でもあり他者でもあるような、曖昧な境界をもった何者かになることを目指す。先のジェルとはまた別の仕方で、シェクナーも、人の身体の境界を越えて「私」が、他者と重なりあいながら、その輪郭を膨張させてゆく姿を想像しているようである。この過程において、仮面というモノが重要な役割を果たすのが仮面劇である。西洋演劇において、仮面は、演技者の表現を妨げる、あるいは人工的であるといった理由から、その使用が主流とはなってこなかったものの、一部で仮面を演者訓練用の道具や新たな表現の手段として、活用する試みがなされた［e.g. Coldiron 2004 : 5, 14-16、バルバ＆サヴァレーゼ　一九九五：一一六、Leabhart 2004］。そしてその中で、日本の能やバリのトペンを含む、非西洋の仮面劇が注目を集めてきたという経緯がある［Coldiron 2004 : 9-17, Emigh 1996 : 244-274］。J・エミグは、仮面とそれを装着する者との関係を、「シアターのプロセスの中核にある、自己と他者（そして自己と自己）の関係性の模範例」［Emigh 1996 : xvii］と指摘する。エミグによれば、仮面は装着前、演者にとっての他者であるが、この仮面の他者性こそが、演者にとって障害であると同時にゴールともなる［Emigh 1996 : xviii］。そして、他者の顔を纏い演技する者は、自身の自己像の感覚を再定義しなければならなくなるのだという［Emigh 1996 : xviii-xix］。エミグと近い問題意識をもったM・コルディロンは、バリの仮面劇と日本の能の事例を用い「主体的客体性（subjective objectivity）」［Coldiron 2004 : 19］という語で、この状態を説明した。演者は、仮面に自らを従わせるが、それは比喩的な意味で死でさえあるという［Coldiron 2004 : 19-20］。

それぞれの社会や演劇ジャンルや演者個人によっても、演者の自己と役柄の関係をどのように捉えるのかについて、様々な意見が聞かれる。実際、バリの仮面劇を見渡しただけでも、ジャンルや、仮面のタイプ、そして各仮面の活動の履歴などにより、仮面と演者との関係性は大きく異なる。しかし、これまで述べてきたことが示すように、演じるという行為には、多かれ少なかれ、自己と他者、主体と客体という対立を揺るがしたり、撹乱したりするという側面が含まれる。そして、「物」である仮面が、この「自己と他者の間の曖昧なプレイ」［Emigh 1996 : xviii］へと導く仮面舞踊では、人とモノの境界が揺るがされ、主客が入れ替わりながら、出来事が引き起こされる。このため、仮面劇における演者の自己認識、あるいは自己と他者との関係性の変化に注目する演劇実践やパフォーマンス研究は、人とモノの関係を一方的に主―客と位置づける方法論に異議を唱える、比較的近年のモノを巡る研究と、一部関心を共有しているといえる［たとえば Kanappett & Malafouris eds. 2008, Gell 1998, Latour 1996、田中編 二〇〇九、床呂&河合編 二〇一二］。

このような仮面について考察する本章と次章では、以下の二点を課題とする。一つ目は、トペンを、具体的な人とモノとの相互作用として描き、その中でいかにして演者と仮面の間の主―客の関係が撹乱されるのかを考察することである。トペンに関しては、演者が経験する変身（transformation）のメカニズムを分析した先述のコルディロンの論考がある。彼女は、仮面を装着する演者の内的な変化の特徴と、その変化を助ける幾つかの要因を指摘している。本書は、トペン上演を、そこに集う人びと（演者や観客や伴奏者）と多様なモノ（仮面や衣装や供物や伴奏楽器や音など）が相互に働きかけあう場、すなわちネクサスと位置づける。仮面は演者に対してどのようなエージェンシーを行使するのか。また演者はその仮面に対してどのようなエージェントであるのか。そして、観客や伴奏者や供物といったその他の人やモノは、仮面と演者のネクサスにどのように関係しているのか。演者の内的な変化を中心に据えて考察したコルディロンの論を、筆者自身の調査のデータや、その他の先行研究で補いながら、人とモノの間の主―客の関係がダイナミックに入れ替わる、あるいは主―客の軸では捉えられないような人とモノのやりとりが展開するトペンの上演の姿を明らかにする。

二つ目の課題は、仮面の物としての性質が、トペンにおける仮面の働きに、いかに作用するのかを明らかにすることである。人間の身体から繰り出される技である芸能に、「物としての性質」（本書ではこれを物性と呼ぶこととする）を有する仮面が介在することで、どのような効果があるのだろうか。「物質性の人類学」を提唱する古谷も指摘するように、物性は、一見単純で所与のように捉えられがちであるが、その物性がどのように現れ、またそれが人間にどのような意味作用をもたらすのかは、環境の条件や人間の側の関わり方によって異なる［古谷二〇一〇：八〕。たとえば仮面は木製であり可燃であるが、その物性が発揮されるのは、周囲に火が迫る、という環境との関わり合いにおいてである。またその仮面の燃焼が、たとえば（後述する事例にみられるように）仮面に宿った神格の怒りの印となるのかならないのかは、人間の側の要因に依存している。そのため、仮面の物性の作用の考察は、個的な仮面の性質を精査することによってではなく、人びとと仮面の相互的な働きかけを照射することによって初めて可能になる。

そして、仮面の物としての側面に注目する本書の関心は、同じくトペンに登場するモノである、演者の身体の物性へも向けられてゆく。演者の身体と仮面の物理的な関わり合いや、両者の類似点、そして身体とは異なる仮面独特の振る舞いについても考察する。

写真 3–1　化粧の顔。チャロナラン劇の道化ボンドレスたちは通常化粧を用いる。化粧も仮面と同様に演者に新たな顔を与え、非日常性を付加する。2007 年 7 月 21 日撮影。

ところで、濃い化粧と仮面は、演者に新たな顔を与えたり、非日常性を付加したりするという点で、しばしば類似のものとして語られてきた〔Beeman 1993 : 382、バルバ&サヴァレーゼ 一九九五：一一四―一一六〕。バリ芸能研究の中では、バンデムが、バリ語でいう仮面（*topeng*）は、「顔を覆うもの」を意味するのであり、通常の仮面（*tapel*）のほかに化粧も含むことができると主張している(3)〔Bandem 1982 : 173〕。しかし、その物性に注目するとき、化粧とは異なる仮面特有の働きも見えてくるはずである。そのため、本書では、化粧を用いるほかの演劇ジャンルとの比較も念頭におきつつ、仮面というモノが介在するトペンの特性を考察する。

モノに注目する近年の研究において、モノに付与された意味や、価値に関する考察が盛んに行われる一方で、その物自体や物の性質を充分に論じてこなかったという批判が聞かれる[4]［Ingold 2007、古谷 二〇一〇：三―八］。物の範疇から軽やかに躍り出るようにも見える仮面の物性に立ち返って考察する本書は、人と人の関係とは異なる、人とモノとの関係に特有の性質のいくつかを明らかにするであろう。

なお序章でも述べたとおり、本書では、ものがエージェンシーを帯びた存在であることを強調する場合「モノ」とカタカナで表記し、物質的、物理的側面を強調する際には「物」と表記している。

一　先行研究における仮面――シンボル・神格の器・他者性

トペンの場合に限ってみても、先行研究のとる仮面へのアプローチは多様である。まず仮面の造形に注目し、それぞれがどのような性格を表すのかを分析する手法がみられる［Dunn 1983, Slattum & Schraub 2003, Young 1980：155-195］。ダンによる「王の白やクリーム色の着色、洗練された鼻の作り、わずかに婉曲する細い眉、高貴な身分と関連付けられるアーモンド形の瞳、そして微笑む優形の表現が全て相まって、この晴朗で、洗練され、権威ある王の性格をつくりだしている」［Dunn 1983：99］という記述はその典型である。ヤングの仮面に焦点をあてた分析はわずかだが、それぞれの仮面の造形的特徴を述べた上で、仮面と演技が表す「洗練された―粗野な―荒々しい（*alus-kasar-keras*）」という三つのタイプと、それぞれの役柄のカーストを関係付け、トペンが社会におけるカースト規範を教育する役割を担うと論じる［Young 1980：155-195］。

ただし、これらの研究は、バリの仮面の性格が、視覚的な特徴によってのみ決定されるのではなく、仮面の宿す神聖な力が重要であるとも指摘する。ダンは、仮面制作過程を記述し、特定の種類の樹木を材料としたり、制作過程や制作後に施される多様な儀礼や、仮面職人のもつ霊的な力によって、仮面が神格の器となっていることを指摘する［Dunn 1983 : 90-98］。また、スラッタムらの研究は、上演の特徴や機能、制作過程から仮面に施される儀礼まで網羅的に記述したが、この本の紙面の多くは、仮面の写真を体系的に並べて紹介する部分に割かれる［Slattum & Schraub 2003］。

性格や象徴的意味、そして神格や超自然的な力を、仮面というモノから取り出すことに注力するこれらの研究では、仮面の物質的な側面は遥か背景へと押しやられ、物性がそれらの性格や力や意味の働きにどのように作用するのかという点には関心が払われない。

他方、比較的新しい研究では、本章の冒頭で紹介したエミグやコルディロンによる、仮面とは被り手にとって他者性であるとして、演者が自己と仮面の間にどのように、そしていかなる関係を結ぶのかに注目する分析がある。ただし、エミグはトペンについては語りのパフォーマンスに重点を置いて分析した。この問題意識を仮面にひきつけて考察したのはコルディロンである。エミグも序文を寄せた著作で、コルディロンは演者の変身の過程における仮面の作用を分析する。仮面を、意味や超自然的な力を担わされる受動的な存在として描くこれまでの研究の手法とは対照的に、この研究は、むしろ仮面や衣装が要求する事柄に導かれる演者の客体としての側面に注目した点、そして仮面の使用を動的なプロセスとして捉える点で評価できる。しかし、仮面の装着を、変身[5]（あるいはその先にある憑依）の過程と位置づけるため、演者の変身を助けること以外の、仮面の多様な働きを分析対象としていない。また、仮面のもつ他者性とそれに一体化しようとする演者という一元的な図式が中心を占めるため、本書が後述するような、演者と仮面の関係の多様なモードについて目が向けられない。さらに、エミグ［Emigh 1996］を含め、これらの研究は、仮面という「他者」のもつ性格を所与のものとし、たとえば、仮面の側も使い込まれるうちに、その表情や性格を変化させるという点は考慮しない。本書では、より広い文脈で仮面の働きに目を向け、仮面と人との双方向的で、可変的な関係について考察する。

二　上演の風景

様々な儀礼の中で用いられるトペンは、周年祭の行われる寺院や、人びとの通過儀礼が行われる家などが上演場所となる。第二章の記述と重なる部分もあるが、一番頻度の高い上演機会である、寺院の周年祭でのトペン・ワリの場面を取り上げ、モノと人の関わりに注目しながら改めて上演の情景を描写する。

寺院によっては、独自の仮面を有しており、毎年の祭りで上演に用いている。この場合、上演前に寺の僧侶たちによって仮面の籠が取り出され、供物が捧げられ、演者の到着を待っている。しかしより一般的には、仮面は演者に所有され、上演に際して演者宅から持ち寄られる。

出発前、演者か彼のアシスタントは、予め上演時に両耳の上に差し込む小さな花の束を二つ用意している。これは、白と黄色のジュプンの花（*jepun*／プルメリア属の花）や、クンバン・メラッと呼ばれる赤い花（*kembang merak*／おおごちょう　学名 caesalpinia pulcherrima）、ギラン（*girang*）の葉などを組み合わせ糸で束ねたものである。[6] ギラン（*girang*）とは、バリ語で「喜び」の意も有する語でもあり、この葉は喜びを象徴しているのだと語る演者もいた。また、演者らは、冠や頭飾りに装着するための、ジュプンの花や棘のある細長いパンダン（*pandan*）の葉も用意する。ギランとパンダンは共に棘があり、どちらも守護の力があるという（Ida Bagus Anom J. interview 二〇一一年一〇月一四日）。

演者の多くは自宅の敷地内にある寺院で祈りをあげ、タクスーを願う。上演にあたって、演者は、タクスーを授けるという特別な力を備えた天然石（*permata*）の埋め込まれた指輪を装着することもある。

仮面は一つ一つが別々の布袋に入れられ、籠（*katung*）の中に、頭部の飾り（*gelungan*）や、付け毛、かつら、帽子やメガネなどの小道具、シダカルヤが携えるクラブ（*krab*）と呼ばれる白い布などと一緒に収められている。（共演者がいる場合）自分が担当するであろう役どころの仮面数枚だけを選び、後の仮面は持ち出さないという演者がいる一方で、仮面一式を全て儀礼会場にもってゆくことを重要視する演者もいる。第一章四節2に登場する劇団ドゥウィ・ムカールを率いるドゥルパは、それは「確信（*keyakinan*）」の問題であるとして、以下のように語った。

（上演に使わないからといって）仮面を家に残しておきたくない。……これは我々と一緒。我々も出かけるときには、兄弟たちを連れて行かなければならない。我々は、ニスカラの兄弟がいるでしょう。（筆者　カンダ・ウンパットのことですか？）そう。全員が一緒にいかなければならない。そうしなければ、我々は力がわかない。

（I Nyoman Drupa interview 二〇〇九年七月八日）

写真 3-2　トペン演者が用意する花飾り。仮面をつけた後で、両耳の上に挟む。2011 年 10 月 14 日撮影。

カンダ・ウンパット（*kanda empat*）とは、人が誕生するときに、一緒に生まれてくるという目には見えない霊的な兄弟のことである。(7) それぞれの人間には、この四人の兄弟がおり、彼が常にこの兄弟に気を配り、敬意を示すならば、生きている間中、そして死後までも、様々な災いや病から守られるとされる［Eiseman 1990 : 101］。仮面同士もまた、このような霊的に結ばれた兄弟同士のような関係にあるため、舞台に登場させない可能性の高い仮面でさえ、一式が共に上演場まで運ばれる必要があるのだという。舞台上で演技するドゥルパの仮面は、舞台裏の籠で待機しているその他の仮面たちにも力を与えられつつ演技するのである。

バトゥアン村の演者ブディアルサによれば、儀礼の場に運ばれた仮面は

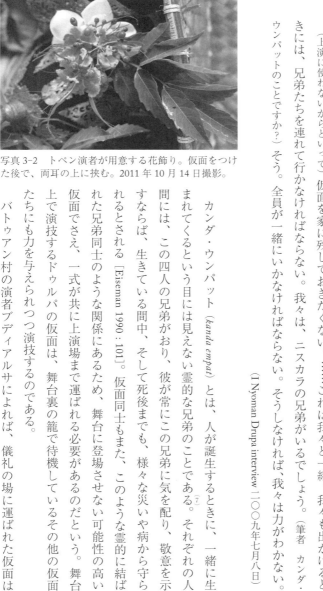

写真3-3　大きな周年祭を迎えている寺院の前の道。竹に供物や装飾をつけたペンジョール（penjor）が立てられている。寺院入口から撮影。2011年10月26日。

供物を与えられるが、これは仮面にとって食事をするようなものである。そのため、全ての仮面が一緒にそのような機会を得るべきなのである(8)（I Wayan Budiarsa interview 二〇〇九年九月三日）。彼は、一部の仮面を家に残しておくと、演技者のタクスーも減り、舞台上で何をすればいいのか、何を語れば良いのかが、分からなくなるといった事態が起きるのだと語る（I Wayan Budiarsa interview 二〇〇九年九月三日）。

仮面や頭飾りや小道具の一式にくわえ、衣装と剣を持ち出すとなると、演者一人では運ぶのがやや困難なほどの大荷物になる。そのため、演者は親戚の青年や見習い中の弟子などを荷物持ちや着替えのアシスタントとして連れてゆくことがある。なお、会場までは、演者を儀礼の主催者側の世話人が送迎する場合が多い。この世話人が、仮面に敬意を示し、籠ごと頭に乗せて運ぶ光景も一般的である。これは、バリのコスモロジーにおいて、上が浄、下が不浄と結びつくからである。

寺院が近づいてくると、道路には、慣習衣装で特別に着飾り、連れ立って歩く人びとの姿が目立つようになる。さらに近づけば、スピーカーから流れる歌声やガムラン演奏の音、そして色とりどりの布、椰子の葉などで作られた装飾が現れる。

ほとんどのバリの寺院は、祭りの日以外は人の出入りも少なく閑散としており、外部者などはともすれば見落としてしまうほど、ひっそりと存在している。ところが周年祭が近づくにつれ（通常の規模であれば数日前）、掃除や供物作りや、諸々の準備を行う人びとが集まり始め、装飾品や供物などのモノも集まってくる。人びとが集い、複数の音がなり響く、視覚的にも聴覚的にも賑やかな場は、神々を呼び、もてなすために用意される。そして、これらの人やモノや音が織りなすラメな雰囲気によって、道行く人びとも、この寺院が特別な日を迎えていること、そして神々が迎え入れられることを知る。このように、寺院を賑やかに飾る様々なモノや音、そしてそこに集う人びとは、招かれた（あるいは招かれようとしている）不可視の存在のインデックスである。第二章で述べたように、そのような祭りの賑やかさの一端を、ここにやってくるトペン演者たちも担うことになる。

上演の場に到着した演者は、早速儀礼の主催者側より、タバコや噛みタバコ、飲み物、菓子などを振る舞われる。トペンの演者は、儀礼に欠くことのできないプロセスを担うある種の宗教的専門家であるため、儀礼の主催者側から常に丁重にもてなされる。第二章で述べたようにこの待ち時間は、最高僧プダンダの到着時刻によって、非常に長くなる。

写真 3-4　トペン演者のために用意された噛みタバコ。石灰、キンマの葉、ビンロウの実、刻みタバコがそれぞれバナナの葉で包まれている。2011 年 10 月 17 日撮影。

ガムラン音楽が演奏されていれば、演者はこれに耳を傾けている場合も多い。このガムランは後にトペンの伴奏を担うことになるからである。この演奏チームの技量や楽器の編成などを把握しておくことも、上演前の重要な準備である。ガムランは、近年最も普及しているゴン・クビャールと呼ばれるタイプが用いられるケースが一般的であるが、場合によっては四音階のアンクルン（*angklung*）が用いられる。またピアノなど西洋の楽器と異なり、それぞれのガムランのセットは、微妙に異なる音階で調律されている。楽器セット毎に異なる独自の音階は、その楽器セット自体の個性として楽しまれている。演者は、当日鳴り響いているガムランの音階を把握しておき、歌のシーンで、声を楽器

写真 3–5 上演前に、仮面が入った籠に向かって祈りを捧げる演者。その脇に座っているのはアシスタントの男性。2015 年 8 月 29 日撮影。

の音階に合わせる。上演前の空き時間には、ガムランチームのリーダーが、演者に挨拶がてら、どのような登場人物を用いるのか（つまりどのような伴奏曲が必要か）の打ち合わせにやってくる場合もある。

プダンダが到着する頃、演者は着替えを始める。白いズボンとTシャツ姿になり、背中に剣をバンドで固定すると、幾重にも衣装のパーツをつけてゆく。演者についてやって来たアシスタントが適宜手伝う。衣装の布は黒、青、黄色、緑、ショッキングピンク、赤など色とりどりに染められ、その上に金色の装飾が重ねられている。儀礼の場では、建物も数々の石像も布を巻かれて装飾され、また人びとも慣習衣装で着飾っているが、その中にあっても、トペン演者はこれらの衣装によってひときわ目をひく存在となる。子供たちがまわりを囲んでこの変身の過程を眺めていることもある。衣装をつけた演者の体はひと回りもふた回りも大きく見えるようになる。

演者は、仮面の入った籠に、儀礼主催者側が用意した供物を捧げる。仮面の入った籠を前に、香をたき、風を送り、マントラを唱え、供物と籠に聖水をかる。籠を開ける直前に三度籠の蓋の隅を叩く演者も多い。この一連のプロセスを経て仮面に何らかの不可視の存在が招待される。これを、「仮面を呼び起こす」と形容する者もいる。

ここにどの様な存在が招待されるのかは、演者や僧侶によって見解が分かれる。筆者とのインドネシア語でのインタビューでは、通常、神／神格（*dewa*）、霊（*roh*）、力（*kekuatan*）などという語が用いられた。その神格や霊の具体的な名前を尋ねると、ある者は、王の仮面には、王の、大臣の仮面には大臣の霊を招待するのだといい、ある者は、ラトゥ・ニョマン・サクティ・プンガダガン（Ratu Nyoman Sakti Pengadagan）というシワ神の化身の名を挙げ、またある者はサンヒャン・パスパティ（Sang Hyang Pasupati）という別のシワ神の化身の名を挙げた。またイスワラ神の名を挙げる者もいる。調査地近辺で最も影響力をもつ僧侶の一人、イダ・プダンダ・グデ・マデ・グヌン（Ida Pedanda Gede Made Gunung）も、どのような神格を招待すべきかといった決まりごとはなく、演者にタクスーを与える存在、すなわち演者それぞれの信奉する神格を呼ぶのだと語った[9]（interview 二〇〇九年九月五日）。このように、何らかの不可視の存在を仮面に宿し、演技がおこなわれる。なお、仮面のみならず、上演の場や自分自身にも神格を招待し、上演への力添えを乞うと語る演者もいる。この小さな儀礼が済むと、籠が開けられる。アシスタントの者が、袋を空け、上演に用いる仮面、頭飾り、そして杖や帽子といった小道具類を並べてゆく。家で用意してきた、ジュプンの花やパンダンの葉を、頭飾りにつける作業もこの時に行う。

寺院の奥の敷地ジェロアンでは、最高僧プダンダが儀礼の中核的なプロセスを執行し始めている。既に何度か述べたように、トペンは、集まってきた悪霊・地霊を楽しませることで、それらの不可視の来訪者が寺院の奥の敷地に入り、最高僧が執行中の儀礼の中核的プロセスを邪魔するのを防ぐという機能も果たす。そのため、この演目はやや入り口に近い敷地ジャバ・テンガで上演される。ただし、上演は、地霊・悪霊のみならず、神々や儀礼に集まった人びとを楽しませるものでもある。そしてこの最高僧による儀礼プロセスが終わり、人びとの祈禱が始まる前に、トペン上演は終了しなければならない。その為、儀礼の進行具合を考慮しつつ時間を見計い、演者は仮面を付ける。

筆者自身、トペンの舞踊を習い、何度か儀礼での奉納に参加したが、仮面を装着する際、「失礼します」と仮面に声をかけ、また、仮面を外す際には感謝の言葉を仮面にかけるよう、先輩演者に教えられた。仮面の裏には、プダンダや演者が書き込んだ聖なる文字が見られることもある[10]。この時に、マントラを唱える演者もいる。グルンガンをかぶり、仮面を付け、花飾りを両耳の上に差し込む。

通常舞台と呼べる大掛かりな設備はないが、大抵は仮面や供物を置くための台が用意される。舞台と舞台裏を仕切るカーテンが一枚下げられることはあるが、必須ではない。ガムランの音色や演者の衣装姿でトペンの上演の開始に気づいた人びとが集まり始め、周囲を取り囲むことで、上演の場が次第に形成されてゆく。

演者は一～三人と少人数であるため、大抵各人は仮面をつけ替えながら複数の役を担当する。演者は一つの役柄を演じ終わると、舞台の脇や奥に置かれた台に戻ってきて、仮面をはずす。この瞬間が見たくて、周囲を数人の子供たちが取り囲んでいることもよくある。仮面をはずした演者は、水を飲んだり、一呼吸おいたりした後に、別の仮面をつける。頃合を見計らって伴奏者が次の曲を演奏し始め、演者は再び演技へと戻る、ということが繰り返される。

先述したように、トペンには決められた台本は存在しない。幾つかの緩やかなルールの範囲内で、即興的に演じられる。リハーサルも行われない。共演者たちは会場に向かう道中や、衣装に着替える最中に、どのババッドを用い、誰がどの役を分担するのかを手短に相談するだけである。

第一章で示したように役柄の登場の順番はある程度決まっており、それぞれの役柄は、特定の曲目で伴奏される。初めの強い性格を表す大臣の舞では、激しくダイナミックで短いメロディーが、速いテンポで何度も繰り返される。対照的に、その次の老人の舞の曲は、やわらかくゆったりとしたメロディーが長い周期で繰り返される。これらの曲は、舞踊に、そして仮面の表情にいきいきとしたニュアンスを与える。

決まった振り付けはないが、大まかな構成上のパターンがあり、それにあわせて幾つかの舞踊の型を組み合わせ、演者は即興的に踊る。また彼は、演技の端々に伴奏者への合図を織り込み、伴奏音楽をコントロールする。伴奏を担うガムランチームには、西洋のオーケストラにみられるような指揮者が存在しない。最前列に座る対の太鼓奏者が二〇～四〇人程の演奏者集団を率いるリーダーである。彼らが、即興的に繰り出される演者の動きに反応し、曲の開始や停止や、テンポ、強弱、パターンの移行、こまかなニュアンスまでをも決定している。彼らは、太鼓の音、腕や撥の動きの大小、そしてわずかな上半身の傾きなどで、後ろにいるほかの演奏者たちに指示を出す。

ただし、演者とガムランチームは、前者が後者に合図するだけの一方的な関係ではない。演者側も、伴奏曲に身をゆだねようとする。これらの曲は、仮面の裏側にいる演者が、調べに心地よく身を任せながら、仮面との一体感を味わい、役に入り込むことを助けてもいる。大臣の曲の激しい太鼓の打撃音に後をおされて、演者は力強く歩みを進め、老人の曲の優雅な旋律に心を落ちつかせながら、演者はゆったりと観客を見つめ返すのである。くわえて、曲の構造自体が演者の舞踊や歌に一定の条件を要求する。たとえば、曲の次のパターンへと移行する合図は、周期的に繰り返されるフレーズのうちの、しかるべきタイミングで送られる必要がある。そのために演者は、タイミングを計り、ある振りを引き伸ばしたり、短く切り上げたりもする。また、演者が思い通りに伴奏をコントロールできなかった場合には、伴奏曲に演技を沿わせるよう、演者側が演技の変更を余儀なくされることもある。他方、上手な演奏者たちの奏でる音が、演者から素晴らしい演技を引き出すこともある。

写真 3–6　強い大臣トペン・クラスと伴奏するガムランチーム。2011 年 10 月 29 日撮影。

興味深いことに、この演者と演奏者のやりとりは、あからさまなものではなく、観客の注意を引かない程さりげないやり方で行われることが好ましいとされる。何食わぬ顔の奏者たちが、演者のわずかな素振りから意図を読み取り、数十人の奏でる音が自然な形で演技にぴたりと寄り添うことが理想である。そのような上演では、仮面を被った演者の一挙一動に呼応し、空間自体が熱を帯びたり冷めたり、或いは伸びたり縮んだりしているかのようである。その多くが青銅楽器であるガムランから発せられる、煌くような音を、近くにいる観客たちは、聴くというより、むしろ浴びるのである。仮面をつけた演者の体の動きは、演者の体の輪郭を遥かに越え、音の波として、人びとの身体に降りかかる。仮面の表情、演者の身体の動き、音の波が一体となって空間を波打たせ、リズムを刻む。そのダイナミックな感覚に、観客たちは引き寄せられ、目・耳を奪われる。この音に刺激された子供たちが、つられて踊りだしたり駆け回ったりしている光景もよくみられる。

強い大臣と穏やかな老人という対称的な二つの舞踊シーンが終わると、次に聴こえてくるのは、従者プナサールの唄声である。その歌に率いられるようにして、再びガムランも伴奏を始める。プナサールは歌い踊りながら登場し、物語の冒頭部分を語り、ババッドの世界へと観客たちをいざなう。加えてその弟ウィジルが登場することもある。プナサールらの仮面は、顔の上半分（上唇から額にかけて）までのみを覆う。そのため、演者は仮面をつけたまま、自由に歌ったり発話したりできる。その後この二人は、王に謁見することとなる。王は繊細な舞を披露した後、プナサールらに何かしらの儀礼を催すように命じる。といっても、王の仮面は、強い大臣や老人と同様、顔全体を覆う構造になっており、これを被った演者は言葉を発しない。従者であるプナサールかウィジルが、王に代わり語る。王としての発話はカウィ語でなされ、一般の観客たちには理解不能である。プナサールらは更にそれを観客たちの日用語であるバリ語へと翻訳し、解説する。このように、彼らは物語を進行するだけではなく、王や大臣たちの世界と、現代の観客の世界とを仲介する役割を担う［Emigh 1996 : 132］。

その後、様々な道化、ボンドレスが登場する。サル顔の女、歯が飛び出した顔、そり上がった唇、鼻の高い西洋人の顔、口が曲がった顔など、様々な人間の個性を誇張した仮面を被った演者が、コミカルな足取りで現れては、地方訛りや鼻づまり、吃音などの口調で語り始める。これらは劇中の儀礼を手伝いに来た村人として登場する場合が多い。

これまで何度か言及してきたように、最後にはシダカルヤが登場する。右手には白い布[11]を、左手には聖米、供物として使われる中国由来の古銭ケペン、小さな供物、そして香などを乗せた皿を持ち、動物的ともいえる動きで短く舞う。このシダカルヤは、周年祭や結婚式といったトペンの会場で行われている実際の儀礼の証人となるべく現れ、マントラを唱え、聖米と古銭を四方向に撒くなど特定の所作を行う。シダカルヤは、より御神体や僧侶たちに近い場所でこれらの所作を行うために、これまで上演していた場所に演奏チームと観客たちを残し、一人寺院の奥へと入って行く場合や、第二章の写真2―13に見られるように、観客の子供を捕まえ、ケペンや聖米や供物の一部を与える場合もある。

シダカルヤの所作が終了する頃、観客たちは既に散り散りになっている。寺院の奥で、集団祈禱が始まるからである。閑散とした敷地の片隅で、演者は使用後の仮面を前に、再び供物を捧げ、マントラを唱える。ある者は、このプロセスを、神格にお帰りいただくと形容し、ある者は、再び眠りにつかせると形容する。そして、演者は仮面を入れた籠の蓋を閉じる。供物は、既にその役目を終えた印に、その一部が壊される。

三　仮面と演技

1　タクスー――人とモノと神格の媒介的な関係

上演前、また芸の習得過程の様々な段階において、演者たちはタクスーを乞う祈りを捧げる。英語でカリスマ（charisma）やオーラ（aura）と訳されることも多いこのタクスーは、バリの人びとにとっても言語化が困難であり、地元の知識人や、世界の研究者の間でも様々な定義や見解が存在する。大まかにはタクスーとは、先述のように、

写真3–7　仮面の額の汗を拭う老人役の演者。演者はI. B. アノムJであり、仮面は彼が自作したもの。2011年10月18日撮影。

人を魅了する霊的な力である。トペンにおけるタクスーとは、第一に仮面が生き生きとしている状態なのだと、演者たちは異口同音に語る。そのため、演者や仮面職人は仮面自体にも神格や霊を招待し、仮面にそれらの力や命（*jiwa*）を吹き込もうとする。また演者たちは沢山の技術を駆使して仮面を生き生きと演技させようとする。たとえば、首を大きく振らず、小刻みに小さく動かすという基本的な動作がある。大きく強く首を振ってしまうと、動かない仮面の物性が際立ってしまう。これを、トペンの名手ジマットは、「仮面が死ぬ」と形容した。逆に、小さく仮面を揺らすと、小刻みに震えた仮面が一瞬息づいたように見える効果がある。演技のなかで顔（仮面）を手で触る仕草もよくみられる。額の汗を拭うこと、目を擦ること、手鼻をかむこと、これらの仕草を通し、演者はあたかも仮面が自身の身体の一部であるかのように、或いは身体が仮面の一部であるかのように振る舞う。

観客たちが演者の演技に引き込まれ、演者の一言一言や一挙一動で会場が沸きあがるような情景もタクスーの現れとして挙げられる。歌舞劇アルジャの人気女性演者であり、トペンとの共演も多いジェロ・ムルニアシは筆者との雑談で、以下のように語った。

タクスーは、別の人からやってくるもの。演者のオーラが出て、人びとがその人を求めるようになり、そうして演者と出会って、初めてタクスーというものになる。与える者も嬉しく、受け取る人も嬉しい、これがタクスー。もしも一人で優秀（*pintar sendiri*）であっても、誰も観る人がいなければ、タクスーなんてないでしょ

う。(Jero Murniash p.c. 二〇〇九年八月二九日)

このように、タクスーには、集団的に経験されるという側面がある。ダンによれば、「演者の力は、線形に投影されるものではなく、観客の間で循環し、増強されながら彼のところに戻ってくる」[Dunn 1983 : 133]。ここに互いに媒介的な神格と仮面と人との関係が見えてくる。演者は神格の力を借りて魅力的な上演を行い、観客たちを惹きつける。この観客の熱気と興奮は演者にも伝わり、さらに良い演技を引き出す。こうして賑やかで華々しく盛り上がったラメな場に、人びとは神格の力の働きを感じる。神格の存在や力は、生き生きと舞う仮面や、演者の巧みな演技を通じて、タクスーという形でこの世に届けられるが、そのタクスーは、観客たちのうっとりと見入る表情や、歓声、笑い声によって初めて可視化される。なお、往年の人気演者カクルは生前、「私は自分にタクスーが入った瞬間を知っている。そして観客もまたそれを知っている」と語っている[Daniel 1979 : 138]。

生き生きとした仮面、演技に魅せられ盛り上がる観客たちは神格の働きのインデックスである。このタクスーという概念に媒介され、人とモノの働きに寄り添い依存する形で、トペンというネクサスに神格というエージェントが加わる。ただし、実際の上演はそれほど単純でもない。以降、上演の場を形成する人とモノの具体的な動きを見てゆく。

2　仮面の導く演技

即興性の高いトペンであるが、演者は自由に演技を展開するのではない。演技の相当の部分は、仮面によって形作られる。演者や、仮面職人や、目利きの観客たちとのインドネシア語のインタビューでは「仮面を使う(*memakai topeng*)」という言い方のほか、「仮面を踊らせる(*menarikan topeng*)」という表現が頻繁に用いられた。仮面に動きを与え、命を引き出し、踊らせるのは、演者の重要な仕事である。仮面の「キャラクター（karakter）」を理解し、仮面に生命を与えること（menjiwai topeng）や、仮面と一つになること（menyatu dengan topeng）が大切であるともいわれる。このキャラクターとは、個性や性格、人柄のことである。仮面を豊かに演じ分けることで有名な演者イ・グスティ・ングラー・ウィンディアは、最近は踊りが上手な者が沢山いるが、本来ならばトペンには多くの動きは必要なく、いかに仮面のキャラクターをみせるのかが重要なのだと語った（I Gusti Ngurah Windia interview 二〇〇七年六月二四日）。

仮面の表情によって、たとえば、老人役は、近寄りがたい威厳を放つ高貴な人物として演じられたり、観客をからかったりヘマをしてみせたりするおどけた人物として演じられたりする。筆者が、ある仮面工房で店内を物色していた際、よく似た二つの老人の仮面が並べて置かれているのを見つけた。そのとき背後から職人がやって来て一つの仮面を指し、この仮面で踊るときは、「ピッタリ（pas）でなければならない」と語り、もう一つの仮面を指して「こちらは、少し冗談を入れられる」と解説し始めた。ピッタリにするとは、間にジョークなどを挟まずに演じるという意味であろう。後者の仮面は口角がやや上がり、少し口が開き、わずかな微笑をたたえていた。筆者にも、やや人なつこい表情をもつこの老人の仮面であれば、たとえば、舞の途中で、親しげに観客に握手を求めるなどの演技を挿入したとしても違和感を生じないように思われた。このように仮面は、その表情によって演技を導いている。そして、仮面の表情を研究しキャラクターを見極めようとする演者は、進んでこの仮面のエージェンシーを受容するペーシェントとなっている。なお筆者は、先輩演者たちから、仮面の裏でも仮面と同じ表情をつくるよう助言された。

ボンドレスの場合は、仮面の形状から演技が創造されるという側面がより顕著である。もしも王の役であれば、権力の頂点であり、神的な力を持つ威厳ある人物、という属性は固定されている。そのため、仮面によって性格に多様性があるといっても、それはある一定の範囲内に収まっている。一方、村人であるボンドレスは、どのような役柄で、どのような性格の者が登場するのか、全く自由である。そのため、演者がどのような登場人物を上演に盛り込むのかは、彼がどのような仮面を所有しているかという点に大きく左右される。ボンドレスは、突飛な性格や外見で観客を楽しませる。誘惑するような女の面、間抜けな歯抜けの顔、極端な出っ歯、これらの仮面を、演者は声や台詞を駆使しながら登場させ、笑いを誘う。顔の欠陥を笑いの種にするジョークも頻繁に繰り出される。意図的に鼻を圧迫するように作られ、演者の声が鼻づまりのようになる効果を狙った仮面も存在する。このようにトペンには、それぞれの仮面の性格が、演技を生むという側面が存在する。

そして、仮面のキャラクターを理解しない演技は、失敗につながりうる。ある若手演者Wは、友人の大臣の仮面を借りて上演に臨んだ。ところが、当日初めて借りた仮面と対面したWは、その大臣の仮面の恐持ての表情と口髭が非常にアンバランスであると感じた。そのため、彼は、どのように踊ればよいのか、演技中も悩み続け、結局そのときの踊りは「無茶苦茶になった」のだと語る。このように仮面は、その表情によって、演者の演技を導く一方で、時には演者を戸惑わせもするのである。

3 操り操られる演者

コルディロンは、トペンでは演者の自己表現が重視されない点、そして、彼らがむしろ仮面の要求する事柄に応えタクスーの器となろうとする点に注目する［Coldiron 2004 : 200］。バリの舞踊訓練では、ひたすら模倣を繰り返し、また師匠に体を操られることで、型（form）を取得することに重点が置かれる。J・ベロは、このことや、特にジャワで舞踊に、影絵劇ワヤン・クリッ（*wayang kulit*）の人形の動きを模した動作が見られることから、踊り手や演じ手と影絵に用いられる操り人形との類似性を指摘し、「操り人形コンプレックス（puppet complex）」と呼んだ［Belo 1977 : 11-13］。この傾向は、仮面を用いる場合により増強されるという［Belo 1977 : 13］。このベロの論を引きながら、コルディロンはトペンの演者が、「操り人形（puppet）でありながら操り師（puppeteer）でもあるように見えるかもしれない」と述べる［Coldiron 2004 : 88］。コルディロンは、舞踊訓練以外にも、上演に関係する様々な要素が、演者の「操り人形」のような性質を生み出していると考えているが、そのなかでも、仮面は特に重要な要素である［Coldiron 2004 : 193］。

仮面の装着は、演者の個性やアイデンティティと結びつく顔面を覆い、呼吸と視界を制限する［Coldiron 2004 : 193-194, 289］。また、演者は自身の仮面を装着した顔を見ることができないため、衣装と仮面をつけ、動きや視界を制限され「疎外された」身体で、仮面のキャラクターを外側からイメージすることを迫られる［Coldiron 2004 : 195］。さらに、上演前に行われる儀礼的所作、重い衣装や頭飾りが動きや呼吸をも制限すること、神聖な場で儀礼という状況で行われること、神格化あるいは理想化された人物を演じること、音楽に合わせて行為しなければいけないことなど、仮面以外の要素の効果も相まって、仮面を装着した演者は、外的に変身するのみならず、意識面での変化をも経験するのだという［Coldiron 2004 : 191-193, 289-290］。コルディロンによれば、これらのことにより、演者は仮面に操られながら仮面を操る、あるいは仮面と一体化しながら、パフォーマンスを客観的にコントロールするという、二重かつ調和的な意識の状態を達成する［Coldiron 2004 : 316］。

このコルディロンの論をうけ、トペンに現れるモノに注目しながら以下の三点を指摘したい。一つ目は、仮面が、造形的に特定の役柄や性格を表すこと以外の働きを、様々なレベルで同時に行っているという点である。物である仮面は、役柄を表すだけでなく、演者の顔に張り付き、顔の表情という人柄や感情を現す最も代表的な場を奪い、また被った者の呼吸と視界を制限する。このように、物性をもった仮面は、多重に演者に働きかける。第二に、演者の変身には、仮面以外の多様な人とモノも関与する。音楽に加え、衣装、儀礼という場の持つ力、神格を呼び出すために用いられる供物も演者の意識や所作に影響を与える。第三点は、仮面の演技において、演者の身体的感覚が重要となる点である。演者は仮面に身を任せようとする。そのとき手がかりになるのは、仮面や衣装に制限された呼吸や視界や動き、仮面の性格と結び付いた音楽、身体にしみ込ませてきた型、儀礼という非日常的な場で感じる特別な空気感や興奮や畏怖である。多重に働きかける仮面、音楽や衣装や供物、そして身体感覚を動員して「操り人形」(ペーシェント)となりそれらに進んで身を委ねようとする演者との相互作用の中で、仮面と演者は一つになるのである。

4　顔とモノとの境界をめぐる遊戯——組み変わるそれぞれの関係性

ところで上のコルディロンの分析は、トペンの中でも、強い大臣、老人、王、シダカルヤなど、顔全体を覆う仮面にはよく当てはまるように思われる。一方で、プナサールやウィジル、そしてボンドレスのような、顔を半分しか覆わない仮面の場合、以下の七点において状況が異なる。①それらの仮面は、少なくとも口からの呼吸を妨げない。②その多くは目の周辺が大きく開口しており、視界もかなり広く確保される。③鼻と鼻筋だけを覆うような小さな仮面でも、驚くほど演者の顔の印象を変えるが、仮面の表情も、装着する演者の顔によって印象を変える。④それらの役柄は、王やシダカルヤといった、演者に畏怖の気持ちを抱かせる、半ば神格化した歴史上の英雄ではなく、より親しみやすい従者や村人である。⑤それらのシーンでは、入退場を除く多くの部分で、伴奏音楽が用いられない。⑥それらのシーンでは舞踊よりもむしろ語りが重要な要素である。訓練の過程で模倣をくり返し、身体に型を覚えこませる舞踊とは異なり、語りの場合、その上演の時、場所、状況、観客たちの興味に合わせ、いかに物語を膨らませ、人びとの関心を惹き付けるのかという点が重要となる。演者個人の思想などが特に顕著に表れるのもこの場面である。そしてより重要なことに、⑦特にコメディの色彩が強い場面では、演者は時として「役になりきる」という演劇の約束事を敢て破ることで笑いを引き起こそうとする。

先述のようにエミグは、主に語りの演技をとりあげながら、トペン上演における多様なモードについて詳細に分析した。彼は、演者が歴史物語を展開しながらも、現代の上演の場に集まった観客たちに直接話しかけたり、演技行為そのものについて言及するという、トペンの特徴を指摘する［Emigh 1996 : 182-183］。たとえば、演者は伴奏のガムランチームのミスをからかい、自分とその演奏チームが今回初めて共演しているのだ、とジョークを交えて語ったりする［Emigh 1996 : 183］。上演行為と日常の境界も曖昧であり、上演中に舞台空間に紛れ込んだ犬を追い払ったりということも行われ、現代の観客たちの出来事や関心事が積極的に語りの演技の中に盛り込まれる［Emigh 1996 : 184］。エミグの挙げた、一六世紀の王国時代に殉死した大臣ジェランティックの英雄物語に、インドネシア共和国の愛国歌を歌うボンドレスのシーンがある種のパロディとして挿入された事例はその典型である［Emigh 1996 : 184］。観客たちが歴史物語という幻想に引き込まれていればいるほど、道化たちが持ち込む身近な現実の話題とのギャップは滑稽であり、観客たちは大いに笑う。こうして過去と現在、物語と現実が交錯するトペン独特のダイナミックな時空が開かれる。観客にとって、トペン演者とは、歴史物語の登場人物、それを演技する者、そして観客と同じ現在のこの空間に生活する一人の人間、といった様々な面を有した存在であるが、演者は上演中それらの比重を変化させてゆく［cf Emigh 1996 : 29］。

本書にとって特に重要なのは、演者と観客の関係の変化が、伴奏者たちや仮面やその他のモノとの関係の微妙な変化とも連動しているという点である。演技のモードが変わることの帰結として、あるいはその原因として、トペンを構成するエージェントたちの間のネクサスは、変化したり、途切れたり、更新されたりする。たとえば、プナサールやボンドレスに扮した演者が、第二節で描いたような、伴奏と演者の動きが一糸乱れず絡み合う心地よい流れを、あえて断ち切ることがある。典型的なのは、入場し、ひとしきり踊った演者が、歩みをゆるめ立ち止まるように見せかけるというものである。曲の終わりを予感した伴奏者たちは、演奏のテンポを落とし曲の収束に備える。その瞬間、演者はすかさず足早に歩きだし、演奏者たちを出し抜く。このような「いたずら」にひっかかり、演奏がまごつくとき、演者はしてやったりという素振りをする。涼しい顔で演奏していた伴奏者たちが内心あわてだし、冷静さをとりつくろいながらもむきになって演奏を立て直そうとする姿を、観客と演者は共に笑う。これまで動きと音によって幻想的な空間を創りだしていた演者と伴奏者の「共犯関係」は暴露され、今度は観客と演者の同盟関係が結ばれたかのようである。

このような、芝居上の約束事から逸脱し、笑いに転換するジョークは、演者の顔に張り付いた仮面の位置づけをも撹乱しうる。たとえば先述の、エミグが挙げていた、自分（＝演者カクル）と演奏チームが初共演であることに言及する事例では、カクルはプナサールの役柄を投げうって、自分個人の経験を仄めかすことで笑いを誘っている。この時彼と彼が装着している仮面の間の関係性は曖昧である。この種のジョークでは、極端な場合、仮面はそれが単なる小道具であるという次元を露わにする。そのことを端的に表す例を以下に紹介しよう。

一つ目は、複数の演者に時折みられる、タバコを用いたジョークである。演者は顔の上半分だけを覆い、また目の部分は大きく開口している村人のボンドレスの仮面で、タバコを吸いながら登場する。歴史物語にタバコを持って現れるというミスマッチでまず観客の笑いを誘った演者は、さらにタバコの煙をわざとやや上向きに吐き出し、煙が仮面と顔の間の隙間に入るようにする。すると、煙は、みるみるうちに仮面の鼻や目の穴、そして顔の側面といったあらぬ場所から溢れ出し、演者はこれは参ったという風に目をしばたく。この間抜けなボンドレスの振る舞いを見て、観客はさらに笑う。仮面と顔の間に吹き込まれた煙によって、演者は、仮面が顔に貼り付けられた木片でしかないことを暴いてみせてもいる。仮面を被っているという事実には目をつぶるという、芝居の枠組み上の演者と観客の間の了解事から一時的に逸脱するこの無作法もまた、おかしさの源泉である。

また別の事例では、若手演者のイ・ワヤン・スナトラ（I Wayan Sunatra）が、鼻の下に左右対称についているはずの髭が片方取れたままの仮面を使っている。何かの拍子に片髭が外れたのだが、そのウィジルの仮面を用いたところ、思いのほか観客の笑いを誘うことができたため、以来あえて修理せずに使っているのだという。以下は、二〇〇七年六月一七日にデンパサールのある個人宅で行われた上演の一場面である。ウィジルの登場シーンで、この髭は笑いの種になる。

写真 3-8　片髭となったスナトラのウィジル。2010 年 9 月 30 日撮影。

プナサール　「（登場したウィジルの顔を見て）今始めてじっくりお前の顔を見たけど、お前は全く、未完成の人間だな！」

ウィジル　「完成って何が？」

プナサール　「お前の髭、もう半分はどこにいったんだい？」

ウィジル　「これには訳があるんだ。」

プナサール　「おう。訳が。」

ウィジル　「ここで五時にンガヤー（トペン上演）をするっていうのに、四時にクトゥットさんから（上演の誘いの）電話が来たんだ。急いで仮面を持ってきたから、ひげが一つ籠に引っかかって……」（観客たちの笑い声）

パーツが剥離してしまう、という物性を曝け出したままのこのウィジルの仮面の事例は、目の穴からタバコの煙が出る先ほどの事例と同様、仮面が物であるという事実を強調することで、芝居の枠組みから逸脱してみせ、ジョークに転換している。ちなみに、クトゥットとは、もう一人の共演者の実名であり、ウィジル（スナトラ）は、自身の仮面の物としての側面のみならず、共演者の仮面の裏にある「素の姿」を暴くことで、さらに逸脱を重ねている。ただし、このいずれの例においても、仮面と一体化する演者の力量は重要である。物であることを感じさせない程に仮面を生き生きと演技させ、観客たちをトペンの世界に没頭させて初めて、突如さらけ出される仮面の物性に面白みが生じるからである。

ところで、これまでトペンの上演における、仮面と演者の豊かな関わりについて強調し過ぎたかもしれない。第二章でみてきたように、往々にして、この演目の上演を眺める観客たちは少ない。有名な演者が熱心に芸を披露する傍らで、人びとがそれには背を向け雑談にいそしんでいたり、上演には目もくれず、その脇を素通りしていたりする。また、技量の充分でない演者の上演では、まごつきながら演じる様子を観客が苦笑しながら見守ることもある。くわえて、トペン・ワリは様々な人やモノや音が行き交う開かれた場で上演されるために、演者の演技はしばしば乱される。僧侶の指示により、場内の供物を清めて回る人びとの行列がトペンの上演空間に入り込み、演者が観客や伴奏者から見えなくなったりする場合もある。伴奏者が演者から見えなくなれば、演者の動きとガムランの音のダイナミックな連動はたちまち途切れてしまう。儀礼の進行を指示するマイク音にトペン演者の声が掻き消されれば、それまで熱心に鑑賞していた観客たちは集中をそがれ、次第に立ち去ってしまうこともある。巧みな演者であれば、それらの侵入する人や音をジョークのネタにして、このハプニングを切り抜けるが、上手く対応できずに立往生する演者も多い。

演者の力量や、仮面の魅力、そして諸々の儀礼の場の状況が好条件である瞬間にのみ、先行研究が描いたような、仮面と一体となった演者と伴奏者たちが紡ぎ出す名演技に観客たちが引き込まれる上演が成立する。先述のように、タクスーは、演者と仮面が生き生きと演技するのを、鑑賞し、盛り上がる観客たちの存在があって、初めて人びとに知覚される。演者、仮面、伴奏者、観客、そしてそれらに寄り添うようにして現れるタクスーの神がダイナミックに働きかけ合うネクサスが生まれる機会は稀ではあるが、それを目指しつつ、演者は様々なテクニックを駆使し、観客たちを上演に惹きつけようとする。

5 シダカルヤの登場とモノ

最後の仮面シダカルヤは、ある時は物語の一部として、ある時は物語とは無関係に登場するが、第二章で示したように、いずれの場合も、彼は劇の枠組みを抜け出し、この上演が行われている周年祭などの実際の儀礼に、証人（*saksi*）として参加する。パフォーマンスの世界とその外にある現実との境界が曖昧となるこのシーンでは、観客と演者の関係など、トペンの場を構成する人、モノの間の関係が大きく変化する興味深い現象が多数観察される。

彼が白い布や供物、香を携えて現れると場の雰囲気は一転し、笑いは消える。トペンの中でこのシーンが最も大事だと人びとは異口同音に語るが、それを眺める観客たちは、以前よりもさらに少なくなる。くわえて先述のように、シダカルヤの方が、ガムランと観客をその場に残して、寺院の奥へ入っていってしまう場合もある。第二章で詳しく論じたように、観客と演者の間にあった「観る者」と「観られる者」の関係は薄れ、両者は共に儀礼を支える参加者となる。シダカルヤの唱えるマントラは、多くの人びとにとって理解不能な言葉であり、人間の「観客」ではなく、神々へと向けられている。彼はマントラを唱え、四つの方角に向って、聖米やケペンを撒く。[13]「パフォーマンスの領域とその外にある現実との境界を巡る遊戯」［Emigh 1996 : 186］が顕著であるこのシーンにおける、モノと人の関わりについて以下に三つの特徴を指摘する。

まず、このシーンでは、聖米や古銭や供物といったモノが新たに登場する。第二章五節1で述べたように、これらのモノがどのような役割を担っているのかについては多様な説がある。地霊・悪霊や神格への供え物といわれたり、トペン上演を見守った子供たちへの贈り物といわれたりする。[14] いずれにしてもシダカルヤによって聖米と古銭が撒かれ、その後、子供たちにも受け渡される。また、子供たちが、撒かれたケペンを競い合うように拾ったりする光景も見られる。シダカルヤは、具体的なモノと身体を介在させることによって、恵みをスカラへそしてニスカラへと届ける。子供たちは、これらをポケットにしまったり、聖米の場合は口に含んだり、額や頭に付けたりもする。

第二に、これまで芝居の枠組み上無きものとして見做されていた今ここの風景が、シダカルヤの行為する場を構成する重要な要素としてたち現れる。エミグの言葉を借りれば、「上演の背景で静かに維持されていた儀礼的枠組みが前傾へと押し出される」[Emigh 1996 : 151]。先述のようにトペン上演には大掛かりな背景セットが用いられることはない。儀礼空間の一画で上演が行われるため、王や大臣らのシーンでは、上演の背景に見える寺院の建物や供物といったモノには目をつぶり、演者らが立つそこは、王宮や戦場などであると、(演者も「観客」も)見做しながら上演を進める。しかし王がプナサールらに儀礼を実施するように命じ、プナサールらが儀礼を取り仕切り、それを手伝いにやってくる村人ボンドレスたちが登場し始めると、事情はやや変わってくる。この時、実際の儀礼の場と、トペンが上演されている実際の儀礼の場はパラレルとなる。この時、実際の儀礼が開催されている寺院の建物や壁や石像、それらに施された様々な装飾、特別に組まれた櫓、巨大な供物、そして着飾った人びとの群れや、奥の敷地から聞こえる僧侶の鐘の音、木筒クルクルを叩く音、そして遥か遠くにある聖なるアグン山までもが、トペンの世界の中に取り込まれ、その一部を構成するようになる。[15] しかしこの段階では、この時は、劇中も現実の上演も共に寺院という設定であっても、前者はババッドの世界であり、たとえばジャワにかつて存在したヒンドゥ王国マジャパヒトに位置する寺院という設定であったりし、トペンが行われている現場である今ここの場とは異なる空間である。この劇中の世界と、上演場の現実の世界が真に接続するのはシダカルヤのシーンである。証人となるべく現れたシダカルヤが、年に一度神々を迎えるために寺院に配置された一連のモノ(特別に飾られた寺院の建物や供物）に取り囲まれながら、「観客」であった人びとと共に、現実の儀礼を見届ける。

三点目として、シダカルヤの仮面の特殊性が挙げられる。ニスカラからの贈り物を可視化した聖米や古銭と同様、この仮面によって、シダカルヤという、半ば伝説化した僧侶の来訪が可視で可触なものになる[16]［Coldiron 2004 : 72］。くわえて、この仮面を被ることで、演者の個人的な社会属性は薄れ、彼はシダカルヤの超自然的な力の導管となる。多かれ少なかれ、どの仮面も、その裏側にいる人間を別の何かに変える作用をもつといえるが、シダカルヤの仮面はその効果が際立っている。この仮面を被る間、演者は僧侶としての機能を果たす［Bandem & deBoer 1995〈1981〉: 49, Coldiron 2004 : 70］。アルコール中毒気味で、人びとから見下されていたスードラ（平民階級）の男性Cは、自身が「単なる酔っ払い」ではないと人びとに認めさせたいと思い、トペン演者を目指したという[17]。Cは、「（シダカルヤの）仮面をつけたら、もう自分ではない。もうCという名前の人間ではない。ブラフマナ（僧侶階級）として、儀礼を終わらせる。生まれ変わることができる」と、シダカルヤを演じることの魅力を語った（C interview 二〇〇六年一一月二一日）。一定規模以上の儀礼には、修行を積んだブラフマナ出身の者だけがなる事ができる最高位の僧侶プダンダが呼ばれ、儀礼執行を任される。一方、シダカルヤの仮面を被った演者は、ブラフマナ出身でなくとも、プダンダと並んで儀礼に欠かせない執行者の一人となる[18]。シダカルヤの仮面は、通常他の仮面よりも大掛かりな神聖化の儀礼が施される。そして、この役を担う演者は、まず浄化儀礼によって、自身を清めなければ危険であるとされる。仮面の操り手としての演者の姿はこのシーンでは薄れる。仮面に畏怖の念を抱き、仮面に相応しい被り手となるべく穢れを落とした一人の男が、シダカルヤの力の器となる。シダカルヤが、仮面という「仮の面」と演者という「仮の胴」を手に入れこの世に姿を現しているといえる。

なおシダカルヤの「仮の胴」となったCは、舞台を降りれば、相変わらず酒好きであり、特に人望が厚いともいえない地元集落の一成員となる。しかし、地元でシダカルヤを担うことのできる者が限られていることもあり、儀礼を開催することになった人びとが時折Cの家へとトペン上演の依頼をしにやってくる。社会に自分が必要とされるようになったこの現状にCは少なからず満足しているという。人びとは儀礼の成功のためにシダカルヤを必要とし、シダカルヤは「仮の胴」と「仮の面」を必要とする。シダカルヤの仮面を所有し、その上演に必要な知識と清浄さを身につけたCは、こうして仮面、人びと、そしてシダカルヤとの関係の中に入っていったのである。

ところで、このシダカルヤの場合、ボンドレスの仮面に比べ、仮面の物としての側面は遥か遠くへ退いているかのようである。しかし、たとえばシダカルヤの仮面には、寺院や墓地に生えているプレ（*pule*）の木が使用されることが多く、これが仮面の霊的な力の源泉の重要な一つとなっている。シワ神の精液がプレの木に育ったともいわれる。神話上も重要な位置づけをもつこの樹木の超自然的な力は、一部を切り出し、加工することが可能であるという木材の物性に支えられて、トペン上演の場へと運ばれている。この点については、次章で再び取り上げる。

四　トペン上演における仮面の物性の作用

1　演者のモノ的な身体と命なき不動の仮面

上演中の仮面は、人間の顔面に装着されることで、顔を隠したり、息をさえぎったり、視界を狭めたり、鼻をつぶして演者の声色を変えたりしていた。このように、仮面は、一枚の木切れとして、演者の身体に働きかける。ここに仮面と身体のモノの次元での関わりがある。顔の上で位置が安定しない仮面や、サイズが合わず装着すると痛みを感じるような仮面は、演技への集中を削ぐ。仮面は通常オーダーメイドで作られ、職人はまるで被って

写真 3-9　演者が仮面と頭飾りを装着する瞬間を眺める子供たち。2006 年 11 月 30 日撮影。

いないかのような付け心地の仮面を作ることを目指す。しかし、適切にあつらえられた仮面が演者の顔へと物理的に働きかけるとき、それは演者が役に没頭するのを助ける。演者は、仮面を操る一方、仮面の裏側で仮面と同じ表情を作り、動かない仮面の表情に合わせて自らの首の動きを制限し、役柄をイメージさせる音楽に身を任せながら、「操り人形」となる。この時演者は、人のようでもあり、モノのようでもある。

演者と仮面の関わりを見てゆくと、命なき「物」、そして不動の「物」であることが、仮面の働きの重要な源泉となっていることが分かる。人びとは、仮面が単なる物であることを知っている。その中に神格を招待するために大掛かりな儀礼を行うことを好む演者でさえ、仮面は人間や動物の身体とは違い、通常であれば、自由に動きだしたりしないということを知っている。それゆえに、この仮面が命を吹き込まれて舞い踊る姿に人びとは魅了される。退場した演者が仮面を取り外す瞬間を見たくて、カーテンの裏へと駆け込む子供たちの姿が示しているように、「生き生きとした顔」と「木片」の間を往復する仮面の姿はトペンの大きな魅力の一つである。

物である仮面が命をもって踊り出すという矛盾が乗り越えられたとき、神格の力がタクスーという概念を通して人びとの前に現れる。「トペンはむずかしい。仮面は、死んだ物（*barang mati*）だからね。我々はそれを生きさせなければいけない」とは、複数の演者から聞かされた言葉である。この「死んだ物」に、命を吹き込むため、人びとは様々な技術を駆使し、そこに多様な演技が生まれる。たとえば、仮面の目を擦って見せること、仮面の表情に相応しい声色を探求すること、首を大きく振らないこともその技術である。[19]

ボンドレス、プナサール、ウィジルといったコメディの色彩が強い役柄の場合、この「不動である」という仮面の物性の取り扱いはより複雑になる。演者たちは、役柄に没頭するだけではなく、ときには彼が役の「フリ」をしているだけだと仄めかし、観客を笑わせる。エミグは、この「役柄の中で演技すること（acting in character）」「フリをすること（pretending）」「演者として自身を表象すること（presenting self as performer）」という異なるモードの中で行ったり来たりすることを、「存在論的アクロバット」と呼ぶ［Emigh 1996 : 29］。彼によれば、「仮面と操り人形は、扱われ方によって、交互に、役柄の幻想に貢献したり、人工物として前面に描かれることができるため、この種の存在論的アクロバットに対して特によく働く」［Emigh 1996 : 28-29］。物であるが、物でないかのようでもある仮面の両義性は、人であるが、時にモノのように振る舞う演者の両義的なあり方と相まって、演技のモードのダイナミックな変化を可能にする。

2　ネクサスの中の演者

トペン上演に現れる人とモノのやりとりを追った第三節からは、台本も舞台装置もないところに、演者仮面に加え、楽器、演奏者、観客が集まり、それぞれが互いに作用しつつ、上演を生み出す様子が明らかになった。本章のはじめの節では便宜的に、主体と客体という語を用いたが、これまでの議論から、トペンにおいて、「行為の完全なる出発点である唯一の存在」という意味での「主体」は想定できないことも明らかとなったであろう。ある時点において働きかける側（主体）と働きかけられる側（客体）を見分けることができたとしても、我々はすぐに、その働きかけている側もまた、何らかの形で他から働きかけられているのだという事に気づく。たとえば、仮面を操る時の演者は、演奏者、観客、神格、そして仮面それ自体によっても働きかけられている。そしてその仮面は、演者に動きを与えられ命を込められるのみならず、舞台裏に待機するその他の仮面（ドゥルパの言葉でいえば、兄弟たち)にも力を与えられていたりもする。その意味で、これらの人・モノは、他を代理して働く代理人(agent)である。トペン上演にみてとれるのは、誰/何が出発点と断定することもできない、働きかける者/モノ(=エージェント)と、働きかけられる者/モノ(=ペーシェント)が、神格という受動的なエージェントを巻き込みながら、多層的に反復的に連なる図式である。しかも、それは動く連なりであり、静的なものではない。通常三〇分〜一時間ほどの上演であるが、その間にもトペンに現れる人とモノの間のそれぞれの関係は、ダイナミックに組み変わっていた。

仮面は、演者の顔となり生き生きと演技したり、木片としての側面を露わにしたり、演者に最高僧と共に儀礼を成功に導く資格と力を授けたりもしていた。演者の側も、仮面の性格やガムランの調べに身を委ね「操り人形」となる一方で、ガムラン奏者を出し抜いたり、歴史物語の枠から抜け出し観客に直接語りかけたりしていた。前節で述べたように、人も仮面も、モノとなったりモノ以上の何かになったりしながら、観客を上演に引き込む。一方、演技と仮面のミスマッチや、伴奏者の力量、当日の僧侶の儀礼執行との兼ね合いなど、様々な原因から、観客を惹きつけることなく閑散としたまま終わる上演もある。

木片であるはずの仮面が生き生きと舞うとき、「観客」たちはその後ろに不可視の存在の働きを感じ取りうる。あるいは、この仮面は、演者や仮面職人のタクスーのインデックスとなり、彼らの社会的な威信を高めるかもしれない。その瞬間、仮面は、演者や職人を代理して働くエージェントである。しかし、この仮面とそれが指し示す事柄(神格の存在や、タクスーの存在)の間の結び付きは、多分に曖昧さを含有している。それは時に感じられ、時には感じられない不確実なものであることの方が多い。そしてこの結びつきは、演者の声を掻き消す雑音や、上演の場に侵入する人やモノの流れによってふいに妨げられるような、途切れやすさをも抱えている。このように、トペン上演という人とモノと神格のネクサスは、発生的で可変的な性格に加え、脆さをその特徴とする。

その意味で、この要素間をつなぐ関係性は、「ネットワーク」という語がもつような、比較的安定的で持続的なニュアンスからは、ややずれている。アクター・ネットワーク理論もまた、人とモノが互いに作用し紆余曲折を得て、ネットワークを変形させつつ出来事を起こすという発生的で動的な現象を捉えようとする［e.g Latour 1996］。しかし、科学技術形成の分析に起源をもつという経緯もあり、「人間の側の様々な襞や深みをあまり問題にしてこなかった」［足立二〇〇九：一八四］という指摘にもあるように、たとえば移り気で上演に関与したりしなかったりする観客たちの曖昧な素振りや、人間にとって、神聖な力の器でありながら、時に小道具としても機能する仮面の両義的なあり方を描く上で、要素（アクター）間の関係の脆さ、不安定さ、可変性のニュアンスに欠ける。ジェルは、しばしばエージェントからペーシェントへの力の働きを矢印で図示してみせる。しかし少なくともトペンの場合、そこに働く仮面や神格のエージェンシーは、そのような概念図から想像できるような静的で、明瞭な輪郭を有したものではないこともここで理解される。人とモノの相互的な働きかけの連鎖（ネクサス）は、一瞬のうちに消えてしまったり、急に組み変わったり、曖昧なものであったりもする。

トペンを構成するエージェント間の関係の可変性が特に際立つ場面が、シダカルヤの登場である。この仮面の登場によって、「観客」と演者との関係は変化する。そして儀礼の場に存在する風景や建物や設置物を含みこみ、このネクサスは膨張する。聖米や古銭や聖水なども加わり、それらが不可視の世界ニスカラからの働きかけのインデックスとなることで、トペンにおけるニスカラの住人の存在感はさらに高まる。

これまでの議論から、仮面や演奏者たちを巧みに操る「名人芸」には還元しがたい、トペンの諸相がみえてきたであろう。「仮の面」と「仮の胴」が集い、伴奏者たち観客たちと共に上演を作り上げる。歌、踊り、語りの芸に精通し、沢山の役柄を演じ分ける演者という存在の働きを過小評価してはならない。しかし、トペン上演を、人・モノのエージェンシーの交差点であると位置づけてみると、この演者もまた仮面や観客や演奏者たちに導かれる存在であることが理解される。上演前に籠の近くに置かれた供物に守りの神、ウィスヌ神を招くのだと語る演者コディは、「演じ手というのは一人ではない」と語る。

デワ（*dewa*／神、神格）がいて、タクスーがあるでしょう？　タクスーが私たちの上演に参加する。時に演技は素晴らしいものになるけど……（中略）演技とは一人ではないから。別の力がある、私たちの演技に参加する、別の力がある。（I Ketut Kodi interview 二〇〇八年八月二九日）

このコディの言葉は、トペン上演において、不可視のエージェントのペイシェントになりながら、演技を紡ぎ出してゆく演者の経験の一面をよく表している。そして、仮面や供物に宿り、演者を導く神格や霊はこの上演の重要なエージェントであるが、この不可視の存在の働きもまた、人とモノの動きの中で初めて可視化されるという点も、既にみてきたとおりである。

次章に向けて

本章では、トペン上演中の演者と仮面の関わりについて主に見てきたが、演者と仮面のやりとりは、上演中に完結するものではない。彼は同じ仮面をくり返し使用し、両者の関係も年を経て変化してゆく。次章では、分析の時間軸を大きく広げ、仮面の制作場面や、舞台のあとにも続く日常の日々における、仮面とそれを取り巻く人びととのやりとりに目を向ける。トペン上演をそのつど形成されては消える営みとしてではなく、仮面制作から、日々の仮面の扱い、繰り返す上演、ひいては仮面の相続までを含みこんだ営みとして捉えなおす。そのなかでは、たとえば、仮面が魅力的に生き生きと演技できるよう、技術を駆使する仮面職人といった新たな存在もまたこのトペンという営みの重要な参加者であることも見えてくるであろう。

註

（1）ジェルが挙げた例の一つにサッチャーの写真に書き込まれた口髭がある［Gell 1998 : 40］。町中に張られたサッチャーのポスターは、彼女の社会的影響力のインデックスであり、彼女に代わって人々に働きかけるであろう。一方で、サッチャーやその支持者は汚されたポスターによって、反対派の存在を感じ、傷つけられる［Gell 1998 : 40］。

（2）英語の原文では、not me...not not me［Schechner 1982 : 76］。

（3）「覆う」を意味する *tup* が変化して *topeng* となった［Bandem & Rembang 1976 : 1, Bandem 1982 : 173］。

（4）Ingold（2007）が掲載された *Archaeological Dialogue* では、マテリアリティ研究の中で、物自体とその性質への注目が欠如している、という旨のインゴールドの問題提起を元に特集が組まれた。インゴールドの問題意識が他の論者たちにある程度共有されながらも、物の性質に注目すべきという彼の主張がいまひとつ受け入れられない理由の一つは、（仮面のように人びとに動的に働きかけるモノではなく）文脈から引き離され、机の上に置かれた石から議論を始めたことにあると考えられる。

（5）筆者がギャニャールを中心に観察した限り、トペン上演においてトランスが起きることは、一般的ではない。ただし、州都デンパサールのトペン上演では人びとが憑依する場面を目にすることがあった。その場合も、憑依するのは観客の方であり、演者ではない。

（6）パンダンは、子供が誕生した際に自宅に植えられるため、どの家でも見かけるありふれたものである。またジュプンの花も、日常的に供物に用いられるため、多くの家に植わっている。クンバン・メラッやギランは、家にない場合もあるが、一般的な種類の植物である。なお、現在ではジュプンの花とクンバンメラの代わりに、プラスチックと毛糸で作られた造花を購入することも可能であるが、葉の部分はついていないため、ギランの葉は自分でつける必要がある。

（7）それらは、胎盤、羊水、血液、胎脂として胎児と一緒に生まれてくる［Eiseman 1990 : 100］。通過儀礼は、人間の当事者のみならず、これらニスカラの兄弟にも向けられている。

（8）彼は、故カクルの孫にあたる。カクルも、仮面は別々にすべきではないと考えていたようだ。まだ交通が発達していない時代にあっても、大量の仮面の一式を、アシスタントに徒歩で運ばせていた（I Made Bukel interview 二〇〇九年九月三日）。そして、四〇枚以上あったという彼の仮面は、息子たちの間で分けられることはなく、息子カントールが一人で一式全てを相続した。彼の仮面については次章で再び取り上げる。

（9） ただし、バリ・ヒンドゥは、唯一神サンヒャン・ウェディ・ワサ（Sanghyang Wedi Wasa）であるとされ、ここで挙げられたような、様々な神格は全て、この唯一神の異なる力の表れとして説明される［cf 吉田竹 二〇〇五：一三九—一四二］。インドネシア共和国では、多神教は宗教として認められず、唯一神への信仰が国是の一つとなっている。多分に多神教的、アニミズム的であったバリの宗教実践は、この国家の枠組みの中で宗教として承認されるために、神概念や教義を再編成されてきた経緯がある［吉田竹 二〇〇五、永渕 二〇〇七］。インタビューでは、人びとはしばしば、唯一神を太陽とすると、仮面に宿る神格たちはその光線（*sinar*）なのであると説明した。

（10） プダンダらによる仮面の神聖化儀礼については、次章で取り上げる。

（11） ただし演者によっては、この白い布を用いない。この布の使用は、チャロナラン劇のランダ役により一般的に見られる。

（12） 顔全体を覆う、王や大臣などの仮面の場合、視界を確保するために目のラインの下に数ミリ幅のスリットがあり、また鼻の穴に相当する部分や（仮面の形状によっては）口の部分に小さな穴があけられている。装着者は、これらの数少ない開口部、および顔と仮面の間にある隙間などを通じて呼吸する。仮面をつけての演技を息苦しく感じる者もいる。

（13） 第五章でみてゆくように、中にはマントラを用いず、バリ語を用いたり心の中で祈ったりすることでこれに代える演者もいる。いずれにしても、これらの発話（あるいは行為）は、人間の観客にではなく、不可視の存在たちに向けられている。

（14） 第二章五節1の註でふれたように、ダンは、ケペンが人びとの繁栄や王から人びとへの施しのシンボルであるとする説も紹介している［Dunn 1983 : 79］。ただし、これら聖米やケペンを、シンボリックに表象するモノとしてのみとらえることには問題がある。なぜなら、聖米やケペンには霊的な力が宿どっており、それゆえ子供はケペンを家に持ち帰ったり、聖米を口にしたり、身体に付着させて、その恵みを取り込もうとするからである。なお、調査中筆者は、ケペンや聖米が王から人びとへの施しという解釈を耳にすることはなかった。

（15） 第二章で紹介したように、アグン山の方向はカジャと呼ばれる神聖な方向である。バリではアグン山が、建物の配置から日常的な人びとの行為の細部（たとえば就寝の方角）までを方向付ける。また、シダカルヤが聖米や古銭を投げる方向の基準にもなっている。

（16） 吉田憲司は、世界の様々な仮面文化を比較考察しながら、仮面は異界からの来訪者を可視化する働きをするという共通点を指摘する［吉田憲 一九九四：二一二—二一三］。トペンでは、シダカルヤや王など神話化した歴史世界の英雄役には顔全体を覆う仮面を用いる一方、歴史物語と観客の現在とをつなぐ（つまり、観客にとって距離感や異質性のニュアンスが相対的に弱い）プナサールやボンドレスは顔半分を覆う仮面を被る。この点は、吉田憲司の説とよく合致している。

（17）ただし第五章で詳述するように、トペン演者には社会的信用の高い人物が多く、Cはやや特殊なケースである。

（18）厳密には、第二章で述べたように、地域によって、シダカルヤ役に関しては、ブラフマナをはじめとする高位カースト（*triwangsa*）の演者を優先的に選ぶ傾向がみられる。その意味で、仮面を被ることで、演者個人の社会的属性が全く消えるとまではいえない。しかしそういった地域でも、比較的公共性の低い儀礼や、高位カーストの演者が手配困難な場合などを中心に、スードラの演者がシダカルヤ役として活躍している。Cが住むのもそのような村である。たとえブラフマナであっても、シダカルヤを上演出来ない人間は、Cのようにプダンダと肩を並べ儀礼上の役割を担えない。その意味で、やはりシダカルヤの演技は、演者を日常の社会的属性から引き離し、彼と周囲の人間との関係性を変化させるといえる。

（19）ジャンルによって、仮面の「動かなさ」への対処法が異なるようである。能の座したまま動かない表現「居グセ」について増田は「もっとも動かずにいることが、もっとも強い表現であるという能の逆説の手法がここにある。相反する二つの極を、無限弧のかなたで円に完結させようとするのが、能の特徴ある考えである」［一九七一：二〇］と論じる。能面の動かなさに、身体が積極的に同調することで、両者が一体となった力強い表現を生むのではないだろうか。他方、バリのトペンの場合はむしろ、演者の身体が与える動きの中で生じる仮面の一瞬息づいたような表情の中に、仮面の生命を見出そうとする。不動であるという仮面の物性が、表現にどのように生かされるのか、芸能間での比較研究が可能であるように思われる。

第四章　もう一つの人・モノ・神格のネクサス
――上演前後に続く仮面を巡るやりとり

一　存在し続ける仮面

前章では上演中の仮面の振る舞いに重点をおいて分析したが、本章では、仮面の制作プロセス、そして舞台後へと続く仮面と演者とその他の人びととの日常へと目を向ける。舞台が終われば上演空間は解体する。人々は散り散りになり、仮面はしまわれ、衣装は脱がれ、辺りは何事も無かったかのような状態になる。しかし、物である仮面は舞台後も存在し続け、演者宅で定期的に儀礼を施されたり、次回の上演に再び用いられたりする。また、仮面が職人によって作り出され、演者の手へと渡り、上演に用いられるようになるまでにも、様々な人と仮面の間のやりとりが存在する。トペンの上演という人・モノ・神格のネクサスはそのつど生成されては消える一回性をその特徴とする。しかし、仮面がこの世に生まれてから朽ち果てるまでの仮面の「伝記的」[Gell 1998 : 10] な時間に目を向ければ、より長い時間幅の中で展開する、仮面と人と不可視の存在のもう一つのネクサスがみえてくる。

一定期間一定空間を占めるという性質は、仮面の重要な物性の一つであり、仮面と化粧の差異が際立つ側面でもある。本章では、この存在し続けるという仮面の性質に注目し、舞台裏にて仮面がどのように働くのかを考察する。仮面、その所有者である演者、職人や僧侶といったその他の人びととの間で織りなされる様々な出来事について考察し、仮面という有形なモノが、身体によって織りなされる無形の芸能に介在することで、いかなる効果があるのか、という前章からの課題について、上演以外の時間を取り上げながら考察する。また最後に、前章で論じた上演のネクサスと、この舞台裏で展開する仮面と人との長期的なやりとりがどのような関係にあるのかを考察する。

二　仮面を作る

1　仮面工房と仮面職人

仮面は、仮面職人によって制作される。バリ語では、仮面職人は、主に大工を指すウンダギ（*undagi*）の語で呼ばれ、「仮面のウンダギ（*undagi tapel*）」とも呼ばれる。また、削歯式で歯を削る者や、彫刻家たちを意味するサンギン（*sangging*）の語で呼ばれることもある。本節では、筆者が仮面制作を習った、イ・ワヤン・タングー（I Wayan Tangguh）の工房のケースを中心に、それ以外の工房のケースも適宜紹介することとする。タングーの工房では、息子たちや、近所から通う数名の職人が作業を行っていた。本書に何度も登場している人気演者コディも、タングーの息子の一人である。彼は、大学で教える傍ら、空き時間をみつけては、仮面制作に参加していた。コディのように、仮面職人であり演者でもあるというケースは珍しくなく、むしろギャニャール県下の主要な工房の多くでみられる。より良い作り手となるためには、トペンの芸を学ぶことが推奨され、また逆に演者が次第に仮面作りへと活動を広げる場合もある。なお、筆者の知る限り、仮面制作は全て男性によって担われる(1)。

それぞれの職人によってデザインや出来上がりの質が異なるため、目利きであれば、仮面を見て、それが誰によって作られたのかを推測することも可能である。このように、仮面は仮面職人の「作品」としての側面も持っている。ただし、一人の職人が途中まで制作した仮面に、次の日には別の職人が作業を施しているという光景も頻繁に見られた。顧客の中には、特定の職人の腕を見込み、彼自身が制作するようにと、あらかじめ指定する者もいる。しかし、そのような場合を除けば、仮面は集団的に制作されるという側面をもつ。視力の衰えた年配の職人が作った仮面の鑢のかかり具合を、若手の職人が確認する光景や、若手が、自身の作った仮面や、絵具の配合を年配の職人に見せて助言を得る姿もみられた。なお、この工房は、バリの中で最も有名な仮面屋の一つであり、他の人気工房と同様、バリ人演者や寺院のほか、外国人愛好家、観光客、インドネシア国内外の博物館からも受注していた。

写真 4-1　タングーの仮面工房の風景。2013 年 11 月 30 日撮影。

仮面職人、その中でも特に神聖な仮面を制作したり加工したりする者は、シダカルヤを演じる演者と同様、浄化儀礼儀式プウィンタナンを行い、宗教的に浄化された状態にある。(2) また、トゥンパック・ランデップ（*tumpek landep*）と呼ばれる鉄を祀る日には、ナイフやノミにも儀礼が施される。タングーの工房には、彼が仮面作りを始めた頃から使用しているという、極端に短いノミが一本ある。大切な仮面を作るときには、このノミで始めの削りを行うという。長年使いこまれたこのノミの短さは、彼がこれまで積み重ねてきた労働量の痕跡、つまりインデックスともなっている。ノミなどの道具も、仮面の制作の重要な担い手であり、仮面の出来栄えを左右する。人びとは、床に置かれた道具を跨ぐことがないよう注意を払う。跨いだり足蹴にしたりすると、後に工具の怒りをかい、怪我をしたりすることがあるのだという。

既に述べたように、トペンのタクスーにおいて、生き生きとした仮面が重要である。演者が技を磨くように、仮面職人も、経験を積み、腕を上げることで、タクスーのある仮面を作り出そうとする。造形上の工夫に加え、職人は、日々の祈りのなかでこのタクスーを神に願い、道具にも供物を捧げる。一見良く出来ているように見えるのに、実際に上演に使うと、全く魅力的でなく、生命力を放たない仮面があるともいわれる。これらの仮面は、上手に作られているが、タクスーがないのだとされる。この仮面のタクスーについての語り口は、人びとが演者について、「アグム（*agem*／舞踊の型）が素晴らしく、技術的には長けているのに、どこか魅力がなく人びとを惹きつけない」などと言いながら、タクスーがないと批判するときのやり方によく似ている。仮面も演者も「演技する者・モノ」であり、その魅力の根源にはタクスーがある。演者が不可視の存在の力を借りて演技するのと同様、仮面職人もまた、神々の力、またそれが宿る道具の力を借りつつ作業を進める。

2　制作過程

仮面のモデルとなるのは、実在または架空の人物であり、あるいはこれまでに制作された仮面である。トペンの物語に登場するのは、王、大臣、従者、僧侶、村人などである。ほとんどの仮面は、特定の個人を表すのではなく、ランクやタイプを表す。たとえば、一つの王の仮面は、用いられるストーリーによって、いつの時代の王にもなりうる。そのため、仮面は理想化された、あるいはステレオタイプ化された、それらのランクやタイプのイメージを表現するものとなる。例外は、シダカルヤの仮面である。既に述べたように、ババッド・シダカルヤによれば、この役柄は特定の歴史上の人物ブラフマナ・クリンをその起源とする。しかし、彼にまつわる逸話や、過去に作られたシダカルヤの仮面から視覚的なイメージを膨らませて仮面のデザインを決定するという点は、強い大臣、老人、王などの、位やタイプを表す仮面と共通している。一方、村人ボンドレスは、仮面の突飛な表情で観客を驚かせ笑いに変えるという効果を狙う場合もあり、とくに多様な形状が存在する。実在の人物の変わった表情にヒントを得たりもする。[3] かつてボンドレスの制作を得意としたイ・デワ・プトゥ・クブス（I Dewa Putu Kebes 1874-1962）は、市場や闘鶏場などの人ごみへと出向き、近所の様々な人の顔から、仮面のデザインのヒントを得ていたという（I Dewa Gede Mandra interview 二〇一〇年九月二四日）。

仮面は、店にある既成のものを購入することも可能であるが、演者の顔に合わせて、全体のサイズや鼻・目の穴の位置を調整する必要もあることから、オーダーメードが好ましいとされる。仮面というモノを装着することを契機にして、人間（演者）の顔の輪郭や幅や凹凸といった、普段は意識されない物的な側面が前面にたち現れる場面でもある。

一般には、店にある複数の仮面の中から気に入ったものを選びそれと類似のものを制作するように注文するのであるが、依頼者が手本となる仮面や写真を持ち込むこともある。いずれの場合にも、元となる仮面を大まかに模倣しつつ、演者の希望に合わせ、アレンジが加えられる。このように、バリの仮面制作では、ほとんどの場合、多かれ少なかれ、既にある仮面や人間の顔を手本として新たな仮面を作る複製という行為が含まれている。複製することを通じて、職人は、手本とする作品の作り手のエージェンシーを受け取る、ペーシェントとなる。手本とする作品の作り手は自分自身であることもあるし、他工房の職人や、自分の工房の先輩たちであることもある。シンガパドゥ村にはかつて、非常に高名な仮面職人チョコルダ・オカ・トゥブレン（Cokorda Oka Tubren 1901-1983）がいた。現在は彼の息子チョコルダ・ラカ・ティスヌ（Cokorda Raka Tisnu）がその仮面作りを継承しているが、チョコルダ・ティスヌは、父の作った仮面や父が作りかけて遺した仮面を、自分の「師匠（*guru*）」にしていると語る（Cokorda Raka Tisnu interview 二〇一一年四月三〇日）。鐪がけする前の未完成の仮面で、父の彫り跡をとどめているもの

写真 4-2　手本の仮面（左）と作成中の仮面（右）。左は父チョコルダ・トゥブレン作の王ダラムの仮面。右は、チョコルダ・ティスヌがそれを手本にして作成中の仮面。2011 年 10 月 30 日撮影。

もある。彼は、これらを手本に仮面制作を続けている。今は亡き父は、仮面というエージェントに媒介されて、今も息子チョコルダ・ティスヌを導く。

ただし、手本の仮面になるべく忠実に作ろうとする場合でさえ、職人の作業には、その時々の状況に対処しながら、仮面を生み出す、即興的な側面が含まれる。T・インゴールドとE・ハラムは、即興と創造性を主題とした論考の中で、模倣やコピーを創造性の対極に位置づける二項対立的な見方を批判する［Ingold & Hallam 2007 : 5］。「模倣やコピーはしばしばそうだとみなされているような、テンプレートから複製（duplication）をつくるメカニカルな反復（replication）のプロセスではなく、それはモデルの観察と世界における行為の複雑で進行形の提携を必然的に伴う」と指摘する彼らは、模倣の中に即興と創造性を見出す（Ingold & Hallam 2007 : 5-6）。仮面制作の場合も同様であり、職人は、手本の仮面を複製する際も、全く新しいデザインの仮面を創りだそうとする際と同様、演者の顔の形、材料となる木材や皮の性質、その日の天候や、自身の体調、途中で仮面に手を加える同僚の職人の作業状態などの状況にも影響を受けながら、即興的に作業を進めてゆく。

また、これと似た仮面を制作して欲しい、あるいはこの仮面を修理して欲しいと、別の工房で作られた仮面が職人の元に、持ち込まれる場合もある。それが優れた仮面であると考えると、職人は、写真を撮ったりして、記録し保存することがある。このように、仮面が工房と工房の間を行き交うことで、仮面のデザインやアイデア、そしてそれに付随する制作技法が広まるという面がある。

仮面の材料に用いられる木は、数種類あるが、その中でも最適とされるのが、プレの木である。[4] プレは加工がしやすく、十分な強度をもち、絵具との相性も優れている。これらの素材としての適性に加え、この木の持つ霊的な力が重要である。シワ神が垂らした精液がプレの木に育ったとされ、神話の中でも特別な位置づけを持つ種である。

プレの木を、ブロック状にしたものに、斧を入れ、大まかに楕円形の形を切り出すところから作業は開始する。木は、生えていたときに上であった方向が、仮面でも上になるよう注意が払われる。タングーの息子の一人イ・マデ・スティアルカ（I Made Sutiarka）によれば、これを誤ると、パリン（*paling*）になるのだという。パリンとは、方向感覚を失う、一種の混乱状態である。[5]

仮面職人はノミや彫刻刀を用い、木を削ってゆく。具体的な細かい工程や用いられる材料については先行研究に詳しく記されているため、ここでは省略する［Dunn 1983, Slattum & Schraub 2003］。制作過程では、しばしば手本の仮面の部分の長さをはかり、作業中の仮面に写し取ることもある。彫りが済むと鑢がけを行う。デザインによっては、歯となる部分に、小さく切ったオウムガイや、動物の歯を貼り付けたりする。

着色には現在多くの場合アクリル絵具が用いられている。アクリル絵具は、数回にわたって重ね塗りされる。かつてはワルナ・バリ（*warna Bali*）と呼ばれる天然物由来の素材を用い、数十層に塗りを重ねる、非常に手間のかかる着色法を用いていた。[6] タングーの息子イ・マデ・スティアルカによると、アクリル絵具で着色した仮面は年がたつと劣化するのみであるが、ワルナ・バリで塗った仮面は、より「生き生きする（*bidup*）」として、人気がある。実際、ワルナ・バリは、時間を経て次第に変色する。たとえば、王やシダカルヤの皮膚に用いられる白は、やや黄ばみを帯びる。これを、「骨のような色に変わる」と形容する人もいるが、実際、ワルナ・バリの白には、動物の骨を焼き、砕いて粉状にしたものを用いる。こうして、年を経てワルナ・バリが変色した仮面

写真 4-3　ワルナ・バリの作成過程。骨をすり鉢で砕いて粉状にする（左上、右上）。左下は、つなぎの素材ハンチュールを入れたところ。右下は、着色の仕上げに、ハンチュールを塗っているところ。2007 年 4 月 10 日、22 日撮影。

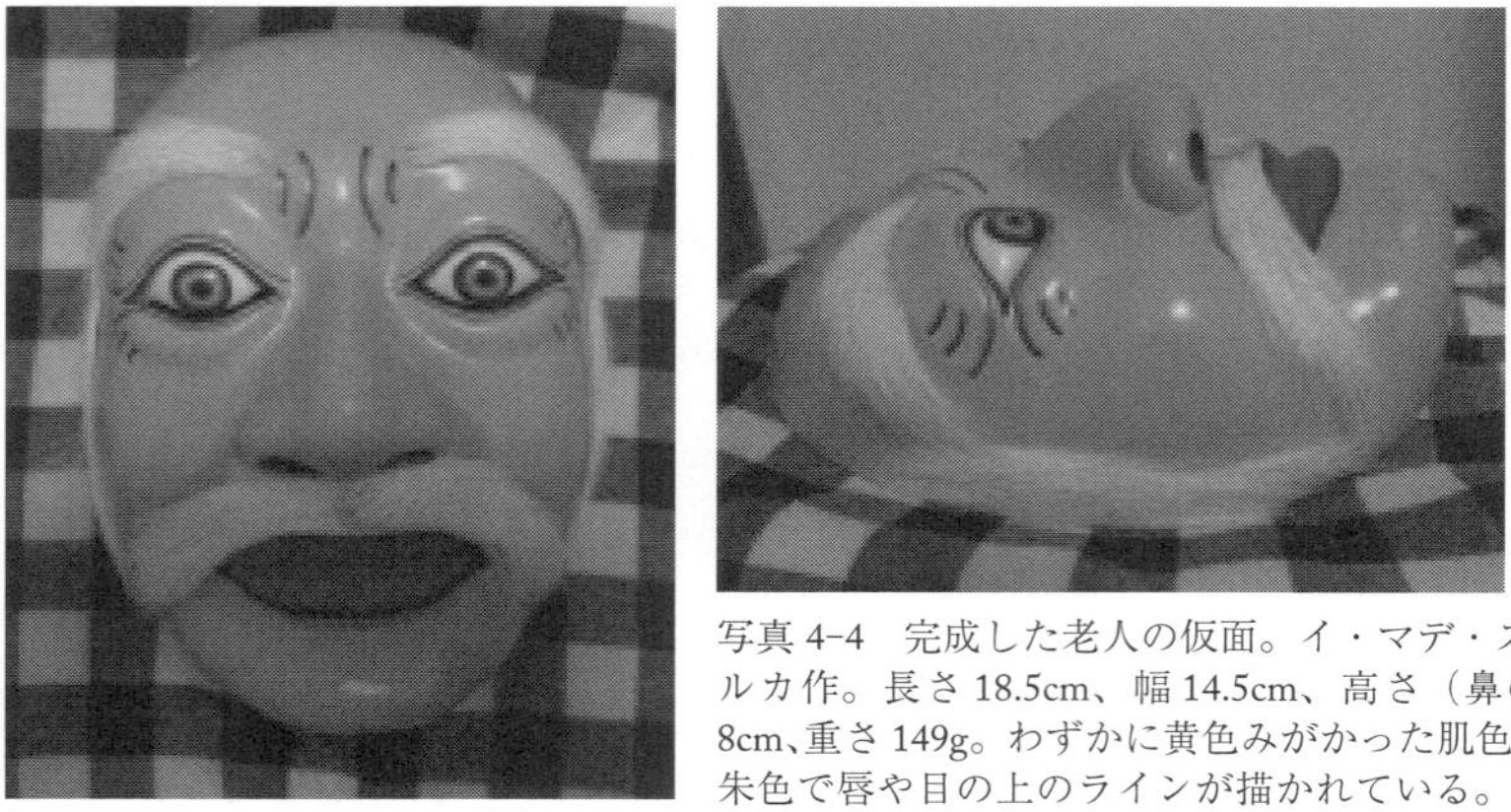

写真 4-4　完成した老人の仮面。イ・マデ・スティアルカ作。長さ 18.5cm、幅 14.5cm、高さ（鼻の部分）8cm、重さ 149g。わずかに黄色みがかった肌色の顔に、朱色で唇や目の上のラインが描かれている。さらに、黒でシワおよび目と唇の輪郭が描かれている。眉毛、髭、髪の毛は白。裏面は、かるく鑢がけしてある程度であり、着色もコーティングもなされていない。

は、演者の間でも愛着をもって大事にされる。

職人たちは、上演に用いる仮面は、土産物や壁掛けの仮面とは違うのだと強調する。彼らは仮面が生み出された後にどのような用いられ方をするのかを想定しながら作業する。壁や棚に静止する装飾品となる仮面とは違い、その中に神格を招待し、演者の顔に張り付き、それぞれの音楽の中で、動きを与えられて演技する仮面は、その状態において最も魅力的となるように仕立てられるのである。ジェンキンスは、職人へ仮面を注文した際、彼がその仮面を寺での上演に用いようとしていることが職人に知られると、作業に費やされる時間が飛躍的に増加したと記している［Jenkins 1979 : 54］。

最も神経を使うのは目を入れる作業であると、多くの職人が強調する。(7) 視線の方向や力強さなどがこの工程で決まる。たとえば、写真4―4にある老人の仮面の黒目は、目の中央ではなく、やや下の方に描かれている。目の中心に黒目を配置すると、仮面の目線が上を向きすぎてしまう。筆者がタングーの工房で大臣の仮面の制作を習った際、タングーの息子スティアルカからは、視線が三メートル先を見ているように、黒目を入れるよう指示された。一方、王の仮面は、目を見開いた大臣の仮面とは対照的に、小さな黒目が鼻の頭の先を見つめるように描かれる。バリ社会において、歴史上の王は半ば神格化した存在である。スティアルカによると、王を演じる際、演者は半ばトランスしているかのように見えるのが望ましい。鋭く見つめ返す強い大臣の視線と、今ここからは超越した神的でうつろな王の視線は、観客にそれぞれ異なる感情を喚起する。

着色後は、髭や眉や髪、金箔、装飾品、頭に固定するためのゴムと紐などが装着される。髭や眉や髪には、ヤギや猿などの動物の毛皮や人毛が用いられる。前掲した老人の仮面の制作時には、眉や髭の部分が左右対称となるよう、スティアルカは毛皮の毛並みを慎重に選び、切り取っていた。額の装飾部分に天然石を埋め込む場合もある。このパーツはチュンダン（*cundang*）と呼ばれるが、単純に装飾として用いられるほか、石自体がタクスーを授ける特別な力を帯びており、ある種の呪物やお守りとして機能している場合もある(8)。

なお、工房では、職人たちが、制作途中で手を休め、右手で掴んだ仮面を目の前に掲げる姿が見られる。時にはトペンの伴奏曲を歌いながら、仮面を小さく揺らし、躍らせる。そして、再び作業を開始する。職人たちは、作りかけの仮面から、その仮面の持つキャラクターがどのようなものか、次にどのような作業をすべきかを読み取る。彫り始めたものの、ある時その仮面に対する加工を中断し、他の仮面を作業する傍らに置いて眺めるだけの数日間を過ごすこともある。なお仮面制作は、「完成」後も続くことがある。仮面は、日がたって大きく損傷したような場合に、修復に出されることがあるからである。工房に持ち込まれた使い古された仮面の古い絵具を剥いだ後、単に昔の姿に塗り直すのではなく、よりキャラクターが出るようにと、タングーが新たに彫りを加えているのを観察した。このように、仮面のデザインは、作り手と、作りかけの仮面（または既に作り上げられ、再加工される仮面）との対話のなかで練り上げられるという側面がある［cf Gell 1998 : 30］。仮面の再加工については、本章の終盤で再び取り上げることとする。

3　樹木からの働きかけ

ウク暦で二一〇日に一度巡ってくる、トゥンパック・ウドゥ（*tumpek uduh*）は、樹木を祀り、感謝を捧げる日である。調査中は、朝から村の主要な樹木に人びとが供物をそなえている光景を目にした。天然石もそうであったように、樹木もまた、神格やその力を宿しうる存在である。人々は、その力を敬ったり、恐れたりしている。

既に述べたように、仮面に用いる木材は、いくつかの特定の種類の樹木から選ばれ、中でも一般的なものがプレである。特にシダカルヤの面や、その他の儀礼上の機能を担う、神聖な仮面を作ることを目指すケースでは、プレの木の中でも、特定の寺院にあるものや霊的な存在を宿すことが知られている樹木が選ばれる。

この切り出しの際には、マンクやプダンダなどの僧侶が立会い、儀礼（*pengepel*）が行われる[9]。通常仮面に必要な一部分だけを切り取るため、元の木は生きつづける。樹木から、あるいは樹木に宿る不可視の存在から木片を「頂く（*nunas*）」この行為にあたっては、供物が捧げられ、どのような仮面を作るためにこの木片を頂戴するのかを宣言したり、木に許しを願い出たり、出来上がり後にはその報告をしたり、といった樹木とのやりとりがなされる（Ida Bagus Anom Suryawan interview 二〇一一年四月二五日）。樹木の許しが得られているのかどうかは、例えば、樹木に釘を打ち込み、それが抜ければ拒否、抜けなければ承諾のサインとするなどの事例がある。

神聖な樹木は、神格を宿したりと超自然的な様相を見せる一方で、植物としての諸々の特徴も備えている。そのような、樹木の生物的な特質が、仮面制作のきっかけを生んだ、マス村のケースを紹介しよう。マス村のデサ寺院（*pura desa*）には、トペンの仮面一式が納められている。二〇〇四年頃、デサ寺院の西隣の小学校に生えていたプレの木があまりに高く伸びたため、子供たちの安全を考えて切り倒した。地元の僧侶によれば、そのプレは神格を宿しており、そのプレから仮面を制作し寺に収めることとなった。

写真 4-5　マス村のある寺院に生えているプレの木。2007 年 5 月 2 日撮影。

> あの木は二〇〇〇年ほどたっていた。あの木は既に祀ってもよいものだった。後世に記憶されるように。歴史の目印（*tongat sejarah*）になるように。歴史を記憶にとどめるように。もし、仮面が無ければ、失われてしまう。我たちは歴史を作ったのだ（デサ寺院の僧侶 interview 二〇〇八年八月二七日）。

このプレは村の人びとにとって特別な存在であったようで

写真 4-6　マス村デサ寺院の仮面。踊っているのは、写真 4-6 と 4-7 のいずれも作成した本人 I. B. アノム J である。デサ寺院の周年祭にて 2010 年 9 月 17 日撮影。

写真 4-7　同じくマス村デサ寺院の仮面。2010 年 9 月 17 日撮影。

ある。この小学校の敷地は、かつては寺院の一部であり、つまり元々プレは寺院内に生えていた。村の人びとからはその木に登ると海岸線まで見渡せた、枝が落ちることがあったが、決してそれが人に当たり危害を加えることはなかったなどのエピソードが語られた。集落のいたる所から視界に捉えることの出来たこの巨木は、ランドマーク的な存在でもあったと考えられる。こうしてプレの一部は、地元の仮面工房へと持ち込まれ、仮面が作られた。現在この仮面は、村の管轄する寺院の周年祭の度に用いられる。普段は、寺の敷地内にある建物の中に、他の仮面で、御神体でもあるラトゥ・グデ（Ratu Gede）とラトゥ・アユ（Ratu Ayu）と共に安置され、周期的に供物を捧げられている。(10)

　この事例では、プレの木のとび抜けた成長が、人びとに一連の行動を起こさせている。先ほどの僧侶は、手に抱えられないほど太く育った樹木は、既に魂が宿っているのだとも語っており、樹木の大きさが、そこに宿る神格の存在のインデックスとなった。さらに樹木の成長は、人びとに対しそれを切り倒すことを動機付け、またその特別な樹木の一部を仮面という形で残すという行動を促した。(11)このように、樹木は、地域社会の歴史的文脈の中に、あるいはコスモロジーの中に、意味づけられるだけの受動的な存在ではない。それは、独自の方法で、人びとから彼らが予期しなかったような行動や感情を引き起こしてゆく動的なエージェントでもある。

神聖な仮面を作ることを目的とする場合には、霊力のある木を選んだり、プダンダに初めの一削りをしてもらうなど、制作段階から儀礼を施し、また完成後には後述するような神聖化の儀礼を施し、内側にはプダンダによって聖なる文字が記されたりする。しかし例外的に、仮面に儀礼を施さなくとも、彫りかけなどの制作段階あるいはその完成直後から霊的な力を宿していることを感じさせる仮面があると職人たちは言う（I Ketut Kodi interview 二〇〇七年一月二八日 Ida Bagus Anom J. interview 二〇〇八年八月二五日、I Wayan Muka 二〇〇八年八月二五日）。その際には、たまたま作業の日取りが良かった、あるいはたまたま職人である自分自身の状態が良かった、といった理由に加え、その材料となった樹木がたまたま良かったのだという理由が考えられる（I Ketut Kodi interview 二〇〇七年一月二八日）。ある職人は、そのような木材を作業するときには、始めから特別な感覚があるという。

> 初めにノミを入れたときから、作るのが楽しい。ここを少し削ると……素晴らしい。ここをもう少し……素晴らしい、そんなように。真夜中まで働くことができる。（I Wayan Muka interview 二〇〇八年八月二五日）

このような語りからは、木の力に導かれ、夢中になって作業をする職人の姿が浮かび上がってくる。このような光景からも、樹木が仮面制作において、職人の作業のモードや、仮面の霊的な性質に関わる重要なエージェントであることが理解される。

4　仮面制作まとめ

仮面職人は、インドネシア語の「芸術家」にあたる「セニマン（*seniman*）」[12]の範疇にカテゴライズされ、仮面は彼の作品としての一面をもつ。しかし、職人はむしろ仮面の材料となった木や作りかけの仮面の持つキャラクターを探しもとめつつ、また、暦上の日取りや、自らの体調や精神のモードの相応しい頃合を選び、道具に宿る力に助けられ、自分らにインスピレーションを授ける不可視の存在の力を借りながら仮面を作る。つまり、これらの力が調整され、充分に引き出されるとき、仮面はタクスーを帯びた魅力的なものとなるのである。その意味において、職人は、暦や自身の身体や精神の調子を見計らいながら神格の力を媒介して行為するエージェントであり、作りかけの仮面などに働きかけられるペーシェントである。

見本に使われる仮面もまた、彼の制作における重要なエージェントである。過去の職人たちの仕事は、現在の職人たちに参照され、彼らの仕事を部分的に導く。その時々の職人の身体の働きは、仮面に刻まれることで、この世に留まり続けるのだともいえる。この仮面は、世代を超えた仮面制作の技法の伝承を後押しする。また、仮面の複製や修理のために、他工房で制作された仮面が、別の工房へと持ち込まれることがあり、この場合には、仮面が、移動しながら仮面制作の技を伝播させる。この世に留まり続け、また持ち運びが容易な仮面というモノは、時間を越えて職人のエージェンシーを運ぶのみならず、空間的にも職人のエージェンシーを行き交わせるのである。

また仮面は、それぞれ独自の経緯や霊的な力を有した複数のパーツの集合であるといえる。特定の地に根をはり、地元の人びとと歴史を刻んできた樹木、埋め込まれた特別な力を帯びた石、プダンダの書き込んだ文字が仮面というモノを構成する。モノを媒介にして、樹木に宿る不可視の存在や、石の帯びた霊的な力、そしてプダンダの力が集結する。そこに、(単数あるいは複数の) 職人の身体の動きや、見本となった過去の仮面の作り手の働き、職人たちにインスピレーションを与える不可視の存在、道具、場所や日取りのもつ力が加わって、仮面を作り上げる。これらのエージェンシーの交差する場に仮面というモノが存在するのである。つぎに、上演後へと続く、仮面とそれを取り巻く人びとの間のやりとりをみてゆこう。

三　仮面を育てる――仮面と演者の日常

インタビューでは、仮面を所有し儀礼を施したり供物を供えたりすることに対して、仮面を「育てる（*memelihara*）」という表現を、演者が用いることがあった。本節では、演者が仮面を育て、また仮面も様々に演者に働きかける過程について考察する。

1　仮面の保管

演者に所有される仮面は演者宅に保管される。新しい仮面であれば、しばらくはしまいこまずに、目の届くところに置き、時折眺めたり手に取ったりしたほうがよいとされる。仮面と一緒に眠るという実践も報告される［Coldiron 2004 : 199, Jenkins 1978 : 48］。仮面が夢に現れることで、自身と仮面が霊的に結ばれたことを知るのだと語る者もいる［Coldiron 2004 : 199］。一方、入手したての場合を除けば、通常仮面は、籠の中に入れられ、しまわれている。演者の自宅では、仮面は神聖なものとしての扱いを受ける。屋敷寺に置かれることが多いが、カマール・スチ（*kamar suci* 清浄な部屋）と呼ばれる神聖なモノを収めておく特別な部屋がある場合には、そこに剣や聖水などと一緒に置かれていることもある。仮面を地面や床に直接置くことを避けるのは、既に述べたように、バリのコスモロジーにおいて、上が浄、下が不浄と結びつくからである。身内に死者が出たり、死者の出た家に出入りしたりした場合、そして月経中など、穢れの状態にある場合人びとは仮面に触れない。

音楽や動きのなかで生き生きと舞う上演中の姿とは対照的に、保管されている間の仮面は静的にただただ留まり続けているようにもみえる。しかし後述するように、仮面は次第に劣化したり、変色したりと、微妙に変化してもいる。また場合によっては、次の事例のように、より動的な姿を見せる。

演者Kが自宅の東の東屋（*bale danging*）に保管していた仮面は、ある日籠ごと全焼してしまった。この日、Kは仮面に香を捧げたが、なぜか夜にはすっかりそのことを忘れてしまい、香の火が仮面にうつったのだという。不思議なことに、仮面とグルンガン（冠、頭飾り）は全て燃えてしまったのにもかかわらず、東屋自体に火は殆ど移らなかった。Kはこの件を普段から懇意にしている僧侶に相談した。すると、仮面が自宅の屋敷寺内にではなく、東の東屋に置かれていたことが原因であると告げられた。東の東屋は、人の通り道に面しており、たとえば月経中の者もその傍を通ることがある。仮面に宿っていた神格が、このことを不服としたために仮面が燃えたのだという。

序章で述べたように、世界がスカラ（可視で可触な世界）とニスカラ（不可視で不可触な世界）の二つによって構成されているというバリのコスモロジーにおいては、ありとあらゆる物が（置いてあるだけの仮面でさえ）、ニスカラからのメッセージの潜在的な媒体（ジェルの言葉ではインデックス）である。たとえば、道路の真ん中で故障した自動車も、期せずして転がり込んできた大金も、人びとに、目には見えない何者かの働きを推量させうる。命を持たないはずの仮面が生き生きと舞う姿に人びとが魅了され、そこにタクスーという形で現れる神格の働きを見出すのも、燃えてしまった仮面が、神格の怒りの現れと解釈されるのも、この「スカラ―ニスカラ」の世界観によるところが大きい。モノの変化や現れ方は、人びとにその背後にある不可視の世界の出来事を想像させ、様々な感情や行為を引き起こすのである。僧侶の助言に従い、Kは、東の東屋の浄化儀礼を行った。以降彼は、全ての仮面とグルンガンを新調し、それら全てを自宅の屋敷寺内に保管している。

2　儀礼と供物——人・モノ・神格との関係に取り込まれる仮面

仮面に施される幾つかの儀礼がある。ムラスパス（*melaspas*）は、穢れを払い、浄化する儀礼である。そして、パスパティ（*pasupati*）は霊的な力を付与する儀礼である。ある演者は、この二つの儀礼を家のメタファーで説明してくれた。彼によれば、ムラスパスによって掃除を行い、パスパティによって戸を開き、神格を招待するのだという。くわえて、仮面と演者を「結婚」させる儀礼、ムサカパン[13]（*masakapan*）も存在する。この儀礼を経て、仮面（に宿る神格）と、演者自身が強い絆で結ばれる。また、既に述べたように、シダカルヤの役を演じる者は、神聖な仮面を被りマントラを唱えるなどの儀礼上の機能を担うことから、プウィンタナンの儀礼によって自らを清める必要がある。

写真4-8　仮面と演者にほどこされる儀礼で用意された祭壇。2008年3月8日撮影。

筆者は、二〇〇八年三月八日にバドゥン（Badung）県のある村で、演者のプウィンタナン、仮面のムラスパス、パスパティ、そして仮面と演者のムサカパンという一連の儀礼が行われる機会を観察した（写真4―8、4―9）。夜の九時前後から演者の自宅で僧侶を迎えて行われたこの儀礼の会場には、小さな東屋が組まれ、豚の丸焼きを含む大量の供物が用意されていた。その中心にはシダカルヤの面が、グルンガン、剣などトペンに用いられる道具と共に置かれていた。なお、そのほかの仮面は、いくつかの供物と共に、少し離れた別の台の上にまとめて置かれており、今回の儀礼は主にシダカルヤを対象としたものであった。会場の一画では、アルジャを座ったまま歌い演ずるアルジャ・ヌガッ（*arja negak*）を行っている男女が数名いた。三時間以上にわたる様々なプロセスの後、演者がシダカルヤの仮面とグルン

写真 4–9　シダカルヤの仮面に儀礼をほどこす僧侶と背後から見守る演者。2008 年 3 月 8 日撮影。

ガンを纏い、短く舞い、覚えたてのマントラを唱えた。この儀礼には、家族や親族のほか、トペンの上演仲間や友人など十数人が参列していた。これらの知人はこの儀礼の証人となるべく集ったのであり、彼らも儀礼を構成する重要な参加者である。また、彼らが出席することによって地元の人々や演者仲間に、この演者が既に浄化されたことや仮面に神格が宿されたことが認知される。

　これらの大掛かりな儀礼のほか、仮面には様々な供物が捧げられる。日々供えられる小さな供物にくわえ、満月、新月、そして一五日毎のカジャン・クリウォン（*kajeng kliwon*）の日に大きめの供物が捧げられる。二一〇日周期に巡ってくるトゥンパック（*tumpek*）では、より大量の特別な供物が捧げられ、僧侶に依頼して儀礼を行う演者もいる。[14] 演者は男性が殆どであるが、これらの供物の多くは、女性によって作られる。仮面を所有するということは、このように演者のみならず、その妻や家族を巻き込んだ行為となるのである。仮面の扱いを誤った際に、妻の身体に不調が現れると語る演者もいる。たとえば、演者Eは、ある日、家族を亡くした知人の家を弔問し、帰宅後聖水で自らを清めることを忘れて、仮面を手に取ってしまったところ、彼もその妻もひどい病にかかってしまうという経験をした。結局、妻が供物を作り捧げ、そのことによって二人ともが回復できたのだという（E interview 二〇〇六年一〇月二六日）。このようなエピソードからは、演者だけでなく、妻もまた、仮面と霊的な絆を結んでいることがうかがえる。ただし、妻の仮面に対する関与の度合いは、家庭によって差があるようである。

　ところで、供物は、仮面を霊的により強力にするだけではない。この供物の一部は、下げられたあと人びとに食される。バリではこのような供物のお下がりを、ルンスラン（*lungsuran*）と呼ぶ。供物には、果物、菓子、肉、米などが含まれるが、ルンスランは、単なる食物以上の性質を有している。それらは、より美味であり、また良きものとされる[15]。筆者も友人たちから、仮面に捧げた後の供物を「トペンの舞踊がより上手になるから」と食べるようしばしば勧められた。ルンスランは、神格から人びとに与えられる贈り物でもある。供物を捧げるという行為は、仮面や供物といったものが媒介する、神格と人びととの双方向のやりとりなのである。

不可視の存在の「家」となった仮面は「テンガット（*tenget*）」であるとされる。インドネシア語の「クラマット（*keramat*／神聖な）」とも頻繁に言い換えられるこの状態は、ある種の恐れや危険性と結び付く。ある仮面職人で演者でもあるブラフマナの男性Aは以下のように説明した。

勝手な場所に置いてはいけないし、勝手な風に（それについて）語ってはいけない。敬意をもち、高い価値を置かなければいけない、これがテンガットである（A interview 二〇〇八年八月二五日　括弧内は筆者）。

仮面の神聖な力が数々の禁忌や危険性と表裏一体であり、継続的な供物の献上や特別なとり扱いを要求するだけに、仮面をどの程度神聖化するのかは、演者の方針によって様々である。たとえばこの男性Aは、「仮面は単なる道具だ」と言って、自身が上演に用いる自作の仮面を神聖化することを避けている。彼には成人前の一人の男児しかいない。「神聖化すると、後が大変だ。私が死んだ後、誰が仮面を育てるのか」と仮面の行く末を危惧する。そして、演技を磨かず仮面に儀礼を施すことにばかり気を取られている他の演者を批判する。別の年配演者Bもまた、仮面を神聖化することへの恐れを語る。彼は父親から受け継いだ仮面に現在までパスパティを施さない。

私たちが毎日サジェン（*sajen*／供物）を供えるのを忘れただけで、（仮面に宿る神格に）私たちが食べられてしまう。だから、私は（パスパティを）したくない。勇気がない。パスパティではない小さな儀礼だけで充分。（中略）何を恐れるかって？　私は何もかもが足りない、未熟な人間だから。（中略）私には怖れの気持ちがある。（B interview 二〇〇九年八月二五日　括弧内は筆者）

このように供物とは、人間が仮面に与えるものである以上に、仮面が要求するものなのである。通常仮面が寺院に所有されるワヤン・ウォンやチャロナランなどの別の仮面劇ジャンルとは対照的に、トペンの仮面の多くは演者の個人所有である。このトペンの特性は、「神格の器」から「単なる道具」まで、多様な仮面の位置づけを許容している。ちなみに、同じ演者の所有する仮面のなかでも、シダカルヤ、王、最高僧プダンダといった、神格やそれと類似の属性をもつ登場人物の仮面は、より神聖化儀礼の対象とされやすい。

ただし、仮面の神聖化を拒んだ先述の男性Aもトゥンパックには小さいながらも供物を捧げる。またBは、彼の仮面はイスワラ神（dewa Iswara）によって命を与えられており、そのイスワラ神に対してトゥンパックには供物を捧げるのだという。パスパティをしていないあなたの仮面にも神の力が宿っているのか、という筆者の質問に対して彼は、程度の問題であると説明した。仮面の中には神の力の強いものも弱いものもあり、供物が大きければ、力はより強くなるのだという（B interview 二〇〇九年八月二五日）。このように、バリにおいて、特に儀礼での上演に用いられる仮面は、多かれ少なかれ神聖な存在と関わりあう。

筆者も、のちに日本に持ち帰ることを考え、自身の仮面に儀礼を施すことには消極的であった。それでも、購入直後から、下宿先の家族は筆者の仮面の入った籠の上に、毎日小さな供物を一つ供えるようになった。また、同じ集落に住む踊り手は、筆者に仮面へ儀礼を施すよう勧めた。仮面を所有しながら儀礼を施さないのは、彼によれば、「鳥かごを持っているのに、戸を開けないでいるようなもの」であるという。「儀礼をしてごらん。もしかしたら、サンヒャン・タクスー（Sang Hyang Taksu／タクスーを司る神格）が入ってくるかもしれない」とは彼の言葉である。また筆者が仮面に儀礼を施していないことを知ると、別の演者スナトラは、自分の仮面のトゥンパックの儀礼に際し、筆者にも仮面を持ってくるようにと熱心に誘った。スナトラは、非常に大きな儀礼を自らのシダカルヤの仮面に施す。彼は何らかのトラブルがあった際に、この仮面に相談したりするという。また仮面からのメッセージが夢に現れるとも言う。「仮面に儀礼を施すことを恐れる必要は無い。神聖な仮面を持つということは、お守りを持つようなものだ」とスナトラは筆者を説得した。こうして、所有者である筆者が積極的に望まずとも、仮面は次第に神格や僧侶や供物との関係の中に取り込まれていった(16)。

これまで、仮面と神格の結び付きを深める儀礼の話をしてきたが、逆に神格と仮面の関係を絶つプロセスが必要となるケースも稀にある。仮面に再加工・修理（*odak*）を施す場合や、仮面を処分する場合などである。再加工の前には、「仮の面」から神格を一度抜き出すプロセスが必要となる。「上にあがる」という意味のグドゥウル（*ngeduur*）やドゥウラン（*duuran*）、あるいは「切り離す」という意味のングトゥス（*ngutus*）などの名で呼ばれる儀礼が行われてはじめて、その仮面を足で掴んで作業したり、ノミを入れることができる（I Ketut Kodi interview 二〇〇八年八月二九日 Ida Bagus Anom J. interview 二〇〇八年八月二一日）。元の要素へ返すという意味のプラリナ（*perlina*）という儀礼を行うとする職人もいる（Ida Bagus Anom Suryawan p.c. 二〇〇八年九月二日）。完成後は再びパスパティが施され、神格（あるいはその力）が仮面のなかへと呼び込まれる。興味深いのは、儀礼を施し神格を取り出し、既にぬけ殻となったはずの仮面が、それでも丁寧に敬意をもって扱われるという点である。再加工の作業中には、仮面の神格が様子を見にやってくるかも知れないため、作業者はその怒りをかわないように注意を払い、サントゥン（*santun*）などの供物も用意するのだという[17]（Ida Bagus Anom Suryawan p.c. 二〇〇八年九月二日）。この供物は、仮面に宿っていた不可視の存在の一時的な器として用意するのだと語る者や、この供物が作業する者を災いから守るのだという者もいる（I Ketut Wirtawan interview 二〇〇八年八月二五日、Ida Bagus Anom Suryawan p.c. 二〇〇八年九月二日）。このことからも分かるように、儀礼上の手続きを経て、神聖な力を宿さなくなった仮面も、なお、完全にニスカラの存在との関係から断絶されるわけではない。仮面のエージェンシーは、ある種の粘着性、あるいは慣性を有しているかのようである。古い神聖な仮面を処分する前にも、プラリナが行われる。プラリナを施された後に仮面は燃やされる。同名のプロセスが人間の火葬にも存在することからも、魂の器としての人間の身体と、不可視の存在の器としての仮面の類似性がみて取れる。

3　演技の反復と仮面の可変性

第三節1で紹介した、仮面が燃えてしまった演者Kは、新調した仮面に以前の仮面よりも遥かに大規模な儀礼を施し、「より良いものになった」と嬉しそうであったが、一方で昔の仮面を惜しむ様子もみせた。

> 悲しいのは、前の仮面はもう私と一つになっていたということ。色々なところでンガヤーをし、すでにオーラがあったのに……（K interview 二〇〇八年三月一四日）。

ンガヤーとは、宗教的奉仕をすることであるが、ここではトペンを儀礼で上演した経験を指している。仮面は、繰り返し使用されることによって、より魅力を増し、タクスーを帯び、また演者と馴染んでゆくとされる。演者は上演の経験をつみ、観客らの批評や助言なども参考にしながら、演技を修正してゆくことで、より仮面のキャラクターを引き出し、生き生きと演技させることが出来るようになる。こういった技術的な改良に加え、第二章で示したようにトペンの上演の多くが、報酬の一部あるいは全てを返上する、奉仕活動ンガヤーとして行われるという点も重要である。ンガヤーは、祈りにも似た行為であり、これを繰り返すことで、演者は神よりタクスーを与えられる。くわえて演者たちからは、上演の度に仮面に演者の汗が染み込むこと、それぞれの上演の前後に仮面に聖水が振り掛けられ供物が捧げられること、そして上演先の「場」のもつ力が何らかの形で仮面に蓄積されることなども、仮面の魅力が増す理由として挙げられる。演じ終わった演者が自分の汗を仮面に擦り付ける光景が見られることもある。それを続けることによって、演者の肌の色が浸みこむ、演者と仮面がより一つになるのだと語る演者もいる（I Wayan Tunjung interview 二〇〇九年八月三〇日）。

また、仮面は物理的に変化してもいる。特に自然素材を用いるワルナ・バリによって着色された仮面の場合、第二節2で述べたように、時間を経て少しずつ変色する。そしてそれらの変色した仮面は大事にされる。またワルナ・バリ以外の仮面も、月日を経て、くり返し使いこまれるうちに、小さな傷やシミが加わり、その仮面と演者の過ごしてきた時間の痕跡となる[18]。

パフォーマンスとは一度一度に生まれては消えてゆく、どこか捉えどころのないものである。とくにトペンの場合、大きな舞台装置が存在せず、儀礼空間のひっそりとした一角で演じられる。上演が終われば、それを取り巻いていた人びとは散り散りになり、その空間は、何事もなかったかのように解体し、パフォーマンスが行われる前の姿へと戻る。さらにトペンは、台本もなく即興性が高いため、舞踊、歌、物語、ジョークにいたるまで、上演先の状況や観客たちの嗜好に大きく左右され、内容は毎回変化する。繰り返される上演の履歴を刻み、魅力や霊的な力を蓄積してゆく仮面の性質は、このトペンのパフォーマンスの一回性、そして移ろいやすさと興味深い対照をなす。

写真 4-10　片眉となったスナトラのボンドレス。2010 年 9 月 30 日撮影。

写真 4-11　ムスリムのボンドレス。2010 年 9 月 30 日撮影。

このように長い時間をかけて徐々に変化するという性質に加え、仮面はより急激にその表情を変える可能性も秘めている。幾つかの事例を挙げよう。

第三章で述べたように、若手演者スナトラのウィジルの仮面には、左右対称についているはずの髭の片方が欠けている（写真3—8）。この仮面は、演者によって繰り返し使用されるうちに、髭が剥離するという偶然を経て、職人も演者も予測していなかった新たな顔を手に入れ、演者から新たな表現を引き出していた。なお後に彼のもう一つのボンドレスの仮面の、片方の眉が取れるというアクシデントに見舞われた彼は、これもまたそのままにして使用している。

一方、小道具との組み合わせによっても、仮面は大きく表情を変える。スナトラのあたり役である、イスラム教徒という設定のボンドレスが生まれたきっかけは、彼の友人がジャワから土産として持ち帰ったイスラム教徒の帽子（*peci*）であったという。彼は、先輩演者から貰ったあるボンドレスの仮面を、どのように用いてよいか分からずに試行錯誤していた。そして丁度友人が持ってきた帽子を用いて、試しにその友人の家でトペンを上演したところ、驚くほど仮面とピッタリ（*pas*）であったという。その後、彼はイスラム教をネタにしたジョークを練り、こうして、バリのヒンドゥ教儀礼にムスリムが登場するという、型破りで刺激的なボンドレスが生まれた（interview

二〇一〇年九月一三日）。筆者も何度か彼の上演を観察したが、早口でナンセンスな物語を喋りたてるムスリム男性の役柄と、大きく目を見開き上唇を持ち上げたこの仮面の表情はよく調和しているように見えた。帽子という新たなモノが加わることで、仮面は、スナトラの芸の重要な一部となった。このように、小道具などが新たに取り込まれることで、突如仮面の新たな魅力が発見されることもある。

また、仮面は塗りなおしや、修理もほどこされる。そして、先述したように、職人たちが、色の塗り直しのために持ち込まれた仮面に対し、その絵具をナイフではがした後さらに彫りを加え改良するというようなことさえあった。

このように、仮面は、一度職人の手を離れた後も、古びたり、壊れたり、修理されたり、再加工されたり、別の小道具と組み合わされたりし、微妙に、そして時には大きくその表情や性格を変える。「ペルソナ」として仮面を語るとき、そこには、既に決定され、固定化した性格を思い浮かべがちである(19)［e.g. 和辻 一九八八］。しかしこれまでの記述から明らかになったように、仮面をペルソナに還元することは、時間の経過やアクシデントによって表情を変える、仮面の動態を見失うことにつながる。

写真 4-12　同じくムスリムのボンドレス。2010 年 9 月 30 日撮影。

仮面は初め演者にとって「他者」であったかもしれないが、汗をしみこませ、儀礼を施し、共に眠るうちに、演者と、魂や霊といった次元で侵食し合う。上演の場で籠から取り出される古びた仮面は、演者にとって神格を宿す畏怖の対象であると同時に、妻や自身の一部分のような存在でもある。仮面と一体化する、という行為は上演中の装着の瞬間に見られるものであるが、このような時間をかけた長いプロセスでもある。仮面は、演者に「育てられ」、職人に再加工されて表情を変化させ、力を蓄積してゆくが、その仮面の変化は、また演者に働きかけ、愛情を喚起したり、新たな表現を生んだりする。そして変わりゆく演者の演技によって、仮面の新たな魅力が引き出されてゆく。このように仮面の変化と、演者の側の変化は相互的で補完的なものであり、このやりとりの中で両者の関係性も変化してゆくのである。

4 相続や授与——人びとを動機付ける仮面

長年使用される仮面は、変化しながら演者と益々絆を深める。しかし一方で、仮面は、演者から切り離され、別人の手へと渡り、新たな人—モノ関係を生み出すこともある。まず（特定の演者と「結婚」しているようなものを除き）仮面が演者間で貸し借りされることがある。第三章三節2で述べた、借りた仮面の表情に戸惑った若手演者Wのケースのように、演者と仮面の出会いが上手く行かない場合もあるが、新たな演者の元で、仮面は新たな演技を生じる。

くわえて、仮面は相続される。木製であるトペンの仮面は、使い方によっては、一〇〇年以上の使用が可能である。現在も続くトペン演者の家には、祖父の代から伝わる仮面が存在する。イ・クトゥット・ウィルタワン（I Ketut Wirtawan 1969-）は、かつてのトペンの第一人者カクル（I Nyoman Kakul 1905-1982）の孫であり、父カントール（I Ketut Kantor 1943-2008）を経由して、祖父の仮面一式を引き継いだ。ウィルタワンは、祖父カクルの元で習った父より、舞踊の基礎やトペンの芸を学んだ。また、ウィルタワンは村内の別の演者にも教えをうけた。さらには芸術大学を卒業し、自ら様々な実験的な作品を制作するなど新しい試みに挑戦している。彼はトペンにも、舞踊などの面で新しい要素を取り入れているという。芸が世代間で受け継がれるうちに、様々に変化するのに対し、仮面はそのものが祖父から受け継がれる。前章では、演者と仮面がそれぞれ、トペンに登場する神格の「仮の面」と「仮の胴」であると指摘した。この語は、演者と仮面の両者の関係についても示唆的である。演者が次々と仮面と取り替えながらトペンを演じるとき、仮面は文字通り、演者にとっての「仮の面」のように見えるかもしれない。しかし、仮面がウィルタワンのケースのように親から子、孫へと世代を超えて受け継がれうることや、寺院によっては仮面を所有しており、その仮面はその時代時代の地元の成員によって、上演に用いられていることを思い起こせば、演者は仮面にとって「仮の胴」でもあるというもう一つの次元がみえてくる。[20] 写真の左側は、ウィルタワンが祖父カクルから受け継いだ老人の仮面を纏い演技している姿である。この仮面はカクル自身も手を加えて制作された。先行研究［Emigh 1996 : 124］では、一九七五年にカクルがこの仮面の「仮の胴」となり踊っている写真（右）を見ることができる。

写真 4-13　カクルからウィルタワンに受け継がれた老人の仮面。左は、ウィルタワンが踊っているところ 2007 年 2 月 25 日撮影。右は、Emigh（1996:124）掲載の、同じ仮面で祖父カクルが踊っているところ。こちらは 1975 年の撮影と思われる。

　なお、ウィルタワンが相続したもののうち、プナサールの仮面は、サイズが小さすぎて着用できなかったという。このように物である仮面は、その継承が身体的、物理的に制限されるケースもあるのである。

　家に代々伝わる仮面は、その子孫たちを、トペン演者となるよう動機付けてもいる。芸術大学の元学長バンデムはかつてトペンの芸が世襲で受け継がれることが多かった理由の一つとして仮面の所有に言及した。

> 昔は、通常仮面は宮廷から得ていた。もしもその人が（演者の）子孫であれば、彼は、相続した宮廷からの神聖な仮面を所有している。だから彼は演じなければならない（I Made Bandem interview 二〇〇七年七月二八日、括弧内と傍点は筆者）。

バンデム自身も、トペンの名手であった父親のイ・マデ・クレデック（I Made Kredek 1909-1979）から仮面を受け継ぎ、それらを被って演じることがある。別の若手演者は、影絵とトペンの芸を父親から受け継いだが、相続したモノによって、人びとが芸の習得を動機付けられる様について以下のように語った。

> 影絵人形があって、仮面があって。もしも使わなければ勿体ないし（*kasihan*）、売ったり捨てたりするのも勿体ない。これは、先祖に対しても恥ずかしいこと。（Ida Bagus Anom Suryawan interview 二〇〇八年二月二八日）

ここでは「勿体ない」と訳したが、この *kasihan* というインドネシア語は、人や動物についても用いられ、「可哀想」という意味も有する。前節で述べたように、くり返し使うことで、仮面がより魅力的なものになると演者たちは語る。仮面自身が踊りたがっているのだ、という見解も様々な演者から聞かれた。まだ第三章二節で紹介したように、仮面にとって、上演はその前後に供物を与えられる機会であり、仮面はそれを欲しているのだという見方もある（I Wayan Budiarsa interview 二〇〇九年九月三日）。長いことしまわれた仮面は、亜熱帯気候のバリでは傷みやすいという事情もあるものと思われる。カクルから多くの仮面を相続した先程のウィルタワンも、それぞれの仮面がたまには上演の機会を得るように工夫している。カクルが通常狂った大臣役に用いていた仮面を、ウィルタワンは現在強い大臣役として用いる。ウィルタワンによれば、現在はトペン上演の時間が短くなり、狂った大臣役を省略せざるを得ない[21]。しかし、既に魂（*roh*）が宿っている仮面には、時々は踊る機会を与えなければならない。仮面の怒りをかわないために、彼は、時折この仮面を（通常省略されることは稀である）強い大臣として用いることにしているのだという（I Ketut Wirtawan interview 二〇一〇年九月三〇日）。

写真 4–14　カクルからウィルタワンに受け継がれた大臣の仮面。左は、ウィルタワンが強い大臣（トペン・クラス）として踊っているところ。2007 年 2 月 25 日撮影。右は、Emigh（1996:122）掲載の、同じ仮面でカクルが狂った大臣役（トペン・バンチュック）として踊っているところ。

前節では、帽子などその他の小道具との組み合わせによっても、仮面のキャラクターが引き出されたり、異なる表情が現れたりすると指摘した。このカクルの大臣の仮面も、新たな「仮の胴」を得るうちに大きく表情を変えた事例でもある。

このように、仮面は、相続されることによって、次世代の者たちがそれを継続的に用い、トペン上演を行うことを要求する。そしてさらに、相続という形ではなく、仮面を入手することがある。バンデムの発言にみられるように、かつては王が演者に褒美として仮面を授けることがあった。調査期間中にも、王族から与えられたという、年季の入った仮面を演者から見せられることが度々あった。現在でも、王からの仮面は大切にされるが、宮廷が力を持っていたかつての時代に、これらの仮面が人びとに強烈な魅力を放ったであろうことは想像に難くない。王が授ける魅力的な仮面は、そのような優れた仮面を職人に作らせることの出来た王の技量の証であり、演者が王から受けた寵愛の証でもある。それらの王の技量や寵愛の情が仮面という形で「モノ化」しているとも言えるだろう。バンデムもインタビューの際、一九六三年頃にクルンクンの最後の王イ・デワ・アグン・オカ・ゲッグ[22]（I Dewa Agung Oka Geg 1896?-1965）から父クレデックが与えられたという大臣の仮面を見せてくれた（二〇〇九年七月一六日、八月二一日）。この仮面は、クレデックが、デワ・アグンの主催する儀礼にてトペンを上演した際に贈られた。裏には、デワ・アグン自身が書き入れたという、鉛筆書きの文字が見られた。王とクレデックという今は亡き二人の関係性は、仮面という形で今もこの世に可視化されている。そして仮面は、次の世代へと受け継がれ、芸の魅力の一部となり、またそれを受け継ぐ家系にある種の威信を与えてもいる。

　仮面は、肢体を持たず、顔だけで存在するという、どこか不完全なモノである。この点において仮面は、それ自体で完結している置物などの鑑賞物と大きく異なる。職人たちは、仮面が、人間に被られ、特定の音楽の伴奏の中で動きを与えられるときに、最も強いキャラクターと、魅力を放つように工夫を凝らしている。さらには、顔の一部だけを覆う仮面も存在し、そもそもそれらの仮面は人間の顔と一体となることで初めてその表情を完成させる。仮面の内包するこの不完全さは、所有者たちに、それを被り演技するよう動機付ける。さらに言えば、仮面を贈与すること、または相続させることは、相手にトペンを演じることを促すことに繋がる。そして仮面の贈与で興味深いのは、単に相手にトペンを演じることを動機付けるだけでなく、それぞれの仮面の表情によって、特定の演技や表現が動機付けられるという点である。勿論、仮面によってどのような演技が生まれるのかは、それを受け取る演者の側にも依存している。しかし、通常演者が仮面の表情に沿った役作りを目指す以上、仮面を贈与するということは、特定の表情の仮面によって、彼の演技に何らかの提案をすることにもなるのである。

芸の伝承地域の拡大という点においても仮面の贈与は効果的なようだ。仮面職人で芸術大学の教員でもある先述のチョコルダ・ティスヌは、トペン演者の活動を活性化させたり、トペンの習慣が希薄な地域に上演を根付かせたりする目的で、演者や寺院に仮面を贈ることがある（Cokorda Raka Tisnu interview 二〇一〇年九月一六日）。彼は時折、バロン（*barong*）など別の仮面の注文を受けた際に、残った木材でシダカルヤなどトペンの仮面を作りその顧客に無償で提供するのだという。彼自身は仮面を贈る際に、舞踊や演技など技の伝授をしないこともある。それでもトペンの上演がその地に根付くのか、という筆者の質問に対して、実際に彼が仮面を贈ったブレレン県のある集落の例を想定しながら確信をもった口調で以下のように説明してくれた。

> そこにはＩＳＩ（芸術大学）の卒業生たちがいて、彼らは既に演技に慣れている。（地元にはいなくとも）近隣にはそういう人たちがいる。（中略）そのような、付け足し（の仮面）があれば、自動的に彼らはそういった人びとを探すように努力する。その人を手本にして、彼らができるように、真似できるように。（Cokorda Raka Tisnu interview 二〇一〇年九月一六日 括弧内は筆者）。

チョコルダ・ティスヌの手を離れた仮面は、遠く離れた土地で、人びとにトペンを上演するように働きかける。彼の意図は、仮面を通して、空間と時間を隔てたところで働く。ジェルの言葉を借りれば、この職人の人格が、仮面へと分配されているのである(23) [Gell 1998]。ただし、彼の意図が結実するには、当地の付近にトペンを教授できる（芸術大学の卒業生等の）芸能家、そしてその芸を吸収できる当地の人材が必要である。もしもチョコルダ・ティスヌの見込みどおりであれば、仮面は、芸能家と仮面を贈られた人物とを引き合わせ、ブレレンのその集落にトペンの芸を根付かせるであろう。チョコルダ・ティスヌは、仮面を贈ることは、トペン文化の保存の行為であるとも語っている（Cokorda Raka Tisnu interview 二〇一〇年九月一六日）。自分が贈った仮面は、贈与相手の子供や孫に受け継がれ、上演に用いられる。なお、チョコルダ・ティスヌは、仮面を（販売ではなく）贈与することで、相手は自分のことをより敬意をもって思い続けるのだと語る。支払いを受ければ、お金はいずれ使い切ってしまい、相手は自分のことを忘れる。しかし、無償で与える事によって、相手はずっとその後も自分のことを思い出し、慕う。無論、現代は現金を稼ぎ、雇っている職人たちにも支払いをしなければならず、仮面を販売することも必要だが、と付け足しながらも、彼は、仮面を贈与することで得られる、演者から慕われ続ける関係には、いくらの値段にも換えられない価値があるのだと強調する（Cokorda Raka Tisnu interview 二〇一〇年九月一六日）。

これらの言葉からもうかがい知れるように、この世に残り続ける仮面を所有したり贈ったりする行為の中には、未来への期待や予感が織り込まれてもいる。筆者がインタビューした演者の中にも、（自分自身が世襲の演者であるか否かに関わらず）息子や親族の青年がいずれ演者となり、自らの仮面を受け継いでくれることを期待している様子を見せる者が少なくなかった。このことを社会の単位でみれば、仮面が存在するかぎり、未来にわたって、トペンという芸が存続するであろう、という人びとの安心感や期待感につながってもいる。ジャーナリストのプトゥ・スティア（Putu Setia）は、バリの芸能には流行り廃りがあり、一時期一世を風靡したジャンルがやがて人気を失い衰退してゆくことがあるということを述べた文章のなかで以下のように記している。

そうしたなかでトペンだけは、ガンブーやアルジョとちがって、完全には消え去らないかも知れない。というのは、トペンに使われる仮面（バリ語でタプル *tapel*）は、まだその多くが寺院などに保管されているからだ[24]。それらの仮面は聖なるものとされて、大切にしまわれているのである［スティア 一九九四：一七三］。

ガンブーもアルジャも仮面ではなく化粧を用いる演劇ジャンルである。トペンと隣接するこの二つの歌舞劇と対比しつつ、仮面という形ある物が存在し続けることによって芸の伝承を後押しするトペンの特徴が指摘されている。実際には、しまいこまれた仮面が、長い間使われないままとなることはある。しかしそれでも、仮面が保存されている限りは、いつか「あの仮面を踊らせてみたい」と動機付けられる者があらわれるかもしれない。このように、この世に留まり続ける仮面は、過去の上演の経験の蓄積をするのみならず、人びとに未来へとつながる期待感や可能性をもたらしてもいる。

四　モノが芸能を育む

1　舞台裏での仮面の働きと物性

化粧や、台本のテキストで与えられるような抽象的な「役柄」とは異なり、具体的な「物」である仮面は、完成前から職人や僧侶といった人びとと関わり、また上演のあとも、演者宅へと持ち帰られ、演者や関係者たちから世話をやかれる。一定期間存在し続けるという仮面の物性から出発した本章は、これらの上演の前後に展開する仮面と人びとのやりとりについて考察してきた。本章からは、仮面が「演者の変身」[Coldiron 2004]の文脈を離れても、実に多様な方法で人びとに働きかけ、人びとから行為や感情を引き出している様子が明らかになった。

神格の「仮の面」である仮面は、それを被る演者に超自然的な力を授けるだけでない。仮面は、神格を可視的で可触的な存在にし、人びとから継続的な供物の献上という行為を引き出したり、また逆に人びとに供物のお下がりを与えたり、時にはお守りのような働きをしたりしてもいた。

さらに仮面は、単なる神格の器にも留まらない。一度職人の手を離れた仮面は、演者をはじめとする人びとと関わるなかで個別のエピソードを蓄積している。それぞれの仮面がどの様な働きをするのか（あるいはしないのか）は、これらのエピソードにも大きく依存している。これらのエピソードや神聖な力やタクスーを帯びた仮面は、舞台を降りた後も、人びとをひきつけ、様々な行為や感情を引き出す。既出の事例では、人びとを演者になるよう動機付けたり、演技を導いたり時には惑わせたりした。誤った場所に置かれたと燃えて怒りを表明したり、王が授けた仮面として人びとに畏怖を喚起したり、古びた色合いで演者に愛着を抱かせたりもした。ではこれら仮面が舞台裏で行う多様な働きにおいて、仮面の物性はどのように作用していただろうか。

第一に、冒頭から注目している「長期にわたって存在し続ける」という仮面の物性が、これらの人びとと仮面の舞台裏での関わりを可能にしてきた。既に述べたように、トペンという演目は一回性や移ろいやすさを特徴とする。しかし、くり返し上演に用いられる仮面は、この世に存在し続け、既に消えてしまった上演という出来事を、魅力や霊的な力として蓄積し、未来の上演へとつなげる。この点については次節でも詳述するが、ここで確認しておきたいのは、仮面が残ることによって芸の存続が促されるという、化粧を用いる他の芸能にはない、仮面劇独特の伝承経路を生んでいた点である。仮面が世代を超えて受け継がれ得るという点は重要である。仮面が「仮の面」であるように、演者もまた「仮の胴」である。そして仮面と同様、人間の身体も経験を蓄積し芸を成熟させてゆく。これらの点に着目すれば、トペンは、人間の身体と仮面という二つの「モノ」が共に育む芸能であるといえる。しかし、仮面は演者の肉体とは異なる時間の流れを有している。既に亡くなった職人の作った仮面や、今は亡き祖父と共に経験を積んだ仮面は、現在も受け継がれ、更なる上演を重ねている。なお、仮面作りの現場では、過去に制作された仮面がこの世に残り続けることで、手本として、現在の職人たちに（部分的に、あるいは全体的に）参照されていた。過去の職人の仕事は、仮面というモノが残ることで、現在の仮面制作にも影響を与える。

第二に、受け渡し可能であるという物性を備えた仮面は、人びとの手から手へと渡ることによって、元の所有者の意図や力や経験を媒介するように働く。仮面は時に贈与物となる。王や仮面職人といった仮面の贈り主の意図や社会的威信、これまで仮面に汗をしみ込ませてきた過去の所有者（演者）たちの上演経験、そして彼らが施してきた儀礼の数々は、仮面が受け渡されることで、新たな所有者に対し効力をもち、彼（彼女）が演者となるよう動機付けたり、新たな表現を生んだり、愛着を喚起したりする。また仮面制作の場面では、ある工房で作られた仮面が、演者によって別の工房へと持ち込まれることで、仮面のデザインや制作技法が、工房間で行き交ってもいた。

第三に、使い込まれるうちに仮面が蒙る、劣化や破損といった物理的変化もまた仮面の働きの源泉となりうる。変色や劣化、そして炎上といった形で露呈する仮面の物性は、それぞれ仮面が重ねてきた「年齢」の痕跡となり、また仮面から去っていた神格の怒りの現れとなっていた。そしてこの仮面の物理的変化は、片髭が取れるという事例にもあるように、偶然性を含んでもいる。そのなかで、仮面は、人びとが予想しなかったような、新たな表情を身につけたり、新たなトペンの演技を引き出したりもする。年をとったり、怒りを表したり、新たな演技を引き出したりという、物らしくない仮面の働きは、劣化や破損という、実に物らしい現象から生じているのである。

2　縦と横、二つのネクサス

樹木の一部が切り離され、仮面となり、上演を重ねるなかで、仮面はその形や表情を変化させてきた。仮面と、演者を初めとする人びととの関係性も静的なものではないことはこれまでみてきたとおりである。本章の冒頭から述べてきたように、この舞台裏の仮面を巡る人びとやモノの相互作用の総体を一つのネクサスとして捉えたい。

このネクサスには、樹木、職人、演者やその家族や芸を受け継ぐ子孫たち、贈り主などの人びと、仮面に関連する儀礼を執行する僧侶や、それらの儀礼に証人として参加する者たち、そして、職人の道具や供物や、上演に用いられる他の小道具といった多様な人とモノが出入りする。上演中の演者が自由に演技を展開するのではないのと同様、職人が自分の力だけを頼りに仮面を生み出すのでも、演者が思うように仮面を育てているのでもなかった。職人は、作りかけの仮面に導かれるという側面があり、神格にタクスーを与えられることを願いつつ作業をする。暦上のタイミングや自身の集中度などの条件を鑑み、他の職人と協働しつつ制作を行う。演者も仮面に供物を捧げるものの、仮面にそれを要求されているという側面もある。また演者は仮面に導かれるように踊るのであるから、その仮面の中に工夫を凝らした職人によって踊らされている、という意味で演者は職人のペーシェントでもある。一方、演者が巧みに仮面を踊らせてはじめて、職人の作った仮面の魅力が引き出されるのであるから、職人は演者のペーシェントでもある。このように、このネクサスも、互いに互いがエージェントでありペーシェントであるような、人とモノ、そしてモノを介した人と人のエージェンシーのやりとりによって構成されている。そして仮面の魅力や霊的な力は、職人の能力や、演者が僧侶の手を借りながら施してきた数々の儀礼のみならず、材料となった樹木や、埋め込まれた石の力などに依るところも大きい。

ところで、演者と仮面が上演を重ね芸の魅力を増してゆくこのネクサスは、動的でありながらも、比較的安定的なものにみえる。しかし、ウィルタワンのプナサールのように、相続してもサイズが合わず結局使用できなかったり、受け継ぐ者がおらず演者の亡きあと籠にしまい込まれたままとなったりする仮面もあり、またKのように仮面自体が燃えてしまうケースもある。このように、長期的に続く舞台裏のネクサスもまた、上演のネクサスと同様、脆さや解体の可能性も抱えている。

第三章でみたトペン上演という一回の出来事を、空間的に広がる「横のネクサス」と呼び、本章で紹介した仮面制作から始まり舞台後も続く人びとと仮面とその他のモノの持続的なやりとりを、時間の中に広がる「縦のネクサス」と呼びたい。この二つのネクサスは、互いが互いの一部であるような関係にある。『*Art and Agency*』の終章で、ジェルは、スケッチや予備的作品をも含む作品の集積の中にみられる、作品間の把持と予持の関係を指摘し、作品のエージェンシーが四次元的に広がると論じていた［Gell 1998：232-258, 内山田 二〇〇八：一六一、一七二―一七四］。今回の作品は、以前に作られた作品に影響され、また、未来の作品の予備的作品ともなる。上演前に供物を捧げ、籠を開け、仮面を手にとる演者は、仮面に施された儀礼、繰り返し捧げられてきた供物、自分や別の演者と共に演じてきた数々の経験といった、仮面の歴史を知っている。それゆえに仮面は演者に対して畏怖や愛情を喚起する。多くの観客はこれらのエピソードを知らない。しかしそれでも、うやうやしく仮面を頭の上に載せて寺院へとやってくる世話人の姿、仮面に刻まれた小さな傷や変色の跡、演者が丁重に仮面を扱う態度、そして何より、仮面と慣れ親しんだ演者が装着するなり仮面の手足となって動き出す姿は、人びとにこれまで仮面が紡いできた縦のネクサスの存在、過去に仮面に対して働いた多様なエージェントのエージェンシーを推量させる。また、今回の上演もまた、仮面と演者がタクスーを蓄えるための一つの経験となり、さらに未来の上演の魅力を支える。トペンの上演とは、このように、過去からの人・モノの動きを含みこみ、また未来への期待や予感をも帯びた営みなのである。

既述のように、舞台後も存在し続ける仮面の持続性、人びとの間で手渡される譲渡可能性、時間の履歴を物理的に刻む可傷性は、どれも仮面の働きの中で重要な作用をもつ物性であるが、これらの物性は、トペンの上演（横のネクサス）を、演者のみならず、直接上演の場には現れないが舞台裏で仮面に関与した、沢山の人びとの意図や働きが交差する場にしている。上演に姿を現すのは、たった数名の演者と一揃いの仮面のみである。しかし、仮面を作り「育てる」過程に関わった、職人、演者の家族、僧侶、仮面の儀礼の証人となった友人たち、そしてかつての所有者や仮面の贈主のそれぞれの働きが、縦のネクサスを構成しており、それが上演という横のネクサスにおいて観客を魅了したり、畏怖の感情を引き出したりする仮面の演技を支えているのである(25)。

おわりに

このように、仮面はモノ独特の方法で、しかも人間の身体とも異なるやり方でトペンという営みを育んでいる。長年の人びととのやりとりの結果、多くのエピソードを刻み、力を蓄えていった仮面が相続されることにより、次世代の者たちがトペンを学ぶよう動機付けるのである。この点は、仮面が舞台裏で行う働きの中でも最も重要なものの一つであると思われる。

次章では、仮面による演者への動機付けも含め、演者が生まれ、芸が育まれるプロセスに目をむける。

註

（1）筆者は、この工房で数週間にわたり仮面作りを習いトペン・クラスの仮面を制作した。工房の人々が道具に周期的に供物を捧げていることを知った筆者は、職人の一人に月経中は作業を行ってもよいかと確認した。バリでは月経中は穢れと見做されるからである。職人は、そのことについて考えたことがなかったと、と迷いながらも、念のため作業を休むよう筆者に助言した。

（2）全てのカーストの出身者が、仮面職人になることができるが、寺院の御神体など、特に神聖な仮面の制作や修復には、ブラフマナ階級や王族階級の職人を選んで依頼する場合がある。

（3）そのほか稀に、木の節や歪みなどを生かした、いびつな表情の仮面が制作されることもある（I Dewa Cita interview 二〇一〇年九月二四日）。

（4）材料に適切な木材の条件は（1）適度な重さ（軽さ）（2）柔らかいこと（3）乾燥しやすさ（4）細かい繊維（5）耐久性（6）

強度（7）傷がないこと（8）虫がつながいこと、である［Putra 1977 : 20］。

（5）ちなみに、家屋に使われる柱の場合にも、同様に上下の向きに注意が払われる。

（6）ワルナとは、色の意味であり、ワルナ・バリとは、直訳すれば「バリの色」である。しかし、その原料は、バリ内で全て生産されているわけではない。筆者が滞在した期間の途中から、ジョグジャカルタで作られているとされる素材、ハンチュール（*hancur*）の供給が停止し、職人たちの間で問題になっていた。ハンチュールの供給停止は、数ヶ月前に起こった、ジョグジャカルタの大地震によって、生産が壊滅したためであると説明された。

（7）仮面は、仮面にある目の下のスリットから演者が視界を確保するタイプと、目の部分全体が大きな穴になっており、演じ手の目がそのまま見えるようになっているタイプの二つがあり、ここの記述は前者のタイプの仮面についてである。また目を重視する傾向は、仮面を用いないものも含め、バリの舞踊全体にみられる。

（8）前章では、タクスーのある上演になるようにと、天然石の入った指輪を装着する演者について言及したが、仮面にもそれらの天然石が用いられる。演者は、石に霊的な力や魔術的な力を込める儀礼を施している場合もあるが、夢を通じたお告げにより、寺院など神聖な場所で特別な石を発見していることも多い。それらの石は指輪や仮面のほか、剣や頭飾りなどに埋め込まれていることがある。

（9）この儀礼については、Slattum & Schraub［2003］のpp.24-25も参照。

（10）このラトゥ・グデとラトゥ・アユは、一般的にそれぞれバロンとランダと呼ばれる形状の仮面であるが、御神体となっている仮面の場合、バロンやランダとは通常呼ばれない。

（11）樹木のエージェンシーに注目した論考にJone& Cloke［2008］がある。そこでは、樹木の成長などの変化と、それに対応する人間との相互作用によって、歴史のなかで、場が、物理的な面でも、また社会的な意味付けの面でも変化してゆく過程が描かれる。樹木の成長や変化に伴い、人間の側が予期していない行動や感情が、時間をかけて引き出されてゆくという指摘は、本書の事例が示唆する点と共通している。ただし、Jone& Cloke［2008］では、木々が常に場と関連付けられた上で考察される。樹木のエージェンシーが特定の場、そしてそこに関わる人びととの関係において発揮されるという視点は重要である。しかし、本書の事例にみられるように、樹木は切られた後も木片となり、加工され、移動可能なモノとなって、人びととの新たな関係に入ってゆくことがある。そこから引き起こされる出来事にも目を向けることで、樹木のエージェンシーのより多面的なあり方が明らかになる。

（12）よく知られているように、バリ語には「芸術」あるいは「芸術家」に該当する語がない［コバルビアス 一九九八〈一九三六〉：一九四］。しかし、国語となったインドネシア語の「芸術家」を表す「セニマン」という語は、現在充分浸透しており、踊り手や演じ手、影絵師、音楽家、仮面職人、画家や彫刻家などを包括する語として用いられる。

(13) ムサカパンは「結婚」の意であり、人間同士の結婚を指す語でもある。ガムランチームが自分たちのガムラン楽器一式とこのムサカパンを行っているケースもある。

(14) 二一〇日周期のウク暦では、様々なトゥンパックと呼ばれる日があり、それぞれ特定のものを祀る。たとえば、鉄製のモノを祀るトゥンパック・ランデップは、先述のように仮面作りのノミなどの道具に供物を供えるほか、トペン上演に使う剣も祀られる。さらに、木を祀るトゥンパック・ウドゥ（*uduh*）、影絵人形を祀るトゥンパック・ワヤン（*wayang*）、家畜を祀るトゥンパック・カンダン（*kandang*）などがある。トペンの仮面は、トゥンパック・ワヤンに祀るケースが多いように見受けられるが、どのトゥンパックで祀るのかについては、厳密な決まりはない。演者によってまちまちであり、演者のポリシーや代々の慣例によって、特定のトゥンパックの日を一つ選び、以後毎年その日に仮面に儀礼を施す。

(15) 少なくとも筆者の滞在したマス村では、上位カーストの者は、自分たちよりも下のカーストの者たちが祖霊に捧げた供物を決して口にしない。この点からも、ルンスランには、具体的にそれを捧げた先の神格の力が宿っていると考えられていることがわかる。

(16) 仮面と同様、筆者の身体もまた、供物や神格や僧侶との関係に取り込まれていった。筆者はシダカルヤを担当しないため、浄化儀礼プウィンタナンは行わなかったが、数名の友人たちからは受けることを勧められた。しかし、その中で、生まれてから通常のバリ人であれば受ける数々の通過儀礼を経験していない筆者が、果たしてプウィンタナンを受けることが可能であるか、という点で周囲の人びとの意見が分かれた。結局ムルカット（*malukat*）と呼ばれる、聖水を浴びる清めの儀礼を受けた。これも、あまりに頻繁に儀礼のトペンに参加する筆者の身の安全を期した下宿先の家族や友人らの勧めによる。このムルカットは、夢見が悪かった際にも行われる、人びとにとっても身近な儀礼である。

(17) ランダやバロンの形をした御神体の修理もしばしば行われる。寺院が所有するケースの多いこれらの仮面の場合、再加工の手続きも大掛かりなものとなる。筆者の観察したケースでは、タバナン県からタングーの工房へと数個の御神体が持ち込まれたが、タバナンの村から常時四、五人の男性が交替で工房に泊り込の番をしに来ていた。仮面部分はタングー宅の屋敷寺の中で加工され、西の東屋にはタバナンから運ばれたという供物が置かれていた。これは一時的に神格が立ち寄るための場所（*persinggahan*）であるという（I Made Sutiarka p.c. 二〇〇八年八月二五日）。

(18) また逆に、長い間使わなかった仮面は、湿気の多い亜熱帯の気候も関係し、特に髭や眉の部分に取り付けられた動物の皮製のパーツが激しく劣化する。

(19) 和辻は、顔を思い浮かべることなしには、相手を思い浮かべることが不可能であるということなどから、人間存在における顔の中心性を指摘した［和辻 一九八八：一二］。そして和辻は、このことから、仮面は単なる彫刻ではなく、ペルソナ、つまり人格そのものであり、人間という肢体を得て行為する主体であると論じた［和辻 一九八八：一七］。人格（ペルソナ）を仮面と結び付けてとらえる議論は、M・モースや坂部恵によっても展開されているが、両者の関心は仮面そのものよりもむしろ、人格概念や人間存在の仮面性に向けられている［モース 一九七六、坂部 二〇〇七］。和辻と坂部の議論の対称性は、吉田憲［二〇〇五：一五四］でも指摘されている。

(20) 能を中心とした日本の面について考察した和辻も「実際には役者が面をつけて動いているのではあるが、しかしその効果から言えば、面が肢体を獲得したのである」と述べている［和辻 一九八八：一五―一六］。

(21) コディによれば、近年大規模な儀礼が増え、最高僧プダンダが多くの儀礼を掛け持ちしており、それに伴って一度一度の儀礼の執行時間が短縮される傾向にあるという［Foley & Sedana 2005 : 208］。

(22) デワ・アグンは、宗教や文学の知識にも通じており、インドネシア共和国成立後もクルンクン内外で大きな影響力をもった［ヴィッカーズ 二〇〇〇：二一九―二二〇、二六五―二六六］。

(23) ただしここでは、分析上、ジェルの人格概念を適応しているのであって、この仮面が（バリ人の人格概念においても）職人の人格の一部であると捉えられているかについては、さらなる調査と考察が必要である。バリの人格概念とジェルの分配された人格の概念の共通点と差異点については、別の機会に考察したい。

(24) 現在トペンの仮面の多くは演者の所有である。しかし、地域によっては、かつて仮面は寺が所有することのほうが一般的であったようである。

(25) この縦のネクサスの議論は、ラトゥールの言う「畳み込み」とも関係がある［ラトゥール 二〇〇七：二二五―二四四］。ラトゥールが挙げた例の一つは、オーバー・ヘッド・プロジェクター（ＯＨＰ）であるが、彼はその一台の中に、多数の部品、そしてそれの製作に関わった人びとの働きが畳み込まれていると指摘する。ラトゥールの言葉を借りれば、仮面を作ることに関わった職人、仮面を演者に与えた贈与主、仮面を神聖化した僧侶や証人となった友人たち、日々供物を捧げた演者の妻、仮面に汗を浸み込ませてきた過去の演者など、過去のアクターの働きが、仮面に「畳み込まれて」おり、それが上演の場で仮面の魅力や霊力となって発動する。ただし、このトペンの仮面における畳み込みは、ＯＨＰの例が示すような、物理的な働きかけのみの連なりから構成されているのではない［ラトゥール 二〇〇七：二三四―二三八］。ＯＨＰに畳み込まれていた数多の部品やそれに関わった人間たちの動作は、ＯＨＰが作動することによって、現在に発動する。他方、仮面に畳み込まれた人びとの働きが、現在のトペン上演で発動するかは、人びとの記憶や感情などにも依存しており不確かである。たとえば、過去に仮面を育てタクスーを込めてきた先人演者の働きが、上演において、タクスーという形で発揮され、現代の観客を魅了するかどうかは、演者の実力やその他の諸々の状況にも依存している。本書がトペンの仮面の事例から明らかにしたのは、こういった脆さや不確定性や曖昧さを抱えた人とモノそして不可視の存在の連動や連関である。

第五章　演者が育まれるプロセス

――「プロフェッショナル」から「ローカル」まで

はじめに

トペンの中でも、一人で全ての役柄を担うトペン・パジェガンは、踊り、歌、仮面の演技といった総合的な技術、そして歴史や宗教に関する幅広い知識を必要とする。第一章でも紹介したように、トペン・パジェガンは一握りの「プロフェッショナル」によって担われる演目として描かれてきた。

ガンブーや他のワリ[(1)]のジャンルとは異なり、トペン・パジェガンの踊り手は、普通その儀礼を祝っている集団のメンバーではなく、それに従事するプロフェッショナルである。（中略）多くを要求するトペン・パジェガンの上演に十分な全ての要件を満たすメンバーを誇ることができる村は少ない。（中略）現在バリでまだ活動をするトペン・パジェガンの演者はたったの一ダースである［Bandem & deBoer 1995〈1981〉: 55-56］。

バリ社会では芸能の上演が現金収入と結び付かない場合も多く、バンデムらがここでいう「プロフェッショナル」とは、生活の糧を芸能活動から得るという意味よりも、特殊な技能を操り、芸能を中心とした生活をおくる専門家という意味合いが強い(2)。トペン研究が最初に盛り上がりをみせた一九八〇年前後の研究では、エミグとダンがこのトペン・パジェガンを中心に扱ったことも影響してか、一部のプロフェッショナルな演者たちの芸能実践の分析が中心を占めていた［Dunn 1983, Emigh 1996, Young 1980］。そして近年の研究でも、一部にはトペン演者を一握りの高い専門性を有する者たちとして描く傾向が依然存在する［Rubin & Sedana 2007 : 126, Diamond 2008 : 246-247］。

しかし実際には、高い専門性をもたないが、地元を中心に、細々と活動を展開する演者たちも存在する。そして先行研究でも指摘されるように、現在は地元で演者を調達できる村も増えてきている［Tatu 2007 : 198］。儀礼の文脈では、プロフェッショナルな演者もそうでない者も、しばしば謝礼や待遇の面でも区別されずに上演を担っている。特に現在は、第一章でみたように、トペン・パジェガンの登場人物を複数人の演者で分担して担う形式が主流となっており、全ての役柄を演じる技能がない演者も、二、三人でそれぞれの不得意分野を補いながら、上演を成立させることが可能である。現在、トペン・ワリの上演を担っている者の大半は、むしろそのような無名で、プロフェッショナルとは呼び難い演者たちである。彼らは、地縁や血縁や知人のつてを頼って上演機会を得る。このような無名の演者たちを本章では「ローカルな演者」と呼ぶこととする。なお、彼らは遠方に住む親戚や友人の儀礼に呼ばれて上演することもあり、その活動は必ずしも地理的に限定されない。しかしこれらの演者は、自身の地縁や血縁および個人的な交友関係の範囲を除いては、トペン演者としてほぼ無名である。対照的に、バンデムらによって「プロフェッショナル」と形容されたような数少ない卓越した演者たちは、その名を広く知られ、遠方からも上演依頼が舞い込む。この「ローカルな演者」とは、バリ社会の中で一つのカテゴリーとして存在するわけではなく、分析の枠組みとして筆者が便宜的に設定したものである(3)。バリには、世界的に名を知られ海外公演を繰り返す演者もいれば、対照的に年に数度地元の寺院の周年祭で上演するのみの演者もおり、その二つの極の間には、様々なレベルで活動を展開する演者たちが分布している。コディは、八〇年代からトペン演者の数が増加していると指摘する。彼によれば、これらの比較的若い演者たちには、かつてのプロフェッショナルな演者たちにはみられないような芸の未熟さがある［Kodi 2006 : 65-66］。

本章の一つ目の目的は、ローカルな演者たちが芸を習得するに至ったプロセス、そして現在の活動状況を、プロフェッショナルな演者とも比較しながら明らかにすることである。本章の二つ目の目的は、プロフェッショナルな演者を中心に担われてきた芸能が、より幅広い人びとに開かれてゆく過程には、どのような要因があったのかを考察し、このことがトペンの芸のあり方にいかに作用したのかを明らかにすることである。本章は、多くの人びとをトペンの演技へと駆り立て、また彼らの芸の習得を助け、時に拙い演技を許容しつつ上演機会を供給しているエージェントたちの働きを追う。

トペンの演者が生まれる過程を、かつて集落や檀家集団などの共同体に所属する形で劇団が結成されることが多かった歌舞劇アルジャのケースと比較することは興味深い。こういった、一つの集団の成員たちによって演じられるアルジャは「アルジャ・スブナン（*sebunan*）」と呼ばれる。[4] 増野によれば、アルジャ・スブナンの活動では、共同体が様々な段階で演者たちの活動をサポートする。たとえば、共同体は成員の中から適性のある者を選抜し、指導者を雇い、稽古のスポンサーとなり、初舞台を設定する［増野 二〇〇四a：三二―三五］。そして芸の習得は、共同体のメンバーが見守る中で行われる。練習は、公的な場で共同体の人びとが自由に眺める中で行われ、また初舞台は共同体のメンバーや神々へのお披露目の機会となる［増野 二〇〇四a：三五］。

他方、トペン演者は通常そのような母体をもたない。彼らは、地元の村や集落や自身の属する檀家集団と無関係ではないが、彼らのトペンの活動はそれらの共同体の傘下にあるわけではない。彼らは、それぞれが個別に芸の習得の機会を得て、共演者と出会い、周囲にトペン演者として認知され、上演機会を得ることになる。本章が着目するのは、まさにこのような体系化や組織化がなされていない演者誕生のプロセスである。(5)

一　プロフェッショナルな演者を支えるエージェント──王宮・観光客・芸術学校

王国時代の物語を演じるトペンは、元々王宮との関わりが深く、王族がパトロンとしての影響力を持っていたと考えられる。ダンは、一九〇六年生まれの文学者でトペン演者でもあったイ・クトゥット・リンダ（I Ketut Rinda）のライフヒストリーを記録している［Dunn 1983］。その記述からは、王家が彼の芸に寄与する重要なエージェントであったことが理解される。スードラの家に生まれた彼は、僧侶の家（*geriya*）で古文書ロンタル（*lontar*）を読み、王宮に仕え舞踊を教えながら様々な文学的知識を吸収した。王宮に所有されているババッドを読み、王族からトペンも習っている［Dunn 1983 : 82-83］。

王宮に呼ばれ芸を披露すること、王族の寵愛を受けることは、芸能家にとって非常に名誉なことであった。現在でも人びとは、父親や祖父が王宮で上演していたというエピソードを誇らしげに語る。第四章でみたように、王が演者に褒美として授けた仮面は演者の特別な愛着を引き起こしてきた。ただし、ダンが調査した一九八〇年前後には、既に、王家に代わって、観光業が演者たちを支えるようになっていた［Dunn 1983 : 86-87］。従来よりバリの演者たちは、芸を教えたり上演したりする対価として、労働力や物品を受け取っていたがますます演者が現金収入の得られる仕事、すなわち観光客に教えたり、観光客向けに演じたり、学校で教えたりすることに依存するようになっていった(6)［Dunn 1983 : 86］。くわえて、第一線の演者の場合、海外公演という現金収入の機会もある。これは、単発的に大きな収入源になるほか、彼が第一線の演者であることの印ともなる。序章冒頭のエピソードにも見られるように、人々はある演者がいかにプロフェッショナルであるかを述べるときに、しばしば海外での上演経験の有無に言及するからである。

また現在では、高名な芸能家には、芸術系学校の教員という就職の道が開かれている。リンダも一九六七年から芸術アカデミーＡＳＴＩでカウィ語と歌を教えていた。一九六〇年にバリ初の芸能を専門的に教える学校ＫＯＫＡＲが設立されたが、リンダは教員の第一世代でもあった。現在のトペンの第一人者コディもまた、芸術大学の影絵科で教鞭をとる。コディの場合、自らも芸術系の高校と大学で学んだ経験を持つ。彼のライフヒストリーは、Foley & Sedana［2005］のインタビューに詳しいが、そこでは、コディが影絵人形の作り手の祖父と、仮面職人の父をもつなど、トペンや影絵と関わる家庭に生まれたこと、そして物語や歌を聞かされ、仮面作りを学んで育ったこと、また芸能が盛んな地元シンガパドゥ村で、近隣の名演者たちの指導を受けたことなどが語られている。その中には地元の王族も含まれる。芸術系学校出身の者たちは、往々にして彼のように、学校での学びと併せて、学外の芸能家からも学ぶ。

以上の記述からは、かつては王家が第一線の演者を経済的に支え、芸の習得を促していたものの、少なくとも一九八〇年頃には既に外国人の観光客や愛好家がそれに代わり、演者に対して特に経済面で影響を与える存在となっていたことが理解される。また、芸や知識の伝承の面では、従来からの、村の知識人や先輩演者だけではなく、公教育、特に一九六〇年代以降の芸術系教育機関が学びの機会を提供するようになった。またこれらの教育機関は、演者に就業機会も提供している。

二　トペン演者数と属性の近年的変化――一九七〇年代と比較して

八〇年代からトペン演者の増加がみられる、と述べたコディの言葉を手がかりに、それより前の七〇年代と現在でのトペン演者の質的量的変化について考えよう。ここではまず、トペンが盛んな村の一つであるマス村を例にとり、演者の属性や活動状況を世代別に考察する。現在も活動を続ける年配演者イ・クトゥット・ルパによると、彼が父に連れられて兄と共にトペンの活動を開始した七〇年代前半、村で活動していたのは上の表の演者たちであった。

比較的年配の演者たちが多いところへ、ルパを含む三人兄弟が加わった、世代交代の時期であった。「Ida Bagus（文中ではI・B・と表記）」とは、ブラフマナ階級の称号である。「Anak Agung（文中ではA・A・と表記）」は王族の称号である。文学に精通していた王族階級（*satria*）出身のA・A・ブルサットは、一九八六年に他界したが、マス村を代表するトペン演者であった。彼は「優美で洗練された（*alus*）」舞踊が得意で、若い頃は、歌舞劇アルジャの優美な王子マントリ役や優美な王女ガルー役（*Galuh*）も担っていた。彼は地元の儀礼で上演したほか、シンガパドゥ村やバトゥアン村の演者、そしてリンダと共演した。A・A・ブルサットは、ウブドの王宮で行われていた観光客用の公演に老人の舞トペン・トゥアでレギュラー出演し、バリスも別の観光客向け公演で踊っていた。マス村の人びとは彼が全島レベルの、王の舞トペン・ダレムのコンテストで一位を受賞したことを記憶している。そして彼もまた海外公演の経験者であり、日本や米国での公演に参加したことがある。娘によれば、彼はこの村で誰よりも早くラジオを所有したが、それはこの日本公演時の土産であった。彼は文学に長けていた。娘は暇さえあれば本を読んでいた父の姿を記憶している（interview 二〇〇七年四月一二日）。彼の元には、芸術アカデミー

表5-1　1970年代初期のマス村のトペン演者

組		氏名	生年(1)	他の演者との関係	世襲	SKの有無(2)
A	1	A. A. ブルサット Anak Agung Bersat	1900?			○
B	2	I. B. グロドッグ Ida Bagus Gelodeg	1912		○	○
	3	I. B. グリア Ida Bagus Geria	1927	IB. グロドッグの従兄弟	○	
C	4	イ・マデ・アダ I Made Ada	1905頃			○
	5	イ・マデ・スアラ I Made Suara	1939	アダの息子	○	○
	6	イ・ニョマン・カレール I Nyoman Kaler	1946	アダの息子	○	
	7	イ・クトゥット・ルパ I Ketut Rupa	1947	アダの息子	○	
	8	イ・クトゥット・ガンタス I Ketut Gantas	1935			(○)

(1) かつてのバリでは、それほど生年月日が意識されておらず、記録を残していないケースが多々ある。息子や娘などの記憶を頼りに生年を割り出したが、ここに表記したものから数年の誤差がある可能性は大いにある。
(2) SKの欄には、シダカルヤ役の担当の有無を記した。通常は担わないが、例外的に数度上演した経験がある場合には（○）と表記した。

ASTIやヨーロッパ人を始めとする外国人の生徒が学びに来ていた。ASTIからは教えに来るように打診を受けたこともあるが年齢を理由に断った。

ルパによれば、当時のマス村の演者は大まかに二つのグループに分かれる。一つは、影絵師や仮面職人やトペン演者といった芸能者たちを多く輩出していたブラフマナの一族を中心としたグループ［B］である。(7) 村の中心部にあるこのブラフマナの家には、村内外から芸能を学ぶ者たちが集っていた（Ida Bagus Anom J. interview 二〇〇九年八月二二日）。年代ははっきりしないが、このグループは、親戚や近隣のトペン演者を取り込んで、観光客向けにトペン・パンチャを上演していた時期もある。

もう一つのグループ［C］は、スードラの演者たちによって構成されていた。ルパの父で、多様なジャンルの舞踊劇をこなしたイ・マデ・アダは、集落長を二十数年務めた人物である。アダは、もともとは芸能一家の出身ではなかったが、王宮に住みこんで働いた際に習ったり、村内の歌い手や踊り手や演じ手に教え

表 5-2　2007 年のマス村のトペン演者

組		氏名	生年（開始年）	他の演者との関係	世襲	SK の有無
B	1	I. B. アノム J. Ida Bagus Anom Joyo	1952 （70 年代）	I B. グロドッグの息子	○	○
	2	I. B. アノム S. Ida Bagus Anom Suryawan	1969 （02 年頃）	I. B. グリオの息子	○	○
C	3	イ・クトゥット・ルパ I Ketut Rupa	1946 （70 年代）	アダの息子	○	○
	4	イ・ニョマン・カレール I Nyoman Kaler	1946 （70 年代）	アダの息子	○	○
	5	イ・ニョマン・アユダ I Nyoman Ayuda	1975 （95 年）	アダの孫、ルパの息子	○	
D	6	イ・クトゥット・ギタ I Ketut Gita	1960 （87 年）			○
DE	7	イ・クトゥット・ウィジャヤ I Ketut Wijaya	1967 （00 年）			（○）
E	8	I. B. パンチャ Ida Bagus Panca	1952 （93 年頃）			○
	9	I. B. アワン Ida Bagus Awan	1976 （07 年）	I. B. パンチャの息子	○	
F	10	イ・クトゥット・スジャ I Ketut Suja	1959 （90 年）			○
	11	イ・ワヤン・ルパワン I Wayan Rupawan	1960 （97 年）	スジャの遠縁		
	12	イ・ニョマン・アルタナ I Nyoman Artana	1964 （95 年）	スジャの遠縁		○
	13	イ・ニョマン・グデ・アルタ I Nyoman Gede Arta	1963 （95 年）	スジャの遠縁		○
G	14	イ・マデ・バワ I Made Bawa	1969 （95 年）			○
	15	イ・ワヤン・スマルカ I Wayan Sumarka	1977 （95 年）	バワの甥		○
	16	イ・クトゥット・ムジャサ I Kadek Mujasa	1985 （？）	スマルカの甥		（○）

を受けたりした（I Ketut Rupa interview 二〇〇九年八月二五日）。ルパの幼少時には、アダは演技指導や出演のために村外のあちこちの地域からも招かれており、時折謝礼として米を与えられたりしていた。なお、この［B］［C］二つのグループのメンバーは、トペン・パンチャで共演することもあった。A・A・ブルサットは、一人で上演することもあったが、村内のどちらのグループとも共演していたようだ。

　他方、筆者が村内の主要な儀礼を観察し、また各集落で聞き込みを行った限りでは、二〇〇七年の時点でマス村においてある程度継続的にトペンの活動を行う者たちは次の表の通りである。なお二〇〇三年のマス慣習村の人口は七六五〇名であった（*Laporan Kegiatan Tahun 2003-2004*）。

全体で計一六名であり、七〇年代初期の二倍に増加している。[8] 統計によると、マス慣習村の人口は、七〇年代初期と比べて一・六倍程度増加していると考えられるが、そのことを考慮しても、演者人口が拡大している。[9] なお、シダカルヤを担う人材の数は、さらに目覚しい増加を見せている。一九七〇年代前半、シダカルヤを恒常的に担っていた演者はわずか四名であるが、二〇〇七年では一一名がシダカルヤ役を担当できるようになっている。

七〇年代の二つのグループ［B］［C］の後継者たち以外に、［D］、［E］、［F］、［G］の四つの新しいグループが生まれている。[10] 大抵は血縁者によるグループであり、マス村の内外で芸を学び活動を開始した。七〇年代の演者八名中五名は世襲の演者であるが、二〇〇七年の演者の一六名中、世襲はたったの六名である。トペンの芸は七〇年代初期であっても必ずしも世襲演者によって担われていたわけではないが、現在はトペン演者の家庭外からも人びとが盛んにトペンの活動へと参入しており、相対的に世襲演者の割合が低下している。

「プロフェッショナル」と「ローカル」の演者を明確に分類することは難しいが、七〇年代初期、演者の中でプロフェッショナルと呼ばれうるのは（つまり、村外まで演者として名を知られており、多様な上演機会を得ていた者は）A・A・ブルサットであり、またI・B・グロドッグとアダも、村外にトペンの活動を広げており、それに準じる専門性を有していたと考えられる。ただしI・B・グロドッグは（そしてI・B・グリアも）むしろ影絵師として知られており、アダはワヤン・ウォン[11]やその他多種の舞踊の担い手として活躍していた。その他の者たちは、別の活動の合間に、比較的低頻度でトペンに参加していたようであり、本章が呼ぶところの「ローカルな演者」たちにあたる。このことから、ローカルなトペン演者は一九七〇年代にも存在していたことがわかる。一方、現在の演者たちの中では、I・B・アノム・Jとルパに関しては村外で名前を聞くこともあるが、その他の者たちは概ねローカルな範囲で活動している。ただし中にはウブド村の観光客用定期公演でトペン舞踊を披露する者や、村外に共演仲間がいる者など、村を越えた活動が比較的活発である者も四名程含まれている。トペン演者全体が増え、その中でローカルな演者の数も大きく増加したというのが現状のようである。

このような傾向は、マス村の隣のプンゴセカン村においても確認できた。プンゴセカン村の特徴は、地元の儀礼の中でトペン上演を担えるような人材が、近年まで存在しなかったという点である。この村では、二〇〇〇年以降に極度な演者の増加がおきていた。二〇〇七年現在で少なくとも七名が継続的にトペン上演を行なっている。

これらのほとんどはおおむねローカルな範囲で活動しているが、人口わずか一二五〇名ほどの小さな村であり、地元の儀礼におけるトペン上演への参加者は既に飽和状態であるようだ。地元よりも、個人的に縁のある別の地域によく上演に行っていると語った演者も三名いた。その中には、村外に広く影絵師として名を知られており、村外の共演者とトペンの活動を展開するイ・ワヤン・トゥンジュン（I Wayan Tunjung）も含まれる。彼の場合、他のプロフェッショナルな名手たちと共に村外でプレンボンに参加していた時期もあり、「ローカルな演者」と括りがたい様相もみせている。この村のほとんどの演者がシダカルヤ役を担える点も注目に値する。[12] シダカルヤを担える演者の増加はマス村でも顕著であった。このことは、七〇年代の演者が頻繁にトペン・パンチャを上演していたのに対し、現在の演者のほとんどは、トペン・ワリの上演を活動の中心に据えていることと関係がある。

ところで、実は演者のリストをつくりその人数を割り出すにあたって、筆者は一つの問題につきあたった。それは、トペン演者とトペン演者でない者の境界が曖昧であるという点であった。筆者が何度かそのトペン上演を見かけた人物でも、本人や周囲が彼をまだ一人前のトペン演者として認識していないケースもあった。また、本人は自身をトペン演者だと認識し、低頻度ながら継続的に上演に参加しているのだが、私が彼をリストに加えたところ、周囲の何人かが彼はまだまだトペン演者とは呼べない、と疑問を付すこともあった[13]。このような、演者の線引きの難しさは、本章冒頭で指摘したように、トペン演者の活動が集落や檀家集団といった共同体の直接的な傘下にあるのではないという点にも由来している。人は個人的にトペンの芸を習得し、演者を名乗り、独自に活動を展開する。誰でも、いつの時点からでもトペン演者を志すことができるが、充分能力があり、上演を任せるに相応しい人物であると周囲の人びとに認識されるかどうかは、また別の問題である。さらに、活動が局所的に展開されているため、ある者たちの間ではトペン演者として認識されていても、それ以外の者たちの間ではその活動が知られていないというケースもある。

演者が周囲の人びとの信頼を得て、彼に上演依頼が寄せられるようになれば、トペンの活動の幅は広がる。しかしそうでない演者も、上演依頼を受けている別の演者の上演に混ぜてもらって、上演機会を得ることができる。また、初心者の寄せ集めのグループであっても、親戚や親しい友人の催す儀礼で上演の機会を得られることもある。このように、トペンへの門戸は広く開かれており、その中で、多様な習熟度の演者が活動を繰り広げているのである。

三　トペンに取り組む者たち

ここでは、マス村の演者のうち、最もトペンの活動が活発なI・B・アノム・Jと、ローカルな活動をする比較的若い演者二名をとりあげ、トペンの芸の習得の動機、芸の習得過程、および現在の活動状況を紹介する。ローカルな演者は、マス村の新しいグループ［E］と［F］から各一名ずつ選んだ。

写真5-1　自宅で、観光客向けのトペン上演を行うI. B. アノム J.。2007年1月3日撮影。

1　I・B・アノム・Jの場合

I・B・アノム・Jは、祖父の代から代々仮面職人、トペン演者、影絵師を輩出してきたブラフマナ階級の家に生まれた。父親からは、良き仮面職人となるためには、自らもトペンを演じるべきだと教えられてきた。幼少期、父親の仮面作りを眺め、また夜は祖父のトペン上演に同行するのが楽しみであった［Sukarya 2011：88］。次第に儀礼用に仮面を作り始め、また観光客が増え始めた一九七〇年以降には、観光客向けに仮面を売るようになった［Sukarya 2011：89］。彼は、地元の儀礼の余興で、父親やA・A・ブルサットのトペン・パンチャに参加することがあった。しかし、若い頃は、ホテル関係の就職を目指し、専門学校にも通っていた。ところが七〇年代のある時、A・A・ブルサットやアダが体調を崩していた折、代役として、急遽隣の集落で一人でトペン・ワリを上演するとになった。これをきっかけに、彼は以降トペン・ワリの依頼を受け始めた。この頃から、次第に近隣でトペン・ワリ上演の頻度が増加していたものの、当時はトペン演者が少なかった。そのため、彼の上演は非常に頻繁になっていったという。「演者ではなく、人びとが、私を育ててくれた」と筆者に語る彼は、何度も上演を依頼され、また批評を受けるうちに芸を身につけていった。I・B・アノム・Jは、現在バリを代表する仮面職人の一人となり、また特にトペンの中でも、トペン・ワリの担い手として様々な地域に呼ばれている。調査中、マス村内の公共性の高い儀礼でのトペン・ワリ上演は彼に依頼されることが最も多かった。先述のように、地域によってはトペン・ワリに、高カーストであるブラフマナなどの演者を好む傾向がある。I・B・アノム・Jの優れた演技や魅力的な仮面そして豊富な知識と経験にくわえ、ブラフマナという出自も、彼のトペン・ワリの需要を押し上げる一因であるように見受けられた。

彼の元には、しばしば外国人が仮面作りを学びに訪れ、その中にはトペンの舞踊も併せて学ぶ者がいる。また、外国人観光客が、トペン上演を依頼することもある。そんな折には、I・B・アノム・Jが親戚のトペン演者と地元のガムランチームを召集し、自宅の庭にて有料のトペン上演会を催す。彼は日本に招かれトペンを上演した経験があり、日本の能面職人や能役者との交流もある。また彼は、能面作りの技法を取り入れて仮面制作を行ったり、芸術大学ISIと協力して、能面をトペンの舞踊と組み合わせる実験的なデモンストレーションを行ったりもしている。

2　ルパワンの場合[14]

イ・ワヤン・ルパワンは、トペン演者の家系出身ではない。一九六〇年にマス村に生まれた彼は、一九九七年の村の火葬儀礼に、地元の寺で初めてトペンの上演に参加することになる。

幼少期、近所の踊り手が地元の子供を六〇名ほど集め、戦士の舞バリスを教えており、ルパワンはそこに参加した。ルパワンにとってそれは非常に楽しい経験だったが、やがて指導者が地元から去り、練習も途切れてしまった。当時一緒に習った子供のうち、習得に成功した者は、ルパワンを含めて僅か数人であったことから、彼は自身に舞踊の適性を感じるようになった。その後も集落の青年部の活動の中で、スンドラタリなどに出演した[15]。また、現在彼は地元のワヤン・ウォンのメンバーでもある。

トペン鑑賞が好きだった彼は、自らもトペンを学ぶこととなる。ルパワンは、バトゥアン村のある演者の芸に強く憧れ、彼に習うことを思い立った。しかし、ルパワンが何度か訪ねたものの、彼は不在であり、結局独学することにした。舞踊の基礎として、幼い頃に習ったバリスが役立ったと語る[16]。

写真5-2　ルパワン（右）とウィジャ（左）によるトペン。2007年7月18日撮影。

現在は個人商店を営むルパワンであるが、元々は学校の教員を志望していた。教員養成学校を経て、ヒンドゥ・ダルマ・インスティトゥート（Institut Hindu Dharma）で宗教学を専攻した。雑貨や文具の販売とコピー屋を兼ねた彼の店の壁には、大きく引き伸ばされたトペンの写真、そしていくつもの自作の仮面が飾られている。トペンを踊るようになると、次第に仮面を制作する意欲が沸いてきた。ルパワンは、マス村に隣接するロットゥンドゥ村在住の仮面職人であり、トペン演者でもあるI・B・アリット（Ida Bagus Alit）の元を訪れた。

筆者がルパワンと知り合ったその日に、次回の彼のトペン上演のスケジュールを聞くと、数日前にはあったが、今のところ次の予定がなく、また自身がトペン上演に参加する頻度は低いのだと言う。「この店の番をする者が居ない（そのために頻繁には上演で店を留守にできない）。もう一人妻でももらわない限り」とジョークを飛ばした。彼は筆者がジマットの元でトペンを習っていることを知っており、筆者のような「外国からきた研究者」が、ジマットのような有名なトペン演者ではなく、上演機会も稀な自分に興味をもつことに、バツの悪さや戸惑いを感じていたのかもしれない。自分は、I・B・アリットや、コディのようにはいかないと語り始めた。たとえば、自分はたくさん本を読む時間がない。それゆえトペンのストーリーには、一般的によく知られている話を選ぶ。一方、I・B・アリットは、ババッドの知識が豊富である。トペンを専門的に行っているI・B・アリットは、その儀礼の主催者たちの家系の起源を調べて、トペンで語ることができる。それを聞いて、観客たちは自らのルーツを知ることができる。なお、自分は参加する上演も、（プレンボンなどではなく）短時間で終わるトペン・ワリに限られている。彼は以下のように続ける。

プレンボンは夜中の二時までにもなる。そういうことは店があると難しい。芸術が順調でも、この店を開けなければ、生きていけない。だから責任をまずは果たしてから。それが終わってからでもまだ時間はあるだろう。コディ氏とは違う。彼は、毎日演じて、それでお金を得て、また次の上演に出る。でも私はまず店の世話をしなければいけない。（interview 二〇〇六年九月一二日）

ルパワンの共演相手は、同じ集落の同世代の親戚たちである。彼がプナサールとボンドレスを、宗教科の高校教師でもあるスジャがウィジルとシダカルヤとボンドレスを、そして芸術アカデミーASTIの舞踊科の卒業生のアルタナがプンレンバールや王役といった舞踊パートを担う組み合わせが通常である。ルパワン自身はシダカルヤを担当したことがない。共演者のスジャのほうが、より宗教に詳しいからであるという。しかし、スジャの不在に備え、マントラを含むシダカルヤの台詞（*ucapan*）を既にノートに書きとめてはある。この台詞は、仮面作りを教えてくれたI・B・アリットから学んだ。しかし、まだそれを充分勉強していないともいう。さらに、たとえマントラを知らなくとも、「心の中で願えば、バリ語でさえも、神は受け入れてくださるのではないか」とも語った。彼は上演で共演者が語ったババッドの内容をノートに書き溜めてもいる。こうしてトペンのストーリーのレパートリーを増やしてゆくのである。

ルパワンらは、時折、知り合いの最高僧プダンダや、友人から依頼され村外でトペンを上演することもある。遠く離れた北部ブレレン県へ出向いた際には、上演自体は一時間程度で終了したものの、夕方まで帰らなかった。自身にとって久々の遠出となったこの機会を彼は非常に楽しんだという。

3　スマルカの場合[17]

イ・ワヤン・スマルカは一九七七年生まれで、一九九五年頃からトペンを勉強し始めた。仮面劇チャロナラン[18]の演者の家庭出身であるが、普通高校を卒業するまで、舞踊を習ったことがなかった。卒業後、両親は学業を続けさせたがったが、スマルカ自らは両親に経済的な負担をかけてまで進学することを望まなかった。しかし一端高校を卒業してしまうと、自分は何をしたらよいのか困惑することになった。そこで彼の表現によれば、「芸術へと逃げた（*lari ke seni*）」のである。バトゥアン村のジマットの元で仮面舞踊ジャウックとトペンの舞踊部分を習うようになった。併せてブルアン村（Buruan）の高名な踊り手の元でまた別の仮面舞踊バロンも習い始めた。踊りを始めたきっかけには、友人の影響も大きい。友人たちに、踊り手が多く、それを観るうちに興味がわいたという。

彼が踊り手であることが知れ渡ると、集落の人びとが、今度のマス村のムランティン寺院（*pura Melanting*）でトペンを上演して欲しいと依頼してきた。これがスマルカのトペンの初演となった。当時のスマルカは、舞踊が得意でも、喋りの芸ができなかった。そこで、叔父のイ・マデ・バワを誘った。こうして［G］のグループが結成された。バワは、朗誦グループのメンバーとして寺院の儀礼でよく歌を歌っており、また歌舞劇アルジャのプナサール役の演者でもあった。しかし、バワ自身は、当時踊りが苦手であり、当惑したと語っている。それでも、この二名でなんとかトペンを上演した。シダカルヤはスマルカが務めた。シダカルヤの台詞は、プンゴセカン村の友人、影絵師でトペン上演の経験者でもあるトゥンジュンから習った。また、スマルカは叔父バワから喋りの芸を学んだ。スマルカもバワも、何度も上演を繰り返すうちに、芸を取得してきたのだと振り返る。スマルカは、友人演者から借りた本でババッドなどを勉強することもあるという。現在は、踊りが得意なスマルカがプンレンバールとウィジルとシダカルヤを担当し、ジョーク好きで歌が得意なバワがプナサールとボンドレスを担当することが多い。なお、同じく親類関係にある、国立芸術大学ISIの影絵科で学ぶムジャサが稀に加わることもある。スマルカの集落にはトペン演者が存在しなかった。そのため以前は、同村の別集落の演者が呼ばれて上演していた。スマルカらがトペン演者となって以来、地元集落の儀礼では彼らがトペンを担当することが多くなった。スマルカによれば、実は、同時期にトペンを学び始めた者たちが地元にたくさんいた。しかしスマルカやバワだけが、最終的に演者となり、他の人びとは、上演するに至らなかった。スマルカは、自分の「運命（*gadis takdir*）」がそうさせたと感じている。

彼らトペン演者の誕生は地元の人々から歓迎されたようだ。僧侶から、スマルカの仮面を寺院で所有するために献上して欲しいと頼まれさえした。しかし、寺院への献上は、後で仮面を自由に持ち出すのが困難になることを考えると望ましい選択肢ではなかった。結局、スマルカはこの申し出を断ったが、この寺院の檀家（*pemaksan*）たちは、仮面の神聖化の儀式パスパティと、スマルカの清めの儀礼プウィンタナンの費用を負担した。そして、現在でもこの寺院の儀礼には、スマルカらがトペン演者として招かれることが多い。ただし、バワとの後日のインタビューによれば、トペンの活動を始めた当初、平民階級出身である彼らがトペンを上演することを訝る声が村内の別の集落の僧侶階級出身者から聞かれたという。これまで何度か述べているように、この村では僧侶階級をはじめとする上位カーストの演者がシダカルヤを担うことを好む傾向があった。そのため、スマルカらはまず村外で活動を展開し、バリのヒンドゥ教の中心ブサキ寺院などでもトペンを上演した。こうして、外部でトペン演者として認知されることで、現在はマス村でもトペン上演依頼が舞い込むようになったのだという（I Made Bawa interview 二〇一一年一一月一九日）。木彫り職人でもあるスマルカとバワは、仮面を自分たちで制作した。色づけは、別の職人の元で行うが、その後の髭や眉を取り付ける作業も自分たちで行う。

スマルカは、自らは、木彫りで生計を立てねばならず、ジマットのようにトペン上演だけに専念しているわけにはいかない、と語ることもあったが、一方で、自身のトペンによるンガヤーの重要性についても語る。

もちろん、もし上演の予定があれば、それを重視（*utamakan*）しなければならない。でも、これはンガヤーというもの。バリの演者は、時には（報酬が）得られて、時には得られないでしょう？ それでも変わらず重視しなければ。金銭的には豊かでも、病気をしていたら意味がないでしょう？（interview 二〇〇八年八月二八日）

写真 5-3　バワ（左）のボンドレスとスマルカ（右）のウィジルの演技

ンガヤーという奉仕に対し、神から健康や幸運などが与えられるのである。彼は、地元マス村でのトペン・ワリの上演を行うほか、地元や近隣の地域でチャロナラン劇の上演に参加している。

これらの事例は、どれも現代のバリにおいて、人びとがトペンの芸の習得を目指し、技を習得し、活動を展開するという一連のプロセスのある部分を垣間見せてくれている。以下に、この三人にみられる共通点と、個別の特徴を分析することを出発点とし、演者の動機、習得過程、活動状況の特徴について、その他の事例も参照しながら考察する。

四　動機、芸の習得過程、活動の位置づけ

1　トペン演者を目指す動機と契機

筆者がインタビューしたうちの多くの演者が、トペンを学び活動を展開してゆく過程で自分の才能や適性や運命がトペンにあるのだと感じた経験をしていた。ルパワンやスマルカが振り返るように、舞踊訓練における成功体験などから、自らの適性を感じることがある。また周囲の人びとがその者の振る舞いや体格や興味などに適性や才能を見出し、彼にその芸道を究めるようにと奨励することもある。[19] これらの人びとの態度の背景には、才能や運命を授与する神格と、そしてその神格の意図を読み取ろうとする人びととの関係が存在する。彼の体格や性格や能力にみられる適性や、そこから生まれるタクスーは、神の意図の現れ、つまり神の意図のインデックスである。

そして出自は、才能や運命の大きな部分を占める。タクスーは血筋や家系との関わりのみから習得されるわけではないが、特定の家系においても受け継がれるともいわれる。人びとが祖霊を祀る各屋敷寺の中には、タクスーを祀る社があることから、タクスーは祖霊と関わる力であるという指摘もある［Lansing 1995 : 57, Coldiron 2004 : 193］。I・B・アノムや、四章で紹介したカクルの孫ウィルタワンのように、トペンの名手の家系に生まれた者は、家族や周囲から、先代のタクスーを受けついでいるものと期待される。

こうした適性や才能や運命のほか、自身を動機付けた要因としてのトペンの魅力が多様なレベルで語られた。それは、芸能、啓蒙的メディア、そしてンガヤーの手段、そしてレジャーの機会としてのトペンの魅力であった。

優れた演者の舞や演技に惹かれてトペンに興味をもち、習い始めたという例は少なくない。しかしトペンは魅力的な芸能であるだけでなく、教育メディアとしての機能も備えている。かつて宗教科の教師を志望していたこ

ともあるルパワンがトペン演者となった事例からも読み取れるように、宗教に関連する事柄や歴史や教訓について語り人びとを啓蒙するトペンの機能は、彼らにとって魅力の一つである。先行研究は、トペン演者のほとんどが、自分の役割を教師のようなものだと捉えていると指摘する［Tatu 2007：198］。筆者がインタビューをしたローカルな演者たちの中にも、人びとを啓蒙すること、教えや歴史を語り継ぐことを、トペンの重要な意義として言及する者たちがいた（e.g. interview I Ketut Suja 二〇一〇年九月一一日、I Ketut Gita interview 二〇〇九年九月一〇日）。

くわえて、演者たちから繰り返し語られたのは、トペンを通じて、地元や神に奉仕したい、つまりンガヤーを行いたいという点であった。スマルカの発言にも見られるように、神にそして儀礼を主催する地元の共同体に奉仕する営みとしてのトペンの位置づけは、演者たちをこの芸能に駆り立てる中心的な要素である。たとえば、［D］［E］両方のグループに参加するマス村のウィジャヤは、トペン演者を目指した動機について、彼の高校時代に流行し、彼も演者として参加していたコメディ劇ドラマ・ゴンと比較しながら以下のように語る。

> 私はどの道に進みたいか考えていた。ドラマ・ゴンはもう好きではなかった。トペンをやれば、ンガヤーができる。ンガヤーの手段を手に入れられる。ドラマ・ゴンはお金で雇われてやるもの。そして流行り廃りがある。トペンならばワリ（儀礼）と関係がある。私はンガヤーがしたかった（interview 二〇〇九年九月一〇日）。

第一章と第二章で述べたように、余興の舞台では、バリ・バリハンの様々なジャンルの中から好みによって出し物が選択される。しかし、ジャンルの流行り廃りなく必ず上演機会があるトペン・ワリは、演者の出番も多い[20]。このウィジャヤは芸術大学の音楽科出身であり、地元のガムラン演奏では世話人も努めていた。しかし、彼はトペン上演に演奏以上の価値を見出してもいた。彼は「演奏はグループのもの。トペンはグループでなくとも出来る。トペンは、自分自身の技術、自分たちのスタイルを要求する」と続けた（I Ketut Wijaya interview 二〇〇九年九月一〇日）。たとえば、老人の舞トペン・トゥアでは、サプッ（*saput*）と呼ばれるマント状の衣装の隅を持ち上げて、顔の汗を拭うという動作がみられる。ウィジャヤはここに、汗を拭おうと持ち上げたサプッに蟻がいて老人が驚くという新しい仕草を加えた。担える人材が限られており、かつ自分のアイデアを盛り込むことのできるトペンは、儀礼や地元共同体の活動の中に自分ならではの役割を見出してゆく手段でもある。

その他、シダカルヤとして、儀礼の成功に寄与するという点でもこの演目は、演者を志す者たちにとって特別な魅力を有している。第三章では、アルコール中毒気味であった男性Cがシダカルヤの面を被ることで、地元の儀礼に必要な人材としての居場所を獲得してきた事例を紹介した。演者は、「トペンの僧侶（*manku topeng*）」と呼ばれることもある。先述のように、トペン演者は僧侶に類する、儀礼の重要な部分に関わる特別な人物として一目置かれる存在である。シダカルヤに代表される、儀礼行為としてのトペンの側面もまた、演者を惹きつける要素である。

なお、これら特殊技能としてのトペンの性質にくわえ、ある種のレジャーや趣味としてトペンの楽しさに言及する者もいた。ブレレンへの上演の思い出を楽しそうに語る第三節2のルパワンの様子からみてとれるように、珍しい土地に招かれての上演は、小旅行のような経験となる。上演先では、演者は丁重にもてなされ、食事をふるまわれ、人びとと交流を深める。別のある演者は、自分の場合トペン活動は「プロフェッショナルではなくて、楽しみ、単なる趣味」と言い、「自分は友達づきあい（*bergaul*）が好きだから」と続けた（p.c. 二〇〇九年九月三日）。友人らと誘い合って上演したり、トペンを通じて新たな人脈を得たりといった側面もトペンの楽しさなのである。ちなみにこの演者も含め、自身がまだ（人間的に）未熟であるからといった理由で、シダカルヤを避け、それ以外の役柄だけでトペンに参加しようとする者たちも少なくない。

このように、トペンの芸を生活の中心に据えるよりは、時折の楽しみや趣味として、限られた範囲内で上演に参加しようとする者たちもいる。より熱心に芸を極めようとする演者たちからは、特に練習や勉強を充分に積まずに、本番のンガヤーだけを楽しむ近年の演者たちの風潮を批判する発言も聞かれる。たとえば、芸を磨くことに熱心なある演者の以下のような発言がある。

彼等は本を沢山読みたがらない。彼らの芸にはパカム（*pakem*／基本となる決まりごと）が消えてしまっている。ンガヤーすることが重要で。ンガヤーをしただけで満足してしまっている（p.c.二〇〇六年一〇月二六日）。

またバトゥアン村出身のある世襲演者は、以下のように筆者に話した。

今は沢山の人が仮面一式を持っているし、衣装も一式持っている。でも昔は本当に優れた演者でなければそうではなかった。今は趣味（*hobi*）みたい。私はよくシダカルヤをウブドに上演しに行くけれど、「トペンを演じたい」（と言ってくる人たちがいる）。その人たちは（トペンを）趣味に使っている。ンガヤーをできるようにと。（interview 二〇〇九年八月二七日　括弧内は筆者）

ウブドもまた近年トペン演者の増加が目覚しいエリアである。これらの発言にあるような、かつて演者はトペン芸を真剣に追及し、訓練を積んで質の高い上演を行っていたが、現在の演者たちはより気軽に、（悪く言えば）気安く上演に参加し、芸の質が低下している、という旨の批判は、調査中しばしば聞かれた。バリは祖先崇拝の強い社会であり、父や祖父を含めて他界した上の世代のエピソードが頻繁に美化されて語られる。このことを考慮すれば、こういった先人たちの芸の素晴らしさを称える発言をそのままに受け取ることは危険である。また過去にも居たであろう未熟な演者たちの存在は忘れ去られ、優れた演者の芸がより後世まで語り継がれやすいという傾向もあるであろう。このトペンの芸の質の経年的な変化について筆者は論じる用意がないのでこれ以上踏み込まない。ここで確認したいのは、(その芸の内容がかつての演者たちのそれと比べて劣っているかどうかは別として)①人数の点では、七〇年代と比べて大きく増加しているということ、②特別なンガヤーの手段としてトペンが、多くの人びとに魅力的な活動と映っていること、③しかもそれらの人びとが必ずしもプロフェッショナルな演者を目指しているのでもないという点である。

プレンボンとトペン・ボンドレスでは知名度のある限られた演者が、様々な村で繰り返し上演する傾向にある。しかし、第二章でみたように、トペン・ワリは知名度や技術に関わらず、地元や身内の演者を起用する傾向が強い。ローカルな演者たちの活動の中心となるのが、この局面である。[21] ンガヤーとして無償で上演する限り、神への奉仕であるから、希望すれば基本的に儀礼主催者から拒まれることはない。高位カーストの演者を好む傾向にあるマス村であっても、個人宅で行われるような公共性の低い儀礼では、どのカーストの演者も活躍の機会がある。専門的な営みであると同時に、(舞踊シーンだけ、ボンドレスだけといった)部分的な参加も可能であるこの演目は、地元で一日置かれることを目指す者や、趣味的余暇的な楽しみを見出す者など、多様なスタンスで関わろうとする者を許容する。次に、現代の演者が、どのように芸、知識を習得し、また上演に必要な仮面や衣装を取得してトペン演者となるのか、そのプロセスを考察する。

2　芸、知識、道具の習得過程

先行研究はトペンの芸の習得過程を、主に有名演者とその弟子の関係に着目しながら描いてきた［Dunn 1983 :

109-115]。しかし実際には、ルパワンの例にみられるように、一定期間師匠の下で修行を積むというプロセスを経ずに、独自に上演活動を始める者も珍しくない。バリの演劇には、師匠と弟子の間で行われる身体的なレベルでの芸の伝承以外に、実際には不可視でとらえどころのない学びの諸相があるのだと論じたのはジェンキンスとチャトラである［Jenkins & Catra 2004］。彼らは、演者が自然環境の中に語りや歌の題材を探したり、他演者の演技をくり返し目にすることで芸を学んだり、古文書ロンタルに宗教的歴史的知識を学んだりすること、また演者が上演中の観客との即興的なやりとりを通じて芸を磨くことなどを指摘した［Jenkins & Carta 2004 : 87-91］。彼らの分析も参照しながら、本節では、師匠との稽古といった典型的な芸能伝承の局面だけでなく、日常生活の中にまで広がる、多様な学びの場面へと目を向ける。調査から見えてきたのは、師匠の多面的な役割、演者同士のゆるやかな連なり、鑑賞と模倣による学び、書物からの学び、そして仮面や衣装を与えることで演者を支える周囲の人の働きであった。

まず、世襲のトペン演者の場合、学習環境は恵まれている。周囲からはその才能を期待され、父親のアシスタントや共演者として、父の本番に同行することができ、父やその共演者からも助言を得る機会がある。しかし、世襲でない演者の場合は、このような後押しを期待できないことも多い。そのため、スマルカのように自ら師匠を選び、教えを乞うたり、あるいはルパワンのように見よう見真似で上演し始めたりすることになる。そして多くの演者はその両方を混合しつつ芸を学んでゆく。スマルカが訪れたバトゥアン村は、彼の師匠ジマットや故カクルの孫たちなど、トペンの舞踊を得意とする演者が多く存在する。これらバトゥアン村の演者たちは近隣の村々に大きな影響を与えている。現在のマス村の演者たちのうち三名は、バトゥアン村でトペンの舞踊を習った。彼らは、一定時期師匠の元に通い稽古をつけてもらうほか、師匠の上演に同行したり、上演に混ぜてもらったりしながら芸を吸収する。なお師匠は、演技の内容だけでなく、演技上の心構え、上演前後に行われる儀礼の手順や供物を捧げるためのマントラ、そしてシダカルヤの台詞などをも教授する。彼が弟子の浄化儀礼プウィンタナンに付き添ったり、上演が成功するようにと特定の寺院に供物をもって共に参拝したりすることも多い。そのため師匠は、芸能に関わる不可視の存在と、新参者の演者との関係を取り持ってやる仲介者ともなる。ジマットの家では、弟子たちが練習前後や、習得プロセスの各節目に、彼の家の敷地内にある社で祈りをあげる。弟子は、返礼として祭日に食べ物を贈ったり、師匠が必要とするときに労働力を提供したりする。

また、ルパワンが仮面作りを習ったI・B・アリットはババッドに詳しいことで有名である。マス村やその近隣の演者たちは、特に特定の家系に関するババッドを探す場合に、地理的に隣接するこのI・B・アリットにアドバイスを求めるケースが少なくない。

他方、優れた技能や知識を有するトペン演者に弟子入りしたり、短期的に教えを受けたりするのではなく、より身近な仲間内で、得意な部分を教え合うケースもある。たとえば、バワは、ジマットにプナサールを習ったが、その他の舞踊は甥のスマルカに習っている。I・B・アリットも、短期間ではあるが、別の演者に仮面作りを教える代わりに、その演者から舞踊について助言を受けた（interview 二〇〇六年一〇月三日）。このように、どちらが師匠とも弟子ともつかないような演者間の繋がりも存在する。弟子入りしたり、仲間内で教え合ったりする間柄の演者たちは、共演したり、本や衣装や仮面を貸し借りしたりもする。また、自分の都合の悪い日の上演依頼を受けた場合に、これらの仲間や弟子に代わりに行ってもらうこともある。そのため稽古が終了した後も、何かと関係は継続することが多い。

そのほか、先述したコディのように、芸術系の学校にてトペンの技や知識を部分的に習得することがある。芸術大学や芸術高校には、トペンに特化した専攻はないものの、影絵芝居や舞踊や音楽に慣れ親しんだ生徒や卒業生たちは、比較的容易にトペンの世界に参入できる。この芸術系高等教育機関の役割については第五節3で再び取り上げる。また、ヒンドゥ教系の教育機関の出身で、専門的な宗教知識を身につけたルパワンのようなケースも存在する。特に若い世代のトペン演者に、高学歴者が多い。たとえば、大学卒あるいは専門学校卒（*diploma*）が、二〇〇七年の時点でマス村のトペン演者一六名中少なくとも八名いた。これは、マス行政村全体の七％と比較して遥かに高い比率である(22)［Desa Mas 2005：14-15］。また、芸能や宗教を専門とする教育機関でなくとも、小学校から高校まで普通科で舞踊や歌を学ぶことがあり、これがトペンの道へ進む契機となる場合もある。

くわえて、トペンでは、その即興性ゆえに、実践から芸や知識を身につけることが重要である。たとえば演者は、当日の舞台空間の状況や許された時間、村や地域によって異なる伴奏曲の特徴などに合わせ、臨機応変に踊りを構成することが求められる。語りのシーンはさらに即興性が高く、相方の発話や、観客の状況に対応しながら物語を膨らませる。そのため、最低限度の芸を習得した後は、練習場で師匠と厳密に演技を確認することよりも、上演経験を積むことのほうが、遥かに実践的かつ有効となる。特に奉仕活動ンガヤーとしての上演では、それほど優れた演技を求められないという事情もある。演者は芸のおぼつかない早い段階から、儀礼で実際に奉納に参加するよう、周囲の者たちに誘われる(23)。儀礼でのンガヤーの機会を得ることで、その者が神々からタクスーを与えられるようにとの周囲の者たちの願いも込められている。そして、第二章で述べたように、「観客」から批評や助言が寄せられることもしばしばである。これら観客の反応や、共演したトペン演者のコメントを元に、演者は演技を修正してゆく。演技は、観客や共演者と、演者本人との交渉の中で練り上げられる。

演者は、他人のトペン上演を鑑賞することからも多くを学ぶ。スマルカの叔父で共演者のバワは「昔は、上演する人がいたら必ず観に行っていた」と語る（I Made Bawa interview 二〇〇六年一〇月九日）。観客に混じり他者の演技を眺め、観客受けの良いジョークを学んだり、新たなババッドの物語を入手したり、舞踊の振り付けを模倣する。たとえば、故A・A・ブルサットは、あまりバリ人の弟子をとらなかったため、彼に直接教えを受けた者は現在地元マス村に存在しない。しかし、彼の舞踊スタイルは、共演経験もあるＩ・Ｂ・アノム・Ｊに取り入れられた。たとえば、強い大臣の舞トペン・クラスに「グリミス（*gerimis*）」という振りを入れるスタイルがそれである。「小雨」を意味するグリミスとは、ポーズを維持したまま、小さく指や体を震わせて表情をつける動きである。一定の音量とテンポを保ち演奏していた伴奏者たちも、このグリミスに合わせて音量を上げ、静かな中にもわずかな盛り上がりが生まれる。Ｉ・Ｂ・アノム・Ｊの弟子Ｉ・Ｂ・アノム・Ｓがこのスタイルをさらに受け継いだ。また、同村のウィジャヤと、Ｉ・Ｂ・パンチャも、そのスタイルを部分的に取り入れようとしている。[24] バリでは特定のジャンルの芸能者がある程度地域的に偏りをもって存在する傾向がある[Jenkins & Catra 2001 : 88]。このことも、周囲に優れた演者が存在する環境が、人びとの芸の習得を促進することを示している［Jenkins & Catra 2001 : 88］。演者は時に観客となり、また観客の中から演者が生まれるというように、バリではしばしば演者と観客の関係は相互に入れ替わる。

書物を経由してババッドや教義の知識を仕入れることも、トペンの芸の習得プロセスの重要な一部である。ルパワンの経営する商店の前を通ると、店番をしながら読書する彼の姿を見かけることがあった。また、他の演者とのインタビューにおいても、ババッドの細部に話題がおよぶと、相手が部屋に戻り本を持って現れ、その内容を確認するようなことが度々あった。多くのトペン演者は、ババッドや教義に関する書籍やそのコピーをかなりの量所有しており、演者間で貸し借りもしている。「トペン演者は、辞書のようにならければいけない」（I Made Windra interview 二〇〇六年一一月二二日）ともいわれるが、トペンの要求する、辞書にも匹敵するほどの幅広い知識は、現在、書籍などの活字メディアを通じて入手されるケースが少なくない。この点については、第五節4で詳述する。

仮面や衣装といったモノの調達も、演者には欠かせないプロセスである。背負って演技する剣は、小道具としても用いられるが、超自然的な力で演者を災いから庇護するお守りのような機能を有しているものが多い。世襲演者の家系に関わらず多くの家では代々剣が受け継がれており、これを用いる演者は少なくない。世襲演者を除けば、衣装と仮面と頭飾りについては購入することが多い。ただし、マス村では、仮面を自作するケースも多かった。衣装、仮面、頭飾り、その他の小道具の一式はかなりの金額に上るため、大抵の演者は、少しずつ買い足してゆく。(25) 初心者はまずこういった必需品を友人や師匠に借りることから始める。そのため、本節でも触れたように、これらのモノの貸し借りが、演者間の交流を促進するという一面がある。これらのモノは演者の間を行き来しながら、演者と演者を結び付ける。

また、演者たちに、それぞれの仮面や衣装の入手経緯を尋ねると、「貰った」、あるいは「非常に安く譲って貰った」といったエピソードがしばしば聞かれる。第四章でみたように、演者のトペンの習得を奨励するために、周囲の者が積極的にこれらのモノを与えることがある。また仮面職人も、その演者が奉仕活動ンガヤーとしてトペン上演をするために仮面を必要としているのだと知ると、極端に安く仮面を分けてやることがある。ある演者は、自分から要求したことは一度もなかったが仮面や衣装をくれる知人や友人が現れた、という経験を誇らしげに語った。それは周囲からの賞賛と友情の証なのだという(interview 二〇一一年一〇月二六日)。これら周囲の人びとからの施しは、演者がトペンの芸の習得に精進するうえで大きな物質的精神的支えになる。マス村の演者ウィジャヤは、同村のある先輩演者から譲られた仮面について以下のように語る。

この仮面には縁があった。(この仮面をくれた)彼は、私たちが演じているのを観て、おそらく我々を後押ししたいという気持ちになったのだろう。きっと彼は「どうぞこのまま続けなさい、これを使いなさい」という気持ちだったのだろう。(I Ketut Wijaya interview 二〇一一年一一月一日)

くわえて、たまたま魅力的な仮面を見つけたなど、偶然の形で、仮面や仮面の材料が入手できることもある。これらの偶然もしばしば神からの後押しの表れ、つまりトペンに精進するようにとの、神の意図のインデックスとなりうる。このように、演者の活動を物質的に支援する友人や先輩演者や仮面職人は演者を育むネクサスを構成している。彼らは、演者を育てるエージェントであり、またかれらのサポートは、演者の芸の習得を支持する不可視の存在の意図のインデックスでもある。こういった支持者の働きは、仮面、衣装、頭飾りやその他の小道具といったモノに媒介されながら演者をトペンの芸へと誘う。

トペンでは演者が自らの希望に基づいて芸を学び始める。しかし、筆者のインタビューしたトペン演者のほとんどは、多かれ少なかれ、何らかの形で周囲の人びとや不可視の存在から「選ばれた」あるいは活動を「支持された」という感覚を有しているという点は興味深い。この「選抜」は、第四節1で指摘したような、（演者自身や周囲の者が見いだす）トペンへの適性や才能にくわえ、本節で述べた偶然手に入る仮面や衣装や、周囲の人びとからの贈られるそれらのモノという形でも、演者に知覚される。

3 「プロフェッショナル」と「ローカル」——活動の展開と位置づけ

習得プロセスの面で、プロフェッショナルとローカルを明確に区切るような特徴は見出せない。練習量や上演経験の量を別にすれば、先輩演者に習うこと、学校で学んだ知識や技法を応用すること、実践を繰り返し学びを深めること、書籍を読むことは、有名演者コディやI・B・アノム・Jにも、よりローカルなスマルカ、ルパワンにもみられた。

そもそもほとんどの演者は、地元での上演、つまりローカルな活動から開始する。バトゥアン村やシンガパドゥ村といった、優れた芸能者を輩出してきた土地では、観客に目利きが多い。カクルの孫で三代目演者のウィルタワンは高校時代から一つずつ役柄を覚え、二〇歳の時には、既に地元バトゥアン村でパジェガンを上演していた。

（二〇歳で）既にパジェガンを上演していた。既に父から許可をもらって。でも、まだバトゥアン村を出ることは許されなかった。まだバトゥアン内で、ダラム寺院など自分の所属する寺院でのみ演じた。まだ外に出てはいけない。ここの社会で評価されなければいけない。バトゥアンの人びとから良い評価を得て初めて、外に出る自信がつく。（I Ketut Wirtawan interview 二〇一〇年九月三日）

類似の発言はシンガパドゥ村のコディからも聞かれた。地元シンガパドゥの演者たちは、「プロフェッショナルになる前」には、近隣地域でまずンガヤーをし、批評を仰いだという。そして、シンガパドゥの人びとが地元の次に評価を仰ぐのは、批評のできる「良い観客」のいるプリアタン村（Peliatan）であったともいう（I Ketut Kodi interview 二〇一〇年九月一九日）。地元で自信をつけた演者は、少し離れた土地で目の肥えた者たちのお墨付きを得て、活動エリアを拡大していく。

マス村ではこのような明確に意識された習慣はないようだが、いずれにしても自らの仕事（生業）とトペンの活動の両立を強調するスマルカやルパワンの発言からは、ウィルタワンやコディの例のように次々とステップアップして、活動を広げてゆくという構想は読み取れない。彼らはI・B・アリットや、コディやジマットと同様にはこの活動に時間を割けないと語っていた。会社や役所に通う勤め人ではない彼らは、仕事時間を自分の裁量で割り振ることができる。しかし同時に、木彫りや商店経営で生計を立てる彼らの収入は、労働に費やす時間にかなり直接的に影響される。そのような状況下で、特にスマルカとルパワンは、仕事と両立しうる範囲で活動を展開することを目指す。

五　トペン演者の増加の要因

次に、近年のトペン演者増加の要因を考える。特に世襲でない演者、そしてローカルなレベルで活動を展開する者たちが大量に出現する背景には、どのような社会変化があるのだろうか。なお、本書は主に二〇〇六年からの調査に基づいているが、演者人口の拡大は八〇年代から徐々に起きたようであり、筆者はその過程を通時的に検証できる状況にない。このため本章は、過去のトペン実践に関しては、先行研究、年配の演者や愛好家たちの証言、そして他のジャンルの状況などに依拠する。このことを踏まえたうえで、以下にトペンを取り巻く近年の社会的変化をみてゆく。

タトゥも、かつてよりも様々な地域で地元のトペン演者が育っていると報告している。彼はその傾向の原因として近年のトペン人気と、芸術大学と芸術高校の卒業生たちの貢献を想定しているようである［Tatu 2007 : 198］。本節では、この二点にくわえ、儀礼規模の拡大、そして書籍などメディアを通した情報の流通について取り上げる。

1　トペンジャンルの流行

既に幾度か述べたようにバリの芸能には流行り廃りがある。第一章でも紹介した、芸術高校SMKIの元学長で、トペン・ボンドレスの誕生に一役買ったデワ・サヤンは、トペン・ボンドレスが八〇年代に流行した際、周囲にトペン演者を目指す者が沢山現れたと語る（Dewa Ngakan Sayang interview 二〇一〇年九月六日）。ただし、マス村やプンゴセカン村のトペンは比較的コメディの色彩が薄く、トペン・ボンドレスの流行に触発されたとの発言も聞かれなかった。また、プンゴセカン村では、ボンドレスの流行開始より遥かに遅れた二〇〇〇年以降に演者の増加がみられる。これらのことから、この流行の影響は限定的であったと考えられる。他方、歴史ババッドとの結び付きや儀礼的機能の側面からトペンが、「バリ文化のイコン的表象」として近年益々注目を集めるという分析もある［Tatu 2007 : 137］。タトゥは、トペン・パジェガンが先祖から続く芸能として現代バリの「文化的宝」となり、シダカルヤや老人トペン・トゥアの姿がしばしば本の表紙や、広告板や菓子箱にまで印刷されていると指摘する［Tatu 2007 : 185］。明示的な例は、地元新聞社バリ・ポスト（Bali Post）から出版された書籍『アジェッグ・バリ（*Ajeg Bali*）』の表紙に採用されたトペン・トゥアの写真であろう［Bali Post 2004］。「アジェッグ・バリ」とは、二〇〇二年の爆弾テロ後からバリで流行している、宗教的伝統的価値の再評価とバリ人の団結を呼びかけるスローガンである。この書籍の表紙にトペンが採用されたことは、この演目がバリ人の拠り所とする伝統や文化をシンボリックに表象する存在であることを示している。また、マス村の演者の一人は、地方の小さな選挙に出馬した際、トペン衣装を纏った自らの写真、そして背景にシダカルヤの面をあしらったポスターを用いた。以上の例からは、

写真 5-4　書籍『アジェッグ・バリ』の表紙

写真 5-5　選挙ポスター。2009 年 7 月 16 日撮影。

少なくとも現在トペンの正統性、伝統性、宗教性などが社会的に高い価値を付与されていることがわかる。

ところで、アジェッグ・バリ言説の流行にみられるような、バリの民族意識、宗教意識の高まりは、アジェッグ・バリ言説の誕生以前から、特にバリが、ムスリム人口が大多数を占めるインドネシア共和国の一州となって以来、様々な形で現れている。この流れは、以下に述べる儀礼規模の拡大という現象や、州政府による芸能育成の取り込みを経由してより具体的にトペンに影響を与えたと考えられる。

2 儀礼の規模の拡大

マス村やプンゴセカン村において、トペン演者の増加に最も直接的に影響したのは、儀礼規模が大幅に拡大し、トペン・ワリの必要とされる機会が飛躍的に増加したことである。マス村の年配演者たちも、村でトペン演者が増加したのは、大規模の儀礼が増えたためだと、口を揃える[26]（e.g. I Ketut Rupa interview 二〇〇九年八月二五日、Ida Bagus Anom J. interview 二〇〇七年一月一二日）。トペン上演の有無は、儀礼規模、つまり供物の種類や数によって決まる。

儀礼の規模は、儀礼を主催する集団が僧侶と相談し決定する。たとえば、寺院の周年祭はウク暦の一年（二一〇日）に一度周期的に行われる。人々の家の敷地内にある屋敷寺では、資金や労働力が乏しい場合、儀礼の規模を小さくして供物の経費や労働力を節約し、何年かに一度だけ大規模な周年祭を行うことも可能である。一方、余裕があれば毎年のように大がかりな周年祭を開催することもできる。結婚式などの通過儀礼も小規模な式で済ませることが可能であるが、経済力のある家では盛大に催す。先行研究では、経済状態の向上と共に、一九七〇年代以降、様々な儀礼で規模が拡大していると報告される［中谷二〇〇三：二二七―二二八、中野二〇〇七：四三、四七］。そして、それは主催者集団の社会的な影響力の顕示のための競争的な行動としてもエスカレートしている［中野二〇〇七：四二］。供物に高額が費やされ、余興も増加したり、新たな儀礼が導入されたりするなどの現象がみられる［Howe

2001 : 94］。

ハウは、これを「儀礼のインフレーション」と呼び、しかしそれは無制限に拡大するのではなく、複数の要因によって制限されていると指摘する［Howe 2001 : 93-108］。その要因の一つは、知識人たちが、儀礼の規模を縮小しコストを下げるよう啓蒙する動きであり、主に火葬に導入されている［Howe 2001 : 99-102］。また、儀礼の規模はカーストなど人びとのステータスと見合うものでなければならないという観念も、儀礼をむやみに拡大させない要因の一つとなっている［Howe 2001 : 103-104］。くわえて儀礼に費やされる金銭よりも、それに協力する者たちがどれほど労働力を提供したのか、そして誰が参加したのかが儀礼の成功のバロメーターとなるという点も指摘されている［Howe 2001 : 104］。さらには物よりも、動員された労働力が儀礼の規模の重要な決定要因であり、物質的に富む者が、単純に儀礼規模を拡大できるわけでもないのだという［Howe 2001 : 105］。

儀礼の規模が小さくても、効果は変わらないのであり、それぞれの経済状況の許す範囲で実施すればよいのだ、という旨の発言は、調査地でもよく耳にした。近代化の過程で、宗教実践の合理化が目指され、火葬では特に規模の縮小がみられるという報告は、他の研究者からもなされている［たとえば吉田竹二〇〇五：一七四―一七五］。しかし一方で、ハウ自身も認めるように、人びとの間には、盛大に儀礼を行い、大勢の集うラメな状況を楽しもうとする傾向が依然根強い［Howe 2001 : 102-103］。そして、ハウの指摘した、儀礼の規模を社会的地位に相応しいものに抑えるべきとする風潮は、村や集落などの単位で、異なる家系の人間が集って行われる儀礼ではあまり意味を成さないようにもみえる。マス村は、一九七〇年代以降経済格差の広がった地域の一つである［Howe 2001 : 95］。この村では、経済的な成功を収めた者たちが、集落や村の主催する儀礼のために、競うように高額の供物や余興の芸能や金銭を寄付する。[27] その一例が、二〇〇六年にカワン集落で開催された大祭（*karya*）であった。この大祭でも、集落の有力者たちが様々な寄付を行った。大祭に招待されたギャニャール県知事は、スピーチの際

表5-3　儀礼規模とトペン・ワリ上演

ブバンキット無し	トペン・ワリもワヤン・ルマも用いられない
ブバンキットが1つ	トペン・ワリとワヤン・ルマのどちらかを用いる
ブバンキットが3つ以上	トペン・ワリもワヤン・ルマもどちらも用いる

に、「初めは村の儀礼だと思ったが、（その下部単位である）集落レベルの儀礼だと知らされ驚いた」という旨の発言をしている[28]（二〇〇六年一一月七日、括弧内は筆者）。この言葉には、大量の物資と労働力を消費する大規模な儀礼を非難するようなトーンはみられず、むしろ盛大な儀礼を催すことのできるカワン集落への称賛を表すものであった。

以上のことから、火葬などの一部の儀礼では合理化と縮小化が目指されているものの、村や集落などが催す周年祭など、その他の儀礼では、一九七〇年代以降規模が拡大傾向にあるといえる[29]。このことは、トペン・ワリが必要となる場面が増えることを意味する。マス村とプンゴセカン村では、表5—3にあるように通常ブバンキット（*bebangkit*）と呼ばれる供物が、トペン上演を行うかどうかの基準として用いられる[30]。

デサ寺院の僧侶によると、かつてはマス村の人口も少なく、周年祭はブバンキットを用いない小さい規模で毎回開催されていた（interview 二〇一〇年九月二〇日、二四日）。トペン・ワリもワヤン・ルマも、通常上演されることがなかった。変化がおとずれたのは一九七五年で、この年にデサ寺院で大祭が開催された[31]。僧侶によると、この時以来デサ寺院はブバンキット三つとブバンキット六つの規模の周年祭を交互に行っている。これに伴い二一〇日周期の祭の度にトペンとワヤン・ルマが両方上演されることになった。同様の大祭がダラム寺院で一九九五年、プセ寺院で二〇〇〇年に行われ、それぞれの寺院も以降ブバンキット三つとブバンキット六つの周年祭を交互に行い、毎回トペンも上演している。一九七五年、一九九五年、二〇〇〇年と次々に寺院の周年祭の規模が拡大し、それに伴いトペン・ワリの上演が三つ全ての寺院の毎回の周年祭に組み込まれたことになる。なおこれら村管轄の寺院のほか、マス村内には、集落の寺院や、特定の親族集団の寺院など様々な寺院が存在するが、これらの寺院の幾つかも追随するように儀礼規模を拡大した。表5—2にあるように、マス村の［E］と［F］のグループが一九九五年に形成された。［E］グループのルパワン以外のメンバーは、ダラム寺院の大祭に合わせて、誘い合って上演を始めたのだという（I Nyoman Gede Arta interview 二〇一〇年九月一〇日）。特に大祭は開催期間も長く、その間の様々な段階においてトペンが必要とされる。(32)

他地域でも、同種の傾向がみられるようである。他村のトペン演者やバリ人研究者たちも筆者とのインタビューで、トペン演者の増加の原因として、儀礼の規模の拡大とそれに伴うトペン・ワリの上演機会の増加について言及した（e.g. I Nyoman Catra interview 二〇〇七年三月七日、I Ketut Kodi interview 二〇〇八年八月二九日、I Wayan Sunatra interview 二〇〇六年一〇月二六日）。このような時代に、地元のトペン演者が存在しない地域は大きな負担を抱えることとなる。第二章で述べたように、外部の演者にトペン・ワリを依頼する場合謝礼を払う必要がある。また、特に暦上儀礼に好ましい日には、各地で儀礼が開催され演者たちの予定も重複していることが多い。このような日には演者を確保すること自体が困難なこともある。二〇〇〇年近くまで演者がいなかったプンゴセカン村で、いち早くトペン演者を目指したプトラが意図したのは、地元のこのような窮状を改善することであった。このように、トペン演者の増加の直接的な背景として、儀礼の規模の拡大に伴う、トペン演者のニーズの拡大がある。

3　学校教育、コンテスト、調査とセミナー

バリ州は、国内外に向けて自らの存在を主張するために、芸能の保存や活性化に尽力してきた。それらの取り組みは、文化を目玉の一つとした、エキゾチックな南の島バリを売り出す観光産業の促進の一環でもあった［山下 一九九九］。トペンの場合、芸術系教育機関の設立と、コンテストや芸術祭の開催、そしてセミナーや調査の実施という三つの面で、この文化政策が関わってくる。

一九六〇年には、インドネシア伝統音楽専門学校ＫＯＫＡＲ（Konservatori Karawitan Indonesia）が設立され、一九六七年にインドネシア舞踊芸術アカデミーＡＳＴＩ（Akademi Seni Tari Indonesia）が設立された[33]。これら芸術系の教育機関は、多数の踊り手や影絵師や演奏家を輩出した。第四節2では、トペン演者に高学歴者が多いことを指摘したが、その中でも芸術系高等教育機関の出身者が占める割合は高い。マス村の場合、一六名の演者のうち、五名が芸術大学で学んだ者たちであり、プンゴセカン村では、実に七人中五名が芸術大学や芸術高校の出身である。タトゥも指摘したように、これらの教育機関が、トペン演者の増加において一定の役割を担っていることは明らかである[34]［Tatu 2007 : 198］。

学校における芸能教育にくわえ、州政府や関連する組織が開催する、セミナーやコンテストやフェスティバルもトペンの芸を育成した。特にコンテストとフェスティバルは、演者たちに技術を磨く機会を提供し、この芸能ジャンルを活性化させる。一九七四年には、バリ全島トペン・フェスティバル（Festival Topeng Se-Bali）が開催され、一九七五年には、トペンのセミナーが行われた［Bandem & Rembang 1976 : iii, 19］。この時期に、トペンに関する複数のレポートも執筆された[35]。近年では、二〇〇四年にバリ州政府文化局（Dinas Kebudayaan Bali）主催のトペン・パジェガンのコンテスト（*lomba*）、それに続く、各県が参加した二〇〇五年の順位を争わない形式の「パレード（*parade*）」、二〇〇六年のシダカルヤに関するセミナー（Semiloka Penopengan Sidakarya）などが行われた[36]。コンテストで県を代表することは大変な名誉であり、その順位は、既に二年以上経過していた筆者の調査中も、度々トペン演者たちの話題に上っていた。継続的な取り組みとしては、毎年開催されるバリ芸術祭（Pesta Kesenian Bali）があり、大抵トペンもプログラムに含まれている。二〇〇七年のバリ芸術祭では各県の代表によるプレンボンが上演された。上質な演者が集中することで知られる、ギャニャール県と州都デンパサールの上演には、一般の観客のみならず、トペン演者も多く集まり、熱心に観劇していた。

これらの上演イベントとは異なり、セミナーに集うのは、一部の限られたトペンの名手および芸術系教育機関の関係者や役人などのみである。しかしセミナーやそれに伴って行われた調査の内容は、レポートとしてまとめられる。特に一九七五年のセミナーに関連して著された調査レポート［Bandem & Rembang 1976］は、現在も様々な書籍で引用され、トペン研究でも常に参照される。この書には、上演に使用された歴史物語ババッド、必要な供物、それを捧げるために唱えられるマントラ、トペン上演の意味や関連する哲学などの解説が含まれている。重要なのは、このセミナーによってこれまで演者やその先代たち、そして僧侶などの間で個人的に蓄積されてきた知識が公の場に出され、教師や有名演者たちの間で、ある種の公式的見解として共有される点である。[37]トペン演者は活字化されたトペンに関する知識を、これらの行政機関のレポートが引用される、書籍、雑誌、新聞やタブロイド紙を介して入手することが多い。次にこの点について考察する。

4　秘匿の知識の流通

トペンで語られる歴史物語ババッドや、演者が上演中やその前後の儀礼で唱えるマントラは、古文書ロンタルに記されている、神聖で禁忌を伴う知識であった。これらの秘匿の知識の流通が、トペン演者増加の一因となったと思われる。元芸術大学の学長で、自らも父からトペンの芸を受け継ぐバンデムは、かつて世襲の者以外があまりトペンを学びたがらなかった理由の一つとして、人びとが感じていたトペン習得への畏怖の感情があると指摘した。ロンタルに書かれた内容は、アジャ・ウェラ（*aja wera*／むやみに語ってはならない）とされ、誰でもそれを訳すことができたわけではなく、またそのロンタル自体も最高僧プダンダや一部のトペン演者などが所有するのみで、一般の人びとは所有していなかった（I Made Bandem interview 二〇〇七年七月二八日）。これらを学ぶことができるのは、宗教的に浄化され、また破壊力のある知識を正しく操れる、十分な専門性を身につけた者だけである。

ロンタルがこのような特別な力を備えていることにくわえ、カウィ語やバリ文字で記されていることもあって、その解読作業は言語や文学に精通した者以外には困難であった。ヤングの一九七〇年後半の調査に基づく研究には、一部トペン演者がロンタルを直接紐解いていると思わせるような記述もある［Young 1980 : 85］。しかし、ダンは、一九八〇年ごろ通常のトペン演者はババッドを学ぶ際、ロンタルに直接あたるのではなく、トペンに必要なフレーズを暗記すると記している(38)［Dunn 1983 : 114-115］。マントラに関しても同様である。ダンは、演者たちが、専門家を通じて学んだり、世襲の場合は家系の伝統から学んだりすると記述している［Dunn 1983 : 117］。ただし、マントラに関しては、入手できずとも、別の言葉で間に合わせたり、心の中で祈ることでその代わりとしたり、僧侶に代わりに唱えてもらうといった実践がみられる。マス村の年配演者のI・B・アノム・Jとルパの両者は、それぞれの父親がシダカルヤ上演のためのマントラを知らなかったと語る。I・B・アノム・Jの父I・B・グロドッグは、バリ語の台詞とともに祈るのみであり、ルパの父アダは、プダンダの助けをかりつつシダカルヤ役をこなしていた(39)（Ida Bagus Anom J. interview 二〇〇七年七月三一日、I Ketut Rupa interview 二〇〇八年三月一九日）。

現在でも、演者がババッドや教義の内容やトペン上演に用いるマントラをロンタルから読み解くことは滅多にない。まず演者は、ダンが一九八〇年代の調査で指摘したのと同様、先輩や僧侶やその他の知識人に尋ねたり、共演時や鑑賞時に聞き知ったりしてフレーズを記憶する。またそれにくわえて、現代の演者たちが頼っているのは、それらロンタルに記されている情報をインドネシア語やバリ語でアルファベット表記した書籍である。以下にみてゆくように、活字メディアを通して、宗教や歴史に関する情報に、広く一般の人びとがアクセスできるようになったのは比較的新しい現象である。

筆者がある演者から借りた、マス村に関係するババッドを描いた書籍の前書きには以下のように書かれている。

……（本書を執筆する過程で参照した）ロンタルを集めるにあたり、我々は多くの障害を経験したが、その理由は資料の希少性、そして特にそのロンタルが所有者によって既に神聖化されている（*dikramatkan*）場合には読むことが非常に難しいという点であった。それらのロンタルを読むためには、相応しい時間を選ぶことが必要であり、少なくない種類の供物を使用することが必要であった。これらは全て障害となった。[Gingsir 1996 : vii 括弧内は筆者]。

神聖なる書物ロンタルの内容は、解釈や再構成を加えられたのち書籍となり、現在は、人びとが時間や場所を選ばず、供物を捧げることなく、自由に手に取れるものとなった。それらの書籍は、トペン演者の本棚に並んだり、鞄に放り込まれたり、コピー屋に持ち込まれたりもするであろう。また、ババッドは、書籍化の際にインドネシア語（一部はバリ語）へと翻訳され、アルファベット表記が用いられたことで、より多くの者たちに解読可能なものとなった。(40)

バリで出版が活性化し、宗教に関する知識がより公的なものとなったのは一九五〇年代のことであったという［永渕 二〇〇七：一五二、一五四］。しかし、印刷技術の進歩によって印刷部数が増加し、島内の流通網が整備され、書籍が広く行き渡るまでには、数十年が必要とされたようだ。一九八〇年代初期に著された研究には、当時の演者が、書籍を参照していたという記述は見受けられない［Young 1980, Dunn 1983］。マス村のＩ・Ｂ・アノム・Ｊによると、ババッドの書籍は一九八〇年代でも一つや二つあるくらいで、彼がトペンを学び始めた一九七〇年代は今のように自由には読めなかった（Ida Bagus Anom J. interview 二〇一〇年一〇月二五日）。ただし州都デンパサールから離れたマス村やプンゴセカン村まで入ってくる書籍は皆無ではなかった。マス村の年長演者ルパは、一九五〇年代にデンパサールの本屋にて購入した本を所有している。またＡ・Ａ・ブルサット（一九〇〇？年～一九八六年）はロンタルを読みこなしていたが、娘は彼が書籍も読んでいたことを記憶している。文学に精通したA・A・ブルサットはマス村の演者たちの情報源であったようだ。ルパによれば、彼の父アダは本もロンタルも読むことができたが、主に人伝えにババッドを仕入れていた。

私の父は本を使ったことなんてなかった。本に載っていないババッド、歴史も語っていた。共演した友人からのものを語るので充分だった。昔はグン・ブルサットさん（A. A. Bersat）さんがいた。彼がババッドを知っていた。（I Ketut Rupa interview 二〇〇九年八月二五日）

一方で彼自身は、現在書籍からババッドを入手する必要性を感じているという。

私は本に頼っている（*berpegan pada buku*）。私は本から学ばなければならない。何故なら現代は沢山の人びとが既に理解している。昔はそういう人は少なかった。今は人びとも本に基づいている。（I Ketut Rupa interview 二〇〇九年八月二五日）

特にババッドは、人びとのルーツと関わる物語であるため、書き手の立場や政治的意図によって様々な解釈や脚色が加えられた結果多様な説（*versi*）を生じており、政治的にデリケートな面もある。しかし本という根拠があれば、本が「責任を取る」のだという[41]（I Ketut Rupa interview 二〇〇九年八月二五日）。類似の発言は、トペン演者としてはまだキャリアの浅いプンゴセカン村のイ・ワヤン・プトラ（I Wayan Putra）からも聞かれた。このように、活字メディアの発達は、秘匿で稀少な知識を不特定多数の者たちに開かれたものとし、演者がトペンの語りの材料をある程度まで自力で調達することを可能にした。そして、これらの書籍は、演者が語りの内容の根拠を本に負わせることを可能にしている。

書籍の中には、トペン上演における様々な手順を記しているものもある。以下にトペンに関連の深い二冊を紹介する。まず、ウダヤナ大学文学部の図書館長を長年勤めたカルジによる『トペン・プレンボン――バリ人の先祖』[Kardji 2001]である。この書籍は、二〇〇五年に一部の内容と題名を変えて再び出版されてもいる。調査中には、複数のトペン演者の本棚にこの本が並んでいるのを目にした。(42) 題名はプレンボンを謳っているが、実際にはトペン全般について書かれており、トペン・ワリについての記述が多い。トペンの歴史、上演の例、供物の献上も含めた上演の手順、衣装や小道具などが解説され、上演前後に行われる儀礼やシダカルヤの場面で唱えるマントラも明記され、またプレンボンに使用可能な複数の物語が掲載されている。この著作では、前節で述べたセミナーに関連して著されたレポートBandem & Rembang [1976] が参照文献に挙げられており、全体的な構成も類似しているほか、そのレポートを度々引用し、他の文献と比較検証している箇所もある [Kardji 2001 : 18-22]。この本の内容は、タブロイド紙に転用されたこともある（*Taksu* 二〇〇五年五月）。このように、行政機関のプロジェクトの一環として作成されたバンデムらの調査内容は、カルジの著作を経てまた別のメディアへと形を変え、複数の著者によって取捨選択・検証・修正されながら一般の人びとの目に触れることとなった。

他方、シダカルヤのババッドとそれに関連する地域の歴史をまとめた書籍『ババッド・シダカルヤ』[Kantun & Yadnya 2003] は、プンゴセカンの演者たち数名から参考にしたと挙げられた。シダカルヤを祀る寺院（pura Mutering Jaghat Dalem Sidakarya）の僧侶が執筆者の一人である。この書籍は、寺院の中に祀られている二つの古文書ロンタルと、地元の識者たちの語りを元に、第一章一節でも紹介した超自然的な能力をもった僧侶ブラフマナ・クリンが、ジャワからやって来てバリでシダカルヤと呼ばれ、トペン劇の登場人物として毎回上演で演じられるようになるまでの物語ババッドを描いた。序章の冒頭では、「シダカルヤのババッドは広く知られているものの完全な形で知る者は少ない」として、この本をバリの、とりわけヒンドゥ教徒たちに向けて書いたと記している［Kantun & Yadnya 2003 : 1］。このブラフマナ・クリンの物語（＝ババッド・シダカルヤ）自体は、トペン・ワリのストーリーの題材としても頻繁に用いられる(43)。なお、この本はシダカルヤの上演に必要な各種の手順やその意味、そしてマントラを初めとするシダカルヤの台詞の内容にも触れており、演者はマニュアルとして参照することもできる。

この二冊にシダカルヤの台詞、なかでもそのマントラが明記されている点は興味深い。書籍で学ぶことも一般的となったババッドとは異なり、マントラの場合、ほとんどの演者は現在も先輩演者や僧侶といった専門家を通じて学ぶ。人びとの間では、強力な力をもつこの言葉であるマントラを、むやみに人に教えることを躊躇う態度もみられる［cf 吉田竹 二〇〇五：一五七］。そのため、この言葉を人づてに知るには、先立って僧侶や先輩演者との信頼関係の構築が必要である。マス村とプンゴセカン村のケースでも多くが他の演者や僧侶からマントラを習っており、書籍からのみ学んだと回答したのは、両村合わせても四名に限られる。そのため、書籍へのマントラの掲載がすなわち演者増加の直接要因となったとは言い難い。しかし、アジャ・ウェラと恐れられたマントラが本屋で自由に手に取れる存在となったこと、そしてトペン・ワリの意味機能および歴史的根拠が明記されたことは、人びとのトペンに対する恐れの感覚の低減に寄与したであろう(44)。

書籍は大量生産され、専門家やロンタルに代わって、広く人びとにトペンに必要な知識を授ける。書籍もまた、演者を育むエージェントである。またマントラやババッドを掲載した書籍は、それらの秘匿の知識がより身近で大衆へと開かれた存在になったことを印象付け、時に演者の語りの根拠となることで、演者に代わって語りの内容の「責任をとる」こともある。

なお興味深いことに、ババッドやマントラを記した本は、一般的な読みものとして流通する傍ら、「単なる文字情報」とも言い切れない、神聖なロンタルと類似した意味合いを残してもいる。本節に前書きの一部を引用したババッドの書籍では、筆者が読者に対して、この書をしっかりしまっておき、そして浄化（*sucikan*）するようにと勧めてまでいる［Gingsir 1996 : viii］。マントラについても、類似の現象がみられる。前掲の書籍『トペン・プレンボン』では、シダカルヤのシーンで使用する台詞とマントラを掲載しているが、その部分について著者カルジは、「魔術的な価値（*nilai maigisnya*）が減ってしまう」ことから翻訳しないと断っている[45]［Kardji 2001 : 12］。ババッドや宗教教義を扱った本の内包する、ある種曖昧なニュアンスは、トペン演者と人びととの関係性とパラレルであろう。彼らは依然儀礼に不可欠な存在であり、超自然的な力をもつマントラを唱えるシダカルヤとして、儀礼を成就させることができる特別な能力をもった存在である。このように、トペンは現在より多くの人に開かれた芸となりながら、儀礼上の特権や専門性を有するという両義的な位置にあり、そのことも多くの人びとをこの芸へと駆り立てる魅力となっているようである。

六　来訪者・専門家から身近な隣人へ

七〇年代と比較して演者数の飛躍的な増加がみられたが、この現象がトペンという営みに及ぼした重要な影響は、上演の多くが地元の身近な者たちによって担われるようになったことであろう。先行研究では、トペン演者は観客の共同体の外からやってくる者として描かれていた。ヤングは、トペンの観客は、外部からやってくる演者たちの演技を自らの地元で鑑賞すると述べ、観客が出向いて、有料で、演者のテリトリーにおいて鑑賞する通常の西洋の劇場の鑑賞行為との差を指摘した［Young 1980 : 83］。しかし、プンゴセカン村のケースのように、これまで地元でトペン演者が存在しなかった地域では、新たに演者が育ち、もはや村外から演者を招く必要もなく、地元の人間がトペン上演を担うことが多くなる。観客となる人びと、つまり地元の住民と演者の間の関係性はより連続的であり日常的なものとなる。

他方、バトゥアン村やシンガパドゥ村、マス村のように、かつてから複数の演者が存在し、地元の上演を担っていたような地域においても、演者と観客の関係性が変化しなかったわけではない。シンガパドゥ村出身のコディによれば、八〇年代より前のトペン演者たちは「とても恐ろしく（*angker sekali*）」、近寄りがたい存在であった（I Ketut Kodi interview 二〇〇七年一月二八日）。一九七〇年代初期の演者も、必ずしも特別な家系の出身でもなかったし、また必ずしも長年の肉体的精神的鍛錬と学びの末に目利きたち唸らせるプロフェッショナルでもなかった。しかし、現在はますます出自に関わらず、次々と新しい演者が仲間を誘って上演を始める。そしてその中には、ンガヤーに必要な最低限の芸のみを習得し、いわば趣味的な活動を展開する者も含まれている。演者が語る歴史物語や神話や教義はもはや、神聖なロンタルや、それにアクセスできる限られた知識人を介して伝わる貴重な情報ではない。それらの情報を観客側が書店で入手することもある。そのため、ルパが危惧していたように、演者が語ったババッドの内容に関して、観客の中から反論が出ることもある。(46) 演者の側はそういった反論への自衛行為として、語りの根拠を書籍などの活字メディアに求めるという、興味深い現象も観察された。

本章の冒頭で述べたように、トペンとなるための特別な条件や手続きは存在しない。またその活動は、集落や檀家集団といった共同体の直接的な傘下にあるわけではない。トペン演者となることを動機付けられた者が、個々に芸を身につけ、衣装や仮面を購入や借用によって調達し、上演機会を与えられ、上演を成し遂げ、また次も上演を求められれば、彼はとりあえずトペン演者としての第一歩を踏み出したといえる。特に彼の上演を必要とし、上演機会を提供する人びと（＝上演依頼主）の存在は、彼を演者たらしめているといえるだろう。世襲の演者は、この依頼主との関係を親や親族から受け継ぐこともでき、I・B・アノム・Jのように、比較的スムーズに上演機会を獲得する。また先輩演者に教えを請い、上演に参加させてもらうことで、上演依頼主との関係に入り込むこともできる。他方、初心者同士で誘い合って全く新しいトペン演者グループを結成した事例もあった。現在トペン・ワリの上演頻度が非常に高いことにも起因して、それら初心者の集団にも、地縁や血縁、個人的な人間関係を通じて、上演依頼が舞い込む。ローカルな演者に着目した本章からは、この「演者―上演依頼主」の関係が特に地元共同体の中で継続的に結ばれていること、そして両者の関係は以下のように多面的で相互的で緩やかなものであることが明らかになった。

まず、村や集落や檀家集団などの共同体側は、演者を生み出し、育てている。それは、本章の初めの節で紹介した、共同体が劇団を所有し練習を組織するアルジャ・スブナンにみられるような組織だった演者育成のあり方とは、大きく様相を異にしている。しかし、儀礼規模が拡大する現在、身内や地元に演者が存在することが非常に望ましいことから、共同体やその成員は、様々な形で身内の演者誕生に貢献する。

彼らは見込みのありそうな者を動機付け、習得を勧める。スマルカの場合、彼の浄化儀礼プウィンタナンの費用について、寺院の檀家たちが負担するとの申し出まで寄せられた。また共同体は、その成員に上演機会を優先的に与え、観客として批評し、芸を磨かせる。ここでは地元の批評家たちも大きな役割を果たす。もしもその者が熱心に学び、外へと活動を展開してゆくようになれば、演者の名は出身村名と共に知れ渡る。トペン演者のグループは村の管理下にはないが、彼らの活躍は村の名前と共に人びとの話題に上る。村の名前を背負ってトペンを上演する演者の活躍は、村外にその村の育んできた芸能の豊かさのインデックスとなり、村の名声を高めうる。そして逆に拙い演技はその村の面目をつぶしてしまう可能性も有している。そのような時、村(あるいは村の芸能家たち)はこのトペン演者に対するペーシェントとなる。そのため、地元の演者に対しては、批評や助言が特に盛んに行われるのである。

他方、トペン芸を目指す者は、自身の所属する共同体にトペン演者のニーズがあることに目をつけ、その役割をかって出て、自らの役割や居場所を見つけることもある。人びとが正装をして家にやってきて、格式ばったやり方で上演依頼を行う光景は、彼の社会的な威信を高めもする。また彼は、演技の上達の過程を見届けてきた人びとの反応を頼りに、試行錯誤を重ねる。

このように、演者（あるいはそれを目指す者）と、彼の属する共同体は、支援したり支援されたりする相互的なエージェント－ペーシェント関係にある。ただし彼らと共同体のつながりは緩やかなものである。演者たちの学びや上演活動は、多くの場合、地元の村落や自身の属する寺の檀家集団といった共同体を超えている。村外に師匠を探す例も少なくない。しかし通常の観客は詳しい事情を知らないため、それでも演者が依然出身村の名を背負ってしまう面がある。

演者の芸の習得過程には、観客となって批評する人びとや弟子入りする先の師匠にくわえ、A・A・ブルサットのような、芸を模倣される名手たち、そして芸を教え合ったり知識や本を提供し合ったりするより身近な演者仲間も関与している。さらに、芸の伝授を組織化する教育機関や、演者間の知識交流を促進するセミナー、芸を競い合い切磋琢磨させるコンテストといった場を設定した州政府というエージェントも、演者の芸の習得を支える。そしてこの演者を育むネクサスには、仮面や本といったモノもエージェントとして参加していることも見逃されてはならない。仮面の背後には、たとえば息子のトペンの芸の習得を促そうと仮面を買い与える父親や、安価で仮面を分けてやる職人、魅力的な仮面との運命的な出合いを授ける不可視の存在といったまた別のエージェントがいる。このような仮面を媒介とした人びとや神格からの動機付けについては第四章で見てきたとおりである。本に代表される活字媒体は、本章で詳しくみてきたように、ロンタルを所有したり読みこなしたりする専門家に取って代わり、演者とそれら専門家との関わりを必須のものではなくしていた。また、これらの活字メディアの発達は、演者の特権性や専門性をある面で弱め、その点において、演者と観客との関係性をより対等なものにしていた。このように芸を学ぶ演者の周辺には、州政府や、活字メディアといった近代的なエージェントも巻き込んだネクサスが形成されている。

おわりに

これまで、一握りの限られた名人によって担われる芸能と見做されがちであったトペンは、全島的に名を知られたプロフェッショナルな演者から、地元共同体や友人や親戚に関係する儀礼を中心に限られた範囲で活動をするローカルな演者まで、多様なスタンスで関わる者たちによって担われている。その中には、仮面や衣装や芸や知識を親世代から受け継ぐことのない非世襲の者たちも多く含まれる。

トペンの芸や演者は、演者を目指す者と、地元共同体をはじめとする観客たちとの相互の働きかけによって育まれる。また演者は先輩演者に弟子入りしたり、互いに芸を教えあい、上演機会を共有したりするようなインフォーマルで緩やかな演者間のつながりを結びながら、芸を習得する。くわえて、芸術や宗教系の高等教育機関の設立や、州政府などが主催するコンテストやセミナーにおいても、人材が育成され、またトペン上演のプロセスや意味機能が明文化された。またトペン上演に必要な、ババッド、宗教教義に関する知識、マントラを含むシダカルヤの台詞や手順に関わる知識は、活字媒体にのって流通し、現在多くの人に開かれたものとなった。現在、数の増加とも相まって、トペン演者という存在は観客たちにとって、より身近な隣人となった。

このような演者層の広がりの中では、女性の参入という新しい現象も起きている。次章では、女性によるトペンの活動の実態や彼女たちを後押しするその他のエージェントの働きに目をむける。

註

（1）第二章二節で紹介したように、バリの芸能は行政上、神聖な演目「ワリ」と、儀礼の演目「ブバリ」と余興の演目「バリ・バリハン」に分類される。
（2）かつて最も名の知れたトペン演者であったイ・ニョマン・カクルでさえ、芸能活動の傍ら農業をしていた。
（3）ただし、イ・ニョマン・チャトラ、そしてイ・マデ・バンデム、デワ・ンガカン・サヤンといったバリの芸能研究者や教育者たちのインドネシア語のインタビューにおいて、「*penari local*／ローカルな踊り手」という表現が語られ、そこからこの用語のヒントを得た。
（4）対照的に、様々な劇団から人気演者を寄せ集めて上演するアルジャは、アルジャ・ボン（*arja bon*）と呼ばれる。
（5）例外的には、第二章の註でも紹介したように、「プラギナ・デサ（村の踊り手）」や「プラギナ・バンジャール（集落の踊り手）」という名前の芸能集団を組織している村や集落があり、トペンの活動もこれらを母体にして行われている事例がある。本章では、これらのケースを考察対象から除外し、より一般的にみられる、特定の共同体に所属しない形で活動する演者たちを取り上げた。
（6）バリには数日間から数年間まで、様々な期間でにレッスンを受けに外国人が訪れている。現在でもこれら外国人の舞踊・演劇関係者たちは、バリの有名演者たちの生計の一部を支えている。ただし、トペンが劇として観光客向けに上演される機会はそれほど多くない。話芸が大きな比重を占めるトペンは、観光客には理解困難だからである。なお、舞踊ショーの中に、物語とは関係なく老人の舞トペン・トゥアや王の舞トペン・ダレムといった、トペンのシーンを組み込むことはよくある。
（7）ウァルター・シュピースとも親交のあったこのブラフマナたちのグループ（中にはさらに上の世代が含まれると思われる）の一九三〇年代の写真が、シュピースの著書［Spies & de Zoete 2002〈1936〉］にみられる。シュピースが贈ったというスケッチが、このブラフマナの家には現在も飾られている。
（8）この表のほかに、数名のトペンの舞踊を習得中の若者、そしてほぼ引退しているが稀に自宅での儀礼で上演に参加する年配演者がいた。
（9）バリの村には、共通の寺院を祀り、儀礼などの活動の単位となる慣習村と、行政上の区切りである行政村の二種類がある。マス行政村の中にマス慣習村とプンゴセカン慣習村が存在している。マス慣習村の人口の推移の厳密なデータは入手できなかった。統計局に残っているのは、マス慣習村ではなく、マス行政村の一九七一年の人口資料であったため、後者から前者の増加割合を推測した。一九七一年の人口が六四二〇名であったのに対し、二〇〇三年には一〇一七二名となっていた。なお、プンゴセカン慣習村もマス行政村に含まれるため、これについても、人口の一・六倍程度の増加が推測される。一九七一年の人口は、統計局への問い合わせの結果である。二〇〇三年の人口は、*Pemberdayaan dan Kesejahteraan Keluarga Mas* ［2005］から引用した。

(10) イ・クトゥット・ウィジャヤは一人で上演することは稀であり、通常は［D］か［E］に参加しているため、DEと表記した。

(11) ワヤン・ウォンとは、ラマヤナやマハバラタの物語を演じる、トペンとはまた別の仮面劇ジャンルである。数十名の演者を必要とし、通常演者は男性である。

(12) 全員がシダカルヤを担ったことがあると語った。ただし、基本的には共演者にその役を譲るとも回答した者も一名いた。

(13) 結局筆者は、二〇〇七年時点の演者に関しては、①本人がトペン演者と認識していること、②継続して活動していることの両方を満たせば、演者として分析対象とした。表5―1の一九七〇年代初期の演者のうち、既に故人となった者に関しては、現存の演者たちの証言を参考にした。

(14) ここでの記述は、二〇〇六年九月一二日、一〇月八日、二〇〇八年三月一九日のインタビューに基づく。

(15) 青年部とは、序章でも紹介した、集落毎に形成される、未婚の男女が入会することのできる組織である。この中で、集落の若者たちの活動が組織される。青年部でガムランチームを結成したり、劇を上演したりすることがある。そのほか、集落のイベントを企画したり、地元の儀礼や行事で奉仕活動をしたりする。また、スンドラタリとは、一九六〇年代に芸術高校で創作され、後に人気を博した舞踊劇である［Bandem & deBoer 1995 : 136］。大人数で上演され、寺院の周年祭や、集落の行事の余興などで一時期頻繁に用いられていた。

(16) バリスは、男児が始めに習う舞踊として一般的なものである。男性舞踊の基本が含まれているとされ、多くのトペン演者が、トペンよりも前にこの舞踊を習得している。

(17) ここでの内容は、主に二〇〇八年八月二八日のインタビューに基づく。当日は、叔父のバワも同席した。

(18) チャロナランは、悪霊祓いの儀礼劇で、バロンやランダといった仮面も登場する。

(19) 筆者が別のところで論じたように、バリの人々は、それぞれの子供の容姿や性格をよく観察し、どの芸能ジャンルに適性がある、といったことを頻繁に話題にする。適性を見いだされた子供は、しばしば専門家のところに連れて行かれ幼少期からレッスンを受けることになる［吉田ゆ 二〇一五］。

(20) さらには、人形を一セット必要とするワヤン・ルマよりも少ない資金ではじめることができ、また複数人で短所を補いながら上演すればよいため、必ず一人で上演されるワヤン・ルマよりもトペンは参入しやすい分野である。

(21) 本書で度々比較対象として用いている歌舞劇アルジャの場合、トペンと逆の傾向が指摘できる。一つの共同体の成員で構成されるアルジャ・スブナン（＝スブナンのアルジャ）が主流であった時代が終わり、一九五〇年代から、様々な土地から名手だけを集めるアルジャ・ボンに人気が集中したと報告される。そして、数十人の優秀な演者に上演機会が集中し、それ以外の者は活動が停滞するという事態が起きている［増野 一九九九：一一一―一一三］。アルジャ・ボンの人気が、アルジャ・スブナンの衰退を導くのは、アルジャが余興の演目であり、トペン・ワリのように儀礼に必須な演目として位置づけられていないからである。娯楽的な演目では上演の質がより重視される。また、余興の演目としては、アルジャだけではなく、影絵ワヤン・クリッやプレンボンやドラマ・ゴンなど様々なジャンルが存在し、これらの中で、人気のある演目や演者が選ばれる。数々の演目や上演者が競合する中でアルジャ・ボンが人気を博せば、アルジャ・スブナンの出番はますます少なくなるのである。対照的に、トペン・ワリの場合、儀礼に必要な演目とされているために、後述するように上演頻度が非常に高く、芸能の流行にも左右されず、比較的安定して上演機会が存在する。

(22)　統計は、二〇〇四年時点。

(23)　筆者も、ジマットの元で舞踊を習い初めて間もない頃、ジマットから、彼が依頼された奉納で一曲踊らないかと助言され、驚いた経験がある［吉田ゆ 二〇一五］。

(24)　近年では、市販のビデオCDやYouTubeといったメディアを介した学習も可能となっている。ある日、ルパワンはトペン上演に向かう直前まで、自宅のテレビで王ダレムの舞のビデオCDを観ていた。彼によれば、それを参考にして、その日は王の舞に挑戦しようとしていたのだという。また、特殊なケースではあるが、ジマットとの練習にビデオカメラを持ち込んでいた者がいた。ビジネスで成功したというその男性は、自らの家庭用ビデオカメラで、ジマットが踊ってみせるところを収録した。それを元に自宅で復習をすることで、時間を節約するのだという。

(25)　筆者の場合、衣装一式は、一二〇〇〇〇〇ルピアほどで購入した。しかし、素材や購入先、交渉次第で、価格は大きく上下する。仮面に関しては、筆者が工房で尋ねた範囲では、三〇〇〇〇〇ルピアから一〇〇〇〇〇〇ルピアの間の値で販売されていた。仮面は、アクリル絵具を用いるか手間のかかるワルナ・バリを用いた着色を行うかによって大きく値段が変わる。冠やカツラなどの値段も様々であるが、筆者の購入した強い大臣役の冠が四五〇〇〇〇ルピアであった。

(26)　ちなみに大規模な儀礼にはその存在が必須である、最高僧プダンダのニーズも拡大していると考えられる。少なくともギャニャール県で話しを聞いた多くの人びとが、プダンダの数もここ数十年で大きく増加しているという感触を持っている。宗教省の統計でもプダンダの数が飛躍的に伸びているが、その統計の数字に不可解な点が多く、本書には掲載しなかった。

(27)　寄付の一つの形として、個人が芸能上演をチャーターし、儀礼の余興として皆に提供するという方法がある。

(28)　この際に県知事は、寺院に寄付金を与えた。重要な寺院の大きな周年祭では、このように県知事（そしてより重要な寺院の場合、州知事）が招待され、彼らは寺院に寄付をする。

(29) デンパサールの事例からも類似の傾向について報告がある［伏木二〇〇三：一一二］。

(30) 興味深いことに、この地域に大きな影響力を持つ最高僧イダ・プダンダ・グデ・マデ・グヌンの示した、トペンを用いる基準は、より緩やかなものであった。彼によれば、ブバンキット三つのレベルの儀礼には、トペン・ワリもワヤン・ルマも（用いても構わないが）必須ではない。より大掛かりな、ニャトゥール（*nyatur*）を行う規模となってはじめて、トペン・ワリとワヤン・ルマの両方が不可欠となる（interview 二〇〇九年九月五日）。つまり村の儀礼実践において、人びとは最高僧が最低限必要と考える基準以上に熱心に、トペン・ワリやワヤン・ルマを上演しているのである。

(31) （ウク暦上の）三二年に一度大祭を開く必要があるという。これによって、新たなエネルギーをチャージするのだとデサ寺院の僧侶は説明してくれた（interview 二〇一〇年九月二四日）。ただし実際には、人びとは厳密に三二年目を大祭にあてているのではなく、その時々の経済状態や他の儀礼の状況を見計らって、早めたり遅らせたりしている。

(32) 先述した二〇〇六年のカワン集落の大祭では、同時に行われた聖水の寺院（*pura beji*）の大祭とあわせて、実に一五回ものトペン・ワリが上演された。

(33) ＫＯＫＡＲはのちにインドネシア伝統音楽高等学校ＳＭＫＩ（Sekolah Menengah Karawitan Indonesia）、そして国立第三専門学校スカワティ校 SMK3 Negeri-Sukawati（Sekolah Menengah Kejurusan 3 -Sukawati）と名を変えた。ＫＯＫＡＲの時代は専門学校であったが、職業学校となってＳＭＫＩと改名、その後他の高校と吸収合併し、SMK 3 Sukawati となった［伏木二〇〇三：一三五］。ＡＳＴＩはのちにインドネシア国立芸術大学ＳＴＳＩ（Sekolah Tinggi Seni Indonesia）、インドネシア芸術機構ＩＳＩデンパサール校（Institut Seni Indonesia Denpasar）となった。ＡＳＴＩ時代は三年制のアカデミーであったが、後に四年半の大学へと編成が変わりＳＴＳＩとなる。その後、大学院を設置し、ＩＳＩとなった［伏木二〇〇三：一三五］。

(34) 有名トペン演者の家系に生まれた子息たちも、芸能高校や大学に進学し、更なる芸能の知識と技を身につけている。カクルの数名の孫たち、ジマットの息子イ・ニョマン・ブディアルタ（I Nyoman Budiartha）も芸術大学に学んでいる。これら世襲の演者たちは、代々トペンの芸を受け継いでいるとはいえ、その習得環境は先代とは異なる。

(35) 一九七〇年代から、バリの研究者たちによる、様々な芸能に関する調査や執筆が増加した［Davies 2006 : 322］。

(36) 二〇〇四年にトペン・パジェガンのコンテストの審査員を務めたコディは、この時の審査基準として（1）上演されるキャラクターの習熟度、（2）舞踊／演技のテクニックの習熟度、（3）歌の習熟度、（4）舞踊／演技と歌を一致させる習熟度、（5）上演する舞台空間の使い方、（6）使用される衣装や装飾品と、全体的な調和、（7）全体的な相性、テクニックと動き（舞踊）と声の間の調和と能力、を挙げている［Kodi 2006 : 66］。これらの項目からは、コンテストではトペン・パジェガンの技術的側面が審査対象であったことがわかる。また、パレードとは、行進するのではなく、同じジャンルの芸能を複数の個人や集団が持ち寄り上演するイベントのことである。勝敗をつけるコンテストとは異なり、順位や点数を競わない。

(37) 第一章六節でも紹介したように、シダカルヤ役の意味や機能もこれらのセミナーを通じて議論され、明文化され、一般に流通したと考えられる。

(38) ただし筆者の調査対象の最高齢者である、一九二〇年代前半生まれのイ・デワ・プトゥ・カンデルは、リンダからロンタルを譲り受け、ババッドを学んだと語った(I Dewa Putu Kandel interview 二〇一〇年九月三〇日)。

(39) 二〇世紀末の芸術大学の調査によれば、ウブド郡内の各村の主要なトペン演者八名のうち、五名の唱えるシダカルヤの台詞にはマントラが含まれていなかった[Dwadja 1999 : 24-25, 29]。ただしこの五名のうちの一人は、マス村のI・B・アノム・Jである。彼は現在、近隣の最高僧プタンダに教えられたマントラを用いている。

(40) 宗教関係の出版が大幅に拡大した一九五〇年代当時の本屋店主によれば、少数の人しか解すことのできないバリ文字ではなく、より一般的なアルファベットでの出版がなされたことで、より多くの読み手を得た[永渕 二〇〇七:一五四]。

(41) プロテスタンティズムの進展における書物の果たした役割を分析したフェーヴル&マルタンが以下のように述べている箇所は、トペン演者たちの手へとわたった書物の姿と重なる。

おそらく、書物というものがそれ自体で誰かを説得し得たということは、かつて一度もなかったのである。しかし、説得する事はないにせよ、書物とは自分の確信についての手で触れる事の出来る証なのであり、この書物を手にすることにより、確信は具体的な形をとる。書物は、すでに説得された者たちに対して一層の根拠を与え、彼らにその信仰を深めかつ明確化する手助けをし、彼らが議論において勝利を占め、逡巡する相手を折伏するための基本的知識を与える。[フェーヴル&マルタン 一九九八:二四七―二四八]

(42) 出版社に問い合わせたところ、印刷部数は一〇〇〇部だという。このあと加筆修正のうえ改題されて再出版された方の書籍の印刷部数は不明。

(43) シダカルヤのモデルについては、ブラフマナ・クリン以外の、様々な説が存在しており、必ずしも全ての演者がシダカルヤをすなわちブラフマナ・クリンであると考えているわけではない。しかし、ブラフマナ・クリンとシダカルヤを結びつける物語が活字化し流通することで、ある種の正当性を帯びてゆく可能性はある。なおババッド・シダカルヤの活字化は、この二〇〇三年以前にもあったようだ。調査中は、バリ語で書かれた作者も年代も不明の、ババッド・シダカルヤに関する古い冊子のコピーを目にした。

(44) コディは、アジャ・ウェラのより近代的な解釈を語ってくれた。アジャ・ウェラな知識とは本来は、同じ専門を有する者同士のみで共有でき、またそれを伝える際には時と場所と相手を選ぶ必要があるものであるが、かつては、最高僧プダンダやマンクそしてプダンダに近しい人びとのみが知ることのできる秘密であると誤解されてきたという（I Ketut Kodi 二〇一〇年九月一九日）。コディは一九七〇年代頃からそういった秘匿の知識に対する見かたが変わって来たという感触をもっているが、本章の注目する活字メディアにおけるこれら秘匿の知識の開示と流通もその流れの一部を成している。

（45）学問の神サラスワティ（Saraswati）を祀る日には、ロンタルに供物が捧げられる。この際に、ロンタルのみならず、書籍にも供物を捧げる。

（46）ただしルパは、観客からの批評という点では、テレビなどの娯楽が無かったかつての時代のほうが、活発であったとも振り返る（I Ketut Rupa interview 二〇〇九年八月二五日）。この背景にはトペン上演機会の増加も影響しているであろう。トペンを鑑賞する機会もトペン演者も珍しくなくなった現在、ある種の慣れやマンネリ化も起きている。ただし、このルパも、現代の観客の方が、ババッドをよく知っているために、自分も本を読んで確かな知識を身につける必要があると感じている（I Ketut Rupa interview 二〇〇九年八月二五日）。

第六章　トペンと女性――不整合性を超えて

はじめに

前章では、一九七〇年代と比べて、より多くの者たちが、トペンに参入するようになった現象について考察した。近年現れたトペンの担い手の中でも特別な関心を集めているのが女性演者たちである。なぜなら、トペンは一九九〇年代後半まで、ほぼ全面的に男性の活動領域であったからである。(1) バリ島の芸能は、現在でこそ美しく舞い踊る女性のイメージと結び付いているが、かつてほとんどの舞踊や演劇や楽器演奏は男性のみによって担われていた。バリでは、芸能に限らず、地域共同体の活動や家庭生活全般において、男性と女性の活動が区別され、各性別に割り当てられた役割を充分に果たすことで、補完的に社会を支えることが理想とされる。そのような役割分担の中で、多くの芸能の演目が、男性の活動領域として存在していたのである。(2) 様々な芸能に、女性の担い手が生まれたのは、二〇世紀に入ってからのことである。

しかし、数あるバリ芸能の中でも、トペンでは近年までなかなか女性の参入がみられなかった。それは、トペンが、舞踊、語り、歌、登場人物、そして儀礼上の機能といった面で、男性に期待される社会的役割や男性のジェンダーイメージと深く結び付いていることに起因している。それゆえ演者、観客、仮面、伴奏者、師匠や共演者たちといったエージェントの織りなす芸の舞台は、従来女性にとって疎遠なものであった。一九八〇年前後に調査を行ったダンは、女性はトペンを演じることが許されていないと記している［Dunn 1983 : 88］。

このトペンに挑戦する幾人かの女性による活動が顕在化したのは一九九八年のことである。イタリア人女性で、かつてからトペンを学んでいたクリスティナ・フォルマッジャ[3]（Cristina Maria Formaggia 1945-2008）が歌舞劇アルジャの女性演者二人を誘ってトペン・サクティ（Topeng Shakti）というトペンのグループを立ち上げた。この活動は、第五章でも紹介したプンゴセカン村の婦人たちを中心に結成された女性だけの舞踊演奏集団ルッ・ルウィ（Luh Luwih）の一部として組織化されていた。

男性的な芸能ジャンルに挑戦する女性たちは、独特の問題と困難に直面する。その問題とは、男性的な力強さや雄雄しさがそのジャンル独特の魅力となっている一方で、女性たちがそれらを充分に表現できず、むしろ女性と男性の差を可視化し、女性の劣性を印象付けてしまいかねないという点である。このような指摘は、ガムラン音楽の中でも特に戦闘的で激しいベレガンジュール（*beleganjur*）の演奏に初めて女性が進出した際にもなされていた［Bakan 1999 : 270］。民族音楽学者のバカンは、男性的な激しさを追及するベレガンジュールと、女性という矛盾する取り合わせを、撞着語法（oxymoron）と形容した［Bakan 1999 : 242, 244］。そして先行研究には、女性たちがトペンを含む様々な芸能において、男性の創造した表現方法を踏襲するだけの段階に留まること危惧するものもある。

彼女たちが新しい役柄を創造し、新しいそれらの役柄のための仮面を作り、芸術的規範に表現の独自の形式を加え、彼女たち自身の音楽曲を書くまで、彼女たちの参加と表象は制限される。皮肉な事に、女性たちは、女性の従属から逃れ、男性の特権を取り巻く神話を暴く為に、男性の仮面を被り、男性役を担うのであるが、それが行き着く先は、経済的なあるいは芸術的な平等を達成することと何ら関係がない。[Diamond 2008 : 264]。

しかし、この女性のトペンを、女性の地位向上や権利を求める活動に還元してしまうのは早急ではないだろうか。実際に演者として活動する女性にとって、トペンという経験は何をもたらしたのであろうか。そして、この演目は彼女たちの芸能キャリアの中でどのような位置づけにあるのだろうか。後述するように、先行研究は、女性のトペン上演を、女性の側の高度に意識的な取り組みと評価している。しかし、彼女たちの活動には、前章でみてきた男性演者の場合と同様、芸を授ける師匠や、芸術系教育機関、共演者、観客、仮面などの他のエージェントも関わっている。彼女たちがトペンに参入したプロセスや動機を注意深くみてゆくと、トペンと女性という二つの存在が必ずしも常に不整合で撞着的関係にあるわけではないということもみえてくる。本章では、彼女たちの活動を、周囲のエージェントたちとの関わりにも着目しながら考察し、一見矛盾するトペンと女性の取り合わせが、多様なニュアンスを帯びながら結び付いている姿を描く。

一　先行研究

エミグとハントは、バリが植民地化やインドネシア国家独立、国際観光や西洋文化の影響などの下に経験してきたジェンダーのカテゴリーの揺らぎを指摘する[Emigh & Hunt 1992 : 217]。彼らは、芸能上演における男女の役割分担の変化は、パフォーマンスを通して、そのような伝統的な規範の揺らぎと向きあい、新たなジェンダーの関係性を模索するバリ人側の試行錯誤のプロセスであると指摘した[Emigh & Hunt 1992 : 217]。この論も含め、先行研究では、女性演者たちの台頭がどのようなバリ社会の変化を反映しているのか、そしてその活動が、実際に現実社会における女性の行動や発言を規制するジェンダーイメージを解体したり、女性の発言力や地位を向上させたりすることに繋がるのか否かに関心が集まってきた(4)。

ダイアモンドは、トペンを含む伝統的な芸能ジャンルから、コンテンポラリー作品までを横断的に眺めつつ女性の芸能活動を分析した[Diamond 2008]。歴史的に、女性は(役どころの性別に関わらず)女性イメージと親和性の高い役柄にまず挑戦し、徐々に女性イメージの対極にある粗野な役柄へと活動領域を広げていった。この流れの中で、トペンに取り組んだ女性チーム「トペン・サクティ」の活動は、ジェンダーアイデンティティを探求する「高度に意識的な実験」であり、「ジェンダーに基づく別の可能性(alternative)を演じる最前線」と位置づけられる[Diamond 2008 : 244]。一方で、前節で引用したようにダイアモンドは、男性によって男性のために作られた既存の芸能を踏襲するだけでは、女性たちの表現は制限されたままであるとも指摘する(5)[Diamond 2008 : 264]。

女性の芸能活動を広く見渡したダイアモンドに対し、トペンに限って考察を深めたのは、C・パレルモである(6)[Palermo 2005, 2009]。パレルモは、女性トペン演者の活動実態や、そこから生まれる葛藤に着目し、女性の上演活動が引き起こす幾つかの社会的な議論を紹介している[Palermo 2009]。バリのモダニティは女性の活動を支持する一方で、慣習的な性別役割分担のイデオロギーを依然維持しており、それらが女性たちの活動の障害となっている[Palermo 2009 : 7-24]。女性トペン演者たちの活動は、先進的な意識の高い公務員たちや、トペン上演を通じてバリ人女性が自らのメッセージを発する機会を得ることを期待する女性外国人演者たちからも支持された[Palermo 2009 : 15-17, 48]。しかし一方で、バリ人女性たちはむしろ男性のように上演することを目指しており、女性としてのメッセージを発するよりも、まずはトペンを女性でも演じることが可能なのだと示すことが主目的となっているという[Palermo 2009 : 48, 60]。

パレルモとダイアモンドが指摘するように、女性のトペン演者グループは、この男性的なジャンルをマスターすることで、社会に女性の能力を示すことや、女性の活動を制限する社会へ疑問を投げかけるという主旨を掲げている［Diamond 2008 : 244-245, Palermo 2009 : 48］。しかし実際には、男性の演者のトペンに参入する動機が様々であったように、女性の側にも多様な動機が存在する。それゆえ、前節で述べたように、彼女たちのトペンの活動は、女性の権利の要求や、ジェンダーイメージの交渉には還元できない側面があり、その点を具体的に明らかにしてゆくのが本章の狙いである。また本書では先行研究で充分論じられてこなかった、仮面の使用というトペンの特性が、女性たちの活動にどのように作用したのかについても考察する。

二　バリ社会における女性芸能家誕生の歴史

バリ社会では、女性の芸能活動は少ないジャンルに限られていた。しかし二〇世紀に入り、様々なジャンルに女性の演者や演奏家が生まれた。本節では、女性の芸能活動が広まっていった歴史について、特にトペンに関連の深いジャンルを中心に紹介する。

1　女性の芸能活動の広がりの経緯

本章冒頭で述べたように、男女が別々にそれぞれの役割を果たすことを理想とする世界観は、多くの芸能活動を男性の領域に限ってきた。この役割分担の規範は、長らく女性を芸能から遠ざけてきた。女性には、まず母親、妻の役割が期待され、日々の供物作りにも膨大な時間が費やされる。その中で、男性によって担われていた芸能活動に、女性が個人の興味に基づいて参加すること、そして男性に混じって同じ活動をするということは、逸脱のレッテルを貼られかねない危険性を孕んでいる。そして、かつて女性が人前で舞台に上がることを、はしたない、モラルに反するとして嫌う傾向もあった［Wiratini & Arshiniwati 1998 : 6］。女性が家族の男性を伴わずに、練習や本番へと頻繁に出かけることは、家族や周囲の人間の反対を受けやすかった。舞台に上る女性だけでなくその家族までもが、ゴシップの対象となったとも報告される［Sawitri 2001 : 133］。現在でも芸能活動は、未婚女性にとって、男性の注目を集め魅力をアピールする機会ともなっており、このことは夫やその家族が結婚後の妻の芸能活動を望まない理由の一つとなっている。

また、出血は不浄（*sebel*）と結び付くため、月経中の女性が寺院に入ったり、神聖なもの（仮面を含む）に触れたりすることが許されない(7)。ただしこのことは、月経の期間に限られたことであり、決定的な疎外要因とはならない。

これらのことを背景にして、二〇世紀に入るまで、女性の芸能活動は、一部のジャンル、特に儀礼的意味合いの強い舞踊や、歌に限られてきた。しかし一九二〇年代には、歌舞劇アルジャを上演する王族の女性たちによるグループが生まれた(8)［Dibia 1992 : 37-38, Bandem & deBoer 1995 : 85, Kellar 2004 : 30-31］。女性によるアルジャ上演はギャニャール県ウブド村の王宮から始まり、一九三三年には同県シンガパドゥ村の王族の妻たちによる上演もみられた［Dibia 1992 : 38, Wiratini & Arshiniwati 1998 : 32］。これらは後に村落におけるアルジャ上演のモデルになった(9)［Dibia 1992 : 38］。女性演者の登場は、この歌舞劇アルジャをきっかけに、古典歌舞劇ガンブー、チャロナラン、仮面劇ワヤン・ウォンなどの、他のドラマジャンルへと広がりをみせた(10)［Wiratini & Arshiniwati 1998 : 35］。

また二〇世紀初頭に、稲妻のような激しさとエネルギッシュな性格を持つ、クビャール（*kebyar*）というジャンルが生まれ人気を博した。一九二五年～一九五〇年代初頭には、女性用のクビャールの舞踊が多数考案されたがこれらには、男性舞踊と女性舞踊の要素を持った、ブバンチアン（*bebancian*）と呼ばれる中性的な舞踊が存在する［Bandem & deBoer 1995 : 76］。これらの舞踊の流行によって、女性の踊り手の上演機会も増加した［Diamond 2008 :

234］。

一九八〇年代になると、女性の影絵師（*dalang*）が現れた。インドネシア影絵師統一会（Persatuan Pedalangan Indonesia）およびインドネシア影絵書記局（Sekretariat Pewayangan Indonesia）からの、各地に女性の影絵師を育成せよとの要請により、女子学生に試験的にトレーニングを施した［Wicaksana 2000 : 95］。また、村落レベルでは、有名な影絵師の妻、ニ・ワヤン・ノンドリ（Ni Wayan Nondri）が、一九七九年の夫の死後、影絵師として活動している［Wicaksana 2000 : 97-98］。二〇〇〇年の研究では、四〇名以上の女性影絵師の存在が報告されている［Wicaksana 2000 : 111-112］。

楽器演奏の分野でも女性の参入がみられる。特に現在最も普及しているゴン・クビャールと呼ばれるタイプのガムランは、女性の演奏が広く浸透している。一九六〇年代には伝統音楽専門学校ＫＯＫＡＲで男女混合のガムランチームが結成されていたが、女性によるガムラン演奏が広く知られるようになったのは一九八〇年代である［Bakan 1999 : 253-256］。アメリカに滞在した音楽家イ・ワヤン・スウェチャ（I Wayan Suweca）は、男女一緒にガムランを演奏するアメリカ人演奏者たちの姿に触発され、帰国後バリの女生徒たちと共にプスパ・サリ（Puspa Sari）という演奏チームを結成した。このグループの活動はテレビで放映され、広く人びとの目に触れた。一九八五年からは、バリ芸術祭にて、県対抗の女性ゴン・クビャールのコンクールが開催されるようになる。これらの女性たちにも触発され、一般の女性たちも、集落の婦人会ともいえる組織[11]（ＰＫＫ）の元に、ガムランチームを結成するように

写真6-1　ブバンチアンのクビャール舞踊の一例。一般に女性によって踊られるが、若い青年を表現したエネルギッシュな演目である。

なった。これらのチームは、主に地元の儀礼で必要な楽曲の演奏を担う。二〇一二年現在、ガムラン演奏は、女性たちのンガヤーの機会として定着している。少なくともギャニャール県の儀礼では、揃いの鮮やかな色の衣装を着た女性たちが、男性チームよりもややゆったりしたテンポで演奏を披露している姿をよくみかける。

このゴン・クビャールよりも遅れて一九九四年以降、前節でも紹介した、激しい演奏が特徴的なベレガンジュールに女性演奏チームが現れた［Bakan 1999 : 242］。太鼓や銅鑼をも担ぎながら、行進しつつ演奏するベレガンジュールは、「最も男性的なジャンル」とも形容され、女性の演奏が発展するはずはないと強く信じられていた［Bakan 1999 : 241-242］。男性ジェンダーと強く結び付く点で、このベレガンジュールのケースは、トペンの置かれている状況と類似する点が多々ある。一九九四年にバリ芸術祭のオープニングを飾り、同年には州都デンパサールのスポーツ祭でも演奏された。このように、州都の、特に世俗的なイベントにおいて、州政府の要請のもと始まった女性によるベレガンジュールであるが、一九九六年には、デンパサールから離れた地域の儀礼でもみられるようになっていたという［Bakan 1999 : 246］。

2　女性芸能家を巡る政府の取り組み

バリ人思想家で芸術家の女性チョッ・サウィトリ(12)は、女性演者の参加は、芸術の発展の問題としてだけ捉えられるべきではなく、女性運動のモデルとして評価されるべきであると主張する［Sawitri 2001 : 135］。そして実際に、アルジャでの女性演者の活躍などを例にとり、社会的な男女平等の達成や女性解放の成果と関連付ける視点が、特にインドネシア国内の研究者によって示されてきた。一九九八年には、国立芸術大学（当時はSTSI Denpasar）から『バリのパフォーミングアーツにおける女性舞踊家の役割』と題された報告書が出された［Wiratini & Arshiniwati 1998］。女性研究者によって著されたこの書では、女性演者たちの登場が、バリにおける女性の社会的地位の変化を映し出すものとして位置づけられる［Wiratini & Arshiniwati 1998 : 3］。また、女性による各種の芸能活動は、バリ州政府主催の芸術祭で頻繁に取り上げられた。この背景には、芸能の世界での女性の進出を、女性の地位向上の表れとしてアピールしたいという政府側の狙いもある。

対して、女性の芸能の活性化を女性の地位向上と安易に結びつける風潮を、批判的に検討する必要性を指摘したのは、本章の最初の方でも紹介したアメリカの民族音楽学者バカンである［Bakan 1999］。バカンは、「女性らしさ」のイメージと特に乖離の大きい、闘争的な激しい演奏が特徴のベレガンジュール演奏では、主に政府の方針の下、男性主導で女性演奏者が養成されたと指摘する［Bakan 1999 : 241-276］。そして（実質的な社会構造は改革されないまま）近代的なインドネシアというステレオタイプの象徴として利用されることで、むしろ男性支配的な権力の構造と女性の周辺性を固定化してしまうと論じる。

他方興味深いことに、トペンに関しては、政府からのサポートのチャンスがありながらも、それがうまく機能しなかったという事例が存在する。二〇〇三年の州政府主催の芸術祭では、各県から女性によるトペン・パンチャの上演を行うという企画が持ち上がった。しかしトペン・パンチャに必要な五名もの女性トペン演者を各県が確保することが困難であり、実際には、芸能が盛んなギャニャール県のみの参加という形になった。

女性の芸能活動の領域が拡大してきた歴史において、それを後押しした政府の影響力は大きい。しかし、この二〇〇三年の芸術祭におけるトペン・パンチャの事例が示すように、それに呼応できる技能を持った人材や、女性の側の興味関心があってはじめて、その政府のサポートが機能する。次節では、女性トペン演者たちの活動が今ひとつ広がりを持たないという現状に注目し、実際にトペンが男性といかに結び付いてきたのかを考察する。

三　トペンに埋め込まれたジェンダー

1　歴史や教義の語りとしてのトペン

トペンは、歴史や宗教的な教えや道徳を人びとへ語る。そのため比較的演者の年齢が高く、若い層の演者には高学歴者が多い。一方バリの日常生活の中では、既婚男性は家長として、集落や檀家集団の集会に参加し、そこでの決定事項を家族に伝える役割を担う。社会的に重要な知識を語り継ぐというトペンの機能は、バリ社会における、男性の性別役割の枠組みとより親和性が高い。女性の幅広い活躍がみられる歌舞劇アルジャにおいてさえ、現在もプナサールは男性によって演じられる［Kellar 2004 : 38］。

女性の識字、そして学校教育の機会も、かつては男性に比べて遥かに限られていた［Parker 2002］。バリでは、女性は出産という生産的な能力を持つのと同時に、潜在的に破壊的で、呪術的な力をもつ存在である［Parker 2002 : 88-90］。そのため一部の高カーストの者を除いては、女性は文字や古文書ロンタル自体の持つ神聖性と魔術的な力へのアクセスを許されていなかった［Parker 2002 : 90］。無論、文字と関わらずとも、バリでは声の芸能を通して、文学の世界に触れることが可能である［Parker 2002 : 85］。実際、ロンタルも書籍も介さずにトペンを学び、演者となるケースはある。しかし、ロンタルを書くことや、それを読み解くという営みが男性にほぼ独占されてきたことは、歴史や教義を語るトペンが男性の領域として位置づけられてきたことの一つの要因となったであろう。観客としてトペンに関わる上でも、男性に比べ女性は消極的であるという報告もある。Ａ・ホバートは、影絵ワヤン・クリッとトペンの観客の多くが男性によって占められていると指摘する。女性たちは、戦争や対立に焦点をあてた物語を好まない上に、これらの上演内容は、学術的であり、自分たちの興味の対象として不適切であると感じているという[13][Hobart 1987 : 126]。以上のことから、ババッドや教義を学び、語り継ぐという行為が、歴史的に女性の役割期待の外にあったことが理解される。

2　父系社会の歴史ババッド

一九八二年にあるバリ芸能チームが日本公演を行った際の紹介文には、「みどころ」と題して以下のように記されている。

トペン・パンチャでは、コミカルな民衆を除き女の登場人物はなく、男たちのダイナミックで媚のない踊りの表現力を第一に見せている。これに対して、トペン・プレンボン[14]はアルジャと呼ばれる歌を中心とした舞踊劇の女の演者たちを加えたもので、硬度の高い芸質を和らげ、見る者の心をよりときめかせてくれる。
『ガムラン楽舞夢幻』（一九八二：二五）

ここでは、トペン・パンチャに代表される、トペンの男性的なイメージと、アルジャの女性演者の柔らかなイメージの対比が明確に描かれ、演目の見所として語られている。トペンの登場人物には女性が少ない。トペンが語るババッドは、父系社会がつむいで来た、男性を軸とした家系の物語であり、王や、その下で仕えた大臣たちにまつわる物語が大半を占める。女性は、民衆として描かれる以外は、王や大臣の妻や娘として登場するのみであり、またそのような形でさえも、女性について語られることは稀である。[15]

バリのドラマジャンルでは、男性の主人には男性の従者が、女性の主人には女性の従者が付き添うという、形式上の決まり事がある。ゆえに、男性である王に仕える従者兼ストーリーテラー、プナサールとウィジルの二人も、

写真 6-2　民衆の女のボンドレス。通常トペンではこういった女性役もまた男性演者によって担われる。この時の演者も男性であった。2009 年 7 月 15 日撮影。

必然的に男性という設定になる。プナサールとウィジルは、物語を展開する重要な役どころであり、その中でも語りと歌という声のパフォーマンスが大切である。プナサールは重厚で張りのある声で、王や大臣たちの物語へと人びとをいざなう。声は演者の生来の性別によって大きな差を生じる部分であるため、これらの役柄が男性という設定であるという点が、トペンを男性と結びつける大きな要素となってきたと考えられる。

他方、歌舞劇アルジャでは、女性演者の活躍が目覚しい。アルジャはトペンとは対照的に、男女の恋物語が題材となり、洗練された王女ガルーと、それに仕える従者兼ストーリーテラーの女官チョンドン（*Condong*）や、粗野な王女リクー（*Liku*）に仕える女官デサック・ライ（*Desak Rai*）が登場する[16]。アルジャの典型的な登場人物一一人のうち、五人は女性という設定である［増野 二〇〇〇：一一五］。アルジャの女性演者の活動は決して女役だけに留まらないが、特に女役は、女性によって担われることが多く、女性演者の活躍の場となっている[17]。

ところでバリでは役柄と演者の性別は一致しないことも多い。先述のように、かつては女装の男性が女役を担っていた。役柄の性別よりも重要となるのは、むしろ「荒々しい（*keras*）」、「洗練された・優美な（*alus*）」、「粗野な（*kasar*）」といった登場人物の性格のタイプである。魔女ランダのように、粗野で、霊的に危険とされる役は、より女性の規範的なイメージから逸脱し、女性が担うことは稀である。一方で、優雅さや繊細さを表現する優美な王子である（アルジャやガンブーに登場する）マントリ・マニス（*Mantri manis*）は、男役であっても女性による上演が定着している。その意味では、男役が多いことがすなわち女性をトペンから遠ざける決定的な要因とはいえない。しかしトペンでは、登場人物の性別もさることながら、それぞれの演技の内容もまた、バリ社会における男性ジェンダーと強く結び付いている。トペンに登場する、戦いに挑む勇敢な大臣は「荒々しい」役どころの典型であり、声を張り上げて語る雄弁な従者たち、また粗野で間抜けな一連の道化ボンドレスも、女性に期待される振る舞いの規範から大きく外れている。(18)

日常生活に目を向けてみれば、バリ社会では食べ方、座り方、立ち振る舞い、喋り方や顔の表情においてまで女性らしさ（そして男性には男性らしさ）の規範が存在する［Wikan 1990 : 67］。全般的に、女性には柔和さ、そして静かさが求められるのに対し、男性は独断的、支配的に振る舞うことが許されている［Wikan 1990 : 69-70］。トペンの登場人物のなかでも王や老人には、優美さがあり女性にとって比較的取り組みやすい役柄である。しかしそれ以外の役柄においては、女性は、日々の振る舞いに期待されているイメージとは正反対のキャラクターを表現することが要求される。

以上のように、ババッドの使用や、それが描く世界のイメージは、トペンを男性ジェンダーに結びつける大きな要因となった。ただし、トペンの中でもプレンボンでは、男性登場人物の妻や娘を登場させている。上演時間が長く、話の骨格に縛られることなく、様々な話題が盛り込まれるこの演目では、勇壮なババッドの世界の中に女役を取り込むことが可能であった。しかし、プレンボンにおいても、女性演者は、仮面を使用しないアルジャの役柄で参加するに留まり、仮面を被ってトペンの役を演じることは無い。女性がトペン演者として仮面をかぶり舞台に上がることが非常に稀である理由を以下に考察する。

3　女性の芸能における顔の重視

バリ芸能にはトペンをはじめ様々な仮面を使用するジャンルが存在する。しかし、女性によって担われるのは、

写真6-3　テレック、2006年9月11日撮影。

写真6-4　ケテウェル村の天女の舞、2007年7月10日撮影。

実験的な分野は別として、テレック（*telek*）の舞踊と、ケテウェル村の神聖な天女（*bidadari*）の舞[19]の二種類に限られている。このように、バリ社会において、女性が仮面を付けて演じることは極めて稀である。

歌舞劇アルジャには、一九二〇年代になり女性演者が多く登場したが、このことにより、歌唱の面で表現の幅が広がったと共に、若い女性たちの外見の美しさで華が加わったといわれる［Bandem & deBoer 1995 : 81］。女性の芸能において容姿の美しさ、特に顔の美しさは重要な要素である。第四節2で後述するように、幼少期に仮面で顔を覆ってしまうことに非常に強い抵抗感を抱いた女性トペン演者スカリアニの事例もある。顔を仮面で覆う女性のトペンは、観客側のニーズが低かったことに加え、女性演者たちの興味を引いてこなかった可能性が高い。しかし一方で、仮面が特に中年期以降の女性たちにとってはトペンの魅力の一つとなってきたという面もある。この点については第六節で詳述する。

なお、シダカルヤの面に関しては、女性の顔を隠してしまうということだけでなく、パレルモも注目したように、その神聖さや霊的な力ゆえに、女性の穢れと関わるまた別の問題を孕んでいる。この点についても後に再び取り上げることとする。

四　女性トペン演者たちの活動実態

1　グループの活動主旨――トペンを通した女性の社会的地位の交渉

このように男性ジェンダーと深く結び付いたトペンであるが、それに参加する女性は皆無ではなかった。まず一九三〇年代に女性がトペンを演じることがあったという記述があるが、その詳細は不明である［Dharmawan 2006 :13］。一九四〇年代には、男性人気演者カクルが娘を自身のトペン上演に同行させ、時に王などの舞踊シーンに登場させていた。どの子も踊れるようにと、カクルは女児であってもトペンを教えたという（I Made Bukel interview 二〇〇九年八月二七日）。しかし女性によるトペンがある程度の知名度を持ったのは、先述した女性トペングループのトペン・サクティが、ルッ・ルウィという女性芸能集団の中のユニットとして一九九八年頃に結成されてからである[20]。

ルッ・ルウィを率いるデサック・ニョマン・スアルティ（Desak Nyoman Suarti）は、アメリカ人の夫を持つ、国際的なビジネスを展開する女性である。彼女自身はトペンを演じないが、踊り手かつ演奏者であり、一九六〇年代には、ブバンチアン舞踊の代表的演目タルナ・ジャヤ（第二節1の写真6―1も参照）の全島レベルのコンテストで一位を獲得した。

村の指導者的立場にあった彼女の父親は非常に尊敬できる人物であった一方で、二人の妻をもち、デサック・スアルティは、苦悩する妻たちをみて育ったという。この経験から、バリ女性の置かれた状況に疑問をもち、将来は成功者となり、バリの女性を助ける、という強い志を抱いた（Desak Suarti interview 二〇〇八年二月一六日）。ルッ・ルウィとは、バリ語で「すばらしい女性」の意である。女性のみによって構成されるこのグループは、女性によ

写真6–5　ルッ・ルウィのパンフレットの表紙。バリス姿の女性演者スカリアニ。スカリアニについては、第6章4–2節で詳述する。

る演奏や演技であることの社会的意味を重視し、芸能を通して、女性の社会的な位置づけを交渉しようとする。以下に、二〇〇六年に筆者が入手したルッ・ルウィの公演パンフレットの一部を抜粋する（原文は英語）。

> この財団（foundation）は、バリの女性たちに、演じ、舞台に立ち、自身の村の外に出、新たなアイデアに触れる機会を与えることを目的としています。（中略）バリの女性たちは、（男性たちと同様）無数のルールや文化的強制に縛られています。公の場では女性は政治的、そして社会的権利をほとんど与えられていません。彼女たちの主な役割は、夫に尽くすこと、子供を育てること、そして家事や宗教上の義務をこなすことです。バリの女性の余暇の時間は非常に限られています。*Luh Luwih Balinese Women's Gamelan and Dance Troupe*

演奏や舞踊の機会を与え「無数のルールや文化的強制」から女性たちを解放することを主旨に掲げるこの芸能集団は、公的な助成は受けていないものの、女性芸能者家の誕生を女性解放の現れとしてきたバリ政府や国立芸術大学の論調と呼応している。そして実際、彼女たちは何度も州政府主催のバリ芸術祭に参加している。この女性芸能集団は、これまで男性的とされてきたあらゆる芸能ジャンルへ挑戦する。これまで、トペンのほか、ガムラン演奏、カウィ語を操る仮面舞踊劇ワヤン・ウォン、男性的なコーラスが重要となるケチャ、魔女ランダの登場するチャロナランなどに取り組み、トペンではプレンボンの上演もある。

ルッ・ルウィは、二〇〇六年よりウブド村の中心地で週一度の観光客向け公演を開催している。そこでは、女性舞踊、ブバンチアンの舞踊、そして男性舞踊の典型バリスに加えて、トペンの舞踊（老人の舞）も上演される。先述のパンフレットには、「トペンは伝統的に全て男性によって踊られてきました。ルッ・ルウィはこの伝統を破り、全ての役柄を女性によって演じます」と謳われている。但し二〇〇六年の時点では、トペンは男性の代役が演じていた。

もともとルッ・ルウィ(21)と活動を共にしていたトペン・サクティも、基本的にはこのルッ・ルウィと活動主旨を共有していると考えてよい。トペン・サクティのフォルマッジャは、バリを家父長制の男性支配的な社会とした上で、トペンを通じてその社会の人びとに向ってバリ人女性たちが自分の視点から語る機会を得ることが重要であると考えていた［Sekariani et al. 1999 : 94, Diamond 2008 : 246］。フォルマッジャは、トペン・サクティの活動の狙いについて、以下のように語っている：

> 私が仮面舞踊トペンを選んだのは、男性と競争するためではなく、道化（となった女性たち）に、日々の生活、神々について、あるいは（たとえば）第三夫人がこの伝統をどのように経験するのかといったことについて語らせるためなのです。女性は語る必要があります。［Sekariani et al. 1999 : 94　括弧内は筆者］

アメリカから帰国していたスアルティと彼女が結成した女性ガムランチームのメンバーを相手に、フォルマッジャは、バリ女性には自身の感情や考えを表現する場所がないことを訴え、共にトペン・サクティを結成するに至った［Sekariani et al. 1999 : 94］。彼女は、女性の観客を得ることも重視していた。通常女性が興味を持たないババッドではなく、女性の生活に身近な話題を取り込むことや、女性の興味をひく有名女性演者たちを演者に迎えることは、そのための戦略である［Sekariani et al. 1999 : 94］。

この二つのグループとは別に、先述した二〇〇三年のバリ芸術祭で披露された、女性によるトペン・パンチャのケースがある。ギャニャール県のクラマス村という、アルジャが盛んな地域の女性たちによって上演された。このクラマスのチーム、トペン・ワニタ・ムンブル・サリ（Topeng Wanita Mumbul Sari 以下ムンブル・サリと表記）に助演もしたパレルモの記述からは、このチームを後押しした文化局勤務の男性イ・ワヤン・スアルタ（I Wayan Suarta）が、女性解放の思想を強く意識し、チームのサポート役を熱心にこなしていた事が分かる［Palermo 2009 : 44-45］。スアルタ自身もアルジャとトペンで活躍する演者であり、彼の妻もムンブル・サリのメンバーである。ただし、このチームは、芸術祭のために養成されたもので、その後の継続的な活動はみられない(22)。

このように明確な社会的メッセージを掲げるトペンのグループの活動は、しかし、そこに関わる者たちにとって実に多様な意味合いを持っている。次節では、上演に実際に参加する個々の女性の芸の習得過程や動機を紹介する。

2 動機、技能の習得過程、活動状況

〈チャンドリの場合(23)〉

ニ・ニョマン・チャンドリ（Ni Nyoman Candri）は、声楽の第一人者であり、歌舞劇アルジャの有名な演者である。アルジャの演者や歌い手としての高い知名度も後押しし、女性トペン演者として真っ先に名が挙がる人物である。父は、イ・マデ・クレデック［I Made Kredek 1909-1979］という高名なトペンとアルジャの演者であり、兄はこれまで何度も本書に登場している、代表的なバリ芸能研究者であり芸能家のイ・マデ・バンデムである。チャンドリは、アルジャの盛んな村、シンガパドゥに一九五〇年に生まれた。この村は第二節1でも述べたように、早くから女性がアルジャに進出した地域でもある。

幼少期から踊り手として活躍したチャンドリは、七、八歳の頃男性舞踊の基本であるバリスを習得した。これは、バリスで足を鍛えることで、それ以外の舞踊の上達につなげるという、父のアイデアによっていた。当時から女性の踊るバリスは珍しかったが、チャンドリは、父のトペン上演に同行し、トペンの開始前などに頻繁にバリスを踊っていた。

その後アルジャの演者として全島的に活躍したチャンドリは、同時にアルジャの指導者としても多くの後輩を育てた。父は様々な地域にアルジャの劇団の立ち上げや指導のために呼ばれた。その父に同行し、チャンドリは自らも教える経験を積んだ。家で事前に二つ三つの役柄の演技を父から習っておき、現地では、彼女がそのいくつかの役柄を、父がそれ以外の役柄を指導する、というのが常であった。小柄だった父は、ウィジル役の名手として有名であったが、優美な役柄や女役も素晴らしく、全ての役柄に通じていた。まずチャンドリはその父から、王子マントリや、女官デサック・ライなど、通常女性が担う役柄を学び、指導にも加わっていた。

写真 6-6　創作舞踊劇に参加するチャンドリ。衣装はアルジャの女官役、仮面はトペン用のものを着用している。2012 年 6 月 29 日撮影。

父が病を患った一九七八年頃、チャンドリは、父に一人でアルジャ劇団を育成してみるよう命じられた。父が亡き後、アルジャの指導を続けられるようにとの父の希望であった。それには、通常男性演者が担当するプナサールやウィジルなどの役どころも含め、全ての役を指導する必要がある。この取り組みは自宅で行われた。チャンドリが弟子たちを指導する様を、父クレデックが見守った。父は間違いを指摘し、時には坐ったまま踊って見せたという。また、父の亡き後も、チャンドリは、父の弟子であった男性演者にプナサールの演技を習ったり、影絵ワヤン・ク

写真 6–7　ジャウックの上演風景。この写真の踊り手は、男性である。コミカルかつ機敏な動きが特徴である。2011 年 11 月 18 日撮影。

リッに挑戦したりした。これらも、アルジャの理解を深め、芸を磨くためであった。

こうしてアルジャの全ての役柄を習得したチャンドリであるが、アルジャにおけるプナサールやウィジルの演技をバリで披露したことはない。その理由は役柄に体型が似合わないからであるという。しかし例外的に、全ての役の演じ分けるパフォーマンスを、アメリカ人や日本人からの依頼で、ビデオ収録用に披露したことがある。また二〇一一年にはアルジャの一〇の役柄を次々と一人で演じ分けるデモンストレーションを日本で行った（二〇一一年九月一三日）。この一〇の役柄の中には、プナサールやウィジルも含まれていた。

チャンドリは、様々な声色を使い、仮面のキャラクターを演じ分けるトペンにも興味をもった。アルジャもトペンも歌を用いる点で共通するが、通常一人の演者が一つの役柄のみを担当するアルジャと異なり、トペンでは、仮面を付け替え、仮面に合わせ声を変える技能が要求される。くわえて歌唱法も、アルジャとトペンでは異なる。チャンドリは、アルジャにはない要素を持つトペンに強い魅力を感じていたが、試みたことはなかった。しかし彼女は一九九〇年代中ごろ、自分の元で歌を習っていたイタリア人の友人フォルマッジャに誘われ、同じ村出身のアルジャの人気演者であるチョコルダ・イストリ・アグン（Cokorda Istri Agung）を誘って共にトペン・サクティとして活動を始めた。(24)

チャンドリの家には、父クレデックが生前使用していた仮面が存在する。この仮面をつけて演じるということも、トペン習得の動機の一つとなった。兄もトペンを演じることがあるが、彼は教育者、研究者としての仕事に追われ、これらの仮面が使用される機会は稀であった。そのためチャンドリは、自分でこれらの仮面をつけて演じてみたいと考えた。ただし、ウィジルの仮面は、父の使っていたものの複製である。父のウィジルの仮面は破損していたこともあり、複製されたという[25]。

共演相手であるチョコルダ・アグンの父チョコルダ・オカ・トゥブレンは、高名な仮面職人であり、様々な音楽、歌舞劇に精通した芸能家であった。かつてチャンドリの父、チョコルダ・アグンの父、そしてイ・マデ・グリア[26]（I Made Geria）の三名は、トペンを頻繁に共演する間柄であった。チャンドリが、普段三名でトペンを演じることを好むのも、この父のスタイルを意識してのことである。このように、チャンドリのトペンの活動において、父親の影響は大きい。父の仮面を使用する彼女は、父と同じく、ウィジル役を主に担当し、ボンドレスも演じる。ウィジルはストーリーテラーであり、他の役柄の言葉を翻訳して伝える点で、彼女の当たり役である歌舞劇アルジャの女官チョンドンとの共通点も多い［Candri & Wistari 2003 : 79］。チャンドリは、フォルマッジャとの別のインタビューで、以下のように今は亡き父との精神的な絆を語っている。

> （父と同じウィジルを、父と同様の仮面で演じることは）父がまるでまだ生きているかのように記憶しつづけ、彼とつながり続ける方法。私は、寺院で彼が上演するのについて行った頃のことを思い出す。このやりかたで、私は家族の伝統を引き継いでいる。［Candri & Wistari 2003 : 79　括弧内は筆者］

既にアルジャのウィジル役やプナサール役を習得済みであったチャンドリは、トペン・サクティとして活動するにあたって、ゼロからトペンを学んだというわけではないが、仮面をつけるトペン特有の語り方などを、鏡を前に研究した。トペンの第一人者でもあるイ・マデ・シジャや、兄のバンデムや、既にトペンを長く学んでいたフォルマッジャなどにもトペンの演技を習った。また、自身の娘がジマットにトペンを習う際に同伴し、観て学ぶこともあった。

チャンドリ自身が、シダカルヤを演じたこともある。それは、自宅の屋敷寺の周年祭であった。その時、フォルマッジャと共に上演し、チャンドリがシダカルヤを担った。しかし、その他の寺院では、まだシダカルヤを演じる勇気がないとも語る。

〈スカリアニの場合[27]〉

トペンの盛んなバトゥアン村に一九六四年に生まれたニ・ワヤン・スカリアニ（Ni Wayan Sekariani）は、フォルマッジャやチャンドリの娘にトペンを教えたジマットの姪にあたる。ジマットは、ガンブー、トペン、ジャウック[28]で世界的に有名な演者である。スカリアリニは、現在ジマットとその息子ブディアルタの率いる舞踊団で、出演及び後輩の育成にあたっている。

気性の激しい（*keras*）性格の自分は男性舞踊向きであると言う彼女は、幼い頃から中性的な舞踊のジャンルであるブバンチアンを好み、女性舞踊にはあまり興味を持たなかった。ジマットの元で、五歳より男性舞踊と女性舞踊の基礎を習得し、七歳頃からバリスを地元の寺などでンガヤーとして上演していた。

その後、通常は男性が担う仮面舞踊ジャウックも学んだ。しかし彼女は、ジャウックで仮面を被って踊ることに対して強い抵抗感を抱いた。幼い彼女にとって、顔を隠して踊るジャウックは、「可愛く見えなくなる」ものであり、泣きながらの練習が続いたという。しかしその後時をへて、彼女はトペンにも興味を持ち、これもジマットから学んだ。ジマットは昔から、「女性がトペンを演じても問題ない」と、彼女にトペンを学ばせたがった。そんなジマットに「強制されて」トペンを学んだスカリアニがトペンの初舞台を踏んだのは、ルッ・ルウィに加わる以前の一九九九年のことであった。その後も、ジマットと共に、寺院でトペンを奉納していたが、ルッ・ルウィにも加わるようになった。なお彼女は別のインタビューでは、フォルマッジャやその他のトペン・サクティの女性トペン演者たちを見て魅力を感じ、いつかそこに加わることが出来たらよいと考えたとも語っている［Sekariani et al. 1999 : 95］。

ジマットと共演する場合にスカリアニが担当するのは、強い大臣や、老人、王、そして道化ボンドレスのいくつかである。また、彼女はジマット以外の男性と一緒にトペンのンガヤーに参加する場合もある。男性と共にトペン・ワリを行う場合、スカリアニはシダカルヤを担当しない。唯一彼女がシダカルヤを演じたのは、ルッ・ルウィのリーダー、デサック・スアルティの屋敷寺の周年祭であった。デサック・スアルティの希望で、演者も、伴奏者たちも全て女性が集められた。その中で、スカリアニは王ダレム役を踊り、シダカルヤ役も担当した。

写真 6–8　スカリアニの仮面。スカリアニの弟と共有のものも含む。（右下は、スカリアニの肖像画。）2011 年 10 月 21 日撮影。本人宅にて。

スカリアリニは、チャンドリと同様、自分用の仮面を有している。トペン演者である弟と共有しているものもある。これらの仮面は、隣人でもある仮面職人イ・デワ・ニョマン・チタ（I Dewa Nyoman Tjita）が「スカール[29]がトペンが好きなら」と安く譲ってくれたものである。デワは、しまってあった色付け前の素晴らしい仮面を沢山出してきてくれた。また、スカリアニ自身その後いくつか買い足してもいる。

王の仮面（上列の右から二つ目）は、大きすぎたので小さなものを作ってもらった。ただし、自分に丁度のサイズにすると小さ過ぎて弟が使えなくなると思い、やや大きめにした。老人の仮面（真ん中の列の右から二つ目）は、

写真 6–9　スカリアニのトペン・クラスの仮面。ルッ・ルウィのパンフレットより。

写真 6–10　ルッ・ルウィのプレンボンで王女リクーを演じるスカリアニ（右）。　2006 年 10 月 9 日撮影。

色がアンティークでとても気に入っている。この老人の仮面と（その右隣の）大臣の仮面は、弟は使わないためスカリアニのみが使っている。ただし、ルッ・ルウィでのトペン上演の際には、彼女の仮面を共演者に貸してもいる。

　スカリアニの仮面の演技が稀になったのは、二〇〇二年からアルジャやプレンボンに登場するリクー役に挑戦し、当たり役となって以後である。リクーは、奇抜な見かけや動作、間抜けで激しい気性などで笑いをとる粗野な王女役である。ジマットや周囲の人間の勧めで地元の寺院で初演したことをきっかけに人気を博すようになった。性的なジョークを語ったりもする役どころであるだけに当初は抵抗もあったが、遠まわしに婉曲的な表現を用いるなどの工夫をしたという。以来、出演依頼では、リクーを指定されることが多くなり、トペンの上演機会が減少した。プレンボンには頻繁に出演しているが、仮面を被るプナサールなどのトペンの役どころではなく、リクーを演じる。

　中性的なブバンチアンの舞踊を得意とする彼女は、女性舞踊は自分には合わないと感じている。たとえ周囲の評判がよくとも、何か自分では好きだと感じない。好きな演目（役柄）として、バリス、タルナ・ジャヤ、プナサールなどを挙げた。

〈レンプーの場合[30]〉

ニ・マデ・レンプー（Ni Made Rempuh）は、建設業の会社を経営する。一九四六年に生まれた彼女は、特に少女期にレゴンの踊り手として活発に活動していた。その後結婚を機に舞踊をやめたが、六〇歳を迎える頃、二〇〇六年に、かつての踊り仲間であるジマットの元を訪れトペンの舞踊を習うようになった。

かつてレゴンを踊っていた頃は、観光客向けにホテルなどで踊ったり、行政機関に短期的に踊り手として雇われたりし、舞踊は金銭的な報酬を目的とした活動であった。それに対し、トペンは彼女にとって楽しみ、趣味であると語る。夫が早くに他界してからは事業を引き継ぎ、経営者として長く建設業に携わってきた。

写真 6–11　代表的な女性舞踊レゴン・クラトン。2011 年 10 月 20 日撮影。

数ある芸能の中で何故トペンを選んだのか？　という筆者の問いに、自分の年齢を挙げた。「トペンなら、顔が隠れる。こんな年になって、レゴンやその他のかわいい踊りを踊るなんてありえない。私はもう年だし」と語る。たとえば、老人の舞トペン・トゥアならば、その表現も、老いた自分には容易であると感じる。レンプーは、（筆者とのインタビューの時点まで）バリ人の女性トペン演者が自分以外に存在することは知らなかった。その点もトペンは魅力的だった。建設業には女性がほとんどいないように、自分は「変わったことが好き」である。そもそも男性的な舞踊が好きだったと語る彼女は、若い頃から、タルナ・ジャヤ、ラマヤナ舞踊のラマの弟役、オレッグ[31]の男役など、両性的なブバンチアンに属する舞踊を多く踊ってきた。自分の動きは力強く、体力もあるため、男性舞踊の方が向いているのだとも語る。地

写真 6-12　周年祭でトペンを演じるレンプー。

写真 6-13　老人トペン・トゥアの舞。2009 年 7 月 15 日撮影。

元の婦人会PKKで結成されているガムランチームが、トペンの老人の舞の伴奏曲をマスターしていたことも、トペンを学ぶきっかけの一つとなった。実際、その後婦人会の活動の一環として、このガムランチームの伴奏にてトペンの舞踊を披露した。

　筆者も同時期にジマットの元でトペンを習っていたため、時々彼女と練習時間が重なった。練習場にジープで乗り付け、タバコを吸いながら豪快な仕草で笑う彼女は、バリにおける一般的な女性イメージとかけ離れていた。二〇〇六年一二月二〇日レンプーは自身の地元の寺院の周年祭にて、老人の舞で初舞台を踏んだ。その時レンプーはジマットらの一団をチャーターする形で、その周年祭にトペン上演を寄付した[32]。そこにレンプー本人や、ジマットの生徒たち（つまりレンプーの練習仲間）、そしてジマットの母である高名な踊り手ニ・クトゥット・チェニック（Ni Ketut Cenik）なども参加し、非常に賑やかなプレンボン・シダカルヤの上演となった。孫や近所の者たちが大勢見守るなか、レンプーは初舞台ながら、堂々と伴奏のガムランチームをリードする舞踊を披露した。なお、筆者もこの上演に参加したが、この日レンプーの家族は、ジマットら一団六名に対し、食事を振る舞い、着替えを手伝うなど熱心にもてなし、その交流を楽しんでいた。彼らの様子からは、レンプーの初舞台がこの家族にも大きなイベントであり、喜ばしい出来事となっていることが窺い知れた。

この後もレンプーは仕事が落ちつき時間に余裕ができると、時折ジマットのトペン上演に参加するようになり、老人の役、王役など舞踊のパートを担当している。これまでの三名とは異なり、女性トペンチームに所属せず、独自にジマットに師従する。活動は主に、儀礼の場での上演だが、ウブドの美術館ARMAでの観光客向け定期公演に、多忙なジマットの代役として出演したことも数回ある。[33] 経済力もあり仕事上の人脈も広い彼女は、ジマットの受けた上演依頼に参加するだけでなく、自ら取引先や地元などでの儀礼のトペン上演依頼を受け（あるいは彼女自身が名乗りでて）、ジマットを誘って上演をするケースもある。

老人と王の舞はどちらも、優美さがあるという共通点があり、比較的女性舞踊やブバンチアンの舞踊の経験者たちにとって取り組みやすい。他方、荒々しさを特徴とする、強い大臣トペン・クラスの舞は、男性舞踊の基礎を学んでいない場合習得に苦労する。レンプーは練習開始当時、強い大臣役には全く興味を示さず、他の生徒が踊っていても、そこに加わることはなかった。しかしここのところこの大臣役にも取り組んでおり、今後は、ジャウックにも挑戦したいと語る。

3　活動の特徴

ルッ・ルウィ、トペン・サクティ、そしてクラマス村で一時期結成されていたムンブル・サリという三つのトペングループの活動は、非宗教的なコンテクスト（海外公演、芸術祭、観光客向けの公演）において活発である点が特徴的である。彼女たちは、寺院の儀礼にて上演することにも積極的である。芸術祭のために結成されたチーム、ムンブル・サリでさえ、その前に数回地元の寺院で上演を披露している。しかし、一般的な男性演者（それも特にトペン演者としてのキャリアが浅い者たち）は圧倒的に儀礼の場での上演が多いのに対し、ルッ・ルウィとトペン・

サクティ、ムンブル・サリは儀礼外での活動の占める割合が比較的高い。これは、女性によるトペンが、物珍しさに加え、村落社会が規定するジェンダー規範やイメージから女性たちを解き放つ試みとして、または少なくともそれを表象するものとして、外国の諸団体やバリ政府の注目を浴びてきたことの結果であろう。また宗教的な場で上演される場合も、トペン・ワリではなく、夜の余興としての上演が多い。そして、女性演者たちがトペン・ワリを上演する際には、男性の共演者にシダカルヤ役を譲ることが多い。一般に男性たちの上演でも、カーストが高位の者か、年長のリーダー的存在の者がシダカルヤを担当する。彼女たちのトペンのキャリアが短いことを考慮すれば、男性の共演者がシダカルヤを担うのは自然な成り行きでもある。しかしそのことに加え、パレルモが指摘したように、女性が神聖な仮面シダカルヤを被ることへの葛藤が、演者本人やその周囲の者たちの間にも存在する。

ルッ・ルウィでプナサールを演じたこともある女性演者ニ・ワヤン・スラットニ（Ni Wayan Suratni）は、かつて、シダカルヤを祀る寺院にて、僧侶（*manku*）と地元の村長（*bendesa*）に、女性がシダカルヤを演じることが許されるのかという問いかけをし、（可能ではあるが）やめておいた方がよいと回答された[34]（Ni Wayan Suratni interview 二〇〇八年三月四日）。シダカルヤは、ブラフマナ・クリンという男性であること、また万が一月経の周期がずれ、上演中に月経を迎えてしまう危険性が否定できない事がその理由として挙げられたという。チャンドリからは、既に浄化儀礼プウィンタナンを受けている女性であれば問題がないし、男性だって女性役を演じているのだから、と助言されたものの、スラットニは結局シダカルヤを演じることはなく、男性共演者に任せている。

ルッ・ルウィを率いるデサック・スアルティもこの件に関しては慎重である。ある時ルッ・ルウィがブサキの寺院でトペン・ワリを上演しようとした折に、女性たちが演じるということで周囲がざわついたという出来事があった。この時シダカルヤ役を予定していたあるメンバーは、この状況を不安に思い、上演を諦めると申し出た。

公認された芸能集団（*sanggar*）である自分たちは本来、観光用にもンガヤーにも上演は自由なのだとデサック・スアルティは強調しながらも、女性たちのシダカルヤを認めない保守的な意見が一部の最高僧からも聞かれると語る[35]。二〇〇八年現在ルッ・ルウィは、トペン・ワリの上演には、男性演者を客演させ、彼にシダカルヤを担ってもらっている。（Desak Suarti interview 二〇〇八年二月二四日）

ただし、女性たちの活動において、余興の上演が多い傾向のもう一つの背景として、演者たち自身の活動動機が、トペンの神聖さや儀礼上の重要性というよりは、むしろ仮面を用いて複数の登場人物を演じ分けたり、シリアスな役柄を演じたり、といったトペンの技術的側面への興味に集中しているという点も指摘できる。第五章でみたように、男性の場合、シダカルヤを演じ、儀礼のより核の部分に参与できることを重要な魅力とする者もいる。それに対し、筆者がインタビューした女性たちに、シダカルヤの役割に魅力を感じている者はいなかった。パレルモは、チャンドリがシダカルヤを自宅の屋敷寺で上演した際にも、チャンドリ本人やその家族はこの件について淡々と語るのみであったと、やや驚きをもって記している [Palermo 2009 : 48]。このような態度からも、女性演者たちにとって、自分たちにシダカルヤ上演が許されているかどうか、という点は（外国人研究者たちの高い注目度とは裏腹に）トペンに関する主要な関心事ではないということが読み取れる。

上演内容に目を向けると、トペン・サクティではストーリーの点で、工夫がみられる。比較的頻繁に使われたストーリーの一つは、ババッドではなく、チャンドラ・キラナ（Candra Kirana）の物語で、これは王女を主要登場人物としている。またもう一つは、中国からやってきた王妃カン・チン・ウィー（Kang Cing Wie）の物語であり、こちらも女性を中心とした物語である。両方ともアルジャに用いられる物語でもある [Diamond 2008 : 247-248]。人気トペン演者で芸術大学に勤めるコディ（男性）はインタビューにおいて、女性のトペンは、男性のトペンほど発展しないとしながらも、女性の登場人物の多い物語を使う場合以外は、と付け足した[36]（I Ketut Kodi interview

二〇〇七年二月八日)。先述のように、その殆どが男性中心の物語であるババッドは、女性演者の進出を困難にする一つの要因であったが、トペン・サクティは意図的に、ババッド以外の物語や、ババッドの中でも女性が中心的に描かれる物語を使うことで、その問題を回避している。これは、女性とトペンというある意味で矛盾する二つの存在を両立させる上での、新たなスタイルの模索であるといえる。

五　グローバルな交流とドメスティックな舞台

女性トペン演者が誕生した背景には、外国人演者や海外公演などの要素が存在し、グローバルな人の流れが関わっていた。一方で、父親と娘の関係性が大きく影響するなど、非常に演者にとっての身近な場での取り組みもこの現象を支えていた。本節では、女性がトペン演者となることを可能にした要素について、ドメスティックからグローバルまでのレベルに注目しながら考察する。

チャンドリよりも遥かに以前からトペンを演じていたのは、イタリア人フォルマッジャであり、彼女の働きかけとアメリカ人の夫を持ち、ニューヨークとバリを往復するデサック・スアルティの協力のもとにトペン・サクティが生まれた。またアメリカ出身でバリに嫁いだルシナ・バリンガー(Rucina Ballinger)も、演者として参加していた時期があった[Palermo 2009 : 39]。先行研究の中には、ルッ・ルウィとトペン・サクティの活動を、外国人女性とバリ人女性とのコラボレーションと位置づけるものさえある[Diamond 2008 : 243]。デサック・スアルティと、フォルマッジャの掲げた活動趣意は、第四節1に述べたとおりである。フォルマッジャは、女性の視点からの様々な物語が舞台上で語られることを、デサック・スアルティは、女性でもトペンを上演することが出来るのだと示すこと、そして女性が家事や子育てや供物作り以外の活動場を持つことを特に重視した。西洋諸国からバリを眺めてきた彼女たちの、バリ女性の周縁性への不満と、バリ芸能への深い敬愛の念は、周囲のバリ人女性たちを巻き込みながら、女性トペンチーム誕生へとつながっていった[37]。

ただし、フォルマッジャのほかにも、女性のトペンチームの誕生に間接的に寄与した外国人たちがいる。それは、トペンを学び、バリ内で演技を披露する外国人女性愛好家たちである。これらの外国人女性たちの熟練度は様々であるが、彼女たちは、女性がトペンを演じるという前例を作る。また彼女たちを通じて、バリ人男性は、女性にトペンを教える経験を得る。ジマットは、バリ人の女性トペン演者の多くに稽古をつけた人物であるが、彼の元には、毎年数多くの外国人愛好家がレッスンを受けに訪れる。これら外国人生徒の中には、女性も少なくない。女性にトペンを教えることは、ジマットにとって既に日常的なことであった。男女関わらず芸能に挑戦する外国人の姿に、バリ人が影響を受けるという現象は、たとえば、先述の女性ゴン・クビャール演奏者誕生の歴史においてもみられた。

外国人が観客や上演のスポンサーとして、これらの女性たちの活動を支えるという面もある。トペン・サクティは、二〇〇一年、二〇〇四年にデンマークで開催された女性の国際芸術祭トランジット（Transit）に出場している[38]。この芸術祭は「舞台芸術における女性の貢献についての理解を育み、プロや学生として活動するなるべく多くの女性たちに具体的な機会を提供することで、彼女たちの探求と研究を支援する」ことを趣旨にあげている［Ordin Teatret online］。この芸術祭に加え、トペン・サクティは二〇〇三年にフランスの芸術祭「架空の祭典（The Festival de l'Imaginaire）」にも参加した。こちらの芸能祭は、世界各地の伝統芸能を上演するものであり、伝統芸能の第一人者や、古い芸能を復活させようとする若いアーティストなども招集される［The Festival de l'Imaginaire online］。こちらは特に女性を取り上げることを意図した企画ではない。しかし、「架空の祭典」におけるトペン・サクティの紹介文には、男性中心的なバリ社会において、このグループの上演が、女性が自らの視点で語る機会を提供していると記されている［The Festival de l'Imaginaire 2003 online］。

このように、二つの芸術祭のいずれのケースでも、主催者側は、トペン・サクティの上演が女性による先進的な試みであるという点に、特別な価値や意義をみいだしていた。これらの芸術祭は、芸術祭に来場したデンマークやフランスの観客たちを楽しませることに加え、出場した者たちに対しても、大きな影響を及ぼす。特にデンマークの女性芸術祭トランジットの場合、この点に意識的であるようだ。トランジットでは、上演やワークショップを通して「女性としての経験や政治的優先事項」を映し出すような舞台づくりが探求されることが目指されている［Ordin Teatret online］。このように、海外の芸術祭の主催者側は、意識的に彼女たちに上演の場を提供し、その活動を支持し、活性化させようとするエージェントであるといえる。先行研究では、海外公演の経験という「お墨付き」をもらったことで、トペン・サクティの活動がスムーズに運んだと報告される［Palermo 2009 : 41］。また、上演のための海外渡航の機会は、芸能家たちにとって非常に魅力的であり、活動の継続を動機付ける要因の一つとなる。

芸術祭以外にも、女性たちによる、外国人の観客を相手にした上演は行われている。たとえば、トペン・サクティがバリのホテルにて観光客用に定期的に上演を行っていた時期もある。また、海外滞在中のバリ人女性がトペン上演を行うという例がいくつかある。たとえば、ニ・マデ・ウィラティニ（Ni Made Wiratini）は、海外では夫のディビアと共にトペンを演じることがあった［Palermo 2009 : 12］。ニ・デサック・スアルティ・ラクスミ（Ni Desak Suarti Laksmi 以下デサック・ラクスミと表記）も、自身や夫の留学のためにアメリカに滞在した折には、夫のトペン上演に加わっている。

この両者とも、バリ芸能研究者の夫をもつアルジャの名女性演者であり、またバリの芸術大学でも教鞭をとる教育者である。彼女たちが、バリではトペン上演を行わないという点は興味深い。ウィラティニは、声の強さなど技術的な成熟度に欠けることや、練習への送迎で他人を煩わせること、そして夫の了解が得られないことを理由に挙げている [Palermo 2009 : 12]。他方のデサック・ラクスミは、自身に（アルジャ等）の別の役割があることを理由に挙げる。それぞれの人には相応しい領分があり、多くの人びとがンガヤーしたがっているバリにおいて、女性がトペンまで担ってしまえば、男性の領分を奪ってしまうのだと語る（Desak Laksmi interview 二〇一一年一〇月二〇日）。

また、外国ではないが、インドネシアのバリ州以外の地域では、女性たちがシダカルヤまで上演するという出来事もあった。先述のようにルッ・ルウィはバリの一般の寺院ではシダカルヤを女性演者に担当させることはしない。しかし、ジャワを訪れた際には、現地の女性僧侶の手を借りつつも、女性たちでシダカルヤまで全ての役を演じた(39)（Desak Suarti interview 二〇〇八年三月一六日、二四日）。

これらのことから、国外やジャワにおける観客たちの存在が、女性によるトペンの活動を誘引したといえるであろう。女性演者の中には、ジェンダーに基づく振る舞いの規範によって、トペンの登場人物を十分に表現できないと感じる者もいる [Palermo 2009 : 12]。その点、外国人に向けての上演では、これらのジェンダー規範を逃れることができ、逸脱者とみなされる危険もなく、自由に多様な役どころに挑戦できるのである。さらに女性芸術祭では、むしろ女性であることが積極的に評価され活動を支持される。くわえて、バリ人芸能家自体が稀少である海外やバリ以外のインドネシアの地域では、彼女たちは、幅広い演目を披露したり、教えたりすることを期待される。彼女たちのトペン上演を許容し、拍手を送り、時に積極的に彼女たちの出演を求めもするこれらバリ社会外部に存在する観客たちもまた、女性のトペンの活動を可能にするエージェントである。なお、バリを離れた際には普段担当しないような役柄にも挑戦するというケースは、男性にもみられた。ある男性演者は、バリでは常に共演者と役柄を分担しているが、ジャワでは、一度一人で全ての役柄をこなすトペン・パジェガンを演じた経験があると語った（I Ketut Gantas interview 二〇一〇年九月二〇日）。このように、グローバルな交流のなかで、女性トペン演者の活躍できる余地が生まれてきたという側面がある。

ただし一方で、家庭を中心とした環境も、彼女たちがトペンの芸を習得する素地となった。特に、チャンドリとスカリアニの例でみたように、バリ島内での女性のシダカルヤへの挑戦は、女性演者や伴奏者の家の屋敷寺から始まっている。この点については、女性と屋敷寺の緊密な関係に目を向ける必要があるであろう。儀礼の実務的な仕事を中心的に担うのは、女性たちである。日々供え物を作り、屋敷寺に供えてきた彼女たちは、その屋敷寺と強いつながりを持ち、また一般にその周年祭の実施についてかなりの裁量を有している。さらに自宅で行われる儀礼には、家族や親戚といったごく親しい者たちだけが集う。女性たちは、これら身近な人びとを観客にしながら、公に物議をかもし出す危険を冒すことなく、シダカルヤ役に挑戦することが出来るのである。

チャンドリ、チョコルダ・アグン、スカリアニの三名が共に、有名トペン演者の娘であったという点も注目に値する。トペン演者の家庭に生まれた者たちは代々技と仮面を受け継ぐ。この伝承の連なりの中に従来女性は組み込まれていなかった。しかし彼女たちは、幼い頃からトペンに親しむ。そして一九四〇年代という早い時期から父カクルよりトペンを学び、上演に同行していた娘ダワンや、叔父ジマットにトペンを習い共に演じていたスカリアニの例にみられるように、男性トペン演者が自分の娘や姪にトペンの芸を教え込むことが稀にあった。また、直接的にトペンを習わずとも、親からの勧めで、男性舞踊の基礎バリスを学んだチャンドリの例もある。(40) そのような家庭内での取り組みによって、潜在的には、トペンの芸を習得する素地をもった少女たちが生まれていた。チャンドリが父の残した仮面をきっかけの一つにしてトペンに興味をもち始めたこと、そしてトペンの上演を父の芸を受け継ぎ精神的な絆を結ぶ方法と位置づけている点も重要である。従来男性によって占められていたトペンという芸は、一般に女性にとって近寄りがたい領域であるが、トペン演者の元に育った娘たちにとっては、父や叔父の仮面を用い、幼少時から見聞きしていたその芸を受け継ぐという意味で非常に身近な営みでもある。

このように、女性によるトペンという異色の試みは、海外やジャワというバリを離れたグローバルな世界、そしてそれと対照的な、芸能家自身の家庭や屋敷寺という身近な空間において、比較的自由に行われた。一部の芸能家の家庭ではトペンの芸や男性舞踊の素養のある女児が育っており、そこにバリ社会における女性役割期待や、ジェンダーイメージから自由である外国人芸能家のイニシアティブと、外国人の観客からの支持も加わり、女性によるトペン上演が現実のものとなった。

本書でこれまで「女性演者」という一言で表象してきた彼女たちであるが、この女性演者たちとトペンの関係性は、バリの公的な場、それとは対照的な私的な家庭内、バリ以外のインドネシア地域、海外、と異なる場面において、それぞれ微妙に異なっていた。バリの女性に期待される振る舞いや役割やイメージがトペンと相容れないことは既に述べた。しかし、家庭という場に目を向ければ、彼女は「女性」であるだけでなく、あるいはそれ以上に、父や叔父の芸を受け継ぐ娘や姪であり、屋敷寺に住まう不可視の存在たちに最も近しい人間の一人であり、自宅の敷地に住まう人びとの母や叔母や妻である。この関係性の中にあっては、トペンの芸を習得することも、その屋敷寺の周年祭でシダカルヤを担うことも、それほど奇異で逸脱的な行為とはならない。他方、トペン演者自体が希少なジャワでは、彼女たちは、バリからやって来たトペンの専門家として歓迎されたであろう。ヒンドゥ教儀礼に必要なシダカルヤの上演は、ジャワ在住のバリ人への貢献としてむしろ期待されるかもしれない。海外に長期滞在した、デサック・ラクスミやウィラティニは、バリを代表する芸能家として（トペンを含む）様々な芸能を披露し、教授することを求められたであろう。彼女たちの例からは、バリ社会において女性がトペン演者としては周縁的な位置しか占めない理由の一つには、既に豊富な男性演者が存在するという事実そのものがあることも理解される。女性とトペンの結びつきは、女性に内在する身体的な特性や、トペンに固有な男性的な表現によってのみ妨げられるのではない。むしろそのどちらでもない、男性演者の存在によっても大きく影響されているのである。そして、女性芸術祭という舞台においては、（男性ではなく）女性による上演であることが、むしろ封建的な伝統に風穴をあける先進的な試みとして大きな賞賛と賛同の対象となる。このように、女性たちとトペンの関係性は固定的なものではない。関係性がダイナミックに置き換わる、これらの数少ない場（バリ外の世界および演者自身の家庭）が、女性のトペン演者誕生に大きく貢献した。

女性演者たちは、バリの観客からも概ね肯定的な反応を得たと語っている。女性のトペンが、バリ社会においてもある程度受容されたという状況を理解するためには、①バリ社会における女性に対する役割期待が、部分的に変化しつつあること、②女性がライフステージを移行する中で、課せられる性別役割やジェンダーイメージが微妙に変わってゆくことの二点にも目を向けることも必要であろう。

女性が、様々なジャンルへと活躍の場を広げてきた中で、女性たちの中には、社会的に尊敬を集め、芸能の専門家として受容される者も出てきた。トペン・サクティの二〇〇三年のフランスでの上演に関して地元紙『バリ・ポスト』では、「全ての演者の熟練度は今更疑う余地もない」[Bali Post 二〇〇三年三月二三日 online] と評し、チョコルダ・アグン、チャンドリ、フォルマッジャの名前を挙げている。具体的な説明はないが、トペン演者としてはまだ駆け出しのチョコルダ・アグンとチャンドリに向けられたこのような期待感は、この二名がいずれも、名の知れたアルジャの演者であったという点に起因しているであろう。このことは、この異例の試みを、社会秩序の転覆といった恐怖や嫌悪感をかきたてる行為ではなく、彼女たちにとっての芸術的なチャレンジ、或いは新たな技能の開拓であると、社会的に印象付けることにも寄与したようだ。(41) アルジャに加えて、クビャールのジャンルで、女性用に男性舞踊の要素を持った演目が多数創作されていたことや、少数ながら女性影絵師が養成されていたことも、バリの女性芸能家たちの表現の幅を拡大し、後のトペン演者誕生に貢献した。一九七〇年代前半にカクルが、少女用の二人組のバリスを振付けた際には、村で非難や議論が沸いたという［Daniel 1979 : 97-98］。しかし、かつて異端視され、一部の芸能家の家庭などに限られていたこの教授法は、現在より一般的になった。芸術系の高等教育機関では男女問わず、バリスやトペンの基礎を学ぶ。また、影絵科に進学し、様々な声色を使い分ける技を学ぶ女子学生がいる。

くわえて、初期の女性トペン演者の多くが、既婚者で子育てを終えた世代であったことは注目に値する。ダイアモンドは、トペン・サクティのチャンドリやチョコルダ・アグンが中年であったことによって、道化という女性イメージからは逸脱する役割を演じることに対する、ネガティブな社会的反響を避けることができたと分析している［Diamond 2008 : 249］。未婚の若い女性たちが、男勝りの演技を披露することは、かわいらしさや女性らしさといった自身のイメージを傷つけるリスクを伴うが、既婚女性となれば、結婚前の女性たちが恐れるような、女性的なイメージを舞台で損った結果、結婚機会を逃すといった心配もないのである。ただし、既婚女性は、夫の理解が得られるかどうか、というまた別の問題と直面することになる。チャンドリやレンプーの年代ともなれば、家事や育児に時間を取られることなく、比較的自由に芸能に時間を割り振ることが可能となる。なお子育て世代としては、芸術大学の教員でトペンにも挑戦していたスラットニがいる。パレルモによれば、彼女は、影絵師としての活動に対し家事の義務が障害になったと感じている［Palermo 2009 : 50］。ただし筆者とのインタビューでは、芸能の活動に夫の支えが大きく貢献したことを強調してもいた（interview 二〇〇八年三月一七日）。トペンに限らず一般に、女性の芸能活動に対する、夫の了承や協力は重要である(42)。夫は、練習や本番への送り迎え、家事や育児の分担といった面で妻を支えることもあれば、夜間に及ぶ外出や人前で注目を集める芸能活動を快く思わず、これを禁止してしまうこともあるからである。夫は舞台裏で女性の芸能活動を左右するエージェントであるといえる。

六　不整合性を越えて

中年女性たちの中には、可愛らしさを前面にだした女性舞踊にある種の居心地の悪さを感じる者たちが存在するという点は重要である。結婚を機に女性が舞踊活動を引退するという傾向は今でもある。中年以降の女性たちに開けた新しい活動の道の一つは、ガムラン演奏であり、またもう一つは、ブバンチアンなどの男性役であった(43)[Diamond 2008 : 239, Susilo 1998]。そしてトペンはここにもう一つの新しい選択肢を提供しているようにみえる。

ルッ・ルウィはトペンが男性的な演目であるがゆえに、そこに挑戦することに大きな意義を見出している。それとは独自に活動するレンプーも、変わったことが好きで、他の女性たちは取り組まないトペンに挑戦したかった、と発言しており、自分のジェンダー・イメージとかけ離れたトペンに敢て参加することの面白さや意義を感じている様子が窺える。しかし同時に、レンプーやスカリアリニは男性的な役柄は、むしろ自分に相応しく、適正があるとも考えている。既にレゴンを踊る年でもない、と考えるレンプーは、かわいさや優美さを追求する女性舞踊ではなく、たとえば老人の舞こそが、自分が容易に役柄を表現（*mengiwai*）できる演目だと語った（Ni Made Rempuh interview 二〇〇八年三月八日）。女性に門戸を開いていた既存の舞踊ジャンルの枠組みの中に納まりきらない特性を自身の気質や身体に感じている彼女たちにとって、トペンはむしろある面で（レゴンに代表される女性舞踊よりも）親和性の高い演目である。

くわえて、仮面の使用はトペンの独特の魅力である。第三節３では、美しい容姿を隠してしまう仮面の芸能を、女性たちが敬遠する傾向について述べたが、今回調査した女性演者たちの言葉からは、この仮面の使用が、むしろトペンの主要な面白さや利点となっていたことも窺える。チャンドリは仮面を付け替えつつ役柄を演じ分けるトペンの魅力について語り、インタビュー中には、幾つかの仮面をかぶり、演技をデモンストレーションしてくれた。「まだどんな喋り方が合うのか、わからない。」「まだ出来ない。」と言いながら、新しく譲り受けたという女性のボンドレスの仮面をつけ、「ハロー、お兄さん、どこへお出かけ？（*Halo beli, lunga kija?*）」と猫なで声をだして演じてみせてくれた。彼女の姿からは、仮面の演技という、新たな芸に挑戦することを楽しんでいる様子がみて取れた（I Nyoman Candri interview 二〇〇六年一〇月二〇日）。幼少期には仮面舞踊を学ぶことが苦痛だったスカリアニも、仮面の演技の難しさを語りながらも、「仮面は、野生動物のようなもの。それに手綱をつけなければいけない」と言い、仮面と自分が一つになれるようにと、よく仮面に語りかけるのだと語った（I Wayan Sekariani interview 二〇〇七年八月二七日）。またレンプーは、顔を隠して踊ることが出来る点をトペンの魅力として感じている。なお、男性の場合でも、たとえば、アルジャの演者が、年をとって容姿が衰えると、仮面で顔が隠れるトペンに転向するといったケースは、よくあるという（I Ketut Kodi interview 二〇〇九年九月五日）。

これまでみてきたように、女性たちにとって、トペンは、（女性グループが掲げるような）男性との社会的平等の達成や保守的な女性イメージの解体を目指す活動のみには還元できない、多様な楽しみや魅力を含んだ営みである。美術館での観光客用の公演でジマットの代役となったレンプーのケースにいたっては、仮面の裏の演者が女性であることを特に観客に知らせることなく、上演が行われた[44]。自分たちの演技が男性に勝るのだ、と語る女性演者はいなかった。しかし、彼女たちの語りはパレルモが注目したような、自分たちは男性のようには出来ない、ということを嘆くネガティブな話題だけに留まらなかった［cf Palermo 2009 : 8］。トペンの持つ男性的な力強さは、確かに女性演者たちにとって障害となってきた。しかし同時に、そこに自身の特性との親和性を見出す女性たちも存在する。

6　トペンと女性

女性のトペン上演が発信する、女性イメージや性別役割を交渉する社会的なメッセージを見過ごすべきではないが、女性たちが仮面舞踊劇としてのトペンに幾つかの独特の魅力を見出してもいる。彼女たちは、仮面の使用や、それを付け替えながらの役の演じわけ、（アルジャのリクー役にはない）シリアスな表現、（レゴンなどの女性舞踊にはない）力強さなどの点で、他の演目では得がたい面白みややりがいや、（場合によっては）自身の適性を感じ、トペンに取り組んでいる。彼女たちの視点からみれば、「女性」というジェンダーと「トペン」は必ずしも相容れない不整合な存在ではないのである。

七　女性のトペン上演の今後

アルジャの女性演者であるDは、芸術大学でトペンも習った。ある日の雑談で、トペンには挑戦しないのか、という筆者の問いかけに対し、今のところトペンを演じることには興味がないと返答した。「男性のための役をやっても、出来る、というだけのこと。男性のように上手には出来ない」と語る彼女は、以下のように続ける。

もしも（芸能家として）成功したいなら、トペンはダメ。人びとが女性のトペンを求めることはめったにない。海外公演とか調査研究以外には。（中略）もし私がトペンの女性グループを作れ、と言われたら今すぐにだって出来る。でもその見返りがないでしょう？　スポンサーがあればするけど。それよりも、社会に求められている役をやりたい。（Dp.c.二〇〇八年三月一七日　括弧内は筆者）。

Dはラジオのアルジャ放送などで活躍する、バリでは数少ない職業芸能家の一人である。アルジャの演者として観客たちを楽しませてきた彼女にとって、敢て、男性には敵わないようにみえる、また人びとに望まれてもいないトペンに挑戦することの意義は今のところ見当たらない。女性のトペンは海外公演や調査研究（そして芸術祭）といった特定の文脈を外れればニーズが低いという指摘や、女性にとってトペン上演は不可能ではないが、そこで大きな成功を収めることは出来ないという見解は、トペン上演を辞めてしまった女性たちや、そもそもそこには参加しないその他の女性たちの気持ちのある部分を代表しているのであろう。

男性の場合には、必ずしも優れた演技が出来なくとも、地元の儀礼でのンガヤーを中心にトペン上演をすることに熱心な、ローカルな演者たちが大勢存在することは第五章で既に述べた。彼らは舞踊や歌や語りが少しでも上達することを望んでいるが、一方でンガヤーとして地元に貢献する事、遠くに出かけてゆくレジャー的な楽しみなど、トペンに多様な意義を見出してきた。他方、女性のトペンは、芸術祭や海外公演など高い注目度を浴びる場を中心に活動が活発化し、そこに集ったのは、既にキャリアを積んだ別ジャンルの「プロフェッショナルな」[45]演者たちであった。彼女たちは、自らの芸に対する観客たちのニーズを重視する。スカールは、トペンに適性や魅力を感じながらも、より社会に希求されるリクーの上演に忙しく、トペンの上演頻度が非常に低い。チャンドリは、海外公演だけでなく、寺のンガヤーでもトペンを演じたいが、相手役となる女性演者をみつけることが難しいとも言う（Ni Nyoman Candri interview 二〇〇九年八月二二日）。そして多才な彼女もまた別の多様なジャンルでの活躍に忙しい。

その点で、異色の活動を展開するのはレンプーであり、建築業で忙しい日々を送りながらも、空き時間をみつけては、ジマットに連絡をとり、トペン上演をする。地元の婦人会ＰＫＫでガムランを演奏することもあるが、舞踊の活動としてはトペンを中心に据えている。仕事の傍ら、トペンに趣味的な楽しみも見出しつつ、低頻度で継続的に活動をする点で、第五章で紹介したローカルな演者たちと類似の傾向をみせてもいる。

かつては男性がほぼ独占していたガムラン演奏に二〇世紀後半から女性が取り組むようになった歴史を眺める

と、あるパイオニア的な人びとが、それまで男性の領域とされていた演目に取り組み注目を集めた後、その影響が村落レベルへと広がり、ローカルな儀礼の場を中心に活動を始める者が追随するという、草の根的な展開がみられる[吉田ゆ 二〇〇六]。しかしトペンの場合、女性の活動が今後草の根的に広がりをみせるのかについては不透明である。二〇〇七年、フォルマッジャとチャンドリは男性演者と共に、ボンドレスを基調とした海外公演向けの創作劇に取り組んでいたが、二〇〇八年にフォルマッジャの急な他界があった。二〇〇九年にはポーランドにてチャンドリがトペンの上演に参加した。この際には、チャンドリ以外は全員が男性であり、彼女はウィジルとボンドレスを演じた。このように、時々の活動はみられるものの、全体として、ルッ・ルウィとトペン・サクティ両方のトペンの活動が現在活発とはいえない状態である。

しかし一方で、海外在住のチャンドリの娘は海外でトペンを上演しているという。またスカリアニは、幼少期に男性舞踊を習得したことが後の舞踊活動に非常に有益だったとの認識から、自身も女子生徒たちに男性舞踊の基礎を教えている。また芸術大学で学ぶ女性たちは、授業でトペン舞踊の基礎や、トペンに応用することが可能な語りと歌の技術を学んでいる。このように、女性によるトペンの上演は、次世代に繋がる可能性も残してもいる。

おわりに

父系のバリ社会の系譜物語を語り、人びとを啓蒙し、神聖な仮面シダカルヤを登場させるトペンは、従来男性たちによって演じられてきた。この男性的なトペンを女性が演じるというある種の矛盾を孕んだ試みは、芸能を通じて女性の地位を交渉しようとする女性たちによって実践された。この現象は、バリの封建的なジェンダー規範の外にある世界との人的交流に大きく支えられた。外国人女性演者のリーダーシップに加え、外国人の観客たちを得、海外公演の機会を得たことで活性化したという側面がある。

くわえて、このような国際的な展開とは対象的な、非常にドメスティックな空間、家庭における取り組みもトペン演者を生む素地となった。これらの「女性」と「トペン」は、常に相容れない関係にあるわけではない。その上演場所、観客、そして不可視の観客である神々との関係によって、彼女たちはトペンにふさわしくない「女」であったり、親の芸を受け継ぐ娘であったり、バリから来た芸能の専門家であったり、トペンに挑戦する勇敢で先進的な女性であったり、屋敷寺の神々と最も近しい人物であったりする。

女性にはトペンの適性が無いと見做していた先ほどのDが、一方で、女性にとってトペン上演はそれほど困難でないと考えている点は興味深い。二〇〇六年に筆者が調査先であるギャニャール県のある村でトペンを奉納し始めた頃、同じ集落に在住のルッ・ルウィの（トペン演者ではない）メンバーの一人が、ある日私にこう言って話しかけてきた。「この前、友達が『まさか女性がトペンをやるなんて』って言ったから、『それはもう普通よ』って私言ったのよ。イブ・スカールなんて、もう日常的にトペンを演じているものね」。イブ・スカールとは、スカリアニのことである。スカリアニが日常的にトペンを演じているというのは、かなり誇張した表現であるが、この言葉からは、たとえ少ない頻度であっても、「（バリ人）女性がトペンを演じる」というその前例を作ることの影響力の大きさを窺い知ることができる。特にトペン・サクティやルッ・ルウィの活動が頻繁であったギャニャール県では、女性によるトペンを認知させるという上で、これらの女性グループの活動はある一定の役割を果たした。今後も女性たちによるトペンがどのように展開するのか見守る必要があるであろう。

註

（1）先行研究では、かつてトペン・パンチャに少女が参加していたという記すものもある［Moerdowo 1988 : 107-108］。しかし、その少女がどのような役柄で登場していたのか、また仮面を装着していたのかなどについては不明である。

（2）世界を、右と左、男性と女性、天と地、悪と善など対立する二つの要素から成り立っているとする二元論は、ルワ・ビネダ（*rwa bineda*）と呼ばれる。両者はバランスを保ち、補完的に全体を構成する。

（3）バリではクリスティナの名で知られている。自身の著書では、彼女は、Cristina Maria Formaggia という名を用いているが、海外公演では、Cristina Wistari の名を用いていた。本書では、以降フォルマッジャと表記する。

（4）女性の芸能活動に焦点をあてた研究として、ガムランについては、Willner［1997〈1992〉］、Smith［1997］、Susilo［1998］、Bakan［1999］、吉田ゆ［二〇〇六］、伏木［二〇〇六］、影絵についてはWicaksana［2000］、アルジャについてはKellar［2004］、チャロナランについてはBallinger［2005］などがある。

（5）その点で、伝統的な芸能や神話をモチーフにしながらも、独自の作品を生み出し、また後輩女性作家たちの養成に尽力する女優で思想家でもあるチョッ・サウィトリ（Cok Sawitri）の活動が注目される。ダイアモンドは、女性自身によって、台本を書き、社会におけるジェンダーの不平等を明るみに出すサウィトリたちのコンテンポラリーの作品は、よりラディカルに、既存の女性の表象を問い正し、女性自身の声を発することにつながっていると評価する［Diamond 2008 : 264］。

（6）Palermo［2009］の一部が先行して短い論考Palermo［2005］として発表された。Diamond［2008］は、このPalermo［2005］を参照している。

（7）身内に死者が出た時や、そのような家に出入りした時、怪我で出血した時なども不浄の状態となる。その場合、男性も同様に神聖な物へのアクセスが制限される。

（8）増野によれば、一九一五年ごろ、歌舞劇アルジャでは楽器を使用したり、ストーリーのレパートリーを増やしたりとその表現方法が発達し、その頃から女性の演者が徐々に活動を始めていた［増野二〇〇一：九］。

（9）詳細は不明であるが、一九二〇年代にクルンクン県（Klungkung）の村において女性たちのアルジャ集団が結成されたという記述もあり、複数の場所で同時期に女性演者が誕生していた可能性がある［Sawitri 2001 : 132］。

（10）ただし一九一〇年代から、ガンブーとアルジャにおいて、女性たちが女役や優美な男役を担うことが始まっていたとする先行研究もある［Diamond 2008 : 234］。

（11）ＰＫＫ（*Pembinaan Kesejahteraan Keluarga*／家族繁栄運動、家族福祉運動）は、集落を最小単位として結成される、既婚女性たちの組織である。女性ガムランチームの多くは、このＰＫＫを母体としている。詳しくは吉田ゆ［二〇〇六］を参照のこと。

（12）女性の視点から革新的な作品を発表するバリ人アーティストとして、ダイアモンドが注目していた人物でもある［Diamond 2008 : 255-263］。

（13）なお、A・ホバートの研究では、トペン・パジェガンは、考察対象から外されており、ここで想定されているのは、おそらく余興のトペン・パンチャである［Hobart 1987 : 190］。トペン・パジェガンあるいはそれを複数人で演じるトペン・ワリの場合、儀礼のプロセスの中で演じられるため、第二章で述べたように、観客たちは好みに基づいて、その上演を取り巻くわけではない。むしろ儀礼の実務要員となることが多い女性たちの方が上演を眺める機会は多いかもしれない。ただし、熱心に鑑賞したり、活発に批評やコメントを語るのは、男性の方が多い。

（14）プレンボンのこと。トペンに、歌舞劇アルジャをはじめとした他ジャンルの役柄を加えて上演する娯楽の演目である。第一章二節2で詳述した。

（15）同様の傾向は、影絵ワヤン・クリッにもみられる［Hobart 1987 : 114］。

（16）トペンの観客の大半が男性であることを指摘した先ほどのA・ホバートは、逆にアルジャでは、観客の多くが子連れの女性であることを報告している［Hobart 1987 : 209］。

（17）女性が影絵を上演する際には、アルジャのストーリーが比較的頻繁に用いられる。これは、彼女たちの多くがアルジャ出身の演者であるという点に加え、アルジャの物語には女役が多く、女性影絵師の声質を活かすことができるからであると思われる。

（18）この点について、ジマットの娘マリンシが、フォルマッジャやスカリアニと共に海外で受けたインタビューは興味深い。トペンでは、バリ人女性が通常発しない、強いイントネーションを含んだ男性的な声が用いられるということが話題に上った。外国人女性インタビュアーが、バリ人女性たちは、しわがれ声（throat voice）を発することがないのかと尋ねたところ、マリンシは、バリではいかなる状況下においても、そのような話し方は女性には相応しくなく許されないのだと回答した。しかし、さらにインタビュアーが、もしも欧州でバリ人男性が周囲にいないという条件下であれば、この種の発声を試してみたいかと問うと、マリンシは挑戦してみたいと答えた。［Maringsih et al. 2001 : 75］

（19）トペン・レゴン（*topeng legong*）とも呼ばれる。

（20）海外公演の際のプロフィールには、一九九八年に結成と記されており、ダイヤモンドもこの年をトペン・サクティの結成年としている［Culturedatabase.net online, Diamond 2008 : 244］。一方でパレルモは（トペン・サクティとは明記していないものの）一九九七年を女性がトペンを上演し始めた年であるとした［Palermo 2005］。また、インターネット上の記事では、フォルマッジャがデサック・スアルティに女性トペングループの結成の相談を持ちかけたのが一九九九年であるとの記載もある［Ballinger 2008 online］。ただし、ルッ・ルウィのパンフレットにはトペン・サクティの結成は二〇〇〇年とされている。また、同パンフレットでは、ルッ・ルウィ財団の設立年は二〇〇一年とされている。しかし、ルッ・ルウィの実際の活動は一九九五年から見られたようであり、多くの先行研究では一九九五年を設立年としている［Dibia & Ballinger 2004 : 36, Palermo 2009 : 39, Diamond 2008 : 244］。

（21）正確には、トペン・サクティの活動開始当時は、ルッ・ルウィではなく、メカール・アユ（Mekar Ayu）と呼ばれていた。

（22）ムンブル・サリは芸術祭の前に三回地元の寺院の儀礼で上演を行った［Palermo 2009 : 45］。

（23）ここでの記述は、彼女の実家（兄バンデムの自宅）でのインタビュー（二〇〇六年一〇月二〇日、二〇〇九年八月二二日、二〇一一年一〇月二四日）に基づく。

（24）ただし正確には、チャンドリにとって、トペンの演技はこれが初めてではなかった。兄バンデムが率いたトペン・パンチャのグループに一九八〇年代頃参加し、仮面を被って女官チョンドン役を担当したことがあった。しかしバンデムが多忙になり、このチームの活動はその後稀になる。

（25）父のウィジルの仮面の複製を二枚制作し、一枚は兄バンデムが、もう一枚はチャンドリが所有している。

（26）同村出身の演者。芸術大学の学長も務めた研究者で芸能家のイ・ワヤン・ディビアの父でもある。

（27）ここでの記述は、本人自宅でのインタビュー（二〇〇七年八月二七日、二〇一一年一〇月一六日、一〇月二一日）に基づく。

（28）先述のテレックと対で踊られる事の多い仮面舞踊で、機敏で繊細な動きが特徴。こちらも男性が踊ることが一般的である。

（29）スカリアニの呼び名。

（30）ここでの記述は、本人の自宅でのインタビュー（二〇〇八年三月八日）および、筆者の観察に基づく。

（31）ミツバチの求愛の様子を描いた舞踊。男役と女役の二名によって踊られる。男役は男性演者に担われることが多い。

（32）重要な儀礼になると地元の者たちは、様々な形で儀礼開催を援助するための寄付をする。供物の材料や現金などを寄付する場合もあれば、儀礼にて上演する諸々の芸能のために演者を雇い、その謝礼金を負担する形で、寄付を行うことがある。

（33）ジマットは「トペン・ジマット」と銘打った、トペンを中心とした観光客向け公演を毎週行っている。個人のネームバリューに着目し、タイトルに付した上演は、バリでも非常に珍しい。このタイトルは美術館ＡＲＭＡ側の提案による。このことからも、彼の演じ手としての海外での高い知名度が窺える。

（34）寺院の正式名はpura Mutering Jagat Dalem Sidakarya。デンパサールに位置する。ブラフマナ・クリンが開いた寺院であるとされる。トペン演者がこの寺に参拝し、シダカルヤを演じることの許しを請うといった実践もみられる。この寺院の僧侶は、第五章で紹介した書籍『ババッド・シダカルヤ』の著者である。なお、スラットニのこの出来事は、パレルモの研究にも報告されている。この時僧侶は、シダカルヤ役が男性でなければならないという明文化された規則は存在しないものの、シダカルヤの「浄性／神聖」に敬意を表し、女性はシダカルヤの仮面を被るべきではないとスラットニに助言した［Palermo 2009

: 54]。

(35) バリで最も影響力のある最高僧の一人、イダ・プダンダ・グデ・マデ・グヌンは、筆者とのインタビューで、月経中で無い限り、女性がシダカルヤを演じることに宗教上の問題はないと語った（interview 二〇〇九年九月五日）。

(36) このほか、何名かの男性トペン演者が女性の演技に対しコメントしたのを耳にしたが、動きが柔らかい、声質が異なるなどの理由で、トペンの見せ所である力強さが充分に表現しきれないという感想を聞かされることが多かった。

(37) フォルマッジャは、「観光客に荒され伝統が消えてしまった」イタリアからやってきた自分には、バリにも同様のことが起きているように見えると語っていた [Sekariani & Wistari 1999 : 92]。彼女はトペンの活動に加え、古典劇ガンブーの保存に尽力していた。

(38) トペン・サクティの海外公演の実現は、海外におけるフォルマッジャの知名度や人脈によるところが大きいようである。

(39) デサック・スアルティは、この時シダカルヤの仮面を用意しておらず、仕方なく王ダラムの仮面で代用したとも語っており、このシダカルヤの上演がルッ・ルウィにとって予定外の出来事であったことが窺える（Desak Suarti interview 二〇〇八年三月一六日）。

(40) ちなみに、第五章で紹介したマス村のトペンの名手A・A・ブルサットの娘も、父親からバリスを習った。彼女はその後トペン演者になることはなかったが、このように、女性が男性舞踊を習得することが一般的でなかった時代から、男性演者の家では、少女に男性舞踊を学ばせるということがしばしば見られたようである。

(41) これは、女性のトペンが女性の地位向上への希求やその成果をシンボリックに現すものとして捉えられたというこれまでの議論と一見矛盾するようにもみえる。しかし、ある種急進的な女性解放のメッセージは、人気演者が新たな境地を求めてトペンに取り組む姿とあいまって始めて、社会に受け入れやすいものとなるのではないだろうか

(42) ルッ・ルウィの前身となったガムラン演奏チーム、ムカール・アユを率いたデサック・スアルティは、結成当時、メンバー一人ひとりの家を訪問し、夫の許可をとったのだという [Bandem & Suarti 1998 : 98]。このエピソードからも、いかに、女性たちの芸能活動において、夫の協力や同意が重要であるのかがみてとれる。なお、デサック・スアルティによれば、当時六〇%の夫が同意した [Bandem & Suarti 1998 : 98]。

(43) ダイアモンドは、女性が結婚後も舞踊を続ける事ができるようになった主な原因はツーリズムであると考えており、外国人向けに上演を行う女性チームの事例を挙げている [Diamond 2008 : 239]。

(44) 儀礼の場での上演では、楽屋が隔離されていないことが多いため、着替えや、仮面の脱着が、ある程度人の目に触れる場所で行われ、人びとは、演者の性別を知ることが出来る。また芸術祭などのイベントでは、女性による上演であるという事は、

重要な見所としてアナウンスされる。一方で、観光客向けの上演の場合、通常楽屋は隔離されているため、観客は仮面をつけた後の演者の姿のみを目にすることになる。

（45）第五章でも述べたように、バリでは芸能活動が経済活動にすぐさま結び付くわけではないので、高名な演者たちが、必ずしも芸で生計を立てているのではない。しかし、高い専門性を持ち生活の多くを芸に費やす者たちを人びとは英語の「プロフェッショナル」という語を用いて形容する。

終章

本書では、バリ島の仮面舞踊劇トペン、その中でも儀礼のプロセスの一部を担うトペン・ワリについて、名人芸として扱うことを一度差し控え、様々なエージェントによるエージェンシーの交錯するネクサスと位置づけることで、幾つかの新しい側面に光をあててきた。以下にそれぞれの章の成果を振り返りつつ、各章間で共有された知見や問題意識について述べてゆく。

第一章では、トペンジャンルの中にある多様な形式について、上演の目的と関係付けながら考察した。儀礼内の上演と、儀礼に付随する余興の上演、そして儀礼と離れたより世俗的な文脈の上演では、演者と観客の関係性や、上演の空間や時間の長さ、求められる内容も異なる。しかし一方で、儀礼と余興の間の境界は緩やかであり両者の間には連続性もある。そのため、儀礼と余興の形式は、相互に関係しながら発達してきた。儀礼の一部として上演されていたトペン・パジェガンからは、余興で用いられるプレンボン、トペン・パンチャ、そしてトペン・ボンドレスといった形式が誕生した。これら余興の演目には、儀礼機能を司るシダカルヤの不在、演者の複数化、コメディの多用などの特徴がみられた。重要なことに、これらの余興の形式は、最後にシダカルヤを加えられ、儀礼内の上演にも用いられるようにもなっている。トペン・ボンドレスのめくるめくユーモアや、プレンボンにおける女性演者たちの華やかな容姿と歌声、会話劇としての洗練は、儀礼内のトペン上演に新たな息吹を吹き込んでいる。

この章からは、メディアの発達や社会のニーズに合わせて多様な形式を生んできたトペンジャンルの動態が明らかになった。時、場所、状況に応じて柔軟に行為することを良しとするデサ・カラ・パトラの重視の倫理は、人びとに、当日集まった演者のそれぞれの能力や上演現場の人びとのニーズや、会場の諸条件に応じて、配役や場面構成を決定するよう促す。即興的で柔軟な構成が可能なトペンにおいては、形式とは上演を規定し制限する存在ではない。それは上演以前から人びとの間で共有され参照されるが、人と人が集い、相互交渉の中から上演が編み出されるなかで、決定されてゆくものでもある。また演者や上演依頼主の試行錯誤の結果、新しい形式も生みだされてきた。このように即興的で柔軟なトペンのあり方については、本書を通じて様々な角度から考察を加えた。多様な形式の誕生により、複数人で役割を分担するという現象や、(プレンボンやプレンボン・シダカルヤにおいて)歌舞劇アルジャの女性演者がトペンにも参加するという現象がみられた。これらの点は第五章で論じた演者の増加の問題や、第六章で論じるトペンとジェンダーの問題に関わってくる。

続く第二章では、儀礼内で上演されるトペン・パジェガンやそれを複数人で分担する形式、トペン・ワリに焦点をあて、観客たちの振る舞いを分析した。この章からは「観られる者―観る者」の間柄には還元できない、トペン・ワリと「観客」たちの複雑かつ多重なる関係が明らかになった。人びとは、トペン・ワリを「観に来た客」ではなく、演者と共に儀礼の成功に尽力する儀礼の参加者や主催者の一員であった。彼らは儀礼の成功のためにトペン・ワリを必要とする一方で、上演に対しては関心と無関心の入り混じった振る舞いを見せる。トペン・ワリは断片的にしかし反復的に鑑賞され、そこでは「観客」の側に自由な解釈や再構成の余地が残されてもいる。この章からは、①一度の上演のみならず繰り返す総体としてトペン・ワリを捉えるという新たな視点、②演者と観客との持続的な関係性への注目、③ストーリーよりも瞬間的に捉えることができる視覚的聴覚的な要素の分析などが次の課題として明らかになった。三つの問題意識はそれぞれ、（1）上演の反復による仮面や仮面の演技の変化に注目した第四章の議論、（2）演者と集落や村そして檀家集団といった共同体との関わりにも目を向ける第五章の議論、（3）そして第三章と第四章の仮面の分析へとそれぞれ引き継がれた。

第三章と第四章では、仮面を中心にトペンを描きなおした。第三章では、上演中、仮面や、伴奏音楽の音、観客の反応、上演の場や仮面の中に宿る不可視の存在に導かれつつ、それらからの力を媒介しながら行為するエージェントとしての演者の側面に焦点をあてた。第二章でみた、上演に関心を寄せたり寄せなかったりする曖昧な観客の態度とも相まって、トペンの上演は、それらの人とモノが、互いに作用する脆くて発生的で可変的なネクサスとなっている。先行研究が主に語りの分析から明らかにしたように、トペンでは遠く昔の歴史物語を演じるモードや、今ここの観客と直接的に関わるモード、そのミスマッチを楽しむコメディのモード、シダカルヤのシーンにみられる、上演が現実の儀礼の中に接続するようなモードなど、様々なパフォーマンスのモードがみられる。モノに注目した本書からは、このモードの変化の結果あるいはその引き金として、人とモノの関係性が大きく変化すること、そしてその中に、時に操り人形のようにも見える人間の身体の物性、そして不動であり命をもたないという仮面の物性が多様なレベルで作用し、豊かなトペンの表現を生み出していると指摘した。

続く第四章では、仮面が生み出され、繰り返し使用され、朽ちるまでに引き起こされる仮面と人びととの関わりについて考察した。仮面は繰り返し使われ、儀礼を施され、人びととの様々なエピソードを刻む中で魅力や霊的な力を蓄積してゆく。その中で仮面自体も、人びととの関係も、演技内容も変化する。本章では、このような仮面、演者、そしてその他の人やモノによって織りなされる、舞台裏で持続する関係の総体をも、もう一つのネクサスであると位置づけた。この長期的に持続するネクサスには、演者のほか、仮面職人、樹木、額に埋め込まれた特別な石、演者の家族、僧侶や儀礼に立ちあう演者の友人たちといった実に多くの人びとが、巻き込まれている。この人びとの働きは、仮面の魅力や霊的な力となり、第三章でみた上演中のネクサスへと運ばれる。また上演は繰り返されるのであり、今回の上演もまた次回の仮面の魅力に寄与する。このように、上演中に交差するエージェントーペーシェントの関係の束（これを本書では横のネクサスと呼んだ）と上演前後に続く舞台裏の人びとと仮面のやり取り（これは縦のネクサスと呼んだ）とは、互いが互いの一部であるような関係にある。分析の時間軸を大きく引きのばして考察したこの章からは、トペン上演が、過去の人びとと仮面のやり取りを把持し、また未来のトペン上演や更なる人びとと仮面の関わりの継続を予持するような営みであることが示された。

第五章では、演者が誕生し活動を展開してゆくプロセスを、演者と、演者の芸の習得に関わるその他のエージェントの働きに目を向けて考察した。第二章でもみたように、トペン・ワリは儀礼上の機能を果たすことから、共同体に必要とされる演目である。共同体のメンバーっちが観客となり、上演機会を与え、様々な助言や批評を行ったりする。また、演者は、名手に弟子入りしたり、彼らの芸を模倣したり、より身近な上演仲間との情報交換や学びあいなどによっても芸を学ぶため、これら周囲に存在する他の演者たちもまた、芸が編み出されるプロセスに関与するエージェントである。芸の習得は、実践を優先しながら、多様なエージェントとの交渉の中で行われる。トペンには、高い専門性を有する「プロフェッショナル」から、地縁や血縁などの人脈を頼りに限られた範囲で活動をする「ローカル」な者まで、いわば玉石混交の演者が存在する。特に一九七〇年代と比較してトペン演者の数的な増加がみられ、それに伴い「ローカル」な演者が大量に現れた。この近年のローカルな演者の増加の直接的な背景は儀礼規模の拡大であるが、その他、学校教育等での芸能家の養成をはじめとする行政の取り組み、秘匿とされてきた知識の活字メディアによる広い流通なども、この芸を多くの人びとに開かれたものとした要素である。かつての研究では、村の外部からやってくる専門家によって上演されると指摘されてきたトペンも、現在はより身近な隣人によって担われるケースが多くなった。本章からは、演者と観客の関係性もこのように変化するのであり、近代的な教育機関やモノもまた、演者と観客のネクサスの中に入り込み、演者の芸習得のプロセスにおいて働いていることが明らかになった。

第六章では、第五章でみてきた近年の演者層の広がりという現象の中でも、特別な意味あいをもつ、女性演者の誕生に焦点をあてた。トペンは、その歴史を語り継ぐという行為、男性的な役どころを中心とした物語の構成、仮面の使用、神聖なシダカルヤの登場などの点で男性ジェンダーと深く結び付いており、女性には縁遠いものであった。しかし、女性とトペンの関係は一義的なものではない。たとえば、外国人や、ジャワの人びとを相手に女性が演じるとき、彼女は、女ではあるが、バリを代表する芸能家でもある。また、トペン演者の娘がトペンを学ぶとき、それは彼女が幼少期から親しんだ父の芸の伝承である。これらの場面では、女性たちはむしろトペンを上演したり学んだりすることを歓迎される。見方を変えれば、それぞれの女性とトペンの関係は、女性に内在する性質やトペンに内在する性質のみによって決まるのではない。それは、その他の演者の存在や、観客や、仮面にも依存しており、それらによって、女性はトペンを演じるに相応しい人物であったりなかったりする。そんななか、女性芸能家自身の家庭、そしてバリ島を離れた地域においては、特に女性がトペンに挑戦する機会が得られやすかった。そこへ、バリ人女性芸能家による、芸能における男女の役割分担の枠組みを乗り越えることへの興味や、トペンという芸能自体への興味が加わり、女性によるトペン上演が行われるようになった。

第四章の仮面を巡って舞台裏で形成される縦のネクサスの議論は、第五章で（また部分的には六章でも）論じた、演者の誕生や芸の習得のプロセスにも適応可能である。第四章では、「仮の面」を中心とした縦のネクサスを、第五章では「仮の胴」を中心とした縦のネクサスを論じたともいえる。「仮の胴」つまり演者は、上演時に集う観客や伴奏者や仮面や神格たちに導かれながら演技するだけではない。第五章でみてきたように、演者の芸の習得過程には、師匠となる先輩演者、優れた芸を披露して周囲の演者に影響を与える名人たち、繰り返す上演それぞれの観客たち、地元の村や集落の目利きたち、共演仲間などが関与していた。生き生きと演者が上演の場で舞うとき、それらのエージェント達のエージェンシーは演者の身体を通じて、上演の場で発動する。マス村の観客たちは、たとえばI・B・アノム・Jの演技に、今は亡き舞踊の名手A・A・ブルサットの面影をみることがある。A・A・ブルサットは、I・B・アノム・Jのトペン上演を通して、現在の観客たちを魅了する。また観客たちは、優れた演技の背後に、その演者の出身村が育む豊かな芸能実践の存在を見て取ったり、彼を輩出した家系に伝わるタクスーの存在を見て取ったりするかもしれない。また、海外に繰り返し招聘され賞賛を受け自信を深めたトペン・サクティのメンバーたちが、バリの寺院で上演するときには、過去に彼女たちに賛同しその活動を支援した海外の芸術祭主催団体の意図が、時空を超えて、バリの観客たちに働きかけているといえる。こうして、演者に対して過去に働いたエージェンシーは、現在の上演の中へと流れ込んでいるのである。

本書は、トペンを演者の名人芸として、特に語りの芸として眼差すことを差し控え、人とモノのネクサスの中に置いて考察した。このことによって、何が明らかになったのかを以下に確認してゆく。

本書は全体をコントロールする中心を想定せず、それぞれのエージェントの働き、そしてエージェント間の関係性に着目した。その結果本書からは、演者、観客、伴奏者、仮面、神格といったエージェントが、それぞれ働きかけながら他に働きかける、相互的で媒介的なやり取りを通して、上演を織りなしてゆく姿が具体的に明らかとなった。序章でも触れたとおり、先行研究でも、演者が観客の関心事を敏感に汲み取り、巧みに語りの中に盛り込むこと、自己表現ではなくむしろ仮面のもつ性格に自らを沿わせることを目指すこと、また霊的なインスピレーションに導かれながら演技することなどが指摘されてきた［e.g. Emigh 1996, Coldiron 2004, Jenkins 1978 : 45-48］。しかし本書が指摘した人とモノと神格のネクサスは以下に示すように、これらの記述といくつかの点で異なっていた。

まず第一に、トペン・ワリにおける演者と観客たちの独特の関係性が明らかになった。儀礼の場の制約上、上演はしばしば見世物としては物足りないものに終わる。観客は一度の上演からまとまったメッセージを受容するのではないが、しかし上演の断片を反復的に鑑賞する。また、彼らは、儀礼を主催する集団の成員である事が多く、上演は彼らにとって、トペン演者を通して、神々や地霊・悪霊へと働きかける営みでもあった。そして、彼らは、時にババッドを指定したり、上演形式をアレンジしたり、共演者を当日新たに加えたりし、上演の中身に介入する存在でもあった。演者は、こうした観客や依頼主からの要望および、当日の上演場の条件、そして（当日になるまで全体像の分からない）共演者たちとの交渉のなかで、即興的に上演を組みたててゆく。また近年の演者の増加も関係して、もはや演者は観客にとって、外部からやってくる、巧みな技と、専門知識で人々を圧倒するような専門家ではない場合が多い。彼らは、同じ村や集落に暮らす隣人であることが多い。このことは、次に挙げるエージェントたちの日常的なやりとりとも関係してくる。

第二に、主要なエージェントたちの舞台裏にも続く振る舞いに着目した本書からは、観客、演者、仮面がそれぞれの時間の流れの中で、トペンの芸を育んでいることが明らかになった。たとえば、観客と演者の間のやり取りは、一度の上演の中で完結するものではない。特に演者の地元村落の人びとは、演者の演技を繰り返し眺め、助言や批判をし、時に上演機会を提供するなどして演者を育てる。そして、本書は、仮面の「伝記的時間」に焦点をあて、上演が繰り返される中で、仮面の霊力や表情、そして演者との関係性も変化してゆくことを指摘した。演者が仮面に命を吹き込むという行為は、舞台上だけで行われているのではない。それは、演者が家族の力も借りながら日々供物を捧げ、上演を繰り返し、仮面に汗をしみこませ、変化しゆく仮面の表情と対話することを通じて少しずつ達成される長いプロセスである。そしてこの演者との時間をかけたやり取りさえ、「仮面の生涯」

の中ではほんのひと時の出来事かもしれない。何故なら仮面は何世代にも渡って利用されうる耐久性を有しており、演者の亡き後も、また別の演者と共に上演の経験を蓄積してゆくからである。演者とは、そのような仮面の一次的な預かり手であるともいえる。

こうして分析の時間軸を大きく拡大すると、過去に仮面や演者に対してエージェンシーを働かせた、上演の場には現れないエージェントたちが分析視野に入ってくる。これが第三点目である。仮面を生み出す仮面職人たち、過去に仮面に汗を浸みこませた演者たち、日々供物を供えて仮面を育ててきた演者の家族たち、仮面を浄化しそこに神格を招待した僧侶たちの働きは、仮面を通じて上演の場に運ばれる。仮面を演者に贈ることで芸の習得を後押しする人びと、地元の演者に助言する芸能の目利きたち、技を授け、演者とタクスーを司る神格との間をとりもってやった師匠、文学者に代わりババッドの内容を伝達し演者の語りの根拠を与える数々の書籍やその執筆者たちの働きは、演者の演技によって上演の場へ流れ込む。本書は、行為の出発点としての主体を想定せず、他に働きかけられながら行為するエージェントとして仮面や演者を位置づけた。このことで、名人芸としてのトペン像とは大きく異なり、過去のエージェントたちの働きを媒介しながら演技する演者と仮面の姿、そしてこれらエージェンシーの交点としてトペン上演の姿が明らかになった。

第四に、本書は、他のエージェントの振る舞いに不意をつかれたり、驚かされたりしつつ、その場その場で対応してゆく演者の姿を明らかにした。たとえば、仮面の髭の片方は抜け落ちて、演者が思ってもいなかったような表情を獲得する。そのような仮面の顔を見て、演者は新たなジョークを考案する。また、仮面に宿った神格が扱いに不満を抱き仮面を燃やしてしまうこともある。慣れ親しんだ仮面の消失を惜しみながら、演者は新たな仮面を育て始める。上演中も、演者は、突然侵入してくる儀礼執行人たちの行列に空間を奪われたり、儀礼を指示するマイク音で声をかき消されたりする。ガムラン演者との意思疎通が上手くゆかず、咄嗟に舞踊の変更を余儀なくされることもある。ジェンキンスは、トペン演者について、「彼の個人としての才能は強調されず、彼の仮面や周囲の者たちに対する受容性こそが、彼の成功の鍵であると考えられている」と指摘した［Jenkins 1978：45 強調点は筆者］。またジェンキンスは、このバリ芸能における演者の没個人的で受容的なありかたの究極の形が、一部の演劇にみられる憑依にあると考えている［Jenkins 1978：46］。しかし本書でみてきたように、このトペン演者の「受容性」とは、いわば他に身体を明け渡す状態である憑依とは根本的に異なる側面がある。この受容性は、むしろ予期せぬ出来事を引き起こす周囲のエージェントにその場その場で反応しながら、芸を紡ぎ出してゆく、エージェント間の相互対話により達成されるのである。

このように、先行研究とは大きく異なるトペンの姿を描き出した本書であるが、ジェルの提唱する芸術人類学、そしてモノ研究に対してはどのような新しい視点を提起できたであろうか。本書の一つの特色は、演劇パフォーマンスにおけるモノを扱っていることにある。ジェルは、*Art & Agency*［1998］の中で、人工物を用いる芸術とパフォーマンスの両者が、連続的な関係にあると記している［Gell 1988：67］。このような作品がいかに世に出現しえたのか、という推量を引き起こすこと自体が、作品のパフォーマンスだからである［Gell 1998：67］。しかし彼は主には視覚芸術について議論を展開しており、その分彼の描くアート・ネクサスは人とモノ（あるいは芸術作品）の動的な関わりを捉えきれていない。また、ジェルは作品が強烈に人間へと働きかける事態に関心を向けていたために、多義的で曖昧さや偶然をも含んだモノと人との関係性は彼の視野外にあるように思われる。トペンの仮面（特に道化）は、ある時は強烈なキャラクターによって演者の演技を導くが、時には単なる木片であることを暴露されジョークのネタにされる。そして、このモノのようでもあり、モノでないかのようでもある仮面のタクスーは、その時々の演者や伴奏者や観客や上演場の諸々の条件により、現れたり現れなかったりする。演劇パフォーマンスの中におけるモノに着目した本書が明らかにしたのは、このように脆く、多義的で、また瞬時に変化しうるモノのエージェンシーのあり方である。

仮面を意味やペルソナや神格の器に還元せず、その物性がいかに多様なレベルでトペンの芸の表現や伝承に作用しているのかを明らかにした点も、本書の重要な貢献である。第三章の冒頭でも述べたとおり、モノ研究において物性への視点が欠落していたことに、近年批判や反省の声が聞かれる。そして、先行研究が指摘するように、ジェルの芸術人類学においても、作品の物理的性質に関わる分析は欠けている［古谷 二〇一〇：五］。筆者は、作品をシンボルや言語として扱う研究よりは、インデックスとして扱うジェルの手法の方が、芸術作品を物性をもったモノとして分析する余地を有していると考える。たとえばジェルの挙げる、ベラスケス（Velazquez）作《鏡のヴィーナス *The Rokeby Venus*》の損壊事例は、ナイフで切り裂かれたり、修復されたりするという、絵画のモノらしい次元を露わにしている。[1] この裸婦像は、作品自体に物理的な傷を負うことで、女性たちの受けた暴力（あるいは彼女たちが受けたと感じている暴力）のインデックスとなったのである［Gell 1998 : 64］。しかし、上述のようにジェルは芸術作品の物性を充分に探求していない。彼の議論は、物性の次元をとびこえて、作品のエージェンシーへと展開する。バリに限らず世界の多くの社会において、仮面は人格や霊的な力と結び付けられている。目鼻を有し、人間という肢体を得て動きだす仮面は、人間が作り出すモノの中でも、特にモノらしくないモノである。[2] しかし、仮面と演者との身体的な関わりや、化粧にはない仮面独特の作用について考察した本書は、そのモノでないかのような仮面の働きでさえ、物性に支えられていることを明らかにした。本書からは、人とモノの関わりを照射する研究全般における、物性への着目の重要性が明らかとなった。

最後に、本書はモノ研究と芸能の人類学が交差する領域に広がる、新たな芸能の人類学の可能性を示唆していることを確認したい。モノ、特にモノの物性に着目しながら芸能を描きなおす研究視点は、様々な芸能ジャンルに応用可能である。仮面、衣装、小道具、舞台装置、操り人形や影絵人形、楽器など、芸能に登場する多様なモノが、芸能という営みにおいてどのように働き、どのような「生涯」をおくっているのかを考察することで、既存の人間中心的な研究視点が見落としてきた芸能の諸相が明らかになるであろう。

註

（1）一九一四年に婦人参政権論者のパンクハースト（E. Pankhurst）が投獄され、それに抗議するマリー・リチャードソン（Mary Richardson）が、ナイフでこの裸婦画を切りつけた。リチャードソンは、最も美しい人物であるパンクハーストを破壊する政府への抗議として、最も美しい女性の絵を破壊したかったと述べている［Gell 1998 : 64］。この言葉にみられるように、彼女は、絵の受難にパンクハーストの受難を重ねている。ジェルはこの事例を、犠牲者の受難がその表象を傷つけるという意味において、裏を返した傀儡人形の呪術（volt sorcery）であるとした［Gell 1998 : 64］。間もなくしてこれは美術館によって修復される。

（2）人類学者の端信行は、仮面を主題とした対談の中で、仮面は「モノであってモノでない」とし、それが物質文化研究／モノ研究の中で扱われてきたために、充分に研究されていないと懸念した［端＆守屋 一九八一：一五八］。端のいうとおり、もしもモノ研究の中で、仮面が収集されたり、比較したり、民族芸術として扱われるに留まるのなら、仮面と人びとの豊かな関わり合いを充分探求できないであろう［端＆守屋 一九八一：一五八］。しかし一方、仮面を物から切り離して行われる議論も、モノでもある仮面の、重要な側面を見落としてしまう。

あとがき

長期調査で滞在したマス村を二〇一五年八月に再訪した際、「来るのが遅すぎる」と何人もの友人に残念がられた。筆者が到着した前日に、マス村の各集楽の青年部による、トペンの舞踊コンテストが開催されたのだ。各青年部を代表する若者が強い大臣の舞と老人の舞を披露し、村外から招かれたジマットら人気演者による審査を受け、順位を競ったのだという。人々の話を総合すると、どうやら一位となった演者は、新人ながらなかなかの素晴らしい舞踊を披露したものの、それ以外の演者は審査員が苦笑するほどのおぼつかない演技をした者も少なくなかったらしい。それでも、そのイベントのことを語るとき、人々はとても楽しそうだ。完成度の高くない演者にも、積極的に舞台に上がることを推奨し、演技については率直に批評する。このようなバリの観客たちの態度にはいつも関心させられる。なお一人、女性の出場者もいたという。女性によるトペンは、チャンドリらの後、それほど華々しい活躍がみられないが、現在も所々で試みられているのである。このように、トペンは現在ますます盛んに上演され、人々に楽しまれている。二〇一五年一二月に、トペン・ワリを含むバリ舞踊や舞踊劇が、ユネスコの無形文化遺産に登録されることとなった。ユネスコという国際的なエージェントがトペンというネクサスのなかでどのような働きをするのかという点を含め、トペンの動向を今後も見守ってゆきたい。

本書は、二〇一二年に筑波大学に提出した博士論文『バリ島仮面舞踊劇トペンの人類学的研究――名人芸からネクサスへ』を加筆修正したものである。本書のいくつかの章は、以下の学会誌や論文集に掲載された拙稿と部分的に内容が重複していることをご了承いただきたい。

第一章：「バリ島仮面舞踊劇トペンの形式変化に関する一考察――儀礼と余興の間の連続と不連続」『論叢現代語・現代文化』二、五三―八九頁、二〇〇九年。

第二章：「バリ島仮面舞踊劇トペン・ワリと『観客』――シアターと儀礼の狭間で」『東方学』一一七、一五六―一三九、二〇〇九年。

第三章：「仮の面と仮の胴――バリ島仮面舞踊劇にみる人とモノのアッサンブラージュ」『文化人類学』七六(二)、一一一―一三二頁、二〇一一年。

第四章：「仮面が芸能を育む――バリ島トペン舞踊劇に注目して」床呂郁哉・河合香吏編『ものの人類学』京都大学学術出版会、一九一―二一〇頁、二〇一一年。

第六章：「バリ島仮面舞踊劇トペンとジェンダー――ルッ・ルウィの事例を中心に」『文化交流研究』三、筑波大学人文社会科学研究科文化交流研究会、六九―九〇頁、二〇〇八年。

本研究を遂行するにあたって実に多くの方々に助けていただいた。本書の不足点や、残った課題はひとえに筆者の力量不足によるものであるが、ここにお世話になった方々のお名前を記し感謝申し上げたい。まず本書に登場するトペン演者、仮面職人、僧侶などをはじめとするバリの方々に心からの感謝を捧げたい。一人ひとりのお名前を挙げることはかなわないが、インタビューに応じてくださった方々、演奏や舞踊を教えてくださった方々、儀礼の場に快く迎え入れてくださった方々、この方々の協力なしには、何もできなかった。また、長期調査中は、国立ウダヤナ大学文学部にリサーチ・カウンターパートとなっていただいた。受け入れ担当となってくださった文学部教授イ・グスティ・マデ・スチャヤ先生（現在はワルマデワ大学）には、現在までも研究上の様々なアドバイスを賜っている。くわえて、私を青年部のメンバーに迎え入れ、集落の様々な活動に参加させてくれたマス村カワン集落の皆さんには、バリでの暮らし方を一から教えていただいた。なかでも親友でバリ生活の先輩、八坂祥子さんとイダ・バグース・プトゥ・ナラヤンタさんご夫妻、そしてその親戚のグリヤ・グデの皆様には、筆者が一〇代の頃から何度も家に住まわせていただいた。いつしか私はバリに来るとこの家の屋敷寺でまず祈るようになった。私のバリ生活の原点ともなったこの家の、可視不可視の住人の皆様に見守られながら、思う存分調査に駈けずりまわることができた。またいつも家族のように迎え入れてくれる、イ・クトゥット・マンドラさんとそのご家族、そしてイ・ニョマン・ワルサさんとその息子さんたちには、言葉にできないほど感謝の気持ちでいっぱいである。筆者が調査上の困難だけでなく、初心者のトペン演者としての苦悩や戸惑いや、バリ滞在上の様々な葛藤を抱えたときには、この方々のアドバイスとユーモアのある励ましに何度となく救われた。

もともと数学専攻の学生であった筆者を一番初めに人類学の世界に迎え入れてくだったのは当時筑波大学におられた小野澤正喜先生（現育英短期大学学長）であった。先生には修士号取得後、会社員をしていた時代にも、博士課程へ戻るという決断を後押ししていただいた。筑波大学大学院の博士課程では、現代文化・公共政策専攻の先生方、特に主指導教官の山口惠里子先生に、研究上の様々なことを教えていただいた。先生がトペンを面白いと言ってくださったことが、長い院生生活の心の支えとなった。山口先生とともに論文審査に加わってくださった同大学の武井隆道先生、廣瀬浩司先生、そして当時東京大学におられた関本照夫先生（現東京大学名誉教授）にも、たくさんの示唆的な批判や質問や助言を頂戴した。また筑波大学の内山田康先生には、ゼミや授業を通していつも人類学の面白さと難しさを教えていただいた。

会社から大学院生生活への環境変化では戸惑うことも多かったが、筑波大学で共に人類学を学んだ院生の方々に様々な形で助けてもらった。特に同期の比嘉理麻さんには論文の原稿に幾度となく目を通してもらい、たくさんの議論に付き合っていただいた。

モノに着目した分析という課題に出会ったのは、内山田康先生と故・足立明先生が中心となって行っていらした勉強会に入れていただいたことがきっかけであった。人とモノの動的な複合体をアッサンブラージュという概念のもとに描こうとするこの研究会のなかで、仮面の働きに着目する本研究の基本的な方向性も決まっていった。本書では、アッサンブラージュではなく、ネクサスという語によってジェルの論との関係をより明らかにして論じたつもりであるが、それがうまくいったのかどうかは読者の方々の判断に任せたい。なお、同時期に東京外国語大学アジア・アフリカ言語文化研究所の共同研究プロジェクト「『もの』の人類学的研究人間／非人間のダイナミクス」（代表：床呂郁哉先生）に参加させていただいたことも大きな契機になった。研究を口頭発表し、それに対して厳しい指摘を多数受けたとき、自分でも驚くほど晴れやかな気持ちであったことを思い出す。この研究会で刺激的な議論に触れながら、自分の研究を人類学のなかでどう位置付けるかを考えることができた。また幸運なことに、二〇一一年には国立民族学博物館の若手研究者奨励セミナーで「マテリアリティの人間学」というテーマが取り上げられた。そこで、モノと人の関わりを考察する若手研究者たち、そして国立民族学博物館の先生方と議論することができ、大変勉強になった。大学院生生活を送るなかで、正直なところ孤立感や閉塞感を感じることはあったが、筑波大学内のみならず、学外におけるこうした勉強会、共同研究会、セミナーを通じて沢山の方々と出会い、対話する機会が与えられたことで、なんとか研究を続けることができた。この御恩は、研究を積み重ねることで少しずつ返してゆきたいと思う。

なお、モノやモノと人の関係性に注目した芸能研究というテーマは、その後国立民族学博物館の若手共同研究会「演じる人・モノ・身体――芸能研究とマテリアリティの人類学の交差点」（代表：吉田ゆか子）のなかで発展させている。ヨーロッパ、アフリカ、アジアといった様々な地域で芸能を研究する若手研究者たちとの楽しい議論が今も続いている。

博士論文を提出してから、改稿をかさね本書を完成させるにいたるまでには、国立民族学博物館の皆様方に大変お世話になった。人類学や隣接分野の研究者に囲まれ、研究の面白さと厳しさを感じる日々である。機関研究員時代の上司である寺田吉孝先生、そして日本学術振興会特別研究員として受け入れてくださった三尾稔先生には特に大変お世話になった。恵まれた環境のなかで、研究者としての一歩を踏みださせていただいたことを感謝している。また同館の研究員仲間である浜田明範さんと緒方しらべさんには出版に関わる最終段階で様々な相談にのっていただいた。

なお本研究は日本学術振興会科研費（JSPS科研費、18401037）、インペックス教育交流財団奨学金、公益信託澁澤民族学振興基金平成二三年度大学院生等に対する研究活動助成、日本学術振興会特別研究員奨励費（09J03209）の助成を受けた。また、出版は、日本学術振興会の平成二七年度科学研究費補助金（研究成果公開促進費、15HP5111）によって可能となった。関係者の皆様にお礼を申し上げたい。

風響社の石井雅さんにも大変お世話になった。なにかと筆の遅い筆者に、忍耐強くお付き合いくださった石井さんのおかげで、なんとか本書を世に出すことが出来た。

そして、いつもバリ島生活の報告を楽しそうに聞いてくれ、研究生活を見守ってくれた両親に心からの感謝を。

参考文献

英語・インドネシア語文献

Ardika, I Gusti Lanang Oka

2009 *Pertunjukan Dramatari Topeng Prembon Dalam Upacara Dewa Yadnya di Bali: Studi Kasus Dramatari Topeng Prembon Carangsari, Kecamatan Petang, Kabupaten Badung*. Master's Thesis, Universitas Hindu Indonesia Denpasar.

Allen, Pamela. & Carmencita Palermo

2005 'Ajeg Bali: Multiple Meanings, Diverse Agendas.' *Indonesia and the Malay World* 33（97）: 239-255.

Appadurai, Arjun

1986 'Introduction: Commodities and the Politics of Value.' in Arjun Appadurai ed. *The Social Life of Things: Commodities in Cultural Perspective.* Cambridge: Cambridge University Press, pp. 3-63.

Bali Post

2004 *Ajeg Bali: Sebuah Cita-Cita*. Denpasar: Bali Post.

Bakan, Michel B.

1999 *Music of Death and New Creation: Experiences in the World of Balinese Gamelan Beleganjur*. Chicago & London: University of Chicago Press.

Ballinger, Rucina

2005 'Woman Power: In Bali, A New All-Female Dance-Drama Troupe is Flouting Traditional Gender Roles.' *Inside Indonesia* 83. http://www.insideindonesia.org/edition-83/woman-power（二〇一一年五月一〇日取得）

Bandem, I Made

1982 *Ensiklopedi Tari Bali.* Denpasar: Akademi Seni Tari Indonesia.

2008 *Taksu: Dalam Kesenian Bali.* A paper submitted at a Seminar on Balinese Performing Arts at GEOKS.

Bandem, I Made & Fredrik E. deBoer

1995 [1981] *Balinese Dance in Transition: Kaja and Kelod. 2nd ed.* Kuala Lumpur: Oxford University Press.

Bandem, I Made & I Nyoman Rembang

1976 *Perkembangan Topeng Bali Sebagai Seni Pertunjukan.* Denpasar: Proyek Penggalian Pembinaan, Pengembangan Seni Klasik/Traditional dan Kesenian Baru.

Bandem, Swasti Widjaja & Desak Nyoman Suarti

1998 Dance and Music in Village Temple: Tradition and Change in Bali. *The Open Page.* Wales: Odin Teatret and the Magdalena Project. 3: 96-99.

http://www.themagdalenaproject.org/sites/default/files/OP3_Desak.pdf（二〇一一年九月一八日取得）

Beeman, William O.

1993 'The Anthropology of Theater and Spectacle.' *Annual Review of Anthropology* 22: 369-393.

Belo, Jane

1977 *Trance in Bali.* Connecticut: Green Wood Press.

Bloch, Maurice

1989 'Symbols, Song, Dance and Features of Articulation: Is Religion an Extreme Form of Traditional Authority?' in *Ritual, History and Power: Selected Papers in Anthropology*. London & Atlantic Highlands: Athlone Press.

Boivin, Nicole

2008 *Material Cultures, Material Minds: The Impact of Things on Human Thought, Society and Evolution.* Cambridge: Cambridge University Press.

BPS Propinsi Bali

2003 *Bali Dalam Angka 2003*. Denpasar: BPS Propinsi Bali.

Buchli, Victor

2007 'Introduction.' in *The Material Culture Reader*. New York: Berg, pp. 1-22.

Candri, I Nyoman and Cristina Wistari

2003　The Hero Disguised as a Servant. *The Open Page*. Wales: Odin Teatret and the Magdalena Project. 8: 77-79. http://www.themagdalenaproject.org/sites/default/files/OP8_NiCandri.pdf（二〇一一年九月一八日取得）

Catra, I Nyoman

1996　*Topeng: Mask Dance- Drama as a Reflection of Balinese Culture: A Case-Study of Topeng/ Prembon*. Master's Thesis, Emerson College.

2005　*Penasar: A Central Mediator in Balinese Dance Drama/ Theater*. Ph.D. Dissertation, Wesleyan University.

2006　*Panopengan Sidakarya* 二〇〇六年四月三日に行われたトペン・シダカルヤのセミナーとワークショップ（Semiloka Penopengan Sidakarya）での配布資料´ Denpasar.

Coldiron, Margaret

2004　*Trance and Transformation of the Actor in Japanese Noh and Balinese Masked Dance-Drama*. Lewiston: The Edwin Meller Press.

Connor, Linda

1996　'Balinese Healing.' in Linda Connor, Patsy Asch & Timothy Asch eds. *Jero Tapakan: Balinese Healer*. 2nd edition. Los Angels: Ethnographics Press.

Daniel, Ann

1979　*Bali Behind the Mask*. New York: Alfred A. Knopf.

Davies, Stephen

2006　'Balinese Legong: Revival or Decline?' *Asian Theatre Journal* 23（2）: 314-341.

deBoer F. E.

1996　'Two Modern Balinese Drama Genres: Sendratari and Drama Gong.' in A. Vickers ed. *Being Modern in Bali: Image and Change*. New Haven: Yale University Southeast Asia studies.

Desa Mas

2005　*Profile Pembangunan Desa Mas Tahun 2003-2004*. Gianyar.

Dharmawan, D. L.

2006　'Perempuan Bali Mendorak Pembagian Wilayah Seni.' *Bali Sruti: Suara Nurani Perempuan* 4: 13.

Diamond, Catherine

2008　'Fire in the Banana's Belly: Balinese Female Performers Essay the Masculine Arts.' *Asian Theatre Journal* 25（2）: 231-

271.

Dibia, I Wayan

1992 *Arja: A Sung Dance Drama in Bali: A Study of Change and Transformation.* Ph.D. Dissertation, University of California Los Angels.

2004 *Pragina: Penari, Actor, dan Pelaku Seni Pertunjukan Bali.* Jawa Timur: Sava Media.

Dibia, I Wayan & Rucina Ballinger

2004 *Balinese Dance, Drama, and Music.* Singapore: Periplus Editions.

Dunn, Deborah Gail

1983 *Topeng Pajegan: The Mask Dance of Bali.* Ph.D. Dissertation, Union Graduate School.

Dwadja, I Gusti Ngurah

1999 *Laporan Penelitian: Studi Tentang Struktur dan Fungsi Pengucap-ucap Dalem Sidhakarya dalam Pertunjukkan Topeng Pajegan di Kecamatan Ubud Kabupaten Gianyar.* Denpasar: Departemen Pendidikan dan Kebudayaan Direktrat Jenderal Pendidikan Tinggi Sekolah Tinggi Seni Indonesia.

Eiseman, Fred B. Jr.

1990 *Bali Sekala & Niskala: Essays on Religion, Ritual, and Art.* Singapore: Periplus Editions.

Emigh, John

1979a 'Playing with Past: Visitation and Illusion in the Mask Theater of Bali.' *Drama Review* 23 (2) : 11-36.

1979b 'Jelantik Goes to Blambangan: A Topeng Pajegan Performance by I Nyoman Kakul.' *Drama Review* 23 (2) : 37-48.

1989 'The Domains of Topeng.' in Robert Van Niel ed. *Art and Politics in Southeast Asia: Six Perspectives; Papers from the Distinguished Scholars Series 1984-85*, Southeast Asia Paper 32, Honolulu: University of Hawaii Center for Southeast Asia Studies, pp. 65-96.

1996 *Masked Performance: The Play of Self and Other in Ritual and Theater.* Philadelphia: University of Pennsylvania Press.

Emigh, John & Jamer Hunt

1992 'Gender Bending in Balinese Performance.' in Laurence Senelick ed. *Gender in Performance: The Presentation of Difference in the Performing Arts.* Hover NH: University Press of New England, pp. 195-222.

Foley, Cathey & I Nyoman Sedana

2005　'Balinese Mask Dance from the Perspective of a Master Artist: I Ketut Kodi on Topeng.' *Asian Theatre Journal* 22（2）: 199-213.

Formaggia, Maria Cristina

2000　*Gambuh Drama Tari Bali: Tinjauan Seni, Makna Emosional dan Mistik, Kata-kata dan Teks, Musik Gambuh Desa Batuan dan Desa Pedungan*. Jilid 1, Jakarta: Yayasan Lontar.

Geertz, Hildred

1991　'A Theater of Cruelty: The Contexts of a Topeng Performance in Bali.' in H. Geertz ed. *State and Society in Bali*. Leiden: KITLV Press, pp.165-198.

2004　*The Life of a Balinese Temple: Artistry, Imagination, and History in a Peasant Village*. Honolulu: University of Hawaii Press.

Gell, Alfred

1992　'The Technology of Enchantment and the Enchantment of Technology.' in J. Coot & A. Shelton eds. *Anthropology, Art and Aesthetics*. Oxford: Clarendon Press, pp.40-63.

1998　*Art and Agency: An Anthropological Theory*. Oxford: Clarendon Press.

Gingsir, I. N. Djoni

1996　*K. G. P. Bendesa Manik Mas: Asal Usul Pasek Gelgel, Asal Usul Pasek Bali Mula, Asal Usul Catur Brahmana*. Jakarta: Yayasan Diah Tantri Lembaga Babad Bali Agung.

Heimarck, Brita Renēe

2003　*Balinese Discourses on Music and Modernization: Village Voices and Urban Views*. London: Routledge.

Herbst, Edward

1997　*Voices in Bali: Energies and Perceptions in Vocal Music and Dance Theater*. Hanover & London: Wesleyan University Press.

Hobart, Angela

1987　*Dancing Shadow of Bali*. London: KPI limited.

Hobart, Mark

2007　'Rethinking Balinese Dance.' *Indonesia and the Malay World* 35（101）: 107-128.

Howe, Leo

2001　*Hinduism & Hierarchy*. Santa Fe: School of American Research Press.

Ingold, Tim

2007 'Materials against Materiality.' *Archaeological Dialogues* 14 (1) : 1-16.

Ingold, Tim & Elizabeth Hallam

2007 'Creativity and Cultural Improvisation: an Introduction.' in Elizabeth Hallam & Tim Ingold eds. *Creativity and Cultural Improvisation*. Oxford & New York: Berg, pp. 1-24.

Jenkins, Ron

1978 'Topeng: Balinese Dance Drama.' *Performing Arts Journal* 3 (2) : 39-52.

1979 'Becoming a Clown in Bali.' *The Drama Review* 23: 49-56.

1994 *Subversive Laughter: The Liberation Power of Comedy*. New York: Free Press.

Jenkins, Ron & I Nyoman Catra

2001 'Invisible Training in Balinese Performance.' in Ian Watson ed. *Performer Training: Development Across Cultures*. London & New York: Routledge, pp. 85-91.

2004 'Answering Terror with Art: Shakespeare and the Balinese Response to the Bombing of October 12, 2002.' *Mudra: Journal Seni Budaya*, Special Edition 2004: 70-88.

Jone, Owain & Paul Cloke

2008 'Non-Human Agencies: Trees in Place and Time.' in C. Kanappett & L. Malafouris eds. *Material Agency: Towards a Non-Anthropocentric Approach*. New York: Springer, pp. 79-96.

Kanappett, C. & L. Malafouris

2008 'Material and Nonhuman Agency: An Introduction.' in C. Kanappett and L. Malafouris eds. *Material Agency: Towards a Non-Anthropocentric Approach*. New York: Springer, pp.ix-xvx.

Kantun, I Nyoman & I Ketut Yadnya

2003 *Babad Sidakarya*. Denpasar: Upada Sastra.

Kardji, I Nyoman

2001 *Topeng Prembon: Leluhur Orang Bali*. Denpasar: Cv. Bali Media Adhikarsa.

2007 *Topeng Prembon dan Mantra Sang Penari*. Catatan kedua, Denpasar: NAKAKOM Publishing.

Kellar, Natalie

2004 'Beyond New Order Gender Politics: Case Studies of Female Performers of the Classical Balinese Dance-Drama Arja.' in *Intersections: Gender, History and Culture in the Asian Context* 10. http://intersections.anu.edu.au/issue10/kellar.html（二〇一一年五月一〇日取得）

Kodi, I Ketut

2006 *Topeng Bondres dalam Perubahan Masyarakat Bali: Suatu Kajian Budaya.* Master's Thesis, Universitas Udayana.

Kodi, I K., I Gusti Putu Sudarta, I Nyoman Sedana, I Made Sidia, & Kathy Foley

2005 '"Topeng" Sidha Karya: A Balinese Mask Dance.' *Asian Theatre Journal* 22（2）: 171-198.

Lansing, Stephen J.

1995 *The Balinese.* San Diego: Harcourt Brace College Publishers.

Latour, Bruno

1996 *Aramis, or the Love of Technology.* Porter Catherine trans. Cambridge, Massachusetts & London: Harvard University Press.

Layton, Robert

2006 'Structuralism and Semiotics.' in C. Tilley, W. Keane, S. Küchler, P. Spyer and M. Rowlands eds. *Handbook of Material Culture.* London, California & New Delhi: Sage Publication, pp. 29-42.

Leabhart, Thomas

2004 'Jacques Copeau, Etienne Decroux, and the "Flower of Noh".' *New Theatre Quarterly* 20（4）: 315-330.

Maringsih, Ni K., Ni Made Sarniani, Cristina Wistari & Julia Varley

2001 'The Servants' Story.' *The Open Page,* Wales: Odin Teatret and the Magdalena Project 6: 73-77. http://www.themagdalenaproject.org/sites/default/files/OP6_Maringsih.pdf（二〇一一年九月一八日取得）

Miller, Daniel

1987 *Material Culture and Mass Consumption.* Oxford & New York: Basil Blackwell.

Moerdowo, R. M.

1988 *Reflection on Balinese Traditional and Modern Arts.* Jakarta: PN Balai Pustaka.

Moore, S. F. & B. G. Myerhoff

1977 'Introduction: Secular Ritual-Forma and Meanings.' in Sally F. Moore & Barbara G. Myerhoff eds. *Secular Ritual.* Assen: Van Gorcum, pp. 2-24.

Palermo, Carmencita

2005 ‘Crossing Male Boundaries: Confidence Crisis for Bali’s Women Mask Dancers.’ *Inside Indonesia* 83. http://www.insideindonesia.org/edition-83/crossing-male-boundaries（二〇一一年五月一〇日取得）。

2009 ‘Anak Mula Keto “It was Always Thus”: Women Making Progress, Encountering Limits in Characterising the Masks in Balinese Masked Dance-Drama.’ *Intersections: Gender and Sexuality in Asia and the Pacific* 19. http://intersections.anu.edu.au/issue19/palermo.htm.（二〇一一年五月七日取得）

Pandji, I G. B. N. & I Wayan Dibia

1977 ‘Dramatari Topeng Prembon Bali.’ *Budaya Jaya* 114（10）: 709-720.

Parker, Lynette

2002 ‘The Power of Letters and the Female Body: Female Literacy in Bali.’ *Women’s Studies International Forum* 35（1）: 79-96.

Pemberdayaan dan Kesejahteraan Keluarga Mas

2005 *Laporan Kegiatan Tahun 2003-2004*. Gianyar.

Picard, Michael

1996a *Bali: Cultural Tourism and Touristic Culture*. Singapore: Archipelago Press.

1996b ‘Dance and Drama in Bali: The Making of Indonesian Art Form.’ in A. Vickers ed. *Being Modern in Bali: Image and Change*. New Haven: Yale University Southeast Asia Studies, pp. 115-157.

Projek Pemeliharan dan Pengembangan Kebudajaan Daerah Bali

1971 *Seminar Seni Sacral dan Provan Bidang Tari*. Denpasar: mimeograph.

Puasa, I Made Gde

2009 *Pementasan Topeng Pajegan Sebagai Media Penerangan Agama Hindu di Desa Pakraman Pujung Sari, Desa Sebatu, Kacamatan Tegallalang, Kabupaten Gianya*. Graduation Thesis, Institut Hindu Dharma Negeri Denpasar.

Putra, I Dewa Gede

1977 *Teknik Pembuatan Tapel Tradisionil Bali*. Denpasar: Proyek Sasana Budaya Bali.

Rubin, Leon & I Nyoman Sedana

2007 *Performance in Bali*. London & New York: Routledge.

Rubinstein, Raechelle
2000 *Beyond the Ream of the Senses: The Balinese Ritual of Kekawin Composition*. Leiden: KITLV Press.

Sawitri, Cok
2001 'Women versus Men: A Strife in the Field of the Performing Arts.' in Urs Ramseyer & I Gusti Raka Panji Tisna eds. *Bali: Living in Two Worlds*. Basel: Museum der Kulturender Kulturen, Schwabe & Co. AG., pp. 129-138.

Schechner, Richard
1982 'Collective Reflexivity: Restoration of Behavior. ' in Jay Ruby ed. *A Crack in the Mirror: Reflexive Perspectives in Anthropology*. Philadelphia: University of Pennsylvania Press, pp.39-81.
2005［1974］ 'From Theater to Ritual and Back: The Efficacy-Entertainment Braid.' in Schechner, Richard ed. *Performance Theory*. New York: Routledge, pp. 112-169.
2005［1977］ 'Selective Inattention.' in Schechner, Richard ed. *Performance Theory*. New York: Routledge, pp. 211-234.

Sedana, I Nyoman
1993 *The Training, Education, and the Expanding Role of the Balinese Dalang*. Master's Thesis, Brown Univeristy.

Sekariani, Ni W., Cristina Wistari, & Julia Verley.
1999 Beauty Behind a Mask. *The Open Page*. Wales: Odin Teatret and the Magdalena Project, 4: 90-95. http://www.themagdalenaproject.org/sites/default/files/OP4_Wistari.pdf（二〇一一年九月一八日取得）

Slattum, Judy & Paul Schraub
2003 *Balinese Masks: Spirit of an Ancient Drama*. Hong Kong: Periplus Editions.

Smith, James R.
1997 *National and Regional Perspective on Women in Balinese Gamelan Gong Kebiar*. Master's Thesis, Wesleyan University.

Spies, Walter & Beryl de Zoete
2002［1936］ *Dance & Drama in Bali*. Hong Kong: Periplus Editions.

Sueka, I Gusti Ngurah
2006 *Seni Pertunjukan Topeng Bebali di Kota Denpasar: Kajian Sejarah, Perubahan, dan Dampaknya*. Master's Thesis, Universitas Hindu Indonesia.

Sugriwa, I G. B.

1991 *Dwijendra Tatwa*. Denpasar: Upada Sastra.

Sukarya, I Wayan

2011 *Seni Topeng Modern Karya Ida Bagus Anom*. Master's Thesis. Universitas Udayana.

Sumandhi, I N., Dewa Ngakan Made Sayang & Ketut Gede Asnawa

1992/1993 *Topeng Sidakarya: Deskripsi Dramatari Bali*. Denpasar: Proyek Pembinaan Kesenian Kantor Wilayah Department Pendidikan dan Kebudayaan Propinsi Bali.

Susilo, Emiko Saraswati

1998 *Gamelan Wanita: A Study of Women's Gamelan in Bali*. Master's Thesis, University of Hawaii.

Sutjaja, I Gusti Made

2006 *Kamus Bali Indonesia Inggris*. Denpasar: Lotus Widya Suari & Penerbit Univ. Udayana.

Taksu.

2005 'Sejalah Topeng di Bali' 150: 4-6.

Tatu, Robin E.

2007 *Performing the Ancestors: A Balinese Historiographical Tradition*. Ph.D. Dissertation, University of Hawaii.

Tilley, C., W. Keane, S. Küchler, P. Spyer & M. Rowlands

2006 'Introduction.' in Tilley, C., W. Keane, S. Küchler, P. Spyer & M. Rowlands eds. *Handbook of Material Culture*. London, California & New Delhi: Sage Publication, pp. 1-6.

Tilley, C., W. Keane, S. Küchler, P. Spyer & M. Rowlands eds.

2006 *Handbook of Material Culture*. London, California, New Delhi: Sage Publication.

Turner, Victor

1985 *From Ritual to Theater: The Human Seriousness of Play*. New York: Performing Arts Journal Publication.

Warna, I Wayan

1993 *Kamus Bali-Indonesia*. Denpasar: Pemerintah Daerah Propinsi Daerah Tingkat I Bali.

Wallis, R.

1979 'Balinese Theater Coping with Old and New.' in G. Davis ed. *What is Modern Indonesian Culture?* Athens & Ohio: Ohio University Center for International Studies, pp. 37-47.

Wicaksana, I Dewa Ketut
2000 'Eksistensi Dalang Wanita di Bali: Kendala dan Prospeknya.' *Mudra* 9: 88-112.
Wiener, Margaret J.
1995 *Visible and Invisible Realms: Power, Magic, and Colonial Conquest in Bali.* Chicago & London: The University of Chicago Press.
Wikan, Unni
1990 *Managing Turbulent Hearts: A Balinese Formula for Living.* Chicago & London: University of Chicago Press.
Wikarman, I Nyoman Singgin
1999 *Melaspas dan Ngenteg Linggih: Masud dan Tujuannya.* PARAMAMTA Surabaya.
Willner, Sarah
1997［1992］ *Kebyar Wanita: A look at Women's Gamelan Groups in Bali.* A paper presented to the meeting of the Society for Balinese Studies Denpasar, August 1992, updated 1997.
Wiratini, Ni Made & Ni Made Arshiniwati
1998 *Peranan Penari Wanita Dalam Seni Pertunjukan Bali.* Denpasar: Laporan Penelitian, Sekolah Tinggi Seni Indonesia Denpasar.
Young, Elizabeth Florence
1980 *Topeng in Bali: Change and Continuity in a Traditional Drama Genre.* Ph.D. Dissertation, University of California, San Diego.
Zurbuchen, Mary Sabina
1987 *The Language of Balinese Shadow Theater.* Princeton: Princeton University Press.

日本語文献

アイゼンステイン、Ｅ・Ｌ
一九八七 『印刷革命』別宮貞徳監訳、みすず書房、東京。
足立　明
二〇〇九 「人とモノのネットワーク――モノをとりもどすこと」田中雅一編『フェティシズム研究一　フェティシズム論の

系譜と展望』、京都大学学術出版会、一七五―一九四頁。
インドネシア語研
一九八一『現代インドネシア語辞典』森利貞編、千葉。
ヴィッカーズ、エイドリアン
二〇〇〇『演出された「楽園」――バリ島の光と影』中谷文美訳、新曜社、東京。
内堀基光
一九九七「序　ものと人から成る世界」内堀基光編『岩波文化人類学講座・「もの」の人間世界』岩波書店、東京、一―二二頁。
内山田康
二〇〇八「芸術作品の仕事――ジェルの反美学的アブダクションと、デュシャンの分配されたパーソン」『文化人類学』七三（二）：一五八―一七九。
二〇一一「序――動くアッサンブラージュを人類学する」『文化人類学』七六（一）：一―九。
梅田英春
二〇〇三「バリ舞踊の聖俗論セミナー（一九七一）の答申をめぐる一考察」『ＭＯＵＳＡ』四：七九―九二。
二〇〇六「『ワヤンの人形使い』になったバリのダラン――バリ州政府の文化政策により剥奪されたダランの宗教性」『東洋音楽研究』七一：一一九―一二八。
鏡味治也
二〇〇〇『政策文化の人類学――せめぎあうインドネシア国家と地域住民』、世界思想社、京都。
久保明教
二〇一一「世界を制作＝認識する――ブルーノ・ラトゥール×アルフレッド・ジェル」春日直樹編『現実批判の人類学――新世代のエスノグラフィへ』世界思想社、東京、三四―五三頁。
コバルビアス、ミゲル
一九九八［1936］『バリ島』関本紀美子訳、平凡社、東京。
坂部　恵
二〇〇七『坂部恵集三　共存・あわいのポエジー』岩波書店、東京。
シェクナー、リチャード
一九九八『パフォーマンス研究――演劇と文化人類学の出会うところ』高橋雄一郎訳、人文書院、京都。

ジェル、アルフレッド
　一九九九「時間と社会人類学」長野泰彦編『時間・ことば・認識』ひつじ書房、東京、一一―三一頁。
鈴木学術財団編
　一九九六『漢訳対照　梵和大事典』講談社、東京。
スティア、プトゥ
　一九九四『プトゥ・スティアのバリ案内』鏡味治也、中村潔訳、木犀社。
高橋雄一郎
　二〇〇五『身体化される知――パフォーマンス研究』せりか書房、東京。
竹林滋編
　二〇〇二『研究社新英和大辞典』研究社、東京。
ターナー、ヴィクター・W
　一九八二『儀礼の過程』冨倉光雄訳、思索社、東京。
田中雅一
　二〇〇二「主体からエージェントのコミュニティーへ――日常的実践への資格」田辺繁治・松田素二編『日常的実践のエスノグラフィー』世界思想社、京都、三三七―三六〇頁。
　二〇〇九「序章　フェティシズム研究の課題と展望」田中雅一編『フェティシズム研究一　フェティシズム論の系譜と展望』京都大学学術出版会、三―三八頁。
田中雅一編
　二〇〇九『フェティシズム研究一　フェティシズム論の系譜と展望』京都大学学術出版会。
床呂郁哉&河合香吏
　二〇一一「なぜ『もの』の人類学なのか」床呂郁哉&河合香吏編『ものの人類学』京都大学学術出版会、一―二一頁。
床呂郁哉&河合香吏編
　二〇一一『ものの人類学』京都大学学術出版会。
中川　真
　一九九四「深層が息を吹き返す――インドネシアバリ島」吉田憲司編『仮面は生きている』岩波書店、東京、五三―八八頁。
中谷文美

二〇〇三『「女の仕事」のエスノグラフィ――バリ島の布・儀礼・ジェンダー』世界思想社、京都。
中野麻衣子
二〇〇七「バールとゲンシー――バリにおける資金集め活動と消費モダニズム」『くにたち人類学研究』二：四二―六八。
中村　潔
二〇〇六「改革期バリの地方メディア」杉島敬志、中村潔編『現代インドネシアの地方社会――ミクロロジーのアプローチ』NTT出版、東京、二八五―三二五頁。
中村美奈子
一九九五「バリ島の仮面舞踊トペン・パジェガン Topeng Pajegan の舞踊技法」『御茶ノ水女子大学人間関係文化研究年報』一九：一五九―一六六。
永渕康之
一九九七「文化的権威の歴史化とその開示――バリにおけるヒンドゥー、法、カースト」山下晋司・山本真鳥編『植民地主義と文化――人類学のパースペクティヴ』新曜社、東京、二一二―二四〇頁。
二〇〇七『バリ・宗教・国家――ヒンドゥーの制度化をたどる』青土社、東京。
パース、C・S
一九八六『パース著作集二　記号学』内田種臣訳編、勁草書房、東京。
端信行&守屋毅
一九八一「仮面の人類学」梅棹忠夫編『仮面』講談社、東京、一四五―一六七頁。
橋本裕之
一九九五「『民俗芸能』再考――儀礼から芸能へ、芸能から儀礼へ」「東アジアにおける民俗と芸能」国際シンポジウム論文集刊行委員会編『「東アジアにおける民俗と芸能」国際シンポジウム論文集』、五九―六五頁。
バルバ・ユージェニオ&ニコラ・サヴァレーゼ
一九九五『俳優の解剖学――演劇人類学事典』中島夏&鈴木美保訳、PARCO出版、東京。
バルレーヴェン、コンスタイン・ウォン
一九八六『道化　つまづきの現象学』片岡啓治訳、法政大学出版局。
フェーヴル、リュシアン&アンリ=ジャン・マルタン
一九九八『書物の出現　下』筑摩書房、東京。

福島真人
　一九九三「儀礼から芸能へ――あるいは見られる身体の構築」福島真人編『身体の構築学――社会的学習過程としての身体技法』ひつじ書房、東京、六七―九九頁。
伏木香織
　二〇〇三『プロフェッショナルの誕生――「バリ文化」を担うガムラン演奏者達』博士論文、大正大学。
　二〇〇六『バリ島デンパサール市における地域文化の創造、伝承、変容――地域における女性ガムラン・グループが示すもの』歴史民俗研究―桜井賞受賞論集三、板橋区教育委員会、東京。
古谷嘉章
　二〇一〇「物質性の人類学に向けて――モノ（をこえるもの）としての偶像」『社会人類学年報』三六、東京都立大学社会人類学会編集、弘文堂、東京、一―二三頁。
ベイトソン、グレゴリー
　二〇〇一「図版と説明」グレゴリー・ベイトソン＆マーガレット・ミード『バリ島人の性格――写真による分析』外山昇訳、国文社、東京。
増野亜子
　一九九九「研究ノート　バリの職業的芸能者に関する予備的考察――歌舞劇アルジャを中心に」『御茶の水音楽論集』一：一〇八―一一八。
　二〇〇〇「バリ島の歌舞劇アルジャにおける笑い――パフォーマンスにみる冗談とことばあそび」『民族芸術』一六：一一四―一一九。
　二〇〇一『バリの歌舞劇アルジャにおける声のパフォーマンス』博士論文、御茶ノ水女子大学。
　二〇〇四a「バリの歌舞劇アルジャにおける上演能力の習得過程――個人と共同体の関係から」『人間文化論叢』六：三一―四〇。
　二〇〇四b「バリ島の歌舞劇アルジャにおけるパフォーマンス生成――類型性と多様性の考察」『音楽学』五〇：三二―四三。
増田正造
　一九七一『能の表現――その逆説の美学』中央公論社、東京。
ミード、マーガレット

二〇〇一「バリ島人の性格」グレゴリー・ベイトソン&マーガレット・ミード『バリ島人の性格――写真による分析』外山昇訳、国文社、東京。
モース、M
一九七六『社会学と人類学Ⅱ』有地亨、山口俊夫訳、弘文堂、東京。
山口昌男
一九九三『道化の民俗学』筑摩書房、東京。
山下晋司
一九九九『バリ　観光人類学のレッスン』東京大学出版会。
吉田憲司
一九九四「仮面という装置――人はなぜ、もうひとつの顔をつくるのか」『仮面は生きている』岩波書店、東京、二一〇―二三七頁。
二〇〇五「仮面と身体」鷲田清一&野村雅一編『表象としての身体』大修館書店、東京、一五三―一七三頁。
吉田竹也
二〇〇五『バリ宗教と人類学――解釈学的認識の冒険』風媒社、愛知。
吉田ゆか子
二〇〇六「バリ島地域社会における女性ガムランチームの発生――女性役割との関わりを中心に」『地域研究』二六：二〇五―二二一。
二〇〇七「トペンとジェンダー――ルッ・ルウィの事例を中心に」『文化交流研究』三：六九―九〇。
二〇〇九a「バリ島仮面舞踊劇トペンの形式変化に関する一考察――儀礼と余興の間の連続と不連続」『論叢　現代語・現代文化』二：五三―八九。
二〇〇九b「バリ島仮面舞踊劇トペン・ワリと『観客』――シアターと儀礼の狭間で」『東方学』一一七：一五六―一三九。
二〇一一a「仮面が芸能を育む――バリ島のトペン舞踊劇に注目して」『ものの人類学』床呂郁哉&河合香吏編、京都大学学術出版会、一九一―二一〇頁。
二〇一一b「仮の面と仮の胴――バリ島仮面舞踊劇にみる人とモノのアッサンブラージュ」『文化人類学』七六（一）：一一―三二。
二〇一五「フィールドでの芸能修行――出来事を引き起こすことと特殊例となること」床呂郁哉編『人はなぜフィールドへ

行くのか?——フィールドワークへの誘い』東京外国語大学出版会、一一〇—一三一頁。
米盛裕二
一九八九 『パースの記号論』勁草書房、東京。
ラトゥール、ブルーノ
二〇〇七 『科学論の実在——パンドラの希望』川崎勝&平川秀幸訳、産業図書、東京。
ラドリン、J
一九九四 『評伝ジャック・コポー——二〇世紀フランス演劇の父』清水芳子訳、未来社、東京。
レヴィ=ストロース、C
一九七七 『仮面の道』山口昌男&渡辺守道訳、新潮社、東京。
和辻哲郎
一九八八 「面とペルソナ」後藤淑編『仮面』岩崎美術社、東京、一一—一八頁。

オンライン資料

Badan Pusat Statistik Republik Indonesia
“Penduduk Indonesia menurut Provinsi 1971, 1980, 1990, 1995, 2000 dan 2010”
http://www.bps.go.id/tab_sub/view.php?tabel=1&daftar=1&id_subyek=12&notab=1（二〇一一年七月二一日取得）。
Bali Post 二〇〇三年三月二三日
“Topeng Shakti” Wanita Bali Pukau Prancis: Dari “Festival De L'Imaginaire”.”
http://www.balipost.co.id/BALIPOSTCETAK/2003/3/23/g6.html（二〇〇五年一一月三〇日取得）。
Bali Post 二〇〇三年四月一九日
“Bebondresan, dari Selingan Topeng ke Lawak: Mengutamakan Dagelan, Cerita Utuh Nomor Dua.”
http://www.balipost.co.id/BaliPostcetak/2003/4/19/bd1.htm（二〇〇八年一一月一日取得）
Ballinger, Rucina. 2008
“Cristina Wistari Formaggia: A Memorial of Gambuh Master.”
http://blog.baliwww.com/dance-drama-music/1529（二〇一一年五月一〇日取得）。

Culturedatabase.net
"Topeng Shakti"
http://www.culturebase.net/print_artist.php?3107（二〇〇七年一一月一〇日取得）。
Kementerian Agama Republik Indonesia
"Penduduk Menurut Agama Tahun 2009"
http://www.kemenag.go.id/file/dokumen/PeddkAgama09h1.pdf（二〇一一年七月二一日取得）。
Ordin Teatret
"About Transit Festival"
http://www.odinteatret.dk/events/transit-festival/about-transit.aspx（二〇一二年四月一日取得）
The Festival de l'Imaginaire
"About The Festival"
http://www.festivaldelimaginaire.com/autres/the-festival.html（二〇一二年四月八日取得）
The Festival de l'Imaginaire 2003
"Indonésie Bali TOPENG SHAKTI"
http://www.mcm.asso.fr/site02/festival/fi2003-bali.htm（二〇一二年四月八日取得）

公演パンフレット
『ガムラン楽舞夢幻』一九八二（ダルマサンティ舞踊団来日公演パンフレット）国際交流基金。
Lub Luwih Balinese Women's Gamelan and Dance Troupe（ルッ・ルウィ定期公演パンフレット）。

ヤに、アルジャの役柄で頻繁に参加している。バリではチャンプルン（Camplung）の名で知られる。

・ジマット（I Made Jimat）――最も名の知れたトペン演者の一人。スカリアニの叔父で、ブディアルタの父である。海外からも毎年多くの生徒を受け入れ、海外に招聘されることも多い一方で、バリ島内各地でも上演に参加している。女性にトペンを教えた経験も豊富で、スカールをはじめ、多くの女性トペン演者を育てた。バトゥアン村出身。

・スカリアニ（Ni Wayan Sekariani）――バリで活躍する数少ない女性トペン演者の一人で、ジマットの姪。ガンブーや、アルジャのリクー役、ブバンチアンの舞踊など幅広くこなす。バトゥアン村出身。スカール（Sekar）の名で知られる。

・スティアルカ（I Made Sutiarka）――仮面職人。タングーの息子。シンガパドゥ村出身。

・スナトラ（I Wayan Sunatra）――若手で活躍の目覚しいトペン演者。複数のコンテストで入賞。ボンドレスを得意とする。歌舞劇アルジャ、チャロナラン劇等の出演もある。病院勤務。バトゥアン村近郊出身。ワヤン・バリックの名で知られる。

・タングー（I Wayan Tangguh）――バリで最も有名な仮面職人の一人。コディの父。シンガパドゥ村出身。

・ディビア（I Wayan Dibia）――元芸術大学（ＳＴＳＩ）学長。トペン演者でもあり、トペンに関する論文・記事も多数。シンガパドゥ村出身。

・デサック・スアルティ（Desak Nyoman Suarti）――女性芸能集団ルッ・ルウィ（Luh Luwih）を率いる人物。踊り手でガムラン演奏者。初期には、トペン・サクティの上演の伴奏を担っていた。アメリカ滞在が長く、現在も国際的なビジネスを手がける。

・チャンドリ（Ni Nyoman Candri）――歌舞劇アルジャで一世風靡した女性演者。トペン演者、影絵師でもある。アルジャとトペンの名演者であったイ・マデ・クレデック（I Made Kredek）を父に持ち、彼の芸を引き継ぐ。バンデムの妹。シンガパドゥ村出身。

・デワ・ンガカン・サヤン（Dewa Ngakan Sayang）――トペン・ボンドレスの先駆者。芸術高校ＳＭＫＩの元学長。影絵師でもあり、スンドラ・タリという舞踊劇の語り部（*dalang*）としても有名。

・ドゥルパ（I Nyoman Drupa）――近年トペン・ボンドレスで人気を博す舞踊団、ドゥウィ・ムカールのリーダー。舞踊等の指導にあたる教育者で公務員。ブレレン県在住。

・バンデム（I Made Bandem）バリ人研究者で、演者。トペンに関する著作も多く、トペンの名演者であったイ・マデ・クレデックを父に持つ。チャンドリの兄。シンガパドゥ村出身。

ていた。夜の余興などに用いられる。

・ロンタル（*lontar*）――ロンタル椰子の葉に書かれた書物。ババッドはこれに記されている。神聖化され、定期的に儀礼を施される。

・ワヤン・クリッ（*wayang kulit*）――影絵芝居。影絵師ダランが数々の人形を操り、声色を使い分けながら、物語を上演する。周年祭では、夜の余興に用いられる事が多い。

・ワヤン・ルマ（*wayang lemah*）――トペン・ワリと同じ時間帯に上演される人形劇。トペン・ワリと類似の儀礼上の機能を担うとされる。影絵師ダランが、影絵用の人形を操り物語を演じるが、影を見せるのではなく、人形自体を見せるもので、スクリーンも用いられない。

・ンガヤー（*ngayah*）――宗教的奉仕活動。儀礼の場で（無報酬やわずかな対価で）芸能を捧げることもここに含まれる。祈りとも似た行為とされる。

【人名】

・イ・グスティ・ングラー・ウィンディア（I Gusti Ngurah Windia）――一九七〇年代に一斉を風靡したトペングループ、トペン・トゥゲッの看板役者。多様な役柄を演じ分ける演技力に定評がある。影絵師でもある。彼に教えを請う若手演者も少なくない。

・イダ・バグース・アノムＪ・（Ida Bagus Anom Joyo）――三代目の仮面職人でトペン演者。多くの外国人が彼の元で仮面作りやトペンの舞踊を学ぶ。マス村出身。

・イダ・バグース・アリット（Ida Bagus Alit）――マス村の隣のロットゥンドゥ村に住む演者で仮面職人。ババッドに詳しいことでも名を知られている。

・ウィルタワン（I Ketut Wirtawan）――カントールの息子で、カクルの孫。バトゥアン村出身。

・カクル（I Nyoman Kakul）――バトゥアン村出身のトペンの名手。バリ内外からの沢山の弟子を有していたことでも知られる。彼の芸はエミグの著作（Emigh 1996）に詳しい。

・カントール（I Ketut Kantor）――カクルの息子。バリ内外からの沢山の弟子を有していた。バトゥアン村の出身。

・クリスティナ・フォルマッジャ（Cristina Formaggia/ Cristina Wistari）――イタリア人の演者で研究者の女性。長年にわたってバリ島に住み、歌舞劇ガンブーの保存と活性化のために尽力し、バトゥアン村で定期公演に出演してもいた。ジマットの弟子で、よくトペンを共演していた。チャンドリらとバリ島初の女性トペングループ、トペン・サクティを結成した。二〇〇八年に他界。バリではクリスティナの名で知られている。

・コディ（I Ketut Kodi）――人気トペン演者で、アルジャの演者、影絵師でもある。トペン・ボンドレスに関する研究をまとめ、修士号を得た。人気の仮面職人でもある。国立芸術大学ＩＳＩデンパサール校影絵師科で教鞭をとる。父は有名な仮面職人イ・ワヤン・タングー（I Wayan Tangguh）。シンガパドゥ村出身。

・ジェロ・ムルニアシ（Jero Murniasih）――歌舞劇アルジャの人気女性演者。ラジオ番組などでも活躍を続ける。トペン演者ではないが、プレンボンやプレンボン・シダカル

なく、このプダンダによって儀礼が執行される。

・プナサール（*penasar*）――トペンをはじめ、バリの演劇に登場するストーリーテラー。王や大臣に仕える従者であり、道化的な役割も担う事が多い。

・ブバンチアン（*bebancian*）――男性性と女性性を併せ持った中性的なもの。男性舞踊と女性舞踊の両方の要素を混合した中性舞踊。

・プレンボン（*prembon*）――トペン・パンチャに歌舞劇アルジャやバリス舞踊などその他の芸能の役柄を自由に取り入れて構成される形式。余興の演目。

・プンゴセカン村（desa Pengosekan）――マス村の北隣に位置する。独特の絵画スタイルが有名である。女性、子供も含め芸能活動も非常に盛ん。近年になってトペン演者が数多く誕生している。本研究の主要な調査地の一つ。

・ボンドレス（*bondres*）――トペンに登場する、民衆という設定の道化。後半のコメディのシーンに登場する。

・マス村（desa Mas）――ギャニャール県に位置する。木彫りが盛んである。仮面工房も複数存在する。仮面舞踊劇ワヤン・ウォンが有名であり、かつてから、トペン演者も多く存在していた。本研究の最も主要な調査地であり、筆者の滞在先でもあった。

・マンク（*manku*）――僧侶。通常は、特定の寺を管轄する僧侶がマンクと呼ばれる。最高僧プダンダとは異なり、ブラフマナ階級に限られない。また、トペン演者は、シダカルヤを演じることで、僧侶に順ずる役割を担うことから、マンク・トペンと呼ばれることもある。

・マントラ（*mantra*）――真言。トペンでは、仮面を出し入れする際の小さな儀礼や、シダカルヤのシーンに用いられる。

・ムチャル（*macaru*）――場を清める儀礼。規模が大きければ、この儀礼にもトペン・ワリの上演が必要となる。

・ムラスパス（*melaspas*）――家や仮面などを清める儀礼。神聖化の儀礼パスパティの直前に行われることが多い。

・屋敷寺（*sanggah/ merajan*）――各家の敷地内に建てられる寺院。祖霊を祀る場所でもある。タクスーの社（*pelinggih taksu*）も存在する。屋敷寺の中に仮面を保管する演者も少なくない。

・ラメ（*ramai*）――混んでいて賑やかで華やかな様。儀礼や世俗的なイベントでは沢山の人々が集うラメな状態が好まれる。トペン上演もまた、儀礼の場のラメな雰囲気の一部を構成している。

・ルジャン（*rejang*）――神々に捧げられる舞踊の一ジャンル。女性（あるいは少女）による群舞。トペン・ワリの前などに踊られる。

・ルッ・ルウィ（Luh Luwih）――プンゴセカン出身の女性の踊り手でビジネス・ウーマンでもあるデサッ・スアルティの率いる、女性のみで構成された芸能集団。トペンやケチャッなど、非常に男性的とされる芸能ジャンルに挑戦することで注目を集めた。

・レゴン（*legong*）――女性舞踊の典型ともよべる演目。少女が踊ることが一般的であるが、近年益々、青年期以降の女性達が踊るようになったといわれる。かつては男性が担っ

・スンドラタリ（*sendratari*）――一九〇六年代に生まれた舞踊劇。演者たちの身振りにあわせて、ダランと呼ばれる語り部が語る。
・タクスー（*taksu*）――人を魅了する超自然的な力。神から与えられる。全てのバリ芸能で重視される。
・テンガット（*tenget*）――神聖で霊的な力を帯びた状態。テンガットとされるモノは、特別な取り扱いを必要とする。
・トペン・サクティ（Topeng Shakti）――一九九八年頃に結成された女性演者によるトペン劇団。イタリア人フォルマッジャと、バリ人のチャンドリ、チョコルダ・アグンからなるグループ。
・トペン・トゥゲッ（*topeng tugek*）――チャランサリという地域で結成され、一九七〇年代にプレンボンで一斉を風靡した劇団。イ・グスティ・ングラー・ウィンディアはその看板役者。
・トペン・パジェガン（*topeng pajegan*）――一人の演者によって上演されるトペン・ワリで、儀礼上の機能を担う。トペンの中で最も古い形式とされる。
・トペン・パンチャ（*topeng panca*）――五名など、複数人で上演されるトペンで、余興の演目。
・トペン・ボンドレス（*topeng bondres*）――道化ボンドレスの部分を拡大したトペンの上演形態。コメディー劇。一九八〇年代に生まれた。
・トペン・ワニタ・ムンブル・サリ（Topeng Wanita Membul Sari）――クラマス村の女性によるトペンチーム。芸術祭出場のために結成され、その後解散した。
・ドラマ・ゴン（*drama gong*）一九六〇年代から流行したコメディ劇。出演者たちは仮面を使わず、化粧を用いる。日用語のバリ語をメインに用いるため、観客が理解しやすいという特徴もある。ガムランの伴奏を伴う。近年人気は下降気味である。
・ニスカラ（*niskala*）――不可視の世界。神々や地霊・悪霊が住む世界。反対に、人間の住む可視の世界はスカラと呼ばれる。
・パスパティ（*pasupati*）――神聖化の儀礼。
・バトゥアン村（desa Batuan）――ギャニャール県に位置する。本研究の主な調査地の一つ。トペンが最も盛んな村としても知られている。トペンの名手故カクルもこの村の出身。
・ババッド（babad）――バリやジャワの王朝時代の系譜物語。トペンのストーリーの筋に使われる。ロンタルと呼ばれる神聖な古文書にカウィ語で記されている。
・バリス（*baris*）――男性舞踊の典型であり基礎ともいえる演目。戦士の踊りであり、力強く機敏な動きが特徴。
・プウィンタナン（*pewintenan*）――人間の浄化儀礼。シダカルヤを演じるにはこの儀礼を済ませていることが必要である。
・プサンティアン（*pesantian*）――古典物語に節をつけて謡い、それを現代口語へと翻訳しながら物語るプパオサン（*pepaosan*）と呼ばれる芸の上演チーム。近年流行を見せており、各種の儀礼で熱心な活動が見られる。
・プダンダ（*pedanda*）――特別の修行を経て認められた最高僧。ブラフマナ階級の出身の者だけがなることができる。儀礼の規模が一定以上になると、通常の僧侶マンクでは

資料２　用語・人名集

【用語】

・アルジャ（*arja*）――歌舞劇。女性演者の活躍が目覚しい分野である。通常は余興として上演される。トペンとの共通点も多く、両方のジャンルに通じている演者も少なくない。プレンボンの中には、アルジャの役どころが頻繁に登場する。

・カウィ語（*Kawi*）――古代ジャワ語や中世ジャワ語とバリ語の混ざった言葉である［Zurbuchen 1987 : 14］。バリの芸能や文学においてしばしば用いられる。

・ガムラン（*gamelan*）――青銅打楽器を中心としたアンサンブル。トペンの伴奏も担う。

・グルンガン（*gelungan*）――踊りや演劇で頭に被る冠。演じ手にとって大切なものであり、特別な霊力を持った石が埋め込まれたり、神聖化の対象となったりする。

・芸術高校（Sekolah Menengah Kejurusan 3-Sukawati ＝ＳＭＫ３スカワティ）――伝統音楽専門学校ＫＯＫＡＲ（Konservatori Karawitan Indonesia）が後に高校となりＳＭＫＩ（Sekolah Menengah Karawitan Indonesia）と呼ばれ、現在はＳＭＫ３スカワティとなった。

・芸術祭／バリ芸術祭（Pesta Kesenian Bali）――毎年六月～七月にかけて州都デンパサールのアート・センターにて行われる、州政府主催の芸術祭。ＰＫＢ（ペーカーベー）と呼ばれる。例年、観客の大半は外国人観光客ではなくバリ人である。

・芸術大学（Institute Seni Indonesia=ISI）――芸術や芸能を専門とする国立大学。ＡＳＴＩ（Akademi Seni Tari Indonesia）が、ＳＴＳＩ（Sekolah Tinggi Seni Indonesia）となり、現在はＩＳＩとなった。ＩＳＩはジョグジャカルタやソロなどバリ外にも存在するが、本書では、ＩＳＩデンパサール校を想定している。

・ジェロアン（*jeroan*）――寺院の一番奥の敷地。御神体が置かれ、最も神聖であるとされる。

・シダカルヤ（*Sidakarya*）――トペン・ワリの最後に登場する役柄。ジャワからやってきた伝説の僧侶ブラフマナ・クリンが起源となったともいわれる。彼の登場により儀礼が成功に導かれる。

・ジャバ（*jaba*）――寺院の外側の敷地。余興の演目などが上演される。

・ジャバ・テンガ（*jaba tengah*）――寺院の中間の敷地。トペン・ワリが上演されるエリアでもある。

・周年祭（*odalan*）――二一〇日毎に巡ってくる、寺などの祝祭。

・集落（*banjar*）――村の下部組織。村の行事も、集落単位の当番制で役割分担することが多い。

・シンガパドゥ村（desa Singapadu）――ギャニャール県に位置する。本研究の主な調査地の一つ。歌舞劇アルジャ、トペンが盛んであり、仮面工房も数多く存在する。

・スカラ（*sekala*）――可視の世界　人間が住む世界。反対に神々や悪霊の住む不可視の世界はニスカラと呼ばれる。

名前	役柄と特徴	シーン
	ウィジル (*Wijil*) 従者であり、ストーリーテラー。プナサールの弟。プナサールと同様に道化的な役割を担うこともある。	
	トペン・ダレム (*topeng dalem*) 王。言葉は発しない。洗練された舞が特徴。	プタンキラン (*patangkilan*) プナサールらが王や大臣に謁見する。
 	ボンドレス (*bondres*) 様々な欠陥をもった村人、女、村長や、最高僧プダンダなど、多様なタイプが存在。基本的には道化。 左2つの写真は村人役、下の写真は、最高僧プダンダを模したボンドレス。 	ボンドレス (*bondres*) プナサールらが次々とボンドレスを迎えるコメディのシーン。
	シダカルヤ (*Sidakarya*) 通常物語とは無関係に登場。 儀礼的機能を司る。	シダカルヤ (*Sidakarya*)

資料1　トペンの主要登場人物

名前	役柄と特徴	シーン
	トペン・クラス （*topeng keras*） 強い大臣（*patih*）。男性的で力強い動きが特徴の舞踊。	プンレンバール （*panglembar*） 導入部の舞踊シーン
	トペン・バンチュック （*topeng bancuk*） 狂った大臣。トペン・ルチュ（*topeng lucu*）などとも呼ばれる。コミカルな動きが特徴の舞踊。現在は省略されることの方が多い。	
	トペン・トゥア （*topeng tua*） 老人、年老いた大臣とも言われる。トペン・クラスよりも、人懐こい、コミカルな素振りが組み込まれることもある。	
	プナサール （*Penasar*） 従者であり、ストーリーテラー。歌い踊りながら登場したのち、設定を語り、物語を進行する。ウィジルの兄。語りにジョークを盛り込み、道化的な役割を担うこともある。	プナサール （*penasar*） 物語の設定を語る。時事や教養の解説やジョークも織り交ぜなら、ババッドの世界を展開する。

写真・図表一覧

マ

ヤ

ナ

ハ

タ

サ

カ

索　引

（）：同義語、→：参照、＊：人名、＝：正式名称

著者紹介

吉田ゆか子（よしだ　ゆかこ）
1976年、京都生まれ
2012年筑波大学大学院博士課程人文社会科学研究科修了　博士（学術）。
専門は、文化人類学とインドネシア地域研究。
現在は、日本学術振興会特別研究員PD・国立民族学博物館外来研究員。
主著書として『ものの人類学』（京都大学出版会、2014年、共著）、『人はなぜフィールドへゆくのか：フィールドワークへの誘い』（東京外国語大学出版会、2015年、共著）。論文として「仮の面と仮の胴：バリ島仮面舞踊劇にみる人とモノのアッサンブラージュ」（『文化人類学』76巻1号、2011年、日本文化人類学会奨励賞受賞）、「バリ島仮面舞踊劇トペン・ワリと『観客』：シアターと儀礼の狭間で」（『東方学』117号、2009年、東方学会賞受賞）など。

バリ島仮面舞踊劇の人類学　人とモノが織りなす芸能

2016年2月10日　印刷
2016年2月20日　発行

著　者　吉田ゆか子
発行者　石　井　雅
発行所　株式会社　風響社

東京都北区田端4-14-9（〒114-0014）
Tel 03(3828)9249　振替 00110-0-553554
印刷　モリモト印刷

ISBN978-4-89489-221-7 C3039